Garantenpflichten aus familiären Beziehungen

AF752635

Familienrechtliche Untersuchungen

Herausgegeben von Andreas Roth

Band 6

PETER LANG
Frankfurt am Main · Berlin · Bern · Bruxelles · New York · Oxford · Wien

Sonja Böhm

Garantenpflichten aus familiären Beziehungen

Zur Deutung des § 13 Abs. 1 StGB als Blankettvorschrift

PETER LANG
Europäischer Verlag der Wissenschaften

Bibliografische Information Der Deutschen Bibliothek
Die Deutsche Bibliothek verzeichnet diese Publikation in der Deutschen Nationalbibliografie; detaillierte bibliografische Daten sind im Internet über <http://dnb.ddb.de> abrufbar.

Zugl.: Mainz, Univ., Diss., 2005

D 77
ISSN 1619-036X
ISBN 3-631-54913-X

© Peter Lang GmbH
Europäischer Verlag der Wissenschaften
Frankfurt am Main 2006
Alle Rechte vorbehalten.

Das Werk einschließlich aller seiner Teile ist urheberrechtlich geschützt. Jede Verwertung außerhalb der engen Grenzen des Urheberrechtsgesetzes ist ohne Zustimmung des Verlages unzulässig und strafbar. Das gilt insbesondere für Vervielfältigungen, Übersetzungen, Mikroverfilmungen und die Einspeicherung und Verarbeitung in elektronischen Systemen.

www.peterlang.de

Vorwort

Die vorliegende Arbeit wurde im Sommer 2005 vom Fachbereich Rechts- und Wirtschaftswissenschaften der Johannes Gutenberg-Universität Mainz als Dissertation angenommen.

Das Gelingen einer Promotion ist immer auch auf vielfältige Unterstützung zurückzuführen. Mein Dank gilt zunächst meinem Doktorvater, Herrn Professor Dr. Michael Hettinger, der das Thema der Arbeit angeregt und mir im übrigen größtmögliche Freiräume gelassen hat. Ihm und Herrn Professor Dr. Volker Erb sei zudem gedankt für die zügige Korrektur der Arbeit. Ferner gilt mein Dank Herrn Professor Dr. Andreas Roth für die Aufnahme der Arbeit in die Reihe „Familienrechtliche Untersuchungen".

Der Lang-Hinrichsen-Stiftung sei für die großzügige finanzielle Förderung gedankt.

Nicht zu vergessen sind alle jene, die in langen Diskussionen wertvolle Anregungen beigetragen haben, allen voran Frau Christina Globke.

Ich widme diese Arbeit meinen Eltern.

Ihnen, die meinen juristischen Werdegang von Anfang an begleitet und gefördert haben, gilt mein besonderer Dank.

Mainz, im September 2005

Sonja Böhm

Inhaltsverzeichnis

Abkürzungsverzeichnis

a. A.	anderer Auffassung
Abs.	Absatz
AcP	Archiv für die civilistische Praxis
AE	Alternativ-Entwurf eines Strafgesetzbuchs
a. F.	alte Fassung
AG	Amtsgericht
Alt.	Alternative
Art.	Artikel
BayOblG	Bayerisches Oberstes Landesgericht
BayVBl	Bayerische Verwaltungsblätter
BayVerfGH	Bayerischer Verfassungsgerichtshof
BayVGH nF	Sammlung von Entscheidungen des Bayerischen Verwaltungsgerichtshofs mit Entscheidungen des Bayerischen Verfassungsgerichtshofs, (ab 1951 ferner) des Bayerischen Dienststrafhofs (ab 1952) und des Bayerischen Gerichtshofs für Kompetenzkonflikte, neue Folge
BGB	Bürgerliches Gesetzbuch
BGBl.	Bundesgesetzblatt
BGH	Bundesgerichtshof
BGHSt	Entscheidungen des Bundesgerichtshofs in Strafsachen
BGHZ	Entscheidungen des Bundesgerichtshofs in Zivilsachen
BR-Drucksache	Bundesratsdrucksache
BT-Drucksache	Bundestagsdrucksache
BVerfG	Bundesverfassungsgericht
BVerfGE	Entscheidungen des Bundesverfassungsgerichts
bzw.	beziehungsweise
DAR	Deutsches Autorecht
ders.	derselbe
d. h.	das heißt
dies.	dieselbe
DRiZ	Deutsche Richterzeitung
DVBl	Deutsches Verwaltungsblatt
EG	Europäische Gemeinschaft
EGMR	Europäischer Gerichtshof für Menschenrechte
EMRK	Europäische Konvention zum Schutz der Menschenrechte und Grundfreiheiten
EuGRZ	Europäische Grundrechte-Zeitung
f.	folgende

FamRZ	Zeitschrift für das gesamte Familienrecht (ab 1962, 4 ff.; vorher Ehe und Familie im privaten und öffentlichen Recht)
ff.	fortfolgende
FGG	Gesetz über die Angelegenheiten der freiwilligen Gerichtsbarkeit
FN	Fußnote
GA	Archiv für Preußisches Strafrecht; ab 19. Band (1871) Archiv für Gemeines Deutsches und für Preußisches Strafrecht; ab 28. Band (1880) Archiv für Strafrecht; ab 47. Band (1900) Archiv für Strafrecht und Strafprozess; ab 1934 Deutsches Strafrecht (DStR); ab 1954 Goldtammer's Archiv für Strafrecht (zit. GA Band und Seite, ab 1953 GA Jahr und Seite)
GG	Grundgesetz
GS	Der Gerichtssaal
HRR	Höchstrichterliche Rechtsprechung
Hrsg.	Herausgeber
i. E.	im Ergebnis
insbes.	insbesondere
i. S. d.	im Sinne des
i. V. m.	in Verbindung mit
JA	Juristische Arbeitsblätter
JBl.	Juristische Blätter
JR	Juristische Rundschau
JuS	Juristische Schulung
JW	Juristische Wochenschrift
JZ	Juristenzeitung
KG	Kammergericht
KindRG	Kindschaftsrechtsreformgesetz
Kind-Prax	Kindschaftsrechtliche Praxis
krit.	kritisch
KritVJ	Kritische Vierteljahresschrift für Gesetzgebung und Rechtswissenschaft
L	Lernbogen
LG	Landgericht
LMBG	Lebensmittel- und Bedarfsgegenständegesetz
LPartG	Lebenspartnerschaftsgesetz
LZ	Leipziger Zeitschrift für Deutsches Recht
m. a. W.	mit anderen Worten
MDR	Monatsschrift für Deutsches Recht
m. E.	meines Erachtens

MschrKrim	Monatsschrift für Kriminologie und Strafrechtsreform (ab 1953 ff.; vorher: Monatsschrift für Kriminalbiologie und Strafrechtsreform)
m. w. N.	mit weiteren Nachweisen
Nds. Rpfl.	Niedersächsische Rechtspflege
NJ	Neue Justiz
NJW	Neue Juristische Wochenschrift
NJW-RR	NJW-Rechtsprechungs-Report Zivilrecht
Nr.	Nummer
NStZ	Neue Zeitschrift für Strafrecht
OGHSt	Entscheidungen des Obersten Gerichtshofes für die Britische Zone in Strafsachen
OLG	Oberlandesgericht
OVG	Oberverwaltungsgericht
PrFDG	Preußisches Gesetz über den Forstdiebstahl
Rdnr.	Randnummer
RG	Reichsgericht
RGBl.	Reichsgesetzblatt
RGSt	Entscheidungen des Reichsgerichts in Strafsachen
RGZ	Entscheidungen des Reichsgerichts in Zivilsachen
S.	Seite
SchwZStR	Schweizerische Zeitschrift für Strafrecht
SGB	Sozialgesetzbuch
s. o.	siehe oben
sog.	sogenannte (r)
StGB	Strafgesetzbuch
StPO	Strafprozessordnung
StRG	Strafrechtsreformgesetz
StV	Strafverteidiger
StVG	Strafverkehrsgesetz
u. a.	unter anderem
u.U.	unter Umständen
v.	von
VersG	Versammlungsgesetz
VersR	Versicherungsrecht
vgl.	vergleiche
VRS	Verkehrsrechtssammlung
VVDStRL	Veröffentlichungen der Vereinigung der Deutschen Staatsrechtslehrer
wistra	Zeitschrift für Wirtschafts- und Steuerstrafrecht (bis 1996: Zeitschrift für Wirtschaft, Steuer, Strafrecht)
WRV	Weimarer Reichsverfassung

z. B.	zum Beispiel
ZfJ	Zeitschrift für Jugendrecht (später wegfallend:) und Jugendwohlfahrt
ZfL	Zeitschrift für Lebensrecht
ZG	Zeitschrift für Gesetzgebung
zit.	zitiert
ZPO	Zivilprozessordnung
ZRP	Zeitschrift für Rechtspolitik
z. T.	zum Teil
ZStW	Zeitschrift für die gesamte Strafrechtswissenschaft

Soweit Abkürzungen nicht in diesem Verzeichnis enthalten sind, ergeben sie sich aus dem Literaturverzeichnis.

Einleitung

Über die Voraussetzungen strafrechtlicher Garantenpflichten ist viel geschrieben worden. Gleichwohl konnte bisher keine Einigkeit über die Frage erzielt werden, ob es auf das formelle Bestehen einer Rechtspflicht oder die Existenz materieller Kriterien oder gar auf beide Elemente kumulativ ankommt. Im Bereich der Garantenpflichten aus familiären Beziehungen ist dieses Problem in jüngster Zeit durch zwei Entscheidungen erneut in den Blickpunkt gerückt worden. Die erste Entscheidung stammt vom Bundesgerichtshof und befasst sich mit der Frage, wann die Garantenpflicht unter Eheleuten endet[1]. Bei der zweiten Entscheidung handelt es sich um einen Beschluss des Landgerichts Kiel zur Garantenpflicht unter Geschwistern[2]. Der Bundesgerichtshof, der sich explizit für eine vermittelnde Betrachtung ausspricht, argumentiert primär formal, indem er die Grundnorm des § 1353 BGB durch die §§ 1353 Abs. 2, 1565 Abs. 1 BGB beschränkt. Das Landgericht Kiel dagegen will allein auf das tatsächliche Bestehen von Obhutsverhältnissen abstellen. Der Konflikt der Vorgehensweisen und der daraus resultierende Klärungsbedarf liegen auf der Hand.

Die Problematik wird verschärft durch die Tatsache, dass bis heute zweifelhaft ist, ob die gesetzliche Regelung des Garantengedankens in § 13 Abs. 1 StGB mit dem Bestimmtheitsgebot des Art. 103 Abs. 2 GG vereinbar ist. Hier mehren sich die Stimmen, die dies nur im Hinblick auf formelle Rechtspflichten bejahen[3]. Dessen ungeachtet hat das Bundesverfassungsgericht in zwei relativ neuen Entscheidungen die Verfassungsmäßigkeit des § 13 StGB bejaht und zur Begründung im Wesentlichen ausgeführt, die langjährige einheitliche und klare richterrechtliche Umschreibung gewährleiste eine hinreichende Bestimmtheit[4]. Auch hier ist der Gegensatz der Ansichten deutlich erkennbar.

In diesem Spannungsfeld bewegt sich die vorliegende Arbeit. Sie will klären, welche familienrechtlichen Beziehungen de lege lata Grundlage von Garantenpflichten sein können und welchen Inhalt diese Garantenpflichten haben.

Als erstes soll dargestellt werden, welche Ansichten speziell im Bereich der familiären Garantenpflichten vertreten werden. Sodann wird das Meinungsspektrum zu Garantenpflichten im Allgemeinen wiedergegeben und kritisch gewürdigt. Der folgende Teil widmet sich - ausgehend von einem kurzen Überblick über die geschichtliche Entwicklung des unechten Unterlassungs-

---

[1] BGHSt 48, 301 ff.
[2] LG Kiel NStZ 2004, S. 157 ff.
[3] Kamberger, Garantenstellung, S. 200 f.; Seebode, FS für Spendel, S. 317, 340 ff.; Albrecht, Garantenstellungen, S. 164 ff. (allerdings unter dem Gesichtspunkt des Analogieverbots).
[4] BVerfG NJW 1998, S. 50, 56; NJW 2003, S. 1030 f.

delikts - der Entstehung des § 13 StGB. Danach wird die Frage untersucht, ob bzw. inwieweit die Garantenklausel mit dem Bestimmtheitsgebot des Art. 103 Abs. 2 GG vereinbar ist und welche Auswirkungen sich aus dem Ergebnis dieser Prüfung auf Garantenpflichten in familiären Beziehungen ergeben. Den Abschluss bilden Überlegungen dazu, ob sich als Alternative zur geltenden Gesetzeslage nicht eine bessere Regelung finden lässt und wie eine solche Regelung in Ansätzen aussehen müsste.

Teil 1: Garantenpflichten in familiären und familienähnlichen Beziehungen – eine Bestandsaufnahme

Familiäre Beziehungen sind die ältesten, tief im Gefühlsleben der Menschen verwurzelten Gemeinschaftsverhältnisse[5] und begründen als solche strafrechtliche Garantenpflichten – diese Aussage genießt in ihrer Allgemeinheit seit langer Zeit in Rechtsprechung[6] und Literatur[7] verbreitete Zustimmung. So einfach und einleuchtend wie der genannte Grundsatz klingt, ist seine Anwendung auf die konkreten Einzelfälle jedoch nicht.

Der erste Teil der Arbeit soll daher zunächst einen Überblick darüber geben, welche Ansichten im Hinblick auf Garantenpflichten in den einzelnen familiären Beziehungen vertreten werden. Es geht also zum einen um die Frage, welche Familienverhältnisse überhaupt Garantenpflichten begründen. Zum anderen soll zumindest in einigen Fällen auch erörtert werden, welchen Inhalt bzw. Umfang die bestehenden Garantenpflichten haben. Allein die Tatsache, dass grundsätzlich eine Person für einen anderen Garant ist, bedeutet nicht, dass ihre Garantenpflicht alle möglichen Gefährdungen sämtlicher Rechtsgüter jenes anderen erfasst. Dabei erfolgt hier noch keine Auseinandersetzung mit den verschiedenen Meinungen, sondern lediglich eine Darstellung des Status quo.

I. Ehe und eingetragene Lebenspartnerschaft

1. Grundsätzliches Bestehen einer Garantenpflicht in der Ehe

In Rechtsprechung und Literatur besteht weitestgehend Einigkeit darüber, dass die Ehe grundsätzlich Garantenpflichten zwischen den Eheleuten begründet: Eheleute schulden sich als Grundvoraussetzung ihrer Beziehung wechselseitig Schutz und Beistand.

Diese Garantenpflicht wurde schon vom Reichsgericht im Jahre 1928 anerkannt[8] und auch in der Folgezeit bestätigt[9]. Der Bundesgerichtshof hat sich dieser

---

[5] LK-Jescheck § 13 Rdnr. 21.
[6] BGHSt 2, 151, 153.
[7] Vgl. nur Jescheck/Weigend, AT, S. 622; Kühl, AT, § 18 Rdnr. 47; LK-Jescheck § 13 Rdnr. 21; Otto, AT, § 9 Rdnr. 48; SK-Rudolphi § 13 Rdnr. 46.
[8] RG LZ 1928, Spalte 1633.
[9] RG HRR 1933, Nr. 1624; RGSt 64, 273, 278.

Rechtsprechung in einer frühen Entscheidung angeschlossen[10] und seine Ansicht bis in die heutige Zeit nicht geändert[11].

Die Kontinuität der Rechtsprechung spiegelt sich wider in einem fast einhelligen Konsens der Literatur[12]. Ablehnend äußert sich lediglich Gallas[13], während Gimbernat einen einschränkenden Standpunkt vertritt[14]. Er legt die Prämisse zugrunde, beim unechten Unterlassungsdelikt müsse der Unterlassende mit der Überwachung eines präexistenten, d. h. vor der konkreten Unterlassungssituation bestehenden, Gefahrenherdes beauftragt sein. Daher habe ein Ehegatte nur dann eine Garantenpflicht zur Abwehr von Gefahren für den anderen Ehegatten, wenn jener schon prinzipiell infolge einer bestehenden Krankheit oder infolge seines Alters in Gefahr schwebe, nicht aber z. B. bei einem plötzlichen Herzversagen.

2. Pflicht, Vermögensschäden des Ehepartners abzuwenden

Die geschilderte Einigkeit endet schlagartig, sobald es um den Umfang der Garantenpflichten unter Ehegatten geht. Erster Streitpunkt ist die Frage, ob Eheleute die Pflicht haben, Vermögensschäden beim anderen Partner zu verhindern.

Aktuelle höchstrichterliche Rechtsprechung zu diesem Problem existiert nicht. Das Reichsgericht hat sich in zwei Entscheidungen mit der aufgeworfenen Frage auseinandergesetzt. In der ersten Entscheidung kommt es zu dem Ergebnis, dass der Ehemann einer Hauseigentümerin die Rechtspflicht hat, eine Brandstiftung an diesem Haus zu verhindern und damit das Eigentum der Ehefrau zu

---

[10] BGHSt 2, 150, 153 f.; ebenso auch OLG Oldenburg DAR 1957, S. 300 f.
[11] BGHSt 48, 301, 302.
[12] Albrecht, Garantenstellungen, S. 63; Baier, JA 2004, S. 354; Baumann/Weber/Mitsch, AT, § 15 Rdnr. 55; Brammsen, Entstehungsvoraussetzungen, S. 161; Ebert, AT, S. 178; Erman-Heckelmann § 1353 Rdnr. 11; Freund, Erfolgsdelikt, S. 289; Ingelfinger, NStZ 2004, S. 409, 411; Jescheck/Weigend, AT, S. 622; Joecks § 13 Rdnr. 23; Kindhäuser, AT, § 21 Fall 31; Köhler, AT, S. 216; Krey, AT 2, Rdnr. 335; Kühl, AT, § 18 Rdnr. 56 f.; Lackner/Kühl § 13 Rdnr. 8; LK-Jescheck § 13 Rdnr. 22; Maiwald, JuS 81, S. 473, 481; Maurach/Gössel/Zipf, AT 2, § 46 Rdnr. 77; Meyer-Bahlburg, Unterlassungsdelikte, S. 81; Otto, AT, § 9 Rdnr. 48; Papadimopoulos, Rechtspflicht, S. 53; Preisendanz § 13 Rdnr. 4 a, aa; Roxin, AT 2, § 32 Rdnr. 45; Schmidhäuser, AT, 16/42; Sch/Sch-Stree § 13 Rdnr. 18; Schünemann ZStW 96, S. 287, 306; Schulte, Garantenstellung, S. 56 ff.; SK-Rudolphi § 13 Rdnr. 18; Staudinger-Hübner § 1353 Rdnr. 55; Stratenwerth/Kuhlen, AT 1, § 13 Rdnr. 39 f.; Tröndle/Fischer § 13 Rdnr. 6 b; Weber, GS für Keller, S. 325, 333; Wessels/Beulke, AT, Rdnr. 718; Zeichner, Entwicklung, S. 205; im Grundsatz auch Kahlo, Unterlassung, S. 257, allerdings begrenzt auf Gefahren, die das gemeinschaftliche Leben betreffen.
[13] Gallas, Studien, S. 92 f.
[14] Gimbernat, ZStW 111, S. 307, 330 ff.

schützen[15]. In der zweiten Entscheidung postuliert das Reichsgericht – allerdings im Zusammenhang mit § 266 StGB und nicht spezifisch auf Garantenpflichten bezogen – eine grundsätzliche Verpflichtung von Eheleuten, Vermögensinteressen des anderen Ehegatten wahrzunehmen und dessen Eigentum vor Schaden zu bewahren[16]. Ebenfalls bejaht wurde eine Vermögensfürsorgepflicht in einer Entscheidung des Obersten Gerichtshofs für die Britische Zone[17].

Die Literatur vermag mit Ausnahme von Herzberg[18] dieser Rechtsprechung nicht zu folgen. Während Jakobs der Ansicht ist, dass eine Vermögensfürsorgepflicht prinzipiell nicht existiere[19], wird vom überwiegenden Teil des Schrifttums differenziert: Eine Ansicht geht davon aus, eine derartige Pflicht bestehe je nach privatautonomer Vereinbarung[20]. Eine andere Meinung erkennt eine Vermögensfürsorgepflicht nur bei existentiell bedeutsamen Rechtsgütern an[21]. Diesen Standpunkt vertritt im Grundsatz auch Bärwinkel[22]. Er macht jedoch eine Ausnahme für den Fall, dass ein Ehegatte als Wohnungsinhaber den Diebstahl von Gegenständen seines Ehepartners zulässt. In diesem Fall gebe es keine Wertgrenze, der Ehegatte sei vielmehr immer Garant.

3. Pflicht, Straftaten des Ehepartners abzuwenden

Die Uneinigkeit setzt sich fort bei der Frage, ob Eheleute verpflichtet sind, Straftaten des anderen Ehepartners zu verhindern.

Das Reichsgericht ging von einer Straftatverhinderungspflicht unter Ehegatten aus[23]. Der Bundesgerichtshof hat sich in den fünfziger Jahren dieser Ansicht ebenso angeschlossen[24] wie das Oberlandesgericht Bremen[25]. In zwei dieser

---

15 RGSt 64, 273, 278 f.

16 RGSt 70, 205, 207 – wobei für den Verstoß gegen die von § 266 StGB erfasste Rechtspflicht zusätzlich darauf abgestellt wurde, dass die Ehefrau für das Vermögen ihres wegen Geistesschwäche entmündigten Mannes zu sorgen hatte.

17 OGHSt 3, 1, 4.

18 Herzberg, Unterlassung, S. 337 ff. - es sei nicht einleuchtend, warum für das Vermögen etwas anderes gelten solle als für Freiheit und Körperintegrität.

19 Jakobs, AT, 29/63 – es bestehe aber die Möglichkeit der Begründung durch Übernahme oder besonderes Vertrauensverhältnis.

20 Freund, Erfolgsdelikt, S. 289; Roxin, AT 2, § 32 Rdnr. 46.

21 Albrecht, Garantenstellungen, S. 73; Schmidhäuser, AT, 16/44; SK-Rudolphi § 13 Rdnr. 53; so wohl auch Brammsen, Entstehungsvoraussetzungen, S. 128 f., 165 und Papadimopoulos, Rechtspflicht, S. 55.

22 Bärwinkel, Garantieverhältnisse, S. 119 f., 146 ff., 150.

23 RGSt 74, 283, 285.

24 BGH NJW 1953, S. 591; BGHSt 6, 322, 323; BGH FamRZ 1956, S. 81 f.

25 OLG Bremen NJW 1957, S. 72 f.

Entscheidungen brachte er aber als weiteres Kriterium der Garantenpflicht ins Spiel, dass die Straftat in der Ehewohnung als besonderem Herrschaftsbereich begangen wurde[26]. Für diesen Sonderfall hielt der Bundesgerichtshof dann auch in den sechziger Jahren an einer Straftatverhinderungspflicht fest[27], obwohl er im Übrigen das Bestehen dieser Pflicht explizit offen ließ[28]. Auch das Oberlandesgericht Hamm ließ die Frage dahinstehen[29]. In einer neueren Entscheidung des Oberlandesgerichts Stuttgart aus dem Jahr 1985 wird eine Straftatverhinderungspflicht unter Ehegatten verneint[30]. Eine solche Pflicht bestehe jedenfalls nicht für Straftaten, bei denen es nicht darauf ankomme, ob sie innerhalb oder außerhalb der Ehewohnung verübt würden. Damit wird eine gegenüber der Rechtsprechung des Reichsgerichts grundsätzlich restriktive Tendenz der heutigen Rechtsprechung deutlich.

Die Literatur steht demgegenüber geschlossen auf dem Standpunkt, dass eine Pflicht, den voll verantwortlichen Ehepartner von Straftaten abzuhalten, nicht besteht[31]. Als Begründung wird angeführt, dass Ehepartner aufgrund ihrer Gleichberechtigung und Eigenverantwortlichkeit nicht das Recht und die Pflicht haben, sich gegenseitig zu kontrollieren[32]. Am deutlichsten hat Mayer[33] seinen Standpunkt formuliert: „Warum erregt man sich eigentlich über die nationalsozialistische Sippenhaftung, wenn man sie durch bloße Rechtsprechung wieder einführen will?"

---

[26] BGH NJW 1953, S. 591; BGHSt 6, 322, 324.

[27] BGH GA 1967, S. 115 f. – der Fall betraf Abtreibungen durch die Ehefrau in der Ehewohnung.

[28] BGHSt 19, 295, 297; BGH GA 1967, S. 115 f.

[29] OLG Hamm MDR 1970, S. 162.

[30] OLG Stuttgart NJW 1986, S. 1767 ff. zum Betrug.

[31] AK-BGB-Lange § 1353 Rdnr. 9; Bärwinkel, Garantieverhältnisse, S. 153 ff. (der aber eventuell eine Pflicht des Ehegatten als Wohnungsinhaber bejaht, S. 139 ff., 159 ff.); Baier, JA 2004, S. 354; Bamberger/Roth-Lohmann § 1353 Rdnr. 18; Baumann/Weber/Mitsch, AT, § 15 Rdnr. 55; Blei, AT, § 87 I 1; Böhm, JuS 1961, S. 177, 181; ders., Rechtspflicht, S. 58 ff.; Brammsen, Entstehungsvoraussetzungen, S. 163; Ebert, AT, S. 179; Geilen, FamRZ 1961, S. 147, 157 ff.; Gunia, Garantenstellungen, S. 30; von Hippel, Strafrecht, S. 161 f. FN 7; Jakobs, AT, 29/63; Jescheck/Weigend, AT, S. 628; Joecks § 13 Rdnr. 39; Kindhäuser, AT, § 21 Fall 32, Konrad, Probleme, S. 90; Krey, AT 2, Rdnr. 363; Lackner/Kühl § 13 Rdnr. 14; Mezger, Strafrecht, S. 140; Otto/Brammsen, Jura 1985, S. 530, 541; Otto, AT, § 9 Rdnr. 48, 56; Preisendanz § 13 Rdnr. 4 a, aa; Ranft, JZ 1987, S. 908, 909 ff.; Roxin, AT 2, § 32 Rdnr. 49; Schmidhäuser, AT, 16/43; Sch/Sch-Stree § 13 Rdnr. 53; Seebode, FS für Spendel, S. 317, 340; Staudinger-Hübner/Voppel § 1353 Rdnr. 58; Stratenwerth/Kuhlen, AT 1, § 13 Rdnr. 40; SK-Rudolphi § 13 Rdnr. 52; Tröndle/Fischer § 13 Rdnr. 6 c; Weber, GS für Keller, S. 325, 333; Welzel, Strafrecht, S. 214; Wessels/Beulke, AT, Rdnr. 724.

[32] Albrecht, Garantenstellungen, S. 76; Brammsen, Entstehungsvoraussetzungen, S. 163; Sch/Sch-Stree § 13 Rdnr. 53; ähnlich Baumann/Weber/Mitsch, AT, § 15 Rdnr. 55 (Ehegatte kein Wächter seines Partners).

[33] Mayer, Bestimmtheit, S. 259, 275.

Der Streit beginnt im Schrifttum erst bei der Frage, ob eine Straftatverhinderungspflicht gegenüber einem geisteskranken Ehegatten besteht[34] oder nicht[35]. Zu dieser Frage hat die strafrechtliche Rechtsprechung noch nicht Stellung genommen. Die zivilrechtliche Rechtsprechung bejaht eine entsprechende Verpflichtung[36].

4. Pflicht, die Selbsttötung des Ehepartners abzuwenden

Ungeklärt ist weiterhin, ob die Garantenpflicht unter Ehegatten auch die Pflicht umfaßt, eine - insbesondere freiverantwortliche - Selbsttötung des Ehepartners zu verhindern.

Der Bundesgerichtshof hat in zwei frühen Entscheidungen eine entsprechende Garantenpflicht bejaht[37]. Gleiches gilt für das Kammergericht Berlin sowie für das Landgericht Bonn, die in den sechziger Jahren eine Strafbarkeit des Ehegatten nicht an der Garantenpflicht scheitern ließen, sondern an der Tätereigenschaft[38] bzw. am Tätervorsatz[39]. Die Entscheidungen aus neuerer Zeit beschäftigen sich mit dem Suizid eines nicht freiverantwortlich handelnden Ehegatten. So hat der Bundesgerichtshof sowohl eine Garantenpflicht für eine durch einen Irrtum beeinflusste Selbsttötung eines Ehegatten[40] als auch eine Garantenpflicht für die Selbsttötung einer psychisch kranken Ehefrau[41] bejaht.

Das Schrifttum ist bei der Frage einer Suizidverhinderungspflicht geteilter Ansicht. Während vereinzelt eine entsprechende Pflicht angenommen wird[42],

---

[34] So LK-Jescheck § 13 Rdnr. 43; SK-Rudolphi § 13 Rdnr. 20, 36 b.

[35] Freund, Erfolgsdelikt, S. 261 f.; MüKo-StGB-Freund § 13 Rdnr. 142; Tröndle/Fischer § 13 Rdnr. 6 c.

[36] RGZ 70, 48 ff. (wo aber auch auf die Stellung als Haushaltungsvorstand abgestellt wird); BGH FamRZ 1961, S. 115 f. (dort wird zusätzlich auf die Stellung des Ehemannes als Vormund zurückgegriffen).

[37] BGHSt 2, 150, 153 f.; BGHSt 7, 268, 269 – eine Strafbarkeit des Ehemannes wegen der Selbsttötung seiner Ehefrau wurde dort dennoch abgelehnt. Die unterlassene Information der Eltern der Ehefrau bzw. der Polizei über deren Selbsttötungsabsicht sei nicht kausal für ihren Tod gewesen, da sie die Selbsttötung nicht hätte verhindern können. Die häusliche Trennung des Mannes von der Frau sei zwar ursächlich gewesen, habe aber keine Rechtspflicht verletzt.

[38] KG Berlin MDR 1967, S. 269.

[39] LG Bonn MDR 1968, S. 66 f.

[40] BGH NStZ 1984, S. 73.

[41] BGH NJW 1994, S. 1357 f.

[42] Herzberg, Unterlassung, S. 265 ff. (unter Betonung, dass der zum Selbstmord Entschlossene seinen Tod nicht unbedingt wolle, sondern nur die auslösende Konfliktsituation überwinden müsse); ders., JA 1985, S. 177, 178f., 336, 344 (danach soll nur ein Unrechtsausschluss über § 34 StGB oder eine Unrechtsminderung nach § 216 StGB möglich sein); Konrad, Probleme, S. 89.

verneint der überwiegende Teil der Literatur die Verpflichtung, die freiverantwortliche Selbsttötung des Ehepartners zu verhindern[43]. Begründet wird dies damit, dass die Ehe als Beziehung von gleichberechtigten Menschen keine Vormundschaft des einen gegenüber dem anderen Ehegatten begründet[44]. Eine Sonderstellung nimmt insoweit Brammsen[45] ein, der einen Überredungsversuch des Ehepartners fordert und erst bei Nichtfruchten auf die eigenverantwortliche Entscheidung des Selbsttötungswilligen abstellt. Besonders hervorzuheben sind auch Bemühungen im Schrifttum[46], das Problem des nicht verhinderten Suizids nicht primär über die Garantenstellung, sondern über die Teilnahme und bzw. oder gesetzliche Wertungen (Straflosigkeit der Selbsttötung und damit der Beihilfe hierzu) zu lösen.

Bei einer nicht freiverantwortlichen Selbsttötung soll nach der Ansicht der Literatur dagegen eine Garantenpflicht bestehen[47].

5. Garantenpflicht bei Zerrüttung der Ehe

Letztlich kontrovers beurteilt wird auch die Frage, welche zeitliche Grenze bei der ehelichen Garantenpflicht zu ziehen ist. Diese Frage wird akut, wenn die Eheleute sich streiten bzw. trennen. Bis zu welchem Zeitpunkt sollen noch Pflichten zwischen den Ehepartnern bestehen?

Der Bundesgerichtshof hat sich bereits 1954 relativ pauschal dahingehend geäußert, dass eine Straftatverhinderungspflicht jedenfalls dann nicht mehr bestehe, wenn die Ehegatten getrennt und in Scheidung leben[48]. In einer – in der Einleitung genannten – Entscheidung aus dem Jahr 2003 hat er seine Ansicht präzisiert[49]: Die gegenseitige Beistandspflicht unter Ehegatten ende nicht schon mit dem bloßen Auszug eines Ehepartners aus der Wohnung. Andererseits

---

[43] Albrecht, Garantenstellungen, S. 70 f.; Bottke, Suizid, S. 64 ff, 281 f.; Freund, Erfolgsdelikt, S. 268 ff.; Jakobs, AT, 29/63; Kühl, AT, § 18 Rdnr. 60; Maurach/Gössel/Zipf, AT 2, § 46 Rdnr. 71, 77; Otto, AT, § 9 Rdnr. 48, 58; Otto/Brammsen, Jura 1985, S. 530, 539 f.; Papadimopoulos, Rechtspflicht, S. 56; Roxin, AT 2, § 32 Rdnr. 47; ders., TuT, S. 475 f.; Sch/Sch-Stree § 13 Rdnr. 22; SK-Rudolphi § 13 Rdnr. 52.

[44] Albrecht, Garantenstellungen, S. 70; Jakobs, AT, 29/63; Kühl, AT, § 18 Rdnr. 59 f.; Otto/Brammsen, Jura 1985, S. 530, 539.

[45] Brammsen, Entstehungsvoraussetzungen S. 163.

[46] Vgl. nur Gallas, JZ 1960, S. 686, 687 ff. (mit kritischer Besprechung Roxin, TuT, S. 474 f.); Grünwald, Unterlassungsdelikt, S. 117 ff.; Heinitz, JR 1954, S. 403, 405.

[47] Jakobs, AT, 29/63; Roxin, AT 2, § 32 Rdnr. 47; darauf hindeutend auch Brammsen, Entstehungsvoraussetzungen, S. 163 f. FN 86.

[48] BGHSt 6, 322 ff.

[49] BGHSt 48, 301, 304 ff. mit zustimmender Anmerkung Baier, JA 2004, S. 354 ff.; Rönnau, JR 2004, S. 158 ff.; die Anmerkung von Martin, JuS 2004, S. 82 f. weist auf ungelöste Fragen hin.

könne auch nicht auf die Rechtskraft des Scheidungsurteils abgestellt werden. Entscheidend sei vielmehr das Scheitern der Ehe nach §§ 1565 Abs. 1, 1353 Abs. 2 BGB. Die strafrechtliche Garantenpflicht ende daher, wenn sich ein Ehegatte vom anderen in der ernsthaften Absicht getrennt habe, die eheliche Lebensgemeinschaft nicht wieder herzustellen.

Die Literatur verfolgt zur Frage der zeitlichen Begrenzung von Garantenpflichten unter Ehegatten verschiedene Ansätze.

Am weitesten gehen diejenigen Vertreter, die vor der Scheidung – gemeint ist wohl die Rechtskraft des Scheidungsurteils – keine Einschränkung der Garantenpflicht zulassen[50]. Die Ansicht wird damit begründet, dass erst in diesem Zeitpunkt die Ehe als Institution und rechtliches Band beendet ist[51]. Eine andere Gruppe stellt sich auf den Standpunkt, dass das tatsächliche Vertrauens- und Abhängigkeitsverhältnis schon früher enden könne[52], und zieht daher einen früheren Zeitpunkt heran. Welcher Zeitpunkt dies sein soll, ist aber wiederum umstritten. Ein Teil beruft sich auf das Getrenntleben[53], ein anderer Teil auf Zerrüttung[54], und eine vermittelnde Ansicht kombiniert beide Kriterien alternativ[55]. Andere stellen auf den Begriff der Lebensgemeinschaft ab[56] bzw. auf die nach außen deutlich gemachte Kündigung inter partes[57]. Vertreten wird auch, dass es auf die Umstände des Einzelfalls ankomme[58]. Eine letzte Ansicht zieht § 1353 Abs. 2 BGB, das Recht zum Getrenntleben, heran[59].

---

[50] Geilen, FamRZ 1961, S. 147, 148 f. (der allerdings auch § 1353 Abs. 2 BGB erwähnt); ders., FamRZ 1964, S. 385, 390; Herzberg, Unterlassung, S. 342 f.; Jakobs, AT, 29/64; Kindhäuser, AT, § 21 Fall 31; Krey, AT 2, Rdnr. 335; LK-Jescheck § 13 Rdnr. 23; Welzel, Strafrecht, S. 217.
[51] Krey, AT 2, Rdnr. 335.
[52] Vgl. Albrecht, Garantenstellungen, S. 79 f. m. w. N.
[53] Albrecht, Garantenstellungen, S. 81; Brammsen, Entstehungsvoraussetzungen, S. 162; Hauf, AT, S. 68; Stratenwerth/Kuhlen, AT 1, § 13 Rdnr. 39; SK-Rudolphi § 13 Rdnr. 50.
[54] Freund, Erfolgsdelikt, S. 290; Ingelfinger, NStZ 2004, S. 409, 412.
[55] Bärwinkel, Garantieverhältnisse, S. 135 ff.; Kühl, AT, § 18 Rdnr. 58; Zeichner, Entwicklung, S. 210 f.
[56] Arzt, JA 1980, S. 647, 650; Meyer-Bahlburg, Unterlassungsdelikte, S. 82; Roxin, AT 2; § 32 Rdnr. 45, 50; wohl auch Köhler, AT, S. 217.
[57] Freund, NJW 2003, S. 3384, 3385 ff; Ingelfinger, NStZ 2004, S. 409, 412.
[58] Wessels/Beulke, AT, Rdnr. 718: Entscheidend soll sein, seit wann die Trennung besteht, ob die Eheleute in Freundschaft oder in Feindschaft auseinandergegangen sind und wie sie seitdem ihre persönlichen Lebensbeziehungen gestaltet haben.
[59] So wohl Böhm, Rechtspflicht, S. 61 f.; Sch/Sch-Stree § 13 Rdnr. 19.

6. Eingetragene Lebenspartnerschaft

Soweit zu der eingetragenen Lebenspartnerschaft überhaupt Stellung genommen wird, ist man sich darüber einig, dass durch das Inkrafttreten des Lebenspartnerschaftsgesetzes[60] am 1. August 2001 insoweit eine Gleichstellung mit der Ehe vollzogen wurde[61]. Begründet wird diese Ansicht mit § 2 LPartG, der eine zu § 1353 BGB parallele Regelung getroffen hat[62].

II. Eheähnliche Gemeinschaften: Verlöbnis und nichteheliche Lebensgemeinschaft

1. Verlöbnis

Im Gegensatz zur Ehe ist streitig, ob Verlobte überhaupt füreinander garantenpflichtig sind.

Die Rechtsprechung hierzu zeigt kein einheitliches Bild.

Das Reichsgericht stellte in einer Entscheidung aus dem Jahr 1921 fest, das Verlöbnis erzeuge keinen der Ehe vergleichbaren Rechts- und Pflichtenkreis, weswegen keine Garantenpflicht bestehe[63]. Im Nationalsozialismus wurde dagegen das Verlöbnis problemlos als Garantenpflichten begründendes Treueverhältnis anerkannt[64]. Der Bundesgerichtshof hatte 1954 ebenfalls über die Garantenpflicht unter Verlobten zu entscheiden und wählte einen Mittelweg[65]: Zwar begründe die Verlobung anders als die Ehe keine vollständige Lebensgemeinschaft; im Einzelfall könne jedoch einem Verlobten die Pflicht obliegen, Gefahren vom anderen abzuwenden. Entscheidend seien die Dauer des Verlöbnisses, das Alter und die Reife der Verlobten, die räumliche Nähe oder Ferne, in der sie lebten, und vor allem das persönliche Verhältnis zueinander, also die Enge und Festigkeit ihres Zusammenschlusses im Hinblick auf eine zukünftige Ehe.

---

[60] Gesetz zur Beendigung der Diskriminierung gleichgeschlechtlicher Gemeinschaften: Lebenspartnerschaften (LPartG) vom 16. 2. 2001, BGBl. I, 266 ff.

[61] Kindhäuser, AT, § 21 Fall 31; Kühl, AT, § 18 Rdnr. 57; Tröndle/Fischer § 13 Rdnr. 6 d; i. E. auch Baumann/Weber/Mitsch, AT, § 15 Rdnr. 55; Weber, GS für Keller, S. 325, 334 – zur Gleichbehandlung der homosexuellen Partnerschaft schon vor Inkrafttreten des Lebenspartnerschaftsgesetzes Brammsen, Entstehungsvoraussetzungen, S. 169 unter Berufung auf die Eheähnlichkeit.

[62] Baumann/Weber/Mitsch, AT, § 15 Rdnr. 55; Kühl, AT, § 18 Rdnr. 57.

[63] RGSt 56, 168, 169.

[64] RG JW 1938, S. 3031.

[65] BGH JR 1955, S. 104 f. mit ablehnender Anmerkung Heinitz, JR 1955, S. 105 f.

Ob die Ermittlung einer Garantenpflicht anhand der aufgezählten konkreten Umstände auch heute noch praktiziert würde, erscheint zweifelhaft. In einer späteren Entscheidung hat der Bundesgerichtshof die Feststellungen eines Schwurgerichts als rechtsfehlerfrei bezeichnet, das zu dem Ergebnis kam, die Rechtspflicht des Verlobten bestehe aufgrund der engen Lebensgemeinschaft und aufgrund vorangegangenen gefährdenden Tuns[66]. Die enge Lebensgemeinschaft bestand in dem konkreten Fall darin, dass die Verlobten seit einem Monat zusammen wohnten, wobei ihre Beziehung von Spannungen geprägt war. Hinzuweisen ist noch darauf, dass die Urteile sich entweder mit der Frage einer Straftatverhinderungspflicht[67] oder einer Selbsttötungsverhinderungspflicht[68] befassten – beides Fallgruppen, die selbst bei Bestehen einer grundsätzlichen Garantenpflicht nicht unproblematisch sind.

Auch in der Literatur besteht keine Einigkeit. Teilweise wird eine Garantenpflicht unter Verlobten angenommen[69], während andere Autoren sie verneinen[70]. Die ablehnende Ansicht stützt sich auf den Charakter der Verlobung als Phase des Sich-Kennenlernens und der Erprobung[71]. Der wohl überwiegende Teil des Schrifttums bejaht eine Garantenpflicht bei enger Lebensgemeinschaft der Verlobten. Dabei wird von einigen Autoren auf das Zusammenleben abgestellt[72], anderen genügt der Begriff der Lebensgemeinschaft[73] bzw. der Vertrauensbeziehung[74] oder des engen persönlichen Bandes[75].

2. Nichteheliche Lebensgemeinschaft

Auch im Bereich der nichtehelichen Lebensgemeinschaft bestehen Zweifel im Hinblick auf das Bestehen von Garantenpflichten. Dabei ist zunächst darauf

---

66 BGH NJW 1960, S. 1821 f. mit ablehnender Anmerkung Heinitz JR 1961, S. 29 f.

67 RG JW 1938, S. 3031.

68 BGH JR 1955, S. 104 f.; BGH NJW 1960, S. 1821 f.

69 Brammsen, Entstehungsvoraussetzungen, S. 166 ff. (der sie allerdings auf die Rechtsgüter Leib und Leben beschränkt); Krey, AT 2, Rdnr. 355; Wessels/Beulke, AT, Rdnr. 718; vgl. auch Ebert, AT, S. 178 (der zusätzlich auf die Umstände des Einzelfalls abstellt).

70 Böhm, Rechtspflicht, S. 67; Geilen, FamRZ 1961, S. 147, 155 ff.; Herzberg, Unterlassung, S. 343 f.; Jakobs, AT, 29/65; Zeichner, Entwicklung, S. 208.

71 Jakobs, AT, 29/65; Zeichner, Entwicklung, S. 208.

72 Dölling, JR 1990, S. 474, 476 f.; Roxin, AT 2, § 32 Rdnr. 52; SK-Rudolphi § 13 Rdnr. 51.

73 Albrecht, Garantenstellungen, S. 86; Lackner/Kühl § 13 Rdnr. 10; wohl auch Schünemann, ZStW 1996, S. 287, 307 FN 62; i. E. auch Bärwinkel, Garantieverhältnisse, S. 177 ff. (der Garantenstellungen aus Verlobung selbst ablehnt, aber die Möglichkeit der Begründung über die enge Lebensgemeinschaft bejaht).

74 Rudolphi, NStZ 1984, S. 149, 153.

75 Kienapfel JBl. 1975, S. 80, 85 – der allerdings nur im Hinblick auf erhebliche Gefahren für persönliche Rechtsgüter eine Garantenpflicht annimmt.

hinzuweisen, dass nach der Rechtsprechung des Bundesverfassungsgerichts die nichteheliche Lebensgemeinschaft gegenüber einem beliebigen Liebes- oder Freundschaftsverhältnis folgende Besonderheiten aufweist: Es muss sich um eine Verantwortungs- und Entscheidungsgemeinschaft zwischen Mann und Frau handeln, die auf Dauer angelegt ist, daneben keine weitere Gemeinschaft gleicher Art zulässt und sich durch innere Bindungen auszeichnet, die ein gegenseitiges Einstehen der Parteien füreinander begründen[76].

Die Rechtsprechung zur Frage einer Garantenpflicht in der nichtehelichen Lebensgemeinschaft ist unergiebig:

Die meisten Entscheidungen sind zum Bereich der Aussagedelikte ergangen. Es ging immer wieder um die Frage, ob eine Rechtspflicht zur Verhinderung einer Falschaussage bestand. Unter dem Gesichtspunkt der Ingerenz wurde dies bejaht, wenn die aussagende Person in eine besondere, dem Prozess nicht mehr eigentümliche Gefahr der Falschaussage gebracht worden war. Eine solche gesteigerte Gefahr wurde zum Teil bei einer Liebesbeziehung mit dem Zeugen bejaht[77], zum Teil bei einer eheähnlichen Gemeinschaft verneint[78]. Eine unzweideutige Aussage zum Bestehen einer Garantenpflicht lässt sich dem schon deshalb nicht entnehmen, weil unklar ist, ob in allen Entscheidungen eine auf Dauer angelegte nichteheliche Lebensgemeinschaft oder nur ein kurzfristiges Liebesverhältnis vorlag.

Die einzige Entscheidung zum grundsätzlichen Bestehen einer Garantenpflicht in einer eheähnlichen Beziehung – wenngleich unter Homosexuellen und damit nicht der obigen Definition einer nichtehelichen Lebensgemeinschaft entsprechend – stammt vom Amtsgericht Duisburg[79]. In dem Urteil wird eine Selbstmordverhinderungspflicht mit der engen Lebensgemeinschaft zweier seit

---

[76] BVerfG NJW 1993, S. 643, 645 – die dort aufgestellte Voraussetzung der Geschlechtsverschiedenheit der Partner dürfte seit der Einführung des Lebenspartnerschaftsgesetzes zweifelhaft geworden sein. Der Definition des Bundesverfassungsgerichts sind die meisten obersten Gerichte gefolgt: der Bundesgerichtshof (Zivilsachen) in NJW 1993, S. 999, 1001; das Bundessozialgericht in NJW 1993, 3346 ff. und das Bundesverwaltungsgericht in NJW 1995, S. 2802 f. Insofern kann der Begriff auch ins Strafrecht übernommen werden, selbst wenn noch kein höchstrichterliches Urteil vorliegt, das sich der genannten Definition anschließt. Konrad, Probleme, S. 26, kommt jedenfalls für das Strafrecht zu einer sehr ähnlichen Definition: auf Dauer angelegte, auf emotionaler Bindung beruhende Beziehung zweier Personen, die in häuslicher Gemeinschaft zusammenleben und sich zur gegenseitigen Unterstützung und Hilfe sittlich verpflichtet haben.

[77] BGHSt 2, 129, 134; BGHSt 14, 229, 231- dort unter Betonung, dass die Liebesbeziehung während des Verfahrens fortgesetzt wurde.

[78] So wohl OLG Köln NStZ 1990, S. 594 f.; OLG Düsseldorf NJW 1994, S. 272 f.

[79] AG Duisburg MDR 1971, S. 1027 mit ablehnender Anmerkung Doehring, MDR 1972, S. 664 f.

Jahren in eheähnlichem Verhältnis zusammenlebender Homosexueller begründet.

Die Meinungen im Schrifttum sind geteilt.

Eine Gruppe lehnt Garantenpflichten in einer nichtehelichen Lebensgemeinschaft ab[80]. Begründet wird dies mit dem Fehlen einer rechtlichen Anerkennung nichtehelicher Lebensgemeinschaften[81]. Etwas differenzierter sieht es Konrad[82]. Er ist zwar im Grundsatz auch dieser Ansicht, bejaht aber regelmäßig einen konkludent geschlossenen Vertrag im Hinblick auf die Rechtsgüter Leben, Leib und Freiheit oder das Vorliegen von Ingerenz.

Demgegenüber befürwortet eine andere Gruppe eine Garantenpflicht bei tatsächlichem Zusammenleben[83] oder bei enger Lebensgemeinschaft[84]. Albrecht[85] tritt für eine auf Leib und Leben beschränkte Garantenpflicht für den Fall ein, dass die Beziehung auf gegenseitige Verantwortlichkeit gegründet ist.

III. Eltern und Kinder

1. Obhutspflicht der Eltern gegenüber minderjährigen Kindern

Zu den am besten geklärten Fragen der familiären Garantenpflichten gehört das Verhältnis von Eltern gegenüber ihren minderjährigen Kindern. Rechtsprechung und Literatur gehen in seltener Einmütigkeit davon aus, dass Eltern eine Fürsorgepflicht gegenüber ihren minderjährigen Kindern haben.

Der Bundesgerichtshof hat diese Garantenpflicht in mehreren Entscheidungen bestätigt[86]. Auch im Schrifttum finden sich ausschließlich befürwortende

---

[80] Baumann/Weber/Mitsch, AT, § 15 Rdnr. 73, 76; Jakobs, AT, 29/66; Weber, GS für Keller, S. 325, 332.

[81] Jakobs, AT, 29/66.

[82] Konrad, Probleme, S. 85 ff., 94 ff., 97 ff., 111 f.

[83] Roxin, AT 2, § 32 Rdnr. 51; SK-Rudolphi § 13 Rdnr. 51 und wohl auch Stratenwerth/Kuhlen, AT 1, § 13 Rdnr. 39.

[84] Herzberg, Unterlassung, S. 346 f.; Krey, AT 2, Rdnr. 356; Maiwald, JuS 1981, S. 473, 481; Tröndle/Fischer § 13 Rdnr. 10; ähnlich auch Sch/Sch-Stree § 13 Rdnr. 25; Brammsen, Entstehungsvoraussetzungen, S. 168 ff. (nach außen manifestierte emotionale Zusammengehörigkeit) und Kahlo, Unterlassung, S. 259 (nur bei Gefahren, die das gemeinsame Zusammenleben betreffen).

[85] Albrecht, Garantenstellungen, S. 92.

[86] BGHSt 7, 268, 272; BGH NStZ 1984, S. 164; NStZ 1996, S. 35, 36; NStZ 1999, S. 607.

Stimmen[87]; es wird sogar vom „Paradebeispiel"[88], „Grundtypus"[89] oder „Prototyp"[90] der Garantenpflichten gesprochen.

Obwohl die Meinungen über das Bestehen der Fürsorgepflicht eindeutig sind, lässt sich der Umfang dieser Pflicht schon nicht mehr randscharf bestimmen. So weisen zum einen mehrere Autoren darauf hin, dass die Garantenpflicht der Eltern durch die erzieherisch notwendige Freiheit und Selbständigkeit der Kinder begrenzt wird[91]. Da die Erziehung nicht auf das vollständig behütete Kind abzielen dürfe, seien gewisse Risiken hinzunehmen und insoweit dürfe den Eltern keine Fürsorgepflichtverletzung vorgeworfen werden. Zum anderen ist unklar, ob sich die Fürsorgepflicht auf alle Vermögensbestandteile des Kindesvermögens erstreckt[92] oder ob sie auf das existenzwichtige Vermögen beschränkt ist[93].

2. Obhutspflicht der Eltern gegenüber ungeborenen Kindern

Unsicherheit besteht ferner über die Frage, wann die Obhutspflicht zeitlich beginnt, ob sie also auch gegenüber dem ungeborenen Kind besteht.

Dabei gehen Rechtsprechung und Literatur noch einheitlich davon aus, dass eine Garantenpflicht der Mutter gegenüber dem ungeborenen Kind besteht. Eine

---

87 AK-StGB-Seelmann § 13 Rdnr. 138; Arzt, JA 1980, S. 647, 651; Bärwinkel, Garantieverhältnisse, S. 167 ff.; Baumann/Weber/Mitsch, AT, § 15 Rdnr. 53; Böhm, Rechtspflicht, S. 62; Brammsen, Entstehungsvoraussetzungen, S. 150 ff.; Brückner, Angehörigenverhältnis, S. 63 ff. (der eine entsprechende Pflicht für existentielle Güter selbst nach Adoption des Kindes durch einen anderen bejaht); Ebert, AT, S. 178; Freund, AT, § 6 Rdnr. 89; Grünewald, Garantenpflichten, S. 140; Herzberg, Unterlassung, S. 339 f.; Jescheck/Weigend, AT, S. 622; Kahlo, Unterlassung, S. 258; Kühl, AT, § 18 Rdnr. 48; Lackner/Kühl § 13 Rdnr. 8, 10; Lilie, JZ 1991, S. 541, 544; LK-Jescheck § 13 Rdnr. 22; Maiwald, JuS 1981, S. 473, 481; Mayer, AT, S. 116; Meyer-Bahlburg, Unterlassungsdelikte, S. 67; Otto, AT, § 9 Rdnr. 48; Otto/Brammsen, Jura 1985, S. 530, 538; Papadimopoulos, Rechtspflicht S. 60; Preisendanz § 13 Rdnr. 4 a, aa; Rudolphi, NStZ 1984, S. 149, 153; Schünemann, ZStW 1996, S. 287, 306; Seelmann, GA 1989, S. 241, 255; SK-Rudolphi § 13 Rdnr. 47; Stratenwerth/Kuhlen, AT 1, § 13 Rdnr. 18; Tröndle/Fischer § 13 Rdnr. 6 d; Welzel, Strafrecht, S. 213; Zeichner, Entwicklung, S. 204.

88 Freund, Erfolgsdelikt, S. 273 ff.

89 Rudolphi, FS für Dünnebier, S. 561, 579.

90 Jakobs, AT, 29/59 ff.

91 Kühl, AT, § 18 Rdnr. 51; Roxin, AT 2, § 32 Rdnr. 35 f.; in Ansätzen auch Freund, Erfolgsdelikt, S. 221 f.; vgl. auch Brammsen, Entstehungsvoraussetzungen, S. 155 (der auf einen Erziehungsspielraum der Eltern hinweist).

92 Jakobs, AT, 29/59.

93 Bärwinkel, Garantieverhältnisse, S. 167; so wohl auch Roxin, AT 2, § 32 Rdnr. 36; Brammsen, Entstehungsvoraussetzungen, S. 155.

derartige Pflicht wurde bereits vom Reichsgericht angenommen[94] und vom Bundesgerichtshof bestätigt[95]. Auch das Schrifttum befürwortet eine entsprechende Garantenpflicht[96].

Im Hinblick auf eine Garantenpflicht des Erzeugers gegenüber dem ungeborenen Kind gehen die Meinungen dagegen auseinander.

Das Oberlandesgericht Oldenburg hat eine entsprechende Rechtspflicht aus natürlicher Bindung zur Leibesfrucht anerkannt[97]. Auch der Bundesgerichtshof scheint in diese Richtung zu tendieren. Er bestätigte ein Urteil, in dem eine Rechtspflicht des Erzeugers aus natürlicher, der Verwandtschaft ähnelnder Verbundenheit hergeleitet wurde[98].

Das Schrifttum ist zum Teil gleicher Ansicht[99], wobei einige Vertreter auf mögliche Einschränkungen durch § 218 StGB hinweisen[100]. Ein anderer Teil der Literatur lehnt eine Obhutspflicht des Erzeugers vor Geburt des Kindes ab[101]. Als Begründung wird zum einen angeführt, die Mutter-Kind-Beziehung sei so intensiv, dass sie originäre Pflichten des Erzeugers bis zur Geburt ausschließe[102]. Zum anderen wird auf eventuelle Wertungswidersprüche zum erlaubten Schwangerschaftsabbruch hingewiesen[103].

3. Obhutspflicht der Eltern gegenüber volljährigen Kindern

Höchstrichterliche Entscheidungen zur Frage der zeitlichen Grenze der elterlichen Obhutspflicht gegenüber erwachsenen Kindern sind nicht vorhanden.

---

94 RG JW 1927, S. 2696 f.; RGSt 61, 360, 361.

95 BGH GA 1970, S. 86.

96 AK-StGB-Seelmann § 13 Rdnr. 138; Bärwinkel, Garantieverhältnisse, S. 167 FN 17; Hansen, MDR 1974, S. 797, 798; LK-Kröger § 218 Rdnr. 36; Mitsch, Jura 1989, S. 193, 198; ders., JuS 1995, S. 787, 789; MüKo-StGB-Gropp § 218 Rdnr. 50, 54; NK-Seelmann § 13 Rdnr. 138; Sch/Sch-Eser § 218 Rdnr. 31; Schünemann, Grund, S. 342 f.; Tröndle/Fischer § 218 Rdnr. 7.

97 OLG Oldenburg Nds. Rpfl. 1951, S 75 ff.

98 BGH bei Dallinger, MDR 1973, S. 396.

99 Bärwinkel, Garantieverhältnisse, S. 160, 167 FN 17; Hansen, MDR 1974, S. 797, 800; Jescheck/Weigend, AT, S. 622; Lackner/Kühl § 218 Rdnr. 3; Mitsch, Jura 1989, S. 193, 196; MüKo-StGB-Gropp § 218 Rdnr. 50 f.; NK-Seelmann § 13 Rdnr. 138; SK-Rudolphi § 13 Rdnr. 47; Sch/Sch-Eser § 218 Rdnr. 29; Tröndle/Fischer § 13 Rdnr. 7.

100 SK-Rudolphi, § 13 Rdnr. 47; vgl. auch die Zweifel von LK-Jescheck § 13 Rdnr. 22 und NK-Seelmann § 13 Rdnr. 138.

101 Freund, AT, § 6 Rdnr. 91; Jakobs, AT, 29/61; Otto, AT, § 9 Rdnr. 51; Otto/Brammsen, Jura 1985, S. 530, 538; Schünemann, Grund, S. 347 f.

102 Schünemann, Grund, S. 347 f.; ähnlich auch Jakobs, AT, 29/61.

103 Otto/Brammsen, Jura 1985, S. 530, 538.

Hinzuweisen ist allerdings auf einen Beschluss des Landgerichts Kiel, das bei familiären Beziehungen generell eine tatsächliche Obhutsübernahme für das entscheidende, die Garantenpflicht begründende Kriterium hält[104]. Dieses Kriterium sei im Verhältnis von Eltern zu minderjährigen Kindern regelmäßig gegeben. Damit deutet das Gericht an, dass es eine Obhutspflicht der Eltern gegenüber volljährigen Kindern wohl nur dann bejahen würde, wenn zwischen beiden noch ein Obhutsverhältnis besteht.

Die Literatur ist in hohem Maß uneinheitlich.

Zum Teil wird vertreten, dass die Fürsorgepflicht mit Volljährigkeit des Kindes[105] bzw. mit dessen Auszug aus dem Haushalt[106] endet. Ein anderer Teil der Autoren ist der Ansicht, die Obhutspflicht bestehe auch nach Volljährigkeit fort[107]. Dabei begrenzen einige Vertreter die Pflicht auf existentielle Rechtsgüter[108]. Bärwinkel[109] nimmt eine andere Einschränkung vor: Die grundsätzlich bestehende Pflicht könne meist durch eine bloße Warnung erfüllt werden, die tatsächliche Fürsorge sei nicht mehr erforderlich. Für Krey[110] kommen einschränkende Kriterien nicht in Betracht, und Zeichner[111] lässt die Garantenpflicht nur bei einem vollständigen Bruch der Beziehungen entfallen.

4. Sicherungspflicht der Eltern gegenüber den Kindern

Weitestgehende Einigkeit herrscht wiederum hinsichtlich des Bestehens einer Sicherungspflicht der Eltern gegenüber ihren minderjährigen Kindern.

Schon das Reichsgericht hat eine derartige Sicherungspflicht gegenüber minderjährigen Kindern bejaht[112]. Diese Meinung setzte sich auch in der späteren Rechtsprechung durch[113].

---

[104] LG Kiel NStZ 2004, S. 157, 159.

[105] Böhm, Rechtspflicht, S. 67; Jakobs, AT, 29/62 (der aber eine Ausnahme bei besonderem Vertrauen macht); Kühl, AT, § 18 Rdnr. 50; MüKo-StGB-Freund § 13 Rdnr. 92; andeutungsweise auch Lackner, JR 1969, S. 29, 30

[106] Roxin, AT 2, § 32 Rdnr. 33, 39; wohl auch Maiwald, JuS 1981, S. 473, 481; LK-Jescheck § 13 Rdnr. 22

[107] Bärwinkel, Garantieverhältnisse, S. 168; Brammsen, Entstehungsvoraussetzungen, S. 156; Brückner, Angehörigenverhältnis, S. 159 FN 518; Dahm, ZStW 59, S. 133, 171; Krey, AT 2, Rdnr. 355; Wessels/Beulke, AT, Rdnr. 718; Zeichner, Entwicklung, S. 209 ff.

[108] Brammsen, Entstehungsvoraussetzungen, S. 156; Brückner, Angehörigenverhältnis, S. 159 FN 518; Dahm, ZStW 59, S. 133, 171; Wessels/Beulke, AT, Rdnr. 718.

[109] Bärwinkel, Garantieverhältnisse, S. 168.

[110] Krey, AT 2, Rdnr. 355.

[111] Zeichner, Entwicklung, S. 209 ff.

[112] RGSt 72, 373, 374; vgl. auch RG HRR 1933, Nr. 1624.

[113] BGH bei Dallinger, MDR 1957, S. 140 f.; OLG Düsseldorf NJW 1987, S. 201.

Die Literatur geht gleichfalls vom Bestehen einer Sicherungspflicht gegenüber nicht voll verantwortlichen[114] bzw. minderjährigen[115] Kindern aus, wobei auch hier zum Teil Einschränkungen aufgrund der wachsenden Selbständigkeit der Kinder gemacht werden[116]. Vereinzelt wird auf § 19 StGB als mögliche Altersgrenze hingewiesen[117]. Kritisch im Hinblick auf die Pflicht der Eltern, Straftaten ihrer Kinder zu verhindern, äußern sich lediglich Albrecht und Schürmann[118]. Sie weisen darauf hin, dass die Erziehung dem Wohl des Kindes dient und damit gerade nicht den bedrohten Rechtsgütern Dritter und der Rechtsordnung an sich zugute kommen soll.

Abschließend ist darauf hinzuweisen, dass die Rechtsprechung in einem Fall aufgrund eines engen verwandtschaftlichen Verhältnisses eine Garantenpflicht des Vaters zur Verhinderung einer Falschaussage durch den erwachsenen und voll verantwortlichen Sohn angenommen hat[119]. Diese Ansicht ist jedoch vereinzelt geblieben[120], zumal auch sie davon ausgeht, dass eine allgemeine Rechtspflicht der Eltern, Straftaten des volljährigen Kindes zu verhindern, nicht besteht.

5. Pflichten des Vaters gegenüber dem nichtehelichen Kind

Ein weites Spektrum an Meinungen zeigt sich bei den Pflichten des Vaters gegenüber seinem nichtehelichen Kind.

Das Reichsgericht hat 1927 eine Garantenpflicht des Vaters gegenüber seinem nichtehelichen Kind unter Berufung auf die aus dem natürlichen

---

[114] Sangenstedt, Garantenstellung, S. 400 ff.; Schmidhäuser, AT, 16/59; Stratenwerth, AT 1, § 13 Rdnr. 19.

[115] Baumann/Weber/Mitsch, AT, § 15 Rdnr. 54; Böhm, Rechtspflicht, S. 63 f.; Brammsen, Entstehungsvoraussetzungen, S. 153; Brückner, Angehörigenverhältnis, S. 66; Gropp, AT, § 11 Rdnr. 41 a; Kindhäuser, AT, § 21 Fall 37; Krey, AT 2, Rdnr. 361, 363; Kühl, AT, § 18 Rdnr. 116; Meyer-Bahlburg, Unterlassungsdelikte, S. 92; Otto, AT, § 9 Rdnr. 93; Papadimopoulos, Rechtspflicht, S. 61; Roxin, AT 2, § 32 Rdnr. 127 ff.; Sch/Sch-Stree § 13 Rdnr. 52; SK-Rudolphi § 13 Rdnr. 33 f.

[116] Roxin, AT 2, § 32 Rdnr. 128 f.; Freund, Erfolgsdelikt, S. 249; Sangenstedt, Garantenstellung; S. 408; vgl. auch Mayer, AT, S. 116.

[117] Joecks § 13 Rdnr. 38, der dies aber selbst nicht für zwingend hält.

[118] Albrecht, Garantenstellungen, S. 108 ff; Schürmann, Unterlassungsstrafbarkeit, S. 74.

[119] KG Berlin, JR 1969, S. 27 ff. mit ablehnender Anmerkung Lackner, JR 1969, S. 29 ff.

[120] Der Bundesgerichtshof hatte zwar in einer früheren Entscheidung offengelassen, ob eine Rechtspflicht des Vaters besteht, seinen volljährigen Sohn von einer Straftat abzuhalten (VRS 17, S. 346 ff.). Weitere die Ansicht des Kammergerichts bestätigende Urteile finden sich jedoch nicht. So hat im Gegenteil der Bundesgerichtshof in einer zivilrechtlichen Entscheidung eine entsprechende Sicherungspflicht gegenüber volljährigen Kindern explizit verneint (FamRZ 1958, S. 211 ff.); i. E. ebenso Tröndle/Fischer § 13 Rdnr. 6 c.

Verwandtschaftsverhältnis folgende Unterhaltspflicht bejaht[121] und seine Auffassung 1932 unter Betonung der natürlichen Vaterschaft bestätigt[122]. Interessant sind diese Entscheidungen deshalb, weil nach den damaligen bürgerlich-rechtlichen Vorschriften der Vater mit dem nichtehelichen Kind nicht als verwandt galt[123]. Das Landgericht Weimar kam in einer nationalsozialistisch geprägten Entscheidung aus dem Jahr 1938 zum gleichen Ergebnis[124]. Neuere höchstrichterliche Entscheidungen zu dieser Frage sind nicht bekannt.

In der Literatur finden sich diverse Ansichten, wobei zwischen der Garantenpflicht bei geborenen und ungeborenen Kindern differenziert wird.

Bezüglich des ungeborenen Kindes wird eine Garantenpflicht des Erzeugers zum Teil angenommen[125] und zum Teil abgelehnt[126].

Beim geborenen Kind finden sich neben der Ablehnung[127] und der Annahme[128] einer Garantenpflicht auch vermittelnde Ansichten, die auf das tatsächliche Zusammenleben[129] bzw. ein bestehendes Obhutsverhältnis[130] abstellen. Hervorzuheben ist der Ansatz von Brammsen[131], der bei reinen „Zahlvätern" Garantenpflichten nur für existentielle Rechtsgüter anerkennen will, während die Pflicht bei einem tatsächlichen Gemeinschaftsverhältnis umfassend sein soll.

---

[121] RG JW 1928, S. 912 f.

[122] RGSt 66, 71, 74

[123] Auf diesen Umstand weisen beide Gerichte in ihren Entscheidungen hin. § 1589 Abs. 2 BGB, wonach ein nichteheliches Kind als nicht mit dem Vater verwandt galt, wurde erst durch das Gesetz über die rechtliche Gleichstellung der nichtehelichen Kinder – BGBl. I, 1243 ff. – vom 19. August 1969 abgeschafft; vgl. dazu Odersky Art. 1 Nr. 3 Rdnr. I.

[124] LG Weimar JW 1938, S. 3031 – in der die Nichthinderung einer Abtreibung betreffenden Entscheidung wurde neben der Pflicht als Erzeuger auch auf die Pflicht eines Nationalsozialisten und die Bedeutung des Nachwuchses für Staat und Volk abgestellt.

[125] Lackner/Kühl § 218 Rdnr. 3; LK-Kröger § 218 Rdnr. 36; Mitsch Jura 1989, S. 193, 196; MüKo-StGB-Gropp § 218 Rdnr. 51; Sch/Sch-Stree § 13 Rdnr. 18, 21; Tröndle/Fischer § 218 Rdnr. 7.

[126] Brammsen, Entstehungsvoraussetzungen, S. 157 (bzgl. Verhinderung der Abtreibung); Schünemann, Grund, S. 347; Zeichner, Entwicklung, S. 208.

[127] Freund, AT, § 6 Rdnr. 91; Jakobs, AT, 29/62; MüKo-StGB-Freund § 13 Rdnr. 167; Zeichner, Entwicklung, S. 208.

[128] Böhm, Rechtspflicht, S. 62 ff. (aber beschränkt auf die Fürsorgepflicht); Brückner, Angehörigenverhältnis, S. 67 f.; Geilen, FamRZ 1961, S. 147, 152 ff.; Krey, AT 2, Rdnr. 335; Lackner/Kühl § 13 Rdnr. 10; Sch/Sch-Stree § 13 Rdnr. 18; wohl auch Kühl, AT, § 18 Rdnr. 53.

[129] Bärwinkel, Garantieverhältnisse, S. 171 ff.; Meyer-Bahlburg, Unterlassungsdelikte, S. 68, 92 f.; Roxin, AT 2, § 32 Rdnr. 41; Stratenwerth/Kuhlen, AT 1, § 13 Rdnr. 39.

[130] Freund, Erfolgsdelikt, S. 275; SK-Rudolphi § 13 Rdnr. 48.

[131] Brammsen, Entstehungsvoraussetzungen, S. 157 ff.

6. Obhutspflicht der Kinder gegenüber den Eltern

Uneinheitliche Stellungnahmen finden sich zuletzt auch zu der Frage, ob Kindern gegenüber ihren Eltern eine Garantenpflicht obliegt.

Der Bundesgerichtshof hat in einer Entscheidung aus dem Jahr 1963 eine entsprechende Obhutspflicht zumindest zur Abwehr von Todesgefahren anerkannt[132]. Auch in einer späteren Entscheidung zog er u. a. verwandtschaftliche Beziehungen zur Begründung einer Garantenpflicht des Sohnes gegenüber seiner im Pflegeheim lebenden Mutter heran[133].

Die Literatur spaltet sich wieder in die drei bekannten Hauptrichtungen auf: Ein Teil befürwortet eine entsprechende Garantenpflicht[134], wobei sich Vertreter finden, die die Pflicht auf existentielle Rechtsgüter[135] oder auf Warnungen[136] beschränken. Ein anderer Teil lehnt eine Garantenpflicht der Kinder gegenüber ihren Eltern ab[137]. Eine vermittelnde Ansicht nimmt an, dass bei engen Beziehungen[138] Garantenpflichten bestehen, wobei alternativ auch auf das Zusammenleben[139] oder ein Abhängigkeitsverhältnis[140] abgestellt wird. Eine Sondermeinung vertritt Kühl[141]. Er geht davon aus, bei akuten Gefahren für Leib oder Leben sei eine Pflicht immer gegeben, während eine umfassende Pflicht ein aktuelles Obhutsverhältnis voraussetze.

---

[132] BGHSt 19, 167 ff.
[133] BGHSt 40, 257, 266.
[134] Bärwinkel, Garantieverhältnisse, S. 168, 170; Brammsen, Entstehungsvoraussetzungen, S. 156 f. (eine Pflicht zur Vermögensbetreuung bestehe allerdings nur in existentiellen Situationen, bei Eintritt eines solchen Ausnahmefalles könne auch eine Sicherungspflicht zur Verhinderung von Straftaten bestehen); Ebert, AT, S. 178; Geilen, FamRZ 1964, S. 385, 391; Herzberg, Unterlassung, S. 339; Krey, AT 2, Rdnr. 355; LK-Jescheck § 13 Rdnr. 22; Otto/Brammsen, Jura 1985, S. 530, 538; Schmidhäuser, AT, 16/42; Sch/Sch-Stree § 13 Rdnr. 18; Welzel, Strafrecht, S. 214; Wessels/Beulke, AT, Rdnr. 718; Zeichner, Entwicklung, S. 205, 209 ff. (der nur bei einem völligen Bruch der Beziehungen die Garantenpflicht entfallen lässt).
[135] Brammsen, Entstehungsvoraussetzungen, S. 156 f.; Otto/Brammsen, Jura 1985, S. 530, 538; Welzel, Strafrecht, S. 214; Wessels/Beulke, AT, Rdnr. 718.
[136] Bärwinkel, Garantieverhältnisse, S. 168, 170
[137] Freund, AT, § 6 Rdnr. 90; Jakobs, AT, 29/62; MüKo-StGB-Freund § 13 Rdnr. 165; Murmann, JuS 1998, S. 630, 633 f. (der aber eine Pflicht annimmt, wenn das Kind Betreuer eines Elternteils ist); kritisch auch Lackner, JR 1969, S. 29 f.
[138] Gropp, AT, § 11 Rdnr. 24; Schünemann, Grund, S. 357 f.; Joecks § 13 Rdnr. 25.
[139] NK-Seelmann § 13 Rdnr. 137; Roxin, AT 2, § 32 Rdnr. 42 f.; Stratenwerth/Kuhlen, AT 1, § 13 Rdnr. 39; noch enger Kahlo, Unterlassung, S. 258 (nur bei einer auf einem Entschluss des volljährigen Kindes beruhenden Lebensgemeinschaft).
[140] Jescheck/Weigend, AT, S. 622; Seelmann, GA 1989, S. 241, 256; SK-Rudolphi § 13 Rdnr. 49.
[141] Kühl, AT, § 18 Rdnr. 55.

IV. Elternähnliche Beziehungen: Adoptiveltern, Stiefeltern und Pflegeeltern

1. Adoptiveltern

Soweit zur Garantenpflicht von Adoptiveltern überhaupt Stellung genommen wird, wird diese im Wege der Gleichstellung zu den Pflichten der leiblichen Eltern[142] oder unter dem Gesichtspunkt der Übernahme[143] bejaht.

2. Stiefeltern

In Ermangelung höchstrichterlicher Rechtsprechung zur Frage von Garantenpflichten von Stiefeltern[144] kann nur auf die wenigen Stellungnahmen in der Literatur verwiesen werden, die eine entsprechende Pflicht befürworten[145]. Einen differenzierenden Ansatz vertritt Brückner[146]. Er bejaht eine Garantenpflicht, wenn der Stiefelternteil in die Familiengemeinschaft derart eingegliedert ist, dass er Fürsorge-, Obhuts-, Erziehungs- und Aufsichtsfunktionen ausübt, was grundsätzlich nur bei einem erziehungsbedürftigen Minderjährigen der Fall sei. Erfolge der Eintritt des Stiefelternteils in die Familie zu einem Zeitpunkt, in dem das Stiefkind in seiner Persönlichkeitsentwicklung bereits ausgereift sei, komme eine Garantenpflicht nicht in Betracht. Eine einmal bestehende Garantenpflicht ende zudem mit räumlicher Trennung des Stiefelternteils vom leiblichen Elternteil, spätestens jedoch mit deren Scheidung.

3. Pflegeeltern

Die einzige gerichtliche Entscheidung zur Frage von Garantenpflichten von Pflegeeltern lässt keine eindeutige Stellungnahme erkennen. Vieles spricht dafür, dass der Bundesgerichtshof vom Bestehen einer entsprechenden Pflicht

---

[142] Brückner, Angehörigenverhältnis, S. 89 (die Pflicht soll aber bei Aufhebung der Adoption erlöschen, S. 185); Jakobs, AT, 29/66; Meyer-Bahlburg, Unterlassungsdelikte, S. 68, 92 sowie i. E. Krey, AT 2, Rdnr. 335.

[143] Herzberg, Unterlassung, S. 349.

[144] In der Rechtsprechung bestand allerdings Einigkeit, dass unter dem Begriff der Eltern i. S. d. § 181 Abs. 1 Nr. 2 StGB a. F. (schwere Kuppelei) auch die Stiefeltern zu verstehen sind, vgl. RGSt 6, 338 ff.; RGSt 21, 257 f.; RGSt 62, 114 ff.; BGHSt 17, 230 ff.; KG Berlin JR 1966, S. 272. Eine eindeutige Stellungnahme zur Garantenstellung findet sich in diesen Entscheidungen allerdings nicht.

[145] Hall, ErG für Grünhut, S. 213, 224; Brammsen, Entstehungsvoraussetzungen, S. 155; Zeichner, Entwicklung, S. 205

[146] Brückner, Angehörigenverhältnis, S. 105, 199 ff.

ausgegangen ist[147], wobei unklar bleibt, ob es sich um eine ursprünglich familiäre Pflicht oder um eine Pflicht kraft Übernahme handeln soll. Vereinzelte Stimmen im Schrifttum deuten ebenfalls auf das Bestehen einer Garantenpflicht hin[148].

V. Entferntere Verwandtschaft und Schwägerschaft

1. Großeltern und Enkel

Umstritten ist seit langem, ob zwischen Großeltern und ihren Enkeln Garantenpflichten bestehen.

Das Reichsgericht ist in mehreren Entscheidungen von einer entsprechenden Rechtspflicht der Großeltern ausgegangen[149]. Der Bundesgerichtshof ist dieser Ansicht in den fünfziger Jahren gefolgt[150]. Die den Urteilen zugrundeliegenden Sachverhalte waren dabei immer vergleichbar: Eine Großmutter verhinderte nicht, dass ihre Tochter das neugeborene Enkelkind sterben ließ oder sogar umbrachte.

Die Rechtsprechung hat in Teilen der Literatur Zustimmung gefunden[151]. Ein anderer Teil des Schrifttums lehnt eine Garantenpflicht zwischen Großeltern und Enkeln prinzipiell ab[152]. Bei den meisten Autoren lässt sich ein vermittelnder Standpunkt feststellen, wonach eine Garantenpflicht nur bei besonderen

---

[147] BGH NJW 2000, S. 1730 ff. – In der Entscheidung hatten die Pflegeeltern die Pflegekinder hungern lassen. Als Außenstehende dies bemerkten, schotteten sie die Kinder ab und verweigerten ihnen ärztliche Hilfe, weswegen eines der Kinder starb. Der Bundesgerichtshof stellte fest, die Tatsache, dass die Pflegeeltern den Zustand der Kinder selbst herbeigeführt hätten, begründe unter dem Gesichtspunkt der Ingerenz lediglich einmal mehr ihre Garantenstellung.

[148] Brammsen, Entstehungsvoraussetzungen, S. 155; Brückner, Angehörigenverhältnis, S. 94 f.; Meyer-Bahlburg, Unterlassungsdelikte, S. 68, 92; Vogt, ZStW 63, S. 381, 396; so wohl auch Sauer, GS 114, S. 279, 306.

[149] RGSt, 39, 397, 398; RGSt 64, 316, 321; i. E. bejahend auch RG GA 62, S. 485 f. sowie RGSt 72, 373, 374 – wobei in der letzteren Entscheidung primär nicht auf die Verwandtschaft, sondern auf die Eigenschaft der Großmutter als Haushaltungsvorstand abgestellt wird.

[150] BGH bei Dallinger, MDR 1957, S. 140, 141.

[151] Jescheck/Weigend, AT, S. 622; Krey, AT 2, Rdnr. 355; LK-Jescheck § 13 Rdnr. 22; Sch/Sch-Stree § 13 Rdnr. 18; Schünemann, ZStW 96, S. 287, 306; Vogt, ZStW 63, S. 381, 387.

[152] Böhm, Rechtspflicht, S. 65 f. (der aber u. U. eine Garantenpflicht aus Wohnungsinhaberschaft bejaht); Zeichner, Entwicklung, S. 206 (der aber eine Garantenpflicht bei aktivem Hineindrängen der Großeltern in die Garantenstellung annimmt).

Voraussetzungen bejaht wird[153]. Die heute übliche Kleinfamilie gewähre den Großeltern keine generalisierungsfähige Einflussnahme mehr, so dass zusätzliche Kriterien erforderlich seien[154]. Als notwendige Voraussetzung wird dabei fast einhellig auf die tatsächliche Obhut[155] abgestellt, lediglich Jakobs[156] orientiert sich an einem eventuellen Sorgerecht oder besonderem Vertrauen.

2. Geschwister

Auch bei der Frage, ob Geschwister untereinander garantenpflichtig sind, besteht Uneinigkeit.

Die höchstrichterliche Rechtsprechung hat dieses Problem bislang nicht thematisiert. Das Landgericht Kiel hat sich in einer – in der Einleitung erwähnten – neuen Entscheidung aus dem Jahr 2003 erstmals mit der Frage auseinandergesetzt[157]. Es kam zu dem Ergebnis, dass allein die Geschwistereigenschaft keine Garantenstellung und damit auch keine Garantenpflicht begründe. Erforderlich sei vielmehr ein tatsächlich bestehendes Obhutsverhältnis; das bloße Zusammenleben in einem Haushalt genüge nicht.

Die Literatur ist geteilter Ansicht:

Ein Teil des Schrifttums betont die zwischen Geschwistern bestehende Blutsverwandtschaft[158] sowie die tief fundierte familiäre Beziehung[159] und bejaht eine entsprechende Garantenpflicht[160]. Andere Vertreter lehnen eine

---

[153] Bärwinkel, Garantieverhältnisse, S. 173; Brammsen, Entstehungsvoraussetzungen, S. 170 f.; Jakobs, AT, 29/62; Kühl, AT, § 18 Rdnr. 53; Maurach/Gössel/Zipf, AT 2, § 46 Rdnr. 90; Mayer, AT, S. 118; SK-Rudolphi § 13 Rdnr. 58; Roxin, AT 2, § 32 Rdnr. 44; Stratenwerth/Kuhlen, AT 1, § 13 Rdnr. 39 (familiäres Zusammenleben).

[154] Brammsen, Entstehungsvoraussetzungen, S. 172.

[155] Bärwinkel, Garantieverhältnisse, S. 173; Brammsen, Entstehungsvoraussetzungen, S. 170 f.; Kühl, AT, § 18 Rdnr. 53; Maurach/Gössel/Zipf, AT 2, § 46 Rdnr. 90; Mayer, AT, S. 118; Preisendanz § 13 Rdnr. 4 a, aa (enge Lebensgemeinschaft); SK-Rudolphi § 13 Rdnr. 58; Roxin, AT 2, § 32 Rdnr. 44.

[156] Jakobs, AT, 29/62.

[157] LG Kiel NStZ 2004, S. 157 ff. – In dem der Entscheidung zugrundeliegenden Sachverhalt lebten die Geschwister in einer Wohngemeinschaft zusammen. Die Angeklagte tat nichts, um ihren nach Methadonkonsum bewusstlosen Bruder zu retten, und führte so dessen Tod herbei. Anzumerken ist, dass das Gericht seine Ansicht umfassend und nicht nur beschränkt auf die Garantenpflicht unter Geschwistern formuliert hat.

[158] Herzberg, Unterlassung, S. 339 f.

[159] Jescheck/Weigend, AT, S. 622; Krey, AT 2, Rdnr. 355.

[160] Hauf, AT, S. 68; Herzberg, Unterlassung, S. 339 f.; Jescheck/Weigend, AT, S. 622; Krey, AT 2, Rdnr. 355; Lackner/Kühl § 13 Rdnr. 10; LK-Jescheck § 13 Rdnr. 22; Schmidhäuser,

Garantenpflicht ab[161]. Eine differenzierende Ansicht hält besondere zusätzliche Kriterien für entscheidend. So wird bei tatsächlichem Zusammenleben[162] bzw. einem wirklichen Familienzusammenhang[163] oder bei einem Obhutsverhältnis[164] eine Garantenpflicht befürwortet. Bemerkenswert ist der Lösungsvorschlag von Brammsen[165]. Er geht davon aus, dass eine Garantenpflicht bei volljährigen Geschwistern eine praktizierte Lebensgemeinschaft voraussetzt; bei minderjährigen Kindern sei jedoch zusätzlich die soziale Rolle des älteren Bruders bzw. der älteren Schwester, insbesondere deren Aufpasserfunktion einzubeziehen.

3. Tante/Onkel und Nichte/Neffe

Nicht einheitlich beurteilt wird auch das gegenseitige Bestehen von Garantenpflichten zwischen Tante bzw. Onkel und Nichte bzw. Neffe.

In einer vielzitierten und hochproblematischen Entscheidung aus dem Jahr 1935 beschäftigt sich das Reichsgericht mit der Frage, ob ein achtzehnjähriges – nach der damaligen Rechtslage aber noch minderjähriges – Mädchen verpflichtet ist, sich um die ebenfalls im Haushalt des Vaters lebende kranke Tante zu kümmern[166]. Im Ergebnis bejahen die Richter eine Rechtspflicht der Nichte – die Begründung ist allerdings mehrschichtig und stellt nicht spezifisch auf das Verwandtschaftsverhältnis zwischen Nichte und Tante ab. Das Reichsgericht stützt sich zum einen auf § 1617 BGB a. F.[167], aufgrund dessen das Mädchen seinem Vater zu allen Dienstleistungen verpflichtet gewesen sei, die die Führung des Hauswesens mit sich brachte. Zu diesen Diensten habe auch die Pflege der kranken Hausgenossin gehört[168]. Dass „Forderungsberechtigter" nach § 1617 BGB a. F. nur der Vater des Mädchens und nicht deren Tante war,

AT, 16/42; Sch/Sch-Stree § 13 Rdnr. 18; Schünemann, ZStW 96, S. 287, 306; Wessels/Beulke, AT, Rdnr. 718 (zumindest bei häuslicher Gemeinschaft).

[161] Böhm, Rechtspflicht, S. 67; Freund, AT, § 6 Rdnr. 91; ders., Erfolgsdelikt, S. 291; Jakobs, AT, 29/62.

[162] Bärwinkel, Garantieverhältnisse, S. 174; Roxin, AT 2, § 32 Rdnr. 44; Zeichner, Entwicklung, S. 207.

[163] Köhler, AT, S. 216; ähnlich auch Kienapfel, JBl. 1975, S. 80, 85 (der zusätzlich eine Beschränkung auf erhebliche Gefahren für persönliche Rechtsgüter annimmt); Nickel, Problematik, S. 186 f. (der auf die soziale Integration in die Familie abstellt).

[164] SK-Rudolphi § 13 Rdnr. 49; ähnlich auch Schünemann, Grund, S. 357 (tatsächliche personale Schutzherrschaft).

[165] Brammsen, Entstehungsvoraussetzungen, S. 159 f.

[166] RGSt 69, 321 ff.

[167] Heute wortgleich § 1619 BGB.

[168] RGSt 69, 321, 322 f.

vermag das Reichsgericht nicht zu Zweifeln zu veranlassen[169]. Alternativ zu § 1617 BGB a. F. stützt sich das Gericht auf das der christlichen Nächstenliebe und dem Nationalsozialismus entspringende Gebot der Sittlichkeit, gegenseitig füreinander einzustehen. Dieses Gebot könne zur Rechtspflicht werden für Menschen, die der Außenwelt in so enger Lebensgemeinschaft gegenüberstünden, wie es in der Familie oder der häuslichen Gemeinschaft der Fall zu sein pflege[170]. Im vorliegenden Fall habe zwischen Tante und Nichte eine solche Gemeinschaft bestanden.

Hinzuweisen ist noch auf eine Entscheidung des Bundesgerichtshofs[171], in der die Verurteilung einer Frau wegen versuchten Totschlags durch Unterlassen aufgehoben wurde. Die Frau, deren Nichte gerade entbunden hatte, kümmerte sich zunächst um die Nichte und unterließ die Lebensrettung des Neugeborenen. Die Aufhebung erfolgte jedoch ohne Bezugnahme auf die Garantenpflicht.

In der Literatur gehen nur wenige Autoren auf die Frage einer Garantenpflicht zwischen Tante bzw. Onkel und Nichte bzw. Neffe ein. Während einige Autoren eine entsprechende Rechtspflicht ablehnen[172], sehen andere Vertreter des Schrifttums eine Garantenpflicht bei einer Haus-[173] oder Lebensgemeinschaft[174] als gegeben an. Die entfernte Verwandtschaft allein soll dagegen nicht ausreichen, da die Rechtsordnung ihr infolge der geringeren emotionalen Bindung und der häufig bestehenden räumlichen Entfernung keine besondere soziale Bedeutung zumesse[175].

4. Schwägerschaft

Zuletzt ist auf die Frage einzugehen, ob die Schwägerschaft Garantenpflichten begründet oder nicht.

Der Rechtsprechung lässt sich keine eindeutige Stellungnahme entnehmen.

In einem Urteil aus dem Jahr 1927 hat das Reichsgericht entschieden, allein aus dem Schwägerschaftsverhältnis zur Mutter eines Kindes folge nicht die Pflicht,

---

169 RGSt 69, 321, 323 – es bestehe kein Rechtssatz, nach dem die Versäumung einer Rechtspflicht zum Handeln die strafrechtliche Verantwortlichkeit für den dadurch herbeigeführten Schaden nur dann begründen könne, wenn die Pflicht zum Handeln gerade gegenüber dem Geschädigten gegenüber bestanden habe.

170 RGSt 69, 321, 323.

171 BGH GA 1957, S. 117 ff.

172 Herzberg, Unterlassung, S. 348; Zeichner, Entwicklung, S. 207.

173 Brammsen, Entstehungsvoraussetzungen, S. 172.

174 I. E. Bärwinkel, Garantieverhältnisse, S. 175

175 Brammsen, Entstehungsvoraussetzungen, S. 172.

den Erstickungstod des Kindes zu verhindern[176]. Zwei Entscheidungen aus der Zeit des Nationalsozialismus kommen in Fällen, in denen es um Garantenpflichten unter verschwägerten Personen geht, zum gegenteiligen, eine Garantenpflicht bejahenden Ergebnis[177]. Dabei wird allerdings die Rechtspflicht nicht ausdrücklich auf die Schwägerschaft gestützt, sondern auf das Kriterium der Hausgemeinschaft bzw. Hausgenossenschaft.

Der Bundesgerichtshof hatte im Jahr 1959 ebenfalls einen die Schwägerschaft betreffenden Fall zu entscheiden, in dem der Angeklagte den Selbstmord seiner nicht mit ihm in einer Hausgemeinschaft lebenden Schwiegermutter nicht verhinderte[178]. Zwar hob der Senat das erstinstanzliche Urteil auf. Die Aufhebung erfolgte jedoch ausschließlich wegen Mängeln auf der subjektiven Seite, da bezüglich des Unterlassens kein Tätervorsatz festgestellt werden konnte. Damit scheint der Bundesgerichtshof stillschweigend und ohne Begründung eine Garantenpflicht allein aus der Schwägerschaft zu bejahen.

Der Unentschlossenheit der Rechtsprechung steht die Literatur gegenüber, die einhellig eine Garantenpflicht allein aus Schwägerschaft ablehnt[179]. Die Schwägerschaft begründe keine gesellschaftlich anerkannte und rechtlich verfestigte Pflicht, auf das Leben des jeweils anderen einzuwirken, sondern sei bloße Folge der formalisierten Legalisierung einer anderen zwischenmenschlichen Beziehung[180]. Einige Vertreter weisen allerdings darauf hin, dass sich in Ausnahmefällen bei Bestehen eines besonderen Abhängigkeits- und Obhutsverhältnisses[181] oder bei enger Lebensgemeinschaft[182] eine andere Beurteilung ergeben könne.

VI. Zusammenfassende Beurteilung

Die vorangegangene Darstellung macht vor allen Dingen eines deutlich: Mit wenigen Ausnahmen ist bei der Frage des Bestehens von Garantenpflichten im

[176] RG JW 1928, S. 912 f.
[177] RG GA 1936, S. 178, 179; RGSt 73, 389, 331.
[178] BGHSt 13, 162 ff.; kritisch dazu Albrecht, Garantenstellungen, S. 125; Geilen, FamRZ 1961, S. 147, 151.
[179] Albrecht, Garantenstellungen S. 125; Bärwinkel, Garantieverhältnisse; Blei, FS für Mayer, S. 119, 128; Brammsen, Entstehungsvoraussetzungen, S. 173; Herzberg, Unterlassung, S. 348; Krey, AT 2, Rdnr. 355; LK-Jescheck § 13 Rdnr. 22, Maiwald, JuS 1981, S. 473, 481; Schmidhäuser, AT, 16/42 FN 26; Sch/Sch-Stree § 13 Rdnr. 18; SK-Rudolphi § 13 Rdnr. 49; Zeichner, Entwicklung, S. 207.
[180] Brammsen, Entstehungsvoraussetzungen, S. 173.
[181] LK-Jescheck § 13 Rdnr. 22; SK-Rudolphi § 13 Rdnr. 49.
[182] I. E. Bärwinkel, Garantieverhältnisse, S. 174 f.

familiären Bereich alles umstritten. Berücksichtigt man Rechtsprechung und Literatur, so werden zu den meisten Einzelfragen mindestens drei Meinungen vertreten. Selbst eine Beschränkung auf die Ansicht der Judikatur führt nicht zu eindeutigen Ergebnissen. Zwar lässt sich bei der früheren höchstrichterlichen Rechtsprechung die grundsätzliche Tendenz ausmachen, Garantenpflichten im familiären Bereich zu bejahen und damit die Unterlassungsstrafbarkeit im Ergebnis auszudehnen. Die neueren Entscheidungen der Instanzgerichte sind von einer restriktiveren Tendenz geprägt[183]. Problematisch ist aber, dass zu einigen Einzelfragen entweder keine höchstrichterliche Rechtsprechung existiert[184] oder die Entscheidungen schon über 40 Jahre zurückliegen[185]. Da die Beurteilung der familiären Beziehungen möglicherweise auch dem Wandel der Zeit unterliegt und somit einen dynamischen Prozess darstellt[186], ist nicht hinreichend klar, welche Meinung die Gerichte heute vertreten würden. Bei den Urteilen aus nationalsozialistischer Zeit[187] ist zudem äußerste Vorsicht und Zurückhaltung geboten, wenn es um die Ermittlung aktuell gültiger Ergebnisse geht.

Ferner fällt auf, dass die vertretenen Einzelpositionen nicht immer begründet werden[188]. So finden sich in der Rechtsprechung[189] die Formulierungen „allgemein anerkannt“ oder „kann nicht bezweifelt werden“, und die Literatur verweist z. T. ohne weitere Ausführungen auf die Rechtsprechung[190].

Dieser Status quo ist in allerhöchstem Maße unbefriedigend und im Hinblick auf das Gebot der Rechtssicherheit mehr als problematisch. Weder für den Bürger noch für den Rechtsanwender ist vorhersehbar, welche Rechtspflichten im familiären Bereich bestehen. Der Bürger weiß nicht, wozu er strafrechtlich verpflichtet ist, und der Richter hat keine klare Entscheidungsgrundlage, da sich für jede Variante zumeist mehrere Argumente und auch Vertreter finden lassen.

---

[183] So OLG Stuttgart NJW 1986, S. 1767 ff.; LG Kiel NStZ 2004, S. 157 ff.

[184] So z. B. zu Pflichten von Adoptiv- oder Stiefeltern; auch die Frage der Garantenpflicht unter Geschwistern ist bislang nur vom Landgericht Kiel entschieden worden.

[185] Z. B. die Urteile über die Vermögensfürsorgepflicht unter Ehegatten, Pflichten von Verlobten oder Großeltern oder des Vaters gegenüber seinem nichtehelichen Kind; Pflichten bei Schwägerschaft oder zwischen Tante bzw. Onkel und Nichte bzw. Neffe.

[186] Diese Ansicht vertretend LG Kiel, NStZ 2004, S. 157, 158.

[187] Vgl. insbesondere RGSt 69, 321 ff. und LG Weimar, JW 1938, S. 3031.

[188] Diesen Gesichtspunkt hervorhebend Albrecht, Garantenstellungen, S. 130. Sie kommt zu dem Ergebnis, dass die Garantenstellungen einseitig und vorrangig auf das Rechtsgefühl im Einzelfall zurückgeführt werden.

[189] Vgl. BGHSt 19, 167, 169.

[190] So zum Beispiel Wessels/Beulke, AT, Rdnr. 718.

Die Meinungsvielfalt hat eine weitere Konsequenz: Bei einigen Fallgruppen kann eine Verurteilung des Täters in der Praxis oftmals nicht mehr ohne eine differenzierte Auseinandersetzung mit einem eventuellen Gebotsirrtum erfolgen. Nach überwiegender Ansicht muss dem Täter, der auf Tatbestandsebene Vorsatz bezüglich der Garantenstellung hat, auch seine Handlungspflicht als solche bewusst sein. Glaubt der Täter, er sei zum Tätigwerden nicht verpflichtet, unterliegt er einem nach § 17 StGB zu beurteilenden Gebotsirrtum[191]. Dieser ist nach der Rechtsprechung sogar häufiger zu entschuldigen als der Verbotsirrtum bei den Begehungsdelikten[192]. Bei der im Rahmen des § 17 StGB stattfindenden Vermeidbarkeitsprüfung muss dann eine Begründung dafür erfolgen, dass und warum der Irrtum über die Rechtspflicht vermeidbar war. Entscheidend dafür ist, dass der Täter die Rechtspflicht bei Anspannung seines Gewissens erkennen und aufgetretene Zweifel durch Nachdenken und erforderlichenfalls durch Einholung von Rat bei einer sachkundigen und vertrauenswürdigen Person beseitigen konnte[193]. Die Bejahung dieser Voraussetzungen dürfte angesichts der bestehenden Rechtsunsicherheit kein ganz einfaches Unterfangen sein[194].

---

[191] BGHSt 16, 155, 158; 19, 295, 299; Sch/Sch-Cramer/Sternberg-Lieben § 15 Rdnr. 96.

[192] BGHSt 16, 155, 160.

[193] BGHSt 2, 194, 201; 4, 1, 5; 4, 236, 243; 5, 284, 289; 9, 164, 172; 21, 18, 20 f.; BGH wistra 1984, S. 178; Sch/Sch-Cramer/Sternberg-Lieben § 17 Rdnr. 14.

[194] Im Einzelnen ist auch hier vieles unklar: Einigkeit besteht noch dahingehend, dass eine einheitliche strafbarkeitsbejahende Rechtsprechung regelmäßig zur Vermeidbarkeit führt (LK-Schroeder § 17 Rdnr. 33 f.; Rudolphi, Unrechtsbewusstsein, S. 113 f.) und dass man auf eine einheitliche strafbarkeitsverneinende Rechtsprechung, die auch von der Lehre bestätigt wird, vertrauen kann (LK-Schroeder § 17 Rdnr. 35; Roxin, AT 1, § 21 Rdnr. 64; Rudolphi, Unrechtsbewusstsein, S. 105 f., 107, 114). Streitig ist aber bereits die Frage, ob die strafbarkeitsverneinende Rechtsprechung auch dann zur Unvermeidbarkeit führt, wenn sie von der Literatur maßgeblich kritisiert worden ist (so Roxin, AT 1, § 21 Rdnr. 64, Rudolphi, Unrechtsbewusstsein, S. 108; a. A. LK-Schroeder § 17 Rdnr. 36). Bei einer kontroversen Rechtsprechung soll man sich primär an das Urteil des höheren Gerichts halten können (Roxin, AT 1, § 21 Rdnr. 64; Rudolphi, Unrechtsbewusstsein, S. 112, 115), während bei gleichrangigen Gerichten z. T. von Vermeidbarkeit (OLG Bremen NJW 1960, S. 163 f.; ähnlich auch OLG Köln GA 1960, S. 318 f.; LK-Schroeder § 17 Rdnr. 38; Roxin, AT 1, § 21 Rdnr. 64; Rudolphi, Unrechtsbewusstsein S. 108 ff., 114 f.), z. T. von Unvermeidbarkeit des Verbotsirrtums (OLG Schleswig VRS 23, S. 30 ff.) ausgegangen wird. In der hier interessierenden Konstellation wird die Diskussion dadurch erschwert, dass z. T. keine Rechtsprechung vorhanden bzw. die vorhandene Rechtsprechung bereits sehr alt ist. Es ist m. E. äußerst fraglich, ob z. B. die eine Vermögensfürsorgepflicht unter Ehegatten befürwortende Rechtsprechung des Reichsgerichts auch heute noch die Vermeidbarkeit eines Verbotsirrtums begründen kann. Letztlich dürfte auch entscheidend sein, wie weit man die Grenzen des sog. bedingten Unrechtsbewusstseins ziehen will (vgl. BGH JR 1952, S. 285; BGHSt 4, 1, 4; OLG Düsseldorf MDR 1984, S. 866; Rudolphi, Unrechtsbewusstsein, S. 129).

Teil 2: Theorien zur Begründung von Garantenpflichten

Die dargestellte Breite des Meinungsspektrums ist kein spezifisches Phänomen der Garantenpflichten bei familiären und familienähnlichen Beziehungen. Auch bei der Frage, wie Garantenpflichten im Allgemeinen zu begründen und abzugrenzen sind, herrscht keine Einigkeit. Interessanterweise kommen die verschiedenen Ansätze häufig zu ähnlichen Ergebnissen, die vom Rechtsgefühl diktiert sind, oder versuchen wenigstens, zu diesen Ergebnissen zu gelangen: Eine Garantenpflicht bzw. eine Garantenstellung[195] soll bestehen bei natürlicher familiärer Verbundenheit, enger Lebens- oder Gefahrengemeinschaft, tatsächlicher freiwilliger Übernahme einschließlich der Übernahme von Dienst- und Amtspflichten, vorangegangenem gefährlichen Tun, Herrschaft über einen Gefahrenbereich und Verantwortung für fremdes Verhalten[196].

Im Folgenden sollen die verschiedenen Ansätze zur Begründung von Garantenpflichten dargestellt und deren Anwendung auf allgemein anerkannte Fallgruppen exemplarisch problematisiert werden. Die Kenntnis der gegensätzlichen Argumentationsmuster ist Voraussetzung sowohl für die Einordnung der soeben geschilderten kontroversen Einzelergebnisse im Bereich der familiären Garantenpflichten als auch für das Verständnis der Garantenproblematik im Allgemeinen. Im Gegensatz zum vorherigen Abschnitt wird hier auch eine Bewertung der einzelnen Ansichten vorgenommen. Diese soll die Stärken und Schwächen der jeweiligen Positionen darstellen, da jene bei der Entwicklung des § 13 StGB von Bedeutung waren und für die Suche nach möglichen Alternativen relevant sind.

In der neueren Strafrechtswissenschaft werden im Wesentlichen drei verschiedene Modelle zur Begründung von Garantenpflichten vertreten. Eine Meinungsrichtung orientiert sich an der formalen Frage, ob eine entsprechende Pflicht in der Rechtsordnung vorgesehen ist. Andere Autoren legen den Schwerpunkt auf eine materielle Fundierung der Garantenpflichten und suchen eine inhaltliche Lösung für die Frage, wann das unechte Unterlassen dem Begehen gleichsteht. Wiederum andere verzichten auf den Versuch einer

---

[195] Die Arbeit schließt sich der gebräuchlichen Differenzierung zwischen Garantenpflicht und Garantenstellung an. Danach kennzeichnet der Begriff der Garantenpflicht die Rechtspflicht selbst, während die Garantenstellung verstanden wird als die Gesamtheit von Umständen, aus denen sich die Rechtspflicht ergibt – vgl. BGHSt 16, 155, 157; Sch/Sch-Stree § 13 Rdnr. 7. Die beiden Formulierungen werden heute – soweit es nicht um Irrtumsfragen geht – auch synonym verwendet, vgl. BGHSt 48, 77, 91: „... daß die Angeklagten nach den materiellen Kriterien für die Bestimmung einer Garantenstellung gar unter zweierlei Gesichtspunkten garantenpflichtig waren... ."

[196] Vgl. nur Kühl, AT, § 18 Rdnr. 46 a; Otto, AT, § 9 Rdnr. 48 ff.

entweder formell oder materiell schlüssigen Legitimation von Garantenpflichten und begnügen sich mit einer mehr oder weniger typologischen Aufzählung der einzelnen Pflichten.

Eine geordnete Darstellung des Meinungsspektrums wird allerdings dadurch erschwert, dass die Ansichten sich im Einzelfall nicht randscharf abgrenzen lassen, sondern oftmals verschiedene Begründungsmuster miteinander verknüpft werden. Dies gilt bereits für die drei genannten Grundrichtungen. So wird beispielsweise von einigen Autoren eine Verbindung der formellen und der materiellen Betrachtungsweise gefordert[197]. Die gleiche Vermischung findet sich allerdings auch im Binnenbereich der verschiedenen materiellen Begründungen von Garantenpflichten. Teilweise wird hier schon aus Prinzip ein dualistischer Ansatz vertreten, der die Legitimation auf zwei unterschiedliche materielle Säulen stützt. Aber auch die monistischen Lösungen, die von einem einzigen Legitimationstopos ausgehen, greifen z. T. zumindest bei der Erläuterung des eigenen Prinzips auf die Wertungsaspekte der anderen Theorien zurück[198]. Daraus ergibt sich, dass die hier gewählte Einteilung nicht zwingend ist.

Zwei weitere Bemerkungen sind der folgenden Erörterung voranzustellen:

Diese Darstellung verfolgt nicht das Ziel, sämtliche zur Frage der Legitimation von Garantenpflichten vertretenen Ansätze vorzustellen. Die hierzu veröffentlichten Stellungnahmen sind so zahlreich[199], dass eine umfassende Wiedergabe den Umfang dieser Arbeit sprengen und vom eigentlichen

---

[197] Jescheck, 140 Jahre GA, S. 115, 125; Jescheck/Weigend, AT, S. 621; LK-Jescheck § 13 Rdnr. 19; Maurach/Gössel/Zipf, AT 2, § 46 Rdnr. 64; Sch/Sch-Stree § 13 Rdnr. 8; Stree, FS für Mayer, S. 145, 146 f.; vgl. auch die Entschließungen des XIII. Internationalen Strafrechtskongresses in Kairo 1984, ZStW 97, S. 731, 733: Dort wurde zum einen betont, dass die Handlungspflicht eine rechtliche sein müsse, die sich aus einem Gesetz, einer Anordnung, einem Vertrag oder aus einer anderen rechtlich anerkannten Quelle ergebe; zum anderen wurde gefordert, dass der Täter materiell die wesentlichen Bedingungen des Erfolgseintritts beherrscht haben müsse.

[198] Vgl. nur die Kombination verschiedener Kriterien bei Rudolphi, Gleichstellungsproblematik, S. 99: „Der Unterlassende muß, soll seine Untätigkeit einem Handeln gleichwertig sein, im sozialen Leben eine Schutzfunktion ausüben, kraft derer er in der Weise zur Abwendung der einem bestimmten Rechtsgut drohenden Gefahren berufen ist, daß ihm die maßgebliche Entscheidung über den Eintritt der drohenden Rechtsgutsverletzung obliegt und er daher als Garant für den Nichteintritt dieser Rechtsgutsverletzung erscheint, m. a. W. der Unterlassende muß die „Zentralgestalt" des zur Rechtsgutsverletzung hindrängenden Geschehens sein." In dieser Definition klingen sowohl Gedanken des Vertrauensschutzes, der Herrschaft und der Gefährdung an.

[199] Schünemann, Freiburg-Symposium, S. 103, 111 spricht sogar vom „Dilemma des Überflusses."

Schwerpunkt ablenken würde. Es sollen daher nur exemplarisch die häufigsten Argumentationsmuster vorgestellt werden.

Ferner ist darauf hinzuweisen, dass einige der in diesem Abschnitt wiedergegebenen Ansichten vor Inkrafttreten des § 13 StGB entwickelt wurden, d. h. in einer Zeit, in der eine gesetzliche Kodifizierung der unechten Unterlassungsdelikte noch gänzlich fehlte. Die entsprechenden Ansichten sind – sofern ihre Urheber sie nicht später bestätigt haben – daher unter dem Vorbehalt zu sehen, dass die Autoren ihre Meinung nach Inkrafttreten des § 13 StGB möglicherweise geändert hätten.

I. Enge[200] formelle Rechtspflichttheorie

Vereinzelte Stimmen im Schrifttum gehen davon aus, dass Garantenpflichten eine formale Verankerung in der Rechtsordnung voraussetzen. Eine für das Strafrecht relevante Pflicht zum Handeln soll demnach nur dort bestehen, wo die vorzunehmende Handlung gesetzlich oder vertraglich vorgeschrieben ist, also eine formelle Rechtsquelle diese Pflicht vorsieht[201].

So eindeutig die Voraussetzung einer formellen Rechtsquelle zu sein scheint, ist sie allerdings nicht. Es ergeben sich die im Folgenden ausgeführten offenen Fragen.

Zunächst ist unklar, ob nur Gesetz und Vertrag eine formelle Rechtsquelle bilden können oder auch andere Rechtsinstitute. In Betracht kommen an dieser Stelle Verordnungen, Satzungen oder auch rechtskräftige Urteile, die genauso wie ein Gesetz oder ein Vertrag Rechte und Pflichten begründen können[202]. Sieht man den Vertrag als formelle Rechtsquelle an, so müsste Gleiches auch für Verordnungen und Satzungen gelten, denn der Vertrag ist ebenso wenig wie diese unmittelbar vom Gesetzgeber legitimiert, sondern lässt sich nur mittelbar auf gesetzliche Vorschriften zurückführen[203]. Eine derartige Rückführung gibt es aber beispielsweise auch bei Verordnungen: Die Straßenverkehrsordnung findet ihre Grundlage in § 6 Abs. 1 StVG i. V. m. Art. 80 Abs. 1 GG.

---

[200] Der Begriff „eng“ ist in diesem Zusammenhang nicht üblich. Er wird hier jedoch verwendet, um den Unterschied dieser Theorie zu der später dargestellten erweiterten Garantentrias, die ebenfalls formelle Rechtspflichttheorie genannt wird, hervorzuheben.

[201] Albrecht, Garantenstellungen, S. 155; Kamberger, Garantenstellung, S. 200 f.; Seebode, FS für Spendel, S. 317, 340 ff.; vgl. auch Baumann/Weber/Mitsch, AT, § 15 Rdnr. 41.

[202] Seebode, FS für Spendel, S. 317, 341 bezieht auch Handlungspflichten ein, die nur auf dem Gesetz beruhen.

[203] Vgl. RGSt 39, 397, 398; Seebode, FS für Spendel, S. 317, 341.

Ferner ist offen, ob die gesetzlichen Pflichten im außerstrafrechtlichen Bereich normiert sein müssen oder ob auch strafrechtliche Vorschriften in Betracht kommen[204]. In älteren Abhandlungen bzw. Lehrbüchern heißt es teilweise, Quelle der Rechtspflicht könne das gesamte öffentliche Recht und das gesamte Privatrecht sein[205]. Gelegentlich wird dabei explizit auf Pflichten aus dem Strafgesetzbuch verwiesen, so z. B. auf die in § 121 a. F. strafbewehrte Pflicht, einen Gefangenen nicht entweichen zu lassen[206]. Zugleich wird dann aber z. T. auch betont, dass derartige im Strafgesetzbuch ausdrücklich normierte Fälle nicht weiterhelfen könnten, wenn es um die Frage gehe, wann allgemein die Nichthinderung des Erfolges seiner Verursachung gleichzustellen sei[207].

Diese Stellungnahmen bedürfen näherer Erläuterung: Die strafrechtlich relevanten Unterlassungen lassen sich in drei Gruppen unterteilen. Die erste Gruppe ist dadurch gekennzeichnet, dass die Unterlassungen schon für sich strafwürdig sind und allein in einem Tatbestand erfasst werden, ohne dass es ein entsprechendes Gegenstück in Form eines Begehungsdelikts gibt[208]. Daneben stehen die Unterlassungsdelikte, bei denen die Unterlassung nur eine Deliktsversion mit dem Unrechtsmaß der Handlungsvariante[209] darstellt, bei denen also der Tatbestand sowohl durch Tun als auch durch Unterlassen verwirklicht werden kann. Innerhalb dieser zweiten Gruppe ist nochmals zu differenzieren. Die Gleichstellung der Unterlassungshandlungen wird zum Teil direkt durch die Formulierung der Tatbestände des Besonderen Teils des Strafgesetzbuchs vorgenommen[210]. Beispiele hierfür sind das Begehenlassen einer Körperverletzung im Amt nach § 340 Abs. 1 S. 1 Alt. 2 StGB, die Gefährdung des Straßenverkehrs durch Nichtkennzeichnung haltender oder liegengebliebener Fahrzeuge nach § 315 c Abs. 1 Nr. 2 g StGB oder die Gesundheitsschädigung Abhängiger durch Vernachlässigung der Sorgepflicht nach § 225 Abs. 1 Alt. 3 StGB[211]. Der andere Teil dieser Unterlassungsdelikte ist nicht im Besonderen Teil des Strafgesetzbuchs geregelt, sondern ergibt sich über die allgemeine Norm des § 13 StGB.

---

[204] Vgl. dazu Güntge, Begehen durch Unterlassen, S. 40 ff.
[205] V. Hippel, Strafrecht, S. 161; Mezger, Strafrecht, S. 138 f.
[206] V. Hippel, Strafrecht, S. 161 FN 7; Traeger, Problem, S. 79.
[207] Traeger, Problem, S. 79.
[208] Roxin, AT 2, § 31 Rdnr. 16.
[209] Vgl. Jakobs, AT, 28/10.
[210] Ebenfalls zu dieser Gruppe sollen nach Ansicht einiger Autoren die Fälle gehören, in denen ein Unterlassen zwar nicht ausdrücklich im Tatbestand erwähnt wird, es aber vom dort verwendeten Begriff zweifellos erfasst wird wie bei § 266 StGB, vgl. Roxin, AT 2, § 31 Rdnr. 20; Stratenwerth, AT 1, § 13 Rdnr. 10.
[211] Vgl. Jescheck/Weigend, AT, S. 607.

Versteht man den Begriff der unechten Unterlassungsdelikte materiell als begehungsgleiches Unterlassen[212], d. h. als Summe der besonders geregelten und über § 13 StGB herzuleitenden Fälle, so muss die Garantenpflicht sich notwendigerweise auch aus dem Strafgesetzbuch ergeben können – in den Fällen nämlich, in denen sie im Besonderen Teil normiert ist, so z. B. bei § 340 Abs. 1 S. 1 Alt. 2 StGB die Amtsträgereigenschaft.

Begrenzt man den Begriff der unechten Unterlassungsdelikte dagegen äußerlich-formal[213] dadurch, dass sie im Gegensatz zu den echten Unterlassungsdelikten keine Regelung im Besonderen Teil des Strafgesetzbuchs erfahren haben[214], so ist eine Einbeziehung des Strafgesetzbuchs bei der Begründung von Garantenpflichten nicht zwingend. Es stellt sich dennoch die Frage, ob aus den im Strafrecht normierten Wertungen Rechtspflichten auch für die lediglich über § 13 StGB strafbaren Unterlassungsdelikte hergeleitet werden können[215].

Schließlich ist unklar, ob jede außerstrafrechtliche Rechtspflicht eine Garantenstellung begründen kann oder ob hierbei Einschränkungen zu machen sind. Zwei Beispiele sollen die Problematik verdeutlichen:

Bei der Erstellung eines Neubaus lässt die Bauherrin die vertragsgemäße Baudurchführung von einem Bauführer überwachen, der allerdings mit der Bauausführung selbst nichts zu tun hat. Infolge fehlerhafter Ausführung stürzt ein Teil des Neubaus ein, wobei ein Bauarbeiter getötet wird. Der Bauführer ist seiner Überwachungspflicht nicht nachgekommen. Hätte er der Bauherrin die fehlerhafte Bauführung gemeldet, so hätte diese ordnungsgemäße

---

[212] Wie Jescheck/Weigend, AT, S. 605; LK-Jescheck Vor § 13 Rdnr. 91; Roxin, AT 2, § 31 Rdnr. 17 ff.; Wessels/Beulke, AT, Rdnr. 696 ff. – wobei überwiegend noch zusätzlich darauf abgestellt wird, dass echte Unterlassungsdelikte tätigkeitsbezogen, unechte Unterlassungsdelikte dagegen erfolgsbezogen sind, vgl. BGHSt 14, 280, 281; Böhm, JuS 1961, S. 177, 181; Jescheck/Weigend, AT, S. 605 f.; Wessels/Beulke, AT, Rdnr. 696 f.; dazu auch Roxin, AT 2, § 31 Rdnr. 21.

[213] Vgl. dazu Schmidhäuser, FS für Müller-Dietz, S. 761 ff., insbesondere S. 769 ff., der den Begriff des unechten Unterlassungsdelikts völlig ablehnt und für die hier genannte Unterscheidung die Begriffe „Wortlautunterlassen" und „Auslegungsunterlassen" vorschlägt.

[214] Vgl. Armin Kaufmann, Dogmatik, S. 275 ff.; ders. , JuS 1961, S. 173 f.; Gropp, AT, § 11 Rdnr. 2 f.; Hauf, AT, S. 64; Stratenwerth, AT 1, § 13 Rdnr. 8 ff.; Welzel, Strafrecht, S. 202 f.

[215] Bejahend Böhm, JuS 1961, S. 177, 179 f.; ders., Rechtspflicht, S. 54 ff. Güntge, Begehen durch Unterlassen, S. 40 ff. Hierfür spricht der Wortlaut des § 13 Abs. 1 StGB, der nur von rechtlichen und nicht von außerrechtlichen Pflichten spricht. Verneinend Baumann/Weber/Mitsch, AT, § 15 Rdnr. 52 f.: Als gesetzliche Grundlage kämen nur außerstrafrechtliche Gesetze – insbesondere das BGB – in Betracht. Zwar enthalte der Besondere Teil des Strafgesetzbuchs einige Straftatbestände, die auf den Inhaber spezieller Positionen und Eigenschaften bezogen seien. Die strafbarkeitsbegründende Wirkung solcher Pflichtzuordnungen beschränke sich jedoch auf den Binnenbereich dieser Tatbestände.

Vertragserfüllung verlangt und der Unfall wäre nicht passiert. Soll der Bauführer allein aufgrund seiner Verpflichtung zur Überwachung der Vertragsmäßigkeit wegen fahrlässiger Tötung verurteilt werden[216]?

Oder: Nach der Satzung eines exklusiven Gesangvereins sind die Mitglieder gegenseitig zu Kameradschaft und Beistand in allen Notlagen verpflichtet. In einer kalten Winternacht sieht ein Mitglied ein anderes betrunken auf der Straße liegen. Er kümmert sich aber nicht um das andere Mitglied, das infolge dieser Unterlassung erfriert. Soll nun der Unterlassende wegen fahrlässiger Tötung verurteilt oder lediglich aus dem Verein ausgeschlossen werden[217]?

Gegen eine schrankenlose Einbeziehung sämtlicher Rechtspflichten wird die funktionelle Beschränkung des Strafrechtsschutzes ins Feld geführt. Da das Strafrecht nur fragmentarischen Charakter habe, könnten nicht alle Verstöße gegen zivil- und öffentlichrechtliche Normen strafrechtlich sanktioniert werden, sondern nur Verhaltensweisen mit schwerwiegendem Unwertgehalt[218]. Klärungsbedarf besteht insbesondere bei den zivilrechtlichen Verkehrssicherungspflichten[219], da die ihnen zugrunde liegende gesetzgeberische Intention zumindest nicht vollständig mit strafrechtlichen Wertungen übereinstimmt. Zivilrechtliche Verkehrssicherungspflichten sind häufig von Verteilungserwägungen beeinflusst, d. h. es geht um eine sozial gerechte Zuweisung von Schadenslasten[220], bei der volks- und versicherungswirtschaftliche Erwägungen in die Bewertung einfließen[221]. Um einer adäquaten

---

[216] Ablehnend RGSt 43, 326 ff., weil der Bauführer nicht selbst für die Ausführung des Bauwerks verantwortlich gewesen sei, a. A. die Vorinstanz.

[217] Beispiel nach Meyer-Bahlburg, Unterlassungsdelikte, S. 28. Ein weiteres Beispiel von Böhm, JuS 1961, S. 177, 181 und Armin Kaufmann, Dogmatik, S. 285 sowie JuS 1961, S. 173, 177 bezieht sich auf gesetzliche Pflichten: Auch wenn ein Gesetz erlassen würde, das Postbeamte allgemein verpflichtet, Verbrechen zu verhindern, könnte ein diese Pflicht verletzender Postbeamter nicht strafrechtlich belangt werden, da er zum einen nicht die Mittel habe, um seiner Pflicht nachzukommen, und zum anderen weder die Allgemeinheit noch die Rechtsordnung darauf vertrauten, dass Postbeamte Verbrechen verhindern.

[218] Gunia, Garantenstellungen, S. 25; kritisch auch Gallas, Studien, S. 75 ff. sowie ausführlich Grünewald, Garantenpflichten, S. 65 ff.

[219] Bei diesen Pflichten besteht das zusätzliche Problem, dass sie nicht vom Gesetzgeber, sondern von der Rechtsprechung entwickelt worden sind, vgl. Mertens, VersR 1980, S. 397 ff. sowie die 470 Seiten umfassende Rechtsprechungsübersicht von Patzelt, Verkehrssicherungspflicht; näher zu diesem Problem sogleich.

[220] Grünewald, Garantenpflichten, S. 121; Kötz, AcP 170, S. 1, 10; Steffen, VersR 1980, S. 409, 410.

[221] Esser/Schmidt, Schuldrecht, § 2 III; Grünewald, Garantenpflichten, S. 121; Mertens, VersR 1980, S. 397, 401 f.; MüKo-BGB-Wagner § 823 Rdnr. 250; Steffen, VersR 1980, S. 409, 411. Der BGH lehnt in NJW 1958, S. 1630 ff. zwar eine Haftungsbegründung ab, die allein auf das Bestehen einer Versicherung gestützt ist. In anderen Entscheidungen greift die

Schadensverteilung willen wird der Verschuldensgrundsatz teilweise aufgegeben, und es werden Elemente der Gefährdungshaftung eingeführt[222]. Das Strafrecht ist im Gegensatz dazu an der individuellen Verantwortung orientiert und beschränkt sich auf die Bestrafung von Verhaltensweisen, die fundamentale Interessen des Einzelnen oder der Gemeinschaft verletzen[223]. Es ist daher zu begründen, warum für die Strafbarkeit die Verletzung einer Pflicht ausreichen soll, die nicht ausschließlich entwickelt wurde, um eingehalten zu werden[224], sondern auch zum Ziel hatte, dem Geschädigten finanziellen Ausgleich zu verschaffen.

Die letzte offene Frage betrifft den Formalisierungsgrad der Rechtspflichten. Unproblematisch sind die Fälle, in denen sich eine Handlungspflicht ausdrücklich einem singulären Rechtssatz der Rechtsordnung entnehmen lässt. Schwierigkeiten werfen die Konstellationen auf, in denen eine derartige explizite Pflicht – wie beispielsweise bei den meisten Verkehrssicherungspflichten – nicht besteht. Vogel hat angeregt, auch die richterliche Interpretation des Rechts als Sinnganzes als Rechtsquelle anzuerkennen[225]. Er verweist auf eine Entscheidung des Bundesverfassungsgerichts[226], nach der es der Rechtsprechung gestattet ist, „Wertvorstellungen, die in der ... Rechtsordnung immanent, aber in den Texten der geschriebenen Gesetze nicht oder nur unvollkommen zum Ausdruck gelangt sind, in einem Akt des bewertenden Erkennens, dem auch willenhafte Elemente nicht fehlen, ans Licht zu bringen und in Entscheidungen zu realisieren“. In die gleiche Richtung gehend hat das Reichsgericht in zwei Entscheidungen ausgeführt, es komme

---

Rechtsprechung aber zumindest ergänzend auch auf finanzielle Erwägungen zurück, vgl. BGH NJW 1984, S. 801, 802; OLG Hamm NJW-RR 2002, S. 1459 f.

222 Grünewald, Garantenpflichten, S. 121 ff. insbesondere auch unter Hinweis auf Beweiserleichterungen durch Prima-Facie-Beweis und Beweislastumkehr; Kötz, AcP 170, S. 1, 10; Mertens, VersR 1980, S. 397, 405.

223 Grünewald, Garantenpflichten, S. 125; NK-Hassemer Vor § 1 Rdnr. 196; LK-Jescheck Einl. Rdnr. 2 ff.

224 Steffen, VersR 1980, S. 409, 410; Fuchs, Deliktsrecht, S. 68 betont allerdings, die zentrale Funktion von Verkehrssicherungspflichten bestehe in einer Gefahrenvermeidung und -abwendung.

225 Vogel, Norm und Pflicht, S. 320 ff., ähnlich auch Geilen, FamRZ 1961, S. 147, 152. Dabei ist darauf hinzuweisen, dass Vogel selbst keinen formalen, sondern einen an Jakobs angelehnten materiell dualistischen Ansatz vertritt, S. 358 ff., 382 ff. Dieser beruht einerseits auf der freiheitstheoretischen Begründung, dass die eingeräumte und wahrgenommene Handlungsfreiheit dazu verpflichte, jederzeit das Maß des noch erlaubten Risikos aufrechtzuerhalten, und andererseits auf rechtlich anerkannten Realinstitutionen mit institutionell begründeten Solidaritätspflichten. Die von ihm in die Diskussion gebrachte Interpretation des Rechts als Sinnganzes stellt für seine eigene Lösung daher keine Begründung, sondern nur eine Grenze der Garantenpflichten dar.

226 BVerfGE 34, 269, 287.

nicht darauf an, welche einzelne Ausgestaltung das Gesetzesrecht habe, sondern auf welchen Vorstellungen vom Recht es aufgebaut sei und welche tragenden Gedanken ihm zugrunde lägen[227].

Im Ergebnis lässt sich konstatieren, dass die enge formelle Rechtspflichttheorie im Ergebnis einige der heute allgemein akzeptierten Garantenpflichten nicht anerkennen kann. Dies gilt beispielsweise für die Fallgruppe der engen Lebensgemeinschaft ohne familienrechtliche Verbundenheit oder für die Gefahrengemeinschaft, sofern man nicht einen konkludenten Vertragsschluss annehmen will[228]. Eine derartige stillschweigende rechtswirksame Vereinbarung dürfte aber zumindest in einigen Fällen auf eine bloße Fiktion hinauslaufen, da gerade bei der engen Lebensgemeinschaft oft keinerlei rechtliche Verpflichtungen gewollt sind.

Sehr problematisch erscheint auch der Bereich der Ingerenzgarantenstellung. Eine ausdrückliche Vorschrift des Inhalts, dass jeder Urheber einer Gefahr verpflichtet ist, den Eintritt eines aus dieser Gefahr resultierenden tatbestandsmäßigen Erfolges zu verhindern, existiert nicht. Inwieweit eine entsprechende Pflicht unter Bezugnahme auf zivilrechtliche Schadensersatz-, Unterlassungs- oder Beseitigungsansprüche (§§ 823, 249, 1004 BGB) in bestimmten Konstellationen begründet werden kann, ist nicht hinreichend geklärt[229]. Gleiches gilt für das weite Feld der Verkehrssicherungspflichten.

Schwierigkeiten bereiten letztlich auch die Garantenpflichten aus Vertrag - ungeachtet des Umstandes, dass der Vertrag – wie oben dargelegt – unstreitig eine formelle Rechtsquelle bildet. Nach heute ganz herrschender Meinung kommt es für das Bestehen von Garantenpflichten nicht auf einen rechtlich wirksamen Vertrag, sondern auf die faktische Übernahme an[230]. Die Gegenmeinung, die allein auf den Vertragsschluss abstellt, führt zu Ergebnissen, die mit dem Rechtsempfinden nur schwer zu vereinbaren sind: Zum einen

---

[227] RGSt 66, 71, 73; 69, 321, 323.

[228] Vgl. Baumann/Weber/Mitsch, AT, § 15 Rdnr. 74.

[229] Diese Frage soll auch vorliegend nicht geklärt werden. Hingewiesen sei lediglich auf die Ausführungen von van Gelder, Entwicklung, S. 128 ff., der in bestimmten Ingerenzsituationen eine gesetzliche Verpflichtung aus § 1004 Abs. 1 BGB analog herleitet.

[230] OLG Celle NJW 1961, S. 1939; Arzt, JA 1980, S. 647, 652 ff.; Henkel, MschrKrim 1961, S. 178, 185; Jescheck/Weigend, AT, S. 623; Krey, AT 2, Rdnr. 343 ff; Kühl, AT, § 18 Rdnr. 68 f.; LK-Jescheck § 13 Rdnr. 27; Maiwald, JuS 1981, S. 473, 481 f.; Maurach/Gössel/Zipf, AT 2, § 46 Rdnr. 82 ff.; NK-Seelmann § 13 Rdnr. 33; Otto, AT, § 9 Rdnr. 64; Otto/Brammsen, Jura 1985, S. 592, 594; Roxin, AT 2, § 32 Rdnr. 13, 53; Sch/Sch-Stree § 13 Rdnr. 26 ff.; SK-Rudolphi § 13 Rdnr. 62; Stratenwerth/Kuhlen, AT 1, § 13 Rdnr. 25; Stree, FS für Mayer, S. 145, 148 ff.; Vogt, ZStW 63, S. 391, 401 f.; Welzel, Strafrecht, S. 214 f.; Wessels/Beulke, AT, Rdnr. 720.

entstehen – auch bei unerkannter – Nichtigkeit des Vertrags, beispielsweise wegen Minderjährigkeit oder Geisteskrankheit eines der Vertragspartner, oder bei zeitlichem Ablauf des Vertrags keine Garantenpflichten. Umgekehrt entsteht eine Garantenstellung auch dann, wenn ein Vertrag bürgerlich-rechtlich wirksam geschlossen war, der durch ihn Verpflichtete seine Obhuts- oder Überwachungsstellung aber gar nicht angetreten hatte. So würde sich beispielsweise der Bergführer, der entgegen seiner Verpflichtung nicht zu der vereinbarten Exkursion erscheint, wegen Körperverletzung oder Tötung durch Unterlassen strafbar machen, wenn der Tourist sich – und sei es in voller Kenntnis des Risikos und ohne jede Notwendigkeit – allein auf den Weg macht und dabei verunglückt.

Die Tatsache, dass das Rechtsempfinden vorliegend zu anderen Ergebnissen kommt als die enge formelle Rechtspflichttheorie, lässt sich wie folgt begründen: Der materielle Unwert, das „Böse" in derartigen Fallkonstellationen, liegt in einer Kombination aus enttäuschtem Vertrauen und daraus resultierender Gefährdung des Opfers, welche von zivilrechtlichen Kategorien völlig unabhängig ist. Der Täter erweckt in dem Opfer das Vertrauen, er werde ihm bei eventuellen Gefahren beistehen. Das Opfer richtet sich darauf ein und nimmt Gefahren auf sich, die es sonst vermieden hätte, oder es verzichtet auf anderweitige Schutzmaßnahmen, die es sonst getroffen hätte[231]. Bei Eintritt der gefährlichen Situation unterlässt der Täter die zugesagte Hilfe, weswegen die ansonsten abgeschirmte Gefahr sich auf das Opfer auswirken kann und zu einem Schaden führt. Dieses Verhalten erscheint für einen objektiven Betrachter genauso verwerflich wie eine positive Verletzung des Opfers, denn in der heutigen technisierten und damit gefahrenreichen Welt ist der Einzelne vom Funktionieren der Sicherungsvorkehrungen, auf die er vertraut, in gleicher Weise abhängig wie vom Unterbleiben positiver Angriffe[232].

Zusammenfassend lässt sich festhalten, dass die enge formelle Rechtspflichttheorie neben mehreren ungelösten Fragen vor allem im Hinblick auf mögliche Strafbarkeitslücken und die nicht passende Kategorie des Vertrags Probleme aufwirft.

II. Materielle Theorien

Die Theorien, die Garantenpflichten anhand von materiellen Kriterien zu bestimmen versuchen, lassen sich je nach der Anzahl der verwendeten Kriterien in monistische und dualistische Ansätze unterteilen.

---

[231] Vgl. Gallas, Studien, S. 79 f.; Stree, FS für Mayer, S. 145, 154 f.
[232] Gallas, Studien, S. 80.

1. Monistische Konzepte

A) Herrschaft

Einige Vertreter sehen den Begriff der Herrschaft als das entscheidende Kriterium zur Begründung von Garantenpflichten an. Der monistische Herrschaftsansatz wurde vor allem von Schünemann entwickelt[233] und wird von ihm bis heute vertreten[234].

Ausgangspunkt der Gedankenkette ist das Erfordernis, eine materiale Gleichstellungsrichtlinie zu finden, die nicht an der Strafwürdigkeit anknüpft, sondern an einer „vorstrafrechtlichen Gemeinsamkeit"[235] von Begehung und unechter Unterlassung.

Diese Gemeinsamkeit erblickt Schünemann in der Herrschaft über den Grund des Erfolges[236]. Eine Analyse des Begehungserfolgsdelikts führt Schünemann zu dem Ergebnis, dass neben der mechanischen Kausalität zwischen Handlung und Erfolg als entscheidendes Kriterium eine Verknüpfung zwischen dem Erfolg und der Person vorliegen müsse, d. h. eine Beziehung zwischen dem personalen Aktionszentrum und der den Erfolg verursachenden Körperbewegung[237]. Da diese Beziehung durch die Herrschaft der Person über den Körper begründet werde[238] und die Körperbewegung mittels des Kausalnexus als unmittelbarer Grund des Erfolgs erscheine, sei die Herrschaft über den Grund des Erfolgs das entscheidende Kriterium[239]. Kennzeichnend für das Bestehen der Herrschaft sei dabei das Vorliegen eines aktuellen Herrschaftswillens[240]. Der aufgestellte Leitbegriff der Herrschaft wird sodann von Schünemann konkretisiert. Die Herrschaft über den Grund des Erfolgs zerfällt demnach in zwei Untergruppen,

---

233 Schünemann, Grund, S. 231 ff.

234 Vgl. Schünemann, GA 1974, S. 231 ff.; ders., ZStW 96, S. 287, 294 f. FN 26; ders., GA 1985, S. 341, 375; ders., Internationale Dogmatik, S. 49, 62; ders., Freiburg-Symposium, S. 103, 120 ff.; neuerdings zustimmend Roxin, AT 2, § 32 Rdnr. 19 ff.

235 Schünemann, Grund, S. 232.

236 Schünemann, Grund, S. 236; ders., GA 1974, S. 231, 234; ders. ZStW 96, S. 287, 294; ders., Internationale Dogmatik, S. 49, 62.

237 Schünemann, Grund, S. 234 f., 237.

238 Schünemann, Grund S. 235.

239 Schünemann, Grund S. 236 f. – Problematisch erscheint bei dieser Argumentation, dass Schünemann allein auf den zweiten Teil seiner Herleitung abstellt und dem ersten Teil, der Kausalität im naturwissenschaftlichen Sinn, keine entscheidende Bedeutung beimisst. Wenn das Erfolgsbegehungsdelikt aus der Kausalität und der Herrschaft der Person über den Körper konstituiert wird, so bedarf es der Begründung, warum bei Unterlassungsdelikten allein die Herrschaft über den Grund des Erfolges ausreichen soll, denn das Unterlassen ist nach Schünemanns Ansicht nicht kausal für den Erfolg, vgl. S. 234.

240 Schünemann, Grund, S. 292 f., 316, 343, 359; ders., GA 1974, S. 231, 235.

die Herrschaft über eine wesentliche Erfolgsursache und die Herrschaft über die Anfälligkeit des Opfers[241]. Dabei wird die Herrschaft über die wesentliche Erfolgsursache wiederum in die Subtypen der Herrschaftsgewalt über gefährliche Sachen und Verrichtungen und die Aufsichtsgewalt über unmündige Personen unterteilt[242], während die Herrschaft über die Anfälligkeit des Opfers in die Subtypen der konstitutionellen und der partiellen Hilflosigkeit untergliedert wird[243].

Konsequenz dieser Lehre ist die Ablehnung einer Garantenstellung aus Ingerenz[244]. Die zur Gleichstellung erforderliche aktuelle Herrschaft des Unterlassenden sei in diesen Fällen nicht gegeben, sondern erschöpfe sich in einem Anstoß des Kausalverlaufs, der zudem in der Vergangenheit liege. Im Zeitpunkt der Unterlassung unterscheide sich der Ingerent in keiner Weise von einem quivis ex populo. Beide besäßen lediglich eine durch die Abwendungsmöglichkeit gekennzeichnete potentielle Herrschaft über das Geschehen.

Auch bei der Anwendung des Herrschaftsbegriffs auf den hier besonders interessierenden Bereich der familiären Beziehungen zeigen sich Schwierigkeiten. Zwar mag der Begriff der Herrschaft als Bezeichnung des Verhältnisses zwischen Eltern und minderjährigen Kindern trotz erheblicher Bedenken noch akzeptabel sein. Für den Bereich der Ehe ist das Herrschaftskriterium dagegen verfehlt. Die gegenteilige Argumentation Schünemanns wirkt gezwungen und befremdlich: Demnach stellt die Ehe als Lebensgemeinschaft einen Fall der durch fremden Vertrauensakt[245] begründeten Herrschaft über ein partiell

---

[241] Schünemann, Grund, S. 241, 359; ders., GA 1974, S. 231, 234; ders., ZStW 96, S. 287, 294; ders. GA 1985, S. 341, 375.

[242] Schünemann, Grund, S. 359 – wobei aus der ersten Untergruppe die Verkehrspflichten und aus der zweiten die Aufsichtspflichten resultieren, die ihrerseits weiter unterteilt werden. Bei den Verkehrspflichten erfolgt eine Differenzierung nach dem Entstehungsgrund – eigener Zugriff oder Übertragung – , bei den Aufsichtspflichten wird zwischen der faktischen Herrschaft über Strafunmündige und der rechtlichen Befehlsgewalt über Strafmündige unterschieden, S. 324 ff.

[243] Schünemann, Grund, S. 342 ff., 359 – auch hier erfolgt eine weitere Differenzierung nach dem Entstehungsgrund: Die Herrschaft kann durch eigenen Zugriff oder durch fremden Vertrauensakt begründet werden, bei konstitutioneller Hilflosigkeit kann sie auch existentiell vorgegeben sein.

[244] Schünemann, Grund, S. 313 ff.; ders., GA 1974, S. 231, 235 ff.

[245] Hier zeigt sich die oben angedeutete Vermischung verschiedener Begründungstopoi. Der Begriff des Vertrauens wird auch als eigenständige Legitimation von Garantenpflichten verwendet und charakterisiert den Bereich der ehelichen Lebensgemeinschaft sicherlich besser als der Begriff der Herrschaft.

hilfloses Opfer dar, gerichtet auf die Abwendung von Gefahren, die im gemeinsamen Haushalt drohen[246].

B) Gefährdung

Ein Teil des Schrifttums sieht in dem Begriff der Gefahrschaffung bzw. der Gefährdung das entscheidende Kriterium der Garantenpflichten.

So formuliert Arzt[247]: „In allen Garantenstellungen steckt eine rudimentäre Gefahrschaffung als Begehungselement. Diese Gefahrschaffung kann ‚unmittelbar' erfolgen oder ‚mittelbar' dadurch, daß die Aufgabe der Gefahrabwendung übernommen, aber nicht einwandfrei durchgeführt wird." Das Kennzeichen der mittelbaren Gefahrschaffung liege darin, dass ein wodurch auch immer entstandenes Vertrauen[248] auf die Abwendung des schädlichen Erfolgs zunächst besteht und dann enttäuscht wird[249], wenn die vertrauende Person tatsächlich in Gefahr schwebt. Dabei ist der Vorgang der Gefahrschaffung wohl folgendermaßen zu verstehen: Derjenige, der seine Hilfe zusagt (und später die notwendige Hilfeleistung unterlässt), verursacht eine Gefahr für eine andere Person. Hätte er nicht in dieser anderen Person das Vertrauen auf seinen Beistand geweckt, hätte sie sich entweder gar nicht in die gefährliche Lage begeben oder hätte sich der Unterstützung anderer, tatsächliche hilfswilliger Dritter versichert[250].

---

[246] Schünemann, Grund, S. 351 ff., insbesondere 355 f.

[247] Arzt, JA 1980, S. 712, 714. Auf den Gefährdungsaspekt aufbauend ebenfalls Gimbernat, ZStW 111, S. 307 ff., der die Begehungsgleichheit darin begründet sieht, dass ein mit der Überwachung eines präexistenten Gefahrenherdes Beauftragter diesen destabilisiert und der Gefahrenherd dann mit absoluter Gewissheit den tatbestandsmäßigen Erfolg herbeiführt. Die Theorie führt insofern für die hier zu erörternde Frage der Begründung von Garantenpflichten nicht weiter, weil gerade unklar bleibt, wann jemand mit der Überwachung beauftragt ist und wann nicht, vgl. dazu Roxin, AT 2, § 32 Rdnr. 25 ff. Zudem erscheint es nicht einleuchtend, dass die Ehefrau, die ihrem Gatten angesichts einer schweren und plötzlichen Krankheit nicht hilft, anders bestraft werden soll als die Ehefrau, die ihrem schon vorher kranken und daher von ihr abhängigen Mann die Hilfe versagt.

[248] Auch hier zeigt sich die Überschneidung der Begründungsmuster. Vgl. zu einer Kombination aus Gefahrschaffung und Vertrauen auch Schultz, Amtswalterunterlassen, S. 135 ff. sowie ders., JuS 1985, S. 270, 271 f. Er stellt primär ebenfalls auf den Gefährdungsaspekt ab, wobei das Kriterium des Vertrauens aber zumindest Indizfunktion habe bzw. ein Hilfsmittel zur Beantwortung der Zurechnungsfrage sei. Der Erfolg kann nach Schultz nämlich nur dann zugerechnet werden, wenn der Gefährdete zumindest nicht sorgfaltswidrig auf die Erfüllung der Schutzaufgabe vertraut.

[249] Arzt, JA 1980, S. 647, 650.

[250] Vgl. auch die gleichgelagerte Argumentation von Stree, FS für Mayer, S. 145, 154 ff. für die Garantenstellung aus Übernahme. Anders dagegen versteht Seelmann, GA 1989, S. 241, 243 den Standpunkt von Arzt. Er kritisiert, dass bei Arzt die Gefahrschaffung erst in der

Einen ähnlichen Ansatz vertreten Seelmann und ihm folgend Grünewald. Ausgehend von dem liberalen Rechtsbegriff der Aufklärung[251] unterscheiden sie Rechtspflichten und moralische Pflichten bzw. Tugendpflichten danach, ob es sich um ein Verbot handelt, andere in ihren Freiheitsrechten zu verletzen (dann Rechtspflicht), oder um eine Pflicht, die eigene Vollkommenheit, fremde Glückseligkeit und das Wohlergehen anderer zu fördern (dann Tugendpflicht)[252]. Gegenstand des Rechts ist es demnach lediglich, die Freiheitssphären der Einzelnen zu achten, d. h. Schädigungen anderer zu vermeiden[253]. Handlungspflichten können deshalb nur dann garantenstellungsbegründende Rechtspflichten sein, wenn sie sich auf ein Verletzungsverbot zurückführen lassen. Dies ist der Fall, wenn der Verpflichtete „durch sein Vorverhalten selbst ursächlich für die Verletzung geworden ist“[254], indem er „einem anderen die Abwehrbereitschaft gegenüber Gefahren entzogen oder selbst die Gefahr geschaffen oder erhöht hat“[255]. Dies entspricht in der Terminologie von Arzt der mittelbaren und unmittelbaren Gefahrschaffung[256].

Dabei erkennen Seelmann und Grünewald, dass das Gefährdungskonzept beispielsweise bei Pflichten der Eltern gegenüber ihren Kindern „nicht unproblematisch“[257] ist. Sie beziehen diese Pflichten dennoch in ihr Konzept ein, indem sie darauf abstellen, dass bestimmte Solidarpflichten zur Ermöglichung eines freiheitlichen Systems unerläßlich sind. Dabei handele es sich um „Pflichten, durch die eine freiheitliche wie selbstbestimmte Entfaltung der einzelnen erst gewährleistet werden“[258]. Zu diesen Pflichten gehöre die

---

Enttäuschung der Erwartung liege, es also um eine Gefahr gehe, die überhaupt erst durch das Unterlassen geschaffen wurde. Dies ist insoweit problematisch, als Arzt, JA 1980, S. 647, 650 selbst formuliert, dass in der Übernahme einer Aufgabe das Element der Gefahrschaffung liege. Allerdings sind die Ausführungen von Arzt diesen Punkt betreffend nicht eindeutig, denn er spricht auch davon, dass erst im Enttäuschen des Vertrauens das Gefährdungsmoment liege, vgl. JA 1980, S. 647, 652.

[251] Genannt werden hier Kant, Hegel und Thomasius, vgl. Grünewald, Garantenpflichten, S. 49; Seelmann, GA 1989, S. 241, 251 f.; ders., Vielfalt des Rechts, S. 85, 95 f.

[252] Grünewald, Garantenpflichten, S. 48 ff.; NK-Seelmann § 13 Rdnr. 48.

[253] Grünewald, Garantenpflichten, S. 64, 133.

[254] NK-Seelmann § 13 Rdnr. 49; vgl. auch Grünewald, Garantenpflichten, S. 133; Seelmann, GA 1989, S. 241, 253; ders., Vielfalt des Rechts, S. 85, 96.

[255] NK-Seelmann § 13 Rdnr. 49; fast wortgleich Grünewald, Garantenpflichten, S. 136; vgl. auch Seelmann, GA 1989, S. 241 ff.

[256] Auch wenn NK-Seelmann § 13 Rdnr. 49 nicht den Gefährdungsbegriff, sondern den Ausdruck „Involvierungsprinzip“ an die Spitze stellt.

[257] NK-Seelmann § 13 Rdnr. 50; Seelmann, Vielfalt des Rechts, S. 85, 97. Arzt, JA 1980, S. 712, 714 beschränkt sich auf die Bemerkung, dass die Gefahrschaffung bei der Garantenstellung der Ingerenz am besten zum Ausdruck kommt.

[258] Grünewald, Garantenpflichten, S. 140; vgl. Seelmann, GA 1989, S. 241, 255.

Fürsorge der Eltern gegenüber ihren Kindern, da diese existentiell auf Leistungen anderer angewiesen seien, um sich zu entwickeln[259].

Diese argumentative Einbeziehung vermag jedoch nicht darüber hinwegzutäuschen, dass gerade die Garantenstellung der Eltern gegenüber den Kindern nicht in das System der gefahrverursachenden Vorhandlung einzupassen ist[260], wenn man nicht bereits den Akt der Zeugung als Gefährdungshandlung ansehen will[261]. Kinder sind schon von Natur aus nicht in der Lage, sich gegen alle drohenden Gefahren zu schützen. Die Pflicht der Eltern, für ihre Kinder zu sorgen, beruht demnach zumindest nicht notwendigerweise auf einem vorangegangenen Tun, das dem Kind seine Abwehrbereitschaft entzogen oder selbst eine Gefahr geschaffen oder erhöht hat. Soll die – unmittelbare oder mittelbare – Gefahrschaffung das entscheidende Kriterium für die Begründung von Garantenpflichten sein, muss dieses Ergebnis hingenommen werden.

C) Nähe

Teilweise wird versucht, Garantenstellungen mit dem Begriff der Nähe zu begründen.

Den ersten Versuch in diese Richtung machte Androulakis. Für ihn können Unterlassung und Handlung ontologisch nur dann gleichgestellt werden, wenn „der Unterlasser sich in einer gewissen Nähe zum Gefahrenherd oder zum Träger des geschützten Rechtsgutes befindet, und zwar nicht primär in einer abstandsmäßigen, metrischen, sondern in einer inneren, sozialen, mitmenschlichen Nähe“[262]. Diese soziale Nähe sieht er dann als gegeben an, wenn der Unterlassende nicht nur zur Zeit der Gefahrentwicklung dabei ist, sondern schon vorher in engster Verbindung zum Gefahrenherd oder zum Träger des Rechtsguts stand, d. h. schon zu diesem Zeitpunkt „daneben“ war[263]. Dabei differenziert Androulakis – wenig anschaulich – zwischen einem totalen, d. h. immer und überall Danebensein[264], einem konkreten räumlich begrenzten

---

[259] Grünewald, Garantenpflichten, S. 140; NK-Seelmann § 13 Rdnr. 50.
[260] Vogel, Norm und Pflicht, S. 343.
[261] Dagegen spricht, dass es sich nicht um eine unmittelbare oder auch nur irgendwie nahe Gefahr handelt.
[262] Androulakis, Studien, S. 159 – andeutungsweise für einen Nähebegriff auch Maiwald, JuS 1981, S. 473, 474 ff.
[263] Androulakis, Studien, S. 159.
[264] Androulakis, Studien, S. 209 ff. – Beispiele sind das Eltern-Kind-Verhältnis sowie die eheliche Lebensgemeinschaft.

schon vorher Danebensein[265] und einem mittelbaren schon vorher Danebensein, wobei bei Letzterem die Nähe z. B. über gefährliche Rechtsgüter vermittelt wird[266].

Problematisch ist, dass nach Androulakis das bloße Vorliegen einer Nähebeziehung allein noch keine automatische Annahme einer Garantenstellung begründet. Seiner Meinung nach kann die Frage der Strafwürdigkeit und der Strafbarkeit des Unterlassens nicht allgemein beantwortet werden, sondern sei eingebettet in das „vorherrschende weltanschauliche, politische, im allgemeinen soziale Klima“[267]. Die Nähe ist demnach für Androulakis nur notwendige, nicht aber hinreichende Voraussetzung.

Es liegt auf der Hand, dass das Abstellen auf ein soziales Klima keine rationale Begründung und Abgrenzung von Garantenpflichten ermöglicht. Damit bleibt aber die Frage bestehen, ob das Nähekriterium für sich nicht ein hinreichendes Spezifizierungskriterium darstellt. Diese Frage ist zu verneinen.

Zwar lassen sich die heute anerkannten Garantenpflichten durchaus alle als Nähe zur Gefahr oder Nähe zum gefährdeten Opfer beschreiben. Allerdings erfasst das Nähekriterium auch Fallkonstellationen, in denen nach allgemeiner Ansicht keine Garantenstellung bestehen soll. So begründen nämlich auch Freundschaften und kurzfristige Liebesbeziehungen eine mitmenschliche Nähe, obwohl in diesen Konstellationen eine Unterlassungsstrafbarkeit übereinstimmend abgelehnt wird[268]. Es stellt sich sogar die Frage, ob der Mensch als soziales Wesen nicht immer in einer mitmenschlichen Nähe zu seinem Umfeld steht[269]. In diesem Fall käme es bei stets vorhandener Nähe lediglich auf graduelle Unterschiede an, die ihrerseits nicht messbar und damit kaum rationalisierbar sind. Hinzu kommt, dass der Begriff der Nähe nicht geeignet erscheint, in den umstrittenen Einzelfällen der familienrechtlichen Garantenpflichten eine klare Abgrenzung zu ermöglichen. Als Beispiel sei nur der Fall der in Trennung lebenden, aber nicht geschiedenen Ehegatten genannt. Wie soll hier ermittelt werden, ob diese sich noch menschlich nahestehen? Ein Grundsatz des Inhalts, dass getrennt lebende Eheleute verfeindet sind, besteht nicht. Gerade getrennt lebende Ehegatten können aufgrund der räumlichen Distanz teilweise wieder besser miteinander umgehen als Eheleute, die noch

---

[265] Androulakis, Studien, S. 210 ff. – Beispiele sind ein Geschäftsverhältnis oder die Beziehung Fahrlehrer/Schüler.
[266] Androulakis, Studien, S. 211 f.
[267] Androulakis, Studien, S. 185.
[268] Vgl. nur Krey, AT 2, Rdnr. 356; LK-Jescheck § 13 Rdnr. 21; Sch/Sch-Stree, § 13 Rdnr. 17.
[269] So Schöne, Erfolgsabwendungen, S. 17 ff.

zusammenleben, aber täglich streiten. Wie ist ferner der Fall zu beurteilen, dass einer der Ehegatten den anderen noch liebt und sich ihm noch nahe fühlt, wenn der andere Partner jeden weiteren Kontakt ablehnt? Soll hier nur für einen der Ehepartner eine Garantenpflicht begründet sein?

Der Vollständigkeit halber ist anzumerken, dass neuerdings der Begriff der Nähe wieder aufgegriffen worden ist, allerdings nur für den Bereich der Garantenstellungen bei familiären bzw. familienähnlichen Beziehungen. Lilie und ihm folgend Albrecht sind der Auffassung, dass bei Familienbeziehungen die aus § 35 StGB bekannte[270] Figur der nahestehenden Person geeignete Grundlage für die Auffindung von Garantenstellungen sei[271] . Dabei müsse das Näheverhältnis als Beziehung zwischen zwei Personen persönlichen Charakter haben, auf längere Zeit angelegt sein, auf Gegenseitigkeit beruhen, eine enge Intensität ausstrahlen und im Tatzeitpunkt objektiv noch bestehen[272]. Ob der Begriff der nahestehenden Person gegenüber dem heutigen Begriff der familiären Beziehung wirklich einen Fortschritt darstellt, sei dahingestellt. Jedenfalls wären nach dieser Definition auch enge Freunde gegenseitig Garanten.

D) Vertrauen

Ein Teil der Literatur verbindet das Vorliegen einer Garantenstellung mit dem Kriterium des Vertrauens.

Ausgangspunkt dieser Meinungsrichtung bildet eine Arbeit von Wolff, in der dieser versucht, das Gleichstellungsproblem durch ein vom naturwissenschaftlichen Kausalbegriff unabhängiges Abstellen auf das Bewirken zu lösen[273]. Demnach ist ein den Tatbestand eines Erfolgsdelikts erfüllendes Bewirken durch Unterlassen gegeben, wenn – neben der freien Entscheidung des Unterlassenden[274] – zwischen dem Unterlassenden und dem Geschädigten eine Abhängigkeitsbeziehung besonderer Art besteht. Bei dem Geschädigten muss ein Mangel an eigener Gestaltungsmöglichkeit vorliegen, der durch die

---

270 Dabei sollen die Voraussetzungen des § 35 StGB – gleiches gilt für § 241 StGB – allerdings nicht uneingeschränkt übernommen werden. Insbesondere die in § 35 StGB vorgenommene Trennung von Angehörigen und sonstigen nahestehenden Personen soll nicht gelten, vielmehr soll auch bei Angehörigen i. S. d. § 11 Abs. 1 Nr. 1 StGB eine tatsächlich vorliegende persönliche Beziehung materieller Art entscheidend sein, vgl. Albrecht, Garantenstellungen, S. 208 f.

271 Albrecht, Garantenstellungen, S. 200 ff., 225 (allerdings explizit de lege ferenda, S. 223, 225); Lilie, JZ 1991, S. 541, 545f.

272 Albrecht, Garantenstellungen, S. 208.

273 Wolff, Kausalität, S. 36 ff.; vgl. dazu Schünemann, Grund, S. 93 f.

274 Wolff, Kausalität, S. 37, 45 f.

Tätigkeit eines anderen auszugleichen ist, und zwar im Rahmen des normalen aufeinanderbezogenen Lebens und nicht als besondere Vergünstigung[275]. Dieses Verhältnis könne auch als Vertrauensverhältnis bezeichnet werden: „Der Einzelne baut darauf, daß die anderen ihre Verpflichtungen wirklich erfüllen, und durch dieses Vertrauen ist er von ihnen abhängig“[276]. Diese Formulierung deutet darauf hin, dass hier das Vertrauen Grundlage und nicht die Folge der Abhängigkeit darstellt.

Trotz einiger befürwortender Stimmen[277] erscheint das Vertrauenskriterium zur eindeutigen Bestimmung von Garantenpflichten nicht geeignet. Ebensowenig wie der Begriff der Nähe schließt der Vertrauensbegriff enge Freundschaften aus. Auch enge Freunde vertrauen üblicherweise einander, und wenn dieses Vertrauen eine Abhängigkeit begründet, wäre eine Garantenstellung zu bejahen.

Umgekehrt erweist es sich als schwierig, mit dem Begriff des Vertrauens Garantenstellungen zu definieren, wenn der Adressat der Pflicht offensichtlich nicht bereit ist, das in ihn gesetzte Vertrauen zu erfüllen. Wenn beispielsweise allgemein bekannt ist, dass ein Hundehalter seinen bissigen Hund frei herumlaufen lässt, wie soll dann ein Vertrauen darauf begründet werden, dass jener Halter eine Gefährdung durch sein Tier ausschließen werde? Ein Ausweg aus diesem Dilemma ist nur möglich, wenn man nicht auf das konkrete Vertrauen, sondern auf ein allgemeines bzw. typisiertes Vertrauen abstellt (was auch den Vorteil hätte, dass generell misstrauische Menschen nicht schutzlos gestellt wären). Dann ergibt sich jedoch das Problem, Kriterien dafür zu finden, wann ein Vertrauen generalisierungsfähig ist und wann nicht. Soll allein ein quantitatives Kriterium entscheidend sein (z. B. wenn die Mehrheit der Bevölkerung von einem bestimmten Vertrauensverhältnis ausgeht, schwieriger schon bei lediglich 40 %), oder sind normative Kriterien einzubeziehen ? Letzteres soll ein Beispiel verdeutlichen: Wird eine Person entführt und an einem einsamen Ort gefangen gehalten, so wird man nicht sagen können, sie vertraue üblicherweise darauf vertraut, dass die Entführer sie wieder freilassen, sondern sie wird befürchten, dass sie in ihrem Versteck ums Leben kommt. Soll

---

[275] Wolff, Kausalität, S. 37 ff.

[276] Wolff, Kausalität, S. 40.

[277] Blei, FS für Mayer, S. 119, 136 ff. (allerdings nur als dritte Fallgruppe neben dem Gesetz und dem Vorverhalten); Kühne, Geschäftstüchtigkeit, S. 80 ff. („Immer ist es eine Vertrauensposition, die im Rahmen der Garantenpflicht sanktioniert wird“; es finden sich allerdings auch Anlehnungen an den Gefährdungsgedanken); Maaß, Betrug, S. 16 f.; Vogler, FS für Lange, S. 265, 281 (der noch zusätzlich mit dem Kriterium der Gefährdung arbeitet: Grund der Garantenpflicht sei das Vertrauen, welches das Verhalten der anderen bestimme. Die Strafbewehrung eines Vertrauensbruchs sei jedoch kriminalpolitisch mit dem Gefahrenmoment zu rechtfertigen. Dies bestehe darin, dass die vertrauende Person Schutzmaßnahmen zur Abwendung einer ihr drohenden Gefahr unterlasse).

allein dieses verständliche Misstrauen entscheidend sein oder kommt es nicht darauf an, dass die Person von Rechts wegen wieder freigelassen werden müsste? Wenn Letzteres der Fall ist, muss man dann nicht konsequenterweise auf Rechtspflichten unabhängig vom Vertrauen abstellen?

Zuletzt ist noch auf den oben genannten Fall der in Trennung lebenden Eheleute hinzuweisen. Bei genereller Betrachtung besteht nach einer Trennung wohl kein gegenseitiges Vertrauen mehr. Es stellt sich aber die Frage, ob sich die Phase des Getrenntlebens im Hinblick auf das Vertrauen von der Situation unmittelbar vor der Trennung unterscheidet. Dies dürfte bei realistischer Betrachtung zu verneinen sein, womit dann das Problem auftaucht, den Zeitpunkt des Vertrauensverlusts zeitlich zu präzisieren. Soll beispielsweise der Seitensprung, dessen Entdeckung, der große Streit oder erst der Entschluss zur Trennung entscheidend sein?

Das von Wolff zusätzlich geforderte Kriterium ist nicht geeignet, die aufgezeigten Unsicherheiten zu beseitigen. Es soll darauf ankommen, ob das, was der Einzelne durch seine Abhängigkeit benötigt, eine besondere Vergünstigung sei oder ob es zu seinem normalen bestimmungsgemäßen Leben gehöre. Will man diese Abgrenzung zwischen Vergünstigung und Anspruch nicht wiederum anhand des Vertrauenskriteriums vornehmen, was zu den bereits genannten Problemen führen würde, müssen dafür andere Gesichtspunkte berücksichtigt werden. Damit erweist sich das alleinige Abstellen auf den Vertrauensgedanken als wenig hilfreich.

Trotz dieser Defizite hat Welp den Ansatz von Wolff aufgegriffen und ihn – allerdings beschränkt auf die Garantenstellung aus Ingerenz – weiter ausgearbeitet.

Die Gleichstellungslehre Welps basiert auf der Grundannahme, dass die Struktur der Begehungstat zum einen durch das Determinationsvermögen des Täters[278] und zum anderen durch die besondere Anfälligkeit des Opfers gegenüber einer Finalität bestimmt wird, die sich die Vernichtung des Opfers zum Ziel gesetzt hat[279]. Die besondere Verletzbarkeit des Opfers korrespondiere mit der Erwartung bzw. dem Vertrauen des Rechtsgutsinhabers auf das Ausbleiben der einzelnen verletzenden Aktivität[280]. Eine vergleichbare Struktur[281] sei auch bei den Unterlassungen nach rechtswidriger Vorhandlung gegeben. Genauso wie das Opfer zunächst vom Unterlassen solcher Handlungen abhängig sei, die die

---

278 Welp, Vorangegangenes Tun, S. 173 f.
279 Welp, Vorangegangenes Tun, S. 175.
280 Welp, Vorangegangenes Tun, S. 175 f.
281 Welp, Vorangegangenes Tun, S. 172 - eine identische Struktur wird ausdrücklich ablehnt.

Verletzung seiner Güter zum Ziel haben, bestehe diese Abhängigkeit auch, wenn der Täter seinen Entschluss in die Tat umgesetzt und eine rechtsgutsverletzende Handlung vorgenommen habe, deren Erfolg noch ausstehe[282]. In beiden Fällen bestehe eine Abhängigkeit im Hinblick auf das Ausbleiben der Folgen einer Aktivität, die das durch eine besondere Verbotsnorm begründete Vertrauen überspiele[283].

Konsequent durchgehalten führt diese Ansicht zu dem Ergebnis, dass das rechtmäßige Vorverhalten keine Garantenstellung begründen kann. Da die rechtmäßige Risiko-Vorhandlung aus Gründen des überwiegenden öffentlichen Interesses von der Rechtsordnung zugelassen und jeder Missbilligung entzogen ist, kann niemand auf deren Unterbleiben vertrauen[284]. Zwar wird zum Teil hilfsweise auf das Vertrauen zurückgegriffen, dass der Verursacher die Gefahr einschränken werde[285]. Ein derartiges Vertrauen erscheint jedoch schon empirisch zweifelhaft[286]; zum anderen stellt sich die Frage, ob der Normsinn der Gefährdungserlaubnis – die Ermöglichung eines raschen und unkomplizierten Verkehrs – nicht vereitelt würde, wenn die Pflicht bestünde, ständig die kausalen Folgen der erlaubten Handlung zu überwachen[287].

E) Erwartung

Einige Strafrechtswissenschaftler führen die Gleichstellungsproblematik auf den Begriff der sozialen Erwartung zurück und knüpfen damit an außerrechtliche gesellschaftliche Pflichtenpositionen an.

---

282 Welp, Vorangegangenes Tun, S. 178 ff.
283 Welp, Vorangegangenes Tun, S. 182 f.
284 A. A. Welp, Vorangegangenes Tun, S. 215, 217, der über den Begriff des „sozialen Zwangs zur Gefahrenhinnahme“ dennoch zu einer begehungsvergleichbaren Abhängigkeit kommt. Dies ist insofern problematisch, als hiermit der Begriff des Vertrauens aufgegeben wird. Der statt dessen eingeführte Begriff der Abhängigkeit erfüllt noch weniger eine Selektivfunktion, da ein gefährdetes Opfer grundsätzlich von jedem abhängig ist, der in Monopolstellung Hilfe leisten kann, sei es nun der Verursacher der Gefahr oder ein zufällig vorbeikommender Passant. Vgl. kritisch zur Argumentation Welps auch Brammsen, Entstehungsvoraussetzungen, S. 290; Schünemann, Grund, S. 119 f. und Vogel, Norm und Pflicht, S. 345.
285 Vgl. Wolff, Kausalität, S. 43.
286 A. A. Welp, Vorangegangenes Tun, S. 215 f.
287 Vgl. Schünemann, Grund, S. 121.

Als einer der ersten Vertreter[288] dieser Meinungsrichtung ist Bärwinkel anzusehen, der die soziale Rolle als Strukturelement des Garantieverhältnisses begreift[289].

Für Bärwinkel ist das menschliche Sozialleben gekennzeichnet durch Kollektivierung bzw. Vergruppung im Sinne eines Zusammenwirkens mit dem Ziel der gegenseitigen Beeinflussung und Ergänzung zur Erreichung gemeinsamer Zwecke[290]. Diese sozialen Gruppen können öffentlicher oder privater Natur, dauernd oder nur vorübergehend, oberflächlich oder tiefergehend sein[291]. Innerhalb der Gruppe ist jedem Teil eine bestimmte Teilfunktion zugeordnet, durch die die Stellung des Einzelnen im Beziehungsgefüge des Gruppenganzen unverwechselbar festgelegt wird[292]. Diese Teilfunktion ist gekennzeichnet durch eine Summe von Erwartungen, das sog. „Normenbündel"[293]. Dieses Normenbündel standardisiert faktisch gelebte Verhaltensmuster und prägt dadurch die funktionelle Stellung eines Individuums in der Gruppe[294]. Bärwinkel bezeichnet derartige objektivierte Verhaltenserwartungen als soziale Rollen.

Eine Unterlassung liegt nach diesem Verständnis nur vor, wenn eine soziale Rolle die nicht vorgenommene Handlung gebietet[295]. Strafrechtliche Relevanz komme dem Unterlassen nur bei den gruppennotwendigen, nicht aber bei den nur gruppenmöglichen Rollen zu, d. h. entscheidend sind lediglich die Rollen, deren Einhaltung für das gedeihliche Zusammenleben notwendig ist[296].

Die soziologische Methode wurde später von Brammsen und Otto aufgegriffen. Für sie ist entscheidendes Element der Garantenpflichten eine an bestimmten sozialen Positionen anknüpfende und dort verfestigte Verhaltenserwartung[297], die zudem bestimmte Voraussetzungen erfüllt:

---

[288] Anklänge an eine soziologische Methode finden sich schon bei Vogt, ZStW 63, S. 381, 399 ff., der auf Solidaritätsverhältnisse von besonderer sozialer Verbundenheit bzw. auf die engere soziale Ordnung abstellt.
[289] Bärwinkel, Garantieverhältnisse, S. 111.
[290] Bärwinkel, Garantieverhältnisse, S. 106.
[291] Bärwinkel, Garantieverhältnisse, S. 107.
[292] Bärwinkel, Garantieverhältnisse, S. 107 f.
[293] Bärwinkel, Garantieverhältnisse, S. 109; vgl. auch S. 108.
[294] Bärwinkel, Garantieverhältnisse, S. 133.
[295] Bärwinkel, Garantieverhältnisse, S. 111.
[296] Bärwinkel, Garantieverhältnisse, S. 111 ff.
[297] Brammsen, Entstehungsvoraussetzungen, S. 116 ff., 129; Otto, AT, § 9 Rdnr. 43; Otto/Brammsen, Jura 1985, S. 530, 536 f.

Sie muss sich zunächst als zwingend zu befolgende Verhaltensanforderung darstellen[298]. Diese sog. Muss-Erwartungen sind dadurch gekennzeichnet, dass sie eine empirisch erforschbare allgemeine Anerkennung, Beachtung und Befolgung gefunden haben[299] und dass an ihnen auch nach Enttäuschungsfällen festgehalten wird[300]. Ferner muss eine „wechselseitige Erwartungserwartung" bestehen[301]. Dahinter verbirgt sich Folgendes[302]: Um die unechten Unterlassungsdelikte von den „Jedermann-Unterlassungsdelikten" abzugrenzen, müssen Ersteren anders strukturierte Erwartungsverhältnisse zugrunde liegen als Letzteren. Bei den „Jedermann-Unterlassungsdelikten" richtet sich die Erwartung unabhängig von der konkreten Person des Pflichtigen an alle Mitglieder der Sozietät. Anders ist dies bei den begehungsgleichen unechten Unterlassungsdelikten. Dort bezieht sich die Verhaltenserwartung auf einen konkreten Erwartungsadressaten, der umgekehrt seinerseits die an seine soziale Position gerichtete Verhaltenserwartung erkennt bzw. erkennen kann. Das Unrecht des Garantenunterlassens besteht darin, dass „der Unterlassende die an seinen besonderen sozialen Einflußbereich gerichtete und seine soziale Position mitberücksichtigende Handlungserwartung nicht befolgt hat, obwohl er wußte (bzw. wissen und erwarten mußte), daß andere Personen sich in ihrem Verhalten an seinem als sicher erwarteten erfolgsvermeidenden Tun orientieren und es als sicheren Faktor bei der Ausgestaltung ihres Alltagslebens berücksichtigt haben"[303]. Letztlich muss die Erwartung von solcher Festigkeit und solchem Gewicht sein, dass ihre Verletzung einen ebenso schweren Schaden für die Vertrauensbasis des Soziallebens bedeutet wie die aktive Herbeiführung eines rechtsgutverletzenden Tuns[304].

Auf der Grundlage des Erwartungsgedankens[305] können alle heute anerkannten Garantenstellungen – u. U mit Ausnahme der Garantenstellung aus Ingerenz bei rechtmäßigem Vorverhalten[306] – erklärt werden[307]. Auch hier erscheint aber eine

---

[298] Otto, AT, § 9 Rdnr. 44; Otto/Brammsen, Jura 1985, S. 530, 537.

[299] Brammsen, Entstehungsvoraussetzungen, S. 130.

[300] Brammsen, Entstehungsvoraussetzungen, S. 96; Otto, AT, § 9 Rdnr. 44.

[301] Brammsen, Entstehungsvoraussetzungen, S. 123, 130; Otto, AT, § 9 Rdnr. 45.

[302] Vgl. Brammsen, Entstehungsvoraussetzungen, S. 122 f.; Otto/Brammsen, Jura 1985, S. 530, 536 f.

[303] Otto/Brammsen, Jura 1985, S. 530, 537; vgl. Brammsen, Entstehungsvoraussetzungen, S. 123.

[304] Brammsen, Entstehungsvoraussetzungen, S. 130; Otto, AT, § 9 Rdnr. 46; Otto/Brammsen, Jura 1985, S. 530, 537.

[305] Wobei z. T. kritisiert wird, der Erwartungsgedanke diene nicht zur Herleitung einer Garantenstellung, sondern nur zu deren Beschreibung, vgl. Jakobs, AT, 29/28 FN 53 (7).

[306] Vgl. dazu die schon bei Erörterung des Vertrauens vorgebrachten Bedenken.

[307] Dies gilt auch für die Ingerenz. Brammsen, Entstehungsvoraussetzungen, S. 385 ff. lehnt abweichend dazu eine Ingerenzgarantenstellung insgesamt ab, die Begründung vermag jedoch nicht zu überzeugen. Es bestehe zwar eine an den Garanten gerichtete Erwartung, die

klare Abgrenzung im Bereich der Obhutspflichten schwierig. Erwartet nicht auch ein Freund vom anderen – was dieser auch weiß –, dass jener ihm in Notlagen zur Seite steht? Nach heute herrschender Meinung soll jedoch – wie bereits betont – unter Freunden gerade keine Garantenstellung bestehen. Hinzu kommt, dass die Erfordernisse einer „Muss-Erwartung" sowie einer bestimmten Erwartungshöhe im Hinblick auf Festigkeit und Gewicht eine klare Einordnung der verschiedenen Erwartungen zusätzlich erschweren. Ferner stellt sich auch hier die Frage, wie eine Erwartung überhaupt festgestellt werden kann. Es ergeben sich die gleichen Probleme wie beim Begriff des Vertrauens: Kommt es allein auf die empirisch feststellbare Erwartung einer bestimmten Mehrheit an, oder spielen hier auch normative Elemente eine Rolle? Setzt nicht vielleicht eine Muss-Erwartung zwingend voraus, dass sie gesetzlich kodifiziert ist, weil nur dann klar ist, dass an ihr auch in Enttäuschungsfällen festgehalten wird?

F) Sonderverantwortlichkeit

Die letzte hier vorgestellte monistische Konzeption bejaht das Vorliegen eines strafbaren unechten Unterlassungsdelikts bei Bestehen einer Sonderverantwortlichkeit.

Der Begriff der Sonderverantwortlichkeit wird von Herzberg verwendet. Ausgehend davon, dass die Strafrechtsdogmatik nicht am Begehungs-, sondern am Unterlassungsdelikt orientiert werden müsse[308], definiert er den Handlungsbegriff negativ als vermeidbares Nichtvermeiden in Garanten-

---

Realisierung einer von ihm begründeten oder erhöhten Gefahr für ein bestimmtes Rechtsgut zu verhindern. Diese Erwartung sei aber nicht gegenseitig verfestigt. Denn vor der gefahrauslösenden Handlung bestünden keine gegenseitigen Beziehungen; und wer die der konkreten Erwartung zugrunde liegende Situation nicht kenne, der könne auch nicht erkennen, dass er Adressat einer konkreten Verhaltenserwartung sei. Dies unterscheide die Ingerenz von der Stellung der Eltern gegenüber ihrem Kind. Die Eltern wüssten, dass von ihnen die Rettung ihres verunglückten Kindes erwartet würde. Diese Argumentation übersieht den Unterschied zwischen einer generellen und einer konkreten Anforderungssituation. Jeder Mensch weiß, daß von ihm generell erwartet wird, die Realisierung von ihm begründeter oder erhöhter Gefahren abzuwenden, genauso wie die Eltern wissen, dass sie generell ihren Kindern helfen müssen. Warum Brammsen aber für den Ingerenten die Kenntnis der konkreten Verhaltenserwartung durch Kenntniserlangung einer Erfolgsabwendungsmöglichkeit verlangt, ist nicht ganz einsichtig. Auch für die Eltern konkretisiert sich die Verhaltenserwartung erst dann, wenn sie davon Kenntnis erlangen, was genau sie für ihr Kind tun können. Solange sie beispielsweise nicht wissen, dass ihr Kind verunglückt ist, haben sie ebensowenig wie ein anderer Mensch vor Eintritt der gefährlichen Situation Kenntnis der an sie gerichteten konkreten Erwartung, sondern kennen nur ihre generelle Stellung. Vogt, ZStW 63, S. 381, 402 f. erkennt demgegenüber an, dass die Ingerenz eine konkrete soziale Schutzordnung begründet.

[308] Herzberg, Unterlassung, S. 170.

stellung[309]. Nach diesem Verständnis sind also sowohl der Aktiv- als auch der Passivtäter Garanten. Der Begriff der Garantenstellung könne dabei umschrieben werden als soziale Sonderbeziehung des Täters zum Schutzgut oder zur Gefahrenquelle[310] bzw. als soziale Sonderverantwortlichkeit[311].

Der Begriff der Sonderverantwortlichkeit findet sich ferner bei Freund, allerdings mit einem anderen Ansatz als ihn Herzberg benutzt. Er wendet sich entschieden gegen das traditionelle Konzept, den Anwendungsbereich der Erfolgsdelikte in Handlungen und Unterlassungen zu unterteilen und die Unterlassung nur bei Vorliegen einer Garantenstellung der aktiven Erfolgsherbeiführung gleichzustellen[312]. Das Merkmal der Garantenstellung sei vielmehr nur eine Scheinlösung[313], die die entscheidende Frage verdecke, unter welchen Bedingungen ein begehungsgleichwertiges Unterlassen vorliege[314]. Diese Frage sei letztlich nichts anderes als ein Problem des tatbestandsmäßigen Verhaltens im Sinne des jeweils interessierenden Delikts[315]. Die Struktur der Tatbestände sei dabei sowohl für das aktive Tun als auch für das Unterlassen gleich: Als Einschränkungen der allgemeinen Handlungsfreiheit bedürften Tatbestände zweier Legitimationspfeiler[316] - zum einen den Nutzen der Normeinhaltung für den Rechtsgüterschutz[317], zum anderen die Sonderverantwortlichkeit des Täters[318]. Die Sonderverantwortlichkeit als normatives Kriterium könne sich dabei sowohl aus dem Ursprung als auch aus dem Zielort der zu vermeidenden Schädigungsmöglichkeit ergeben[319].

---

309 Herzberg, Unterlassung, S. 172 ff.

310 Herzberg, Unterlassung, S. 175.

311 Herzberg, Unterlassung, S. 316.

312 Freund, Erfolgsdelikt, S. 41 ff.; MüKo-StGB-Freund § 13 Rdnr. 1, 43 ff. Die Einbeziehung seiner Position in eine Darstellung über die Begründung von Garantenpflichten ist insofern problematisch. Sie wurde dennoch vorgenommen, weil Freund mit dem Begriff der Sonderverantwortlichkeit letztlich nur den Ausdruck Garantenstellung ersetzt, die Sonderverantwortlichkeit aber ebenso wie die Garantenstellung eine Voraussetzung des strafbaren Unterlassens darstellt, vgl. auch FN 314.

313 Freund, Erfolgsdelikt, S. 39 ff., 47 ff.

314 Freund, Erfolgsdelikt, S. 49.

315 Freund, Erfolgsdelikt, S. 49; MüKo-StGB-Freund § 13 Rdnr. 61.

316 Freund, Erfolgsdelikt, S. 68; ders., AT, § 6 Rdnr. 16; MüKo-StGB-Freund § 13 Rdnr. 19.

317 Freund, Erfolgsdelikt, S. 54 ff., 93 ff., 125; ders., AT, § 6 Rdnr. 14 ff.; MüKo-StGB-Freund § 13 Rdnr. 18 f.

318 Freund, Erfolgsdelikt, S. 68 ff., 102 ff., 125; ders., AT, § 6 Rdnr. 14 ff.; MüKo-StGB-Freund § 13 Rdnr. 18 f., 23, 71 ff. – zu beachten ist aber die Ausnahme in Rdnr. 20 ff.: § 323 c und § 138 StGB seien ausnahmsweise allein durch den Gedanken des Rechtsgüterschutzes legitimiert.

319 Freund, AT, § 6 Rdnr. 22; MüKo-StGB-Freund § 13 Rdnr. 87.

Im Fall des positiven Tuns folge die Sonderverantwortung im Regelfall[320] schon aus der selbstverständlichen Tatsache, dass der Täter selbst aktiv Rechtsgüter beeinträchtigt[321]. Im Bereich der Unterlassungshandlungen seien dagegen verschiedene Ansätze zur Begründung einer Sonderverantwortung denkbar[322]. Beispiel für eine Sonderverantwortung sei etwa der Umstand, dass die Gefahr aus dem Organisationskreis des Täters stamme[323] oder dass der Täter eine entsprechende Verantwortungsposition übernommen habe[324]. Die Sonderverantwortung der Eltern gegenüber ihren Kinder sei eine Kehrseite der ihnen zustehenden Rechte[325], und die Sonderverantwortung der Ehegatten untereinander ergebe sich daraus, dass die Gemeinschaft ihrem Sinn nach die gegenseitige Hilfe im Notfall impliziere[326].

Wie diese Beispiele bereits andeuten, lassen sich mit dem Begriff der Sonderverantwortlichkeit alle heute anerkannten Garantenstellungen begründen. Dies hängt damit zusammen, dass der Begriff der Verantwortung praktisch als Synonym für den Begriff der rechtlichen Verpflichtung verwendet werden kann, so dass die Definition letztlich eine nutzlose Tautologie darstellt[327]. Der Begriff der Sonderverantwortlichkeit erklärt nichts, er beschreibt nur, dass nicht jede beliebige Nichtabwendung des Erfolges schon den Tatbestand eines Erfolgsdelikts erfüllt. Eine einheitliche und überzeugende Aussage, woraus sich diese Sonderverantwortung ergeben soll, fehlt gerade. Letztlich können hier – je nach erwünschtem Ergebnis – alle bisher verwendeten Kriterien – von der formellen Rechtspflicht über die Herrschaft, Gefahrschaffung, Nähe, das Vertrauen und die Erwartung allein oder in Kombination – eingesetzt werden. Je nachdem, was hier für entscheidend gehalten wird, kehren die bereits angesprochenen Probleme wieder.

---

[320] Ausnahme ist das Abschalten des Reanimators durch den Arzt, vgl. Freund, Erfolgsdelikt, S. 69.

[321] Freund, Erfolgsdelikt, S. 68 ff. : „Berechtigte Belange des Güterschutzes, die man selbst zu beeinträchtigen gedenkt, gehen einen immer in besonderer Weise etwas an!"; vgl. auch MüKo-StGB-Freund § 13 Rdnr. 79.

[322] Letztlich gewinnt Freund an dieser Stelle keine neuen Erkenntnisse, sondern bezeichnet den bereits vorhandenen Wissensstand lediglich anders und sortiert ihn neu. Dies scheint er auch selbst zu erkennen, vgl. MüKo-StGB-Freund § 13 Rdnr. 74: „... sachlich ist mit dem geläufigen Erfordernis der Garantenstellung genau diese Sonderverantwortlichkeit gemeint."

[323] Freund, Erfolgsdelikt, S. 161 ff.; MüKo-StGB-Freund § 13 Rdnr. 111 f.

[324] MüKo-StGB-Freund, § 13 Rdnr. 161 ff.

[325] Freund, Erfolgsdelikt, S. 274; MüKo-StGB-Freund § 13 Rdnr. 164.

[326] Freund, Erfolgsdelikt, S. 290.

[327] Vgl. hierzu Schünemann, Internationale Dogmatik, S. 49, 53.

2. Das dualistische Konzept von Jakobs

Im Gegensatz zu den monistischen Ansätzen stützt Jakobs, dessen Lösung hier als einziges dualistisches Konzept vorgestellt werden soll, die Legitimation von Garantenpflichten auf zwei unterschiedliche Gesichtspunkte.

Ausgangspunkt dieser Lösung ist die These, dass Begehungs- und Unterlassungsdelikte nicht auf unterschiedliche Haftungsbegründungen zurückzuführen sind. Der Ansatz der überwiegenden Meinung, Verbote schützten nur den individuellen Freiheitsbereich der Mitmenschen, während Gebote gegenseitige Solidarität ausdrückten, greife zu kurz. Da es Gebote gebe, die keine Solidarität voraussetzten[328], und Verbote, die nur bei Solidarität Bestand hätten[329], müsse innerhalb von Begehungs- und Unterlassungsdelikten – und nicht zwischen diesen – unterschieden werden[330]. Beide Verhaltensarten – die im übrigen vielfach austauschbar bzw. zufällig seien[331] – ließen sich auf zwei unterschiedliche Haftungsgründe zurückführen: zum einen die Rücksichtnahme auf andere bei der Gestaltung eines Organisationskreises[332] sowie zum anderen die institutionell abgesicherte Solidarität[333]. Dieser Grundunterscheidung entsprächen beim unechten Unterlassungsdelikt die Garantenpflichten aus Organisationszuständigkeit[334] und die Garantenpflichten kraft institutioneller Zuständigkeit[335], bei denen es um eine „Verbindung von Lebenskreisen" bzw. um „Grundinstitutionen" gehe[336]. Entscheidend für Letztere sei, dass es sich um gesellschaftliche Beziehungsformen handele, zu denen jedenfalls generell keine Organisationsalternative bestehe[337]. In diesem Grundraster lassen sich die heute anerkannten Garantenpflichten wiederfinden[338].

---

328 Jakobs, AT, 28/13 – z. B. Gebote, die wegen der Verkehrssicherung oder wegen einer Vorhandlung bestehen.

329 Jakobs, AT, 28/13 – z. B. das Verbot, den vor der Privatgarage liegenden Betrunkenen zu überfahren.

330 Jakobs, AT, 28/13 ff.; 7/56ff., insbesondere 7/58: "Im Ergebnis muß also nicht nur der Unterlassungstäter, sondern auch der Begehungstäter ein Garant sein ... ."

331 Jakobs, AT, 28/14.

332 Jakobs, AT, 28/14.

333 Jakobs, AT, 28/15 f. – dazu komme noch eine Haftung für die Verletzung der Mindestsolidarität nach §§ 323 c, 138 StGB.

334 Jakobs, AT, 28/14 ff.; 29/29 ff.

335 Jakobs, AT, 28/16; 29/57 ff.

336 Jakobs, AT, 29/58.

337 Jakobs, AT, 29/58.

338 Jakobs, AT, 29/29 ff. für die Organisationszuständigkeit: Verkehrspflichten, Ingerenz, bestimmte Konstellationen der Übernahme sowie 29/57 ff. für die institutionelle Zuständigkeit: Eltern-Kind-Verhältnis, Ehe, besonderes Vertrauen wie Gefahrengemeinschaften und genuin staatliche Pflichten.

Zwar ist die von Jakobs begründete Lehre den monistischen Ansätzen der Herrschaft und der Gefahr insoweit überlegen, als sie nicht nur eine Legitimationsgrundlage für die Sicherungs-, sondern auch für die Obhutspflichten bietet. Allerdings muss bezweifelt werden, dass der zur Begründung von Obhutspflichten verwendete Begriff der institutionellen Zuständigkeit eine klare Abgrenzung ermöglicht. Auch die nähere Umschreibung als Verbindung von Lebenskreisen ohne Organisationsalternative hilft insofern nicht weiter. Warum soll beispielsweise die enge Gefahrengemeinschaft, nicht aber auch eine enge Freundschaft eine derartige Institution darstellen? Wer soll beurteilen, ob eine Organisationsalternative besteht?

3. Zusammenfassende Beurteilung

Zusammenfassend lässt sich festhalten, dass keiner der materiellen Ansätze in der Lage ist, sowohl umfassend als auch abschließend die heute als strafwürdig anerkannten Fälle zu erfassen[339]. So war bei den monokausalen Ansätzen der Herrschaft bzw. der Gefahrschaffung eine plausible Einbeziehung der Obhutspflichten insbesondere im familiären Bereich nicht möglich. Die übrigen monokausalen Ansätze vermochten ebensowenig wie der dualistische Ansatz von Jakobs eine präzise Abgrenzung zu geben. Sie konnten weder begründen, warum beispielsweise enge Freundschaften nicht zu einer Garantenstellung führen, noch können sie Antworten auf die im ersten Teil der Arbeit aufgeworfenen Einzelfragen zu Garantenpflichten im familiären Bereich geben.

Die Entwicklung verschiedener Kriterien und deren Anwendung auf die Einzelfälle hat jedoch zumindest dazu geführt, dass der materielle Unwert unterschiedlichen Fallgestaltungen deutlicher ins Bewusstsein getreten ist. So ist – wie bereits oben angesprochen – die Fallgruppe der Übernahme durch die Elemente des Vertrauens und der Gefährdung geprägt, während die Überwachungspflicht für gefährliche Gegenstände auf den Herrschaftsgedanken zurückzuführen ist. Die Ehe, das Eltern-Kind-Verhältnis oder auch die Gefahrengemeinschaft begründen ein besonderes Vertrauen und eine soziale Nähe, und die Ingerenz steht in Zusammenhang mit der Gefahrschaffung.

---

[339] Kritisch zu den monistischen Ansätzen insbesondere Kühl, AT, § 18 Rdnr. 42; Maurach/Gössel/Zipf, AT 2, § 46 Rdnr. 60; Popp, Verantwortung, S. 128 f.; Vogel, Norm und Pflicht, S. 353 f.

III. Typologische Konzepte

Im Gegensatz zu der engen formellen Rechtspflichttheorie und den materiellen Theorien verzichten die typologischen Ansätze von vornherein auf eine systematische Fundierung der Garantenpflichten. Die zwei Hauptrichtungen beschränken sich vielmehr auf eine nach bestimmten Kriterien geordnete Aufzählung der als strafwürdig erkannten Fälle und eine Einzelansicht beschreibt einen Weg zur Auffindung von Garantenpflichten auf der Basis von Grundfällen.

1. Erweiterte Garantentrias/ weite formelle Rechtspflichttheorie[340]

Die hier sog. weite formelle Rechtspflichttheorie ordnet die verschiedenen Garantenpflichten – wie die enge formelle Rechtspflichttheorie auch – formell nach ihren Rechtsquellen ein. Mit dieser formalen Einteilung lässt sie es allerdings bewenden, sie fordert also gerade keine formelle Legitimation der Pflicht. Aus diesem Grund ist sie auch nicht gehindert, neben Gesetz und Vertrag weitere Rechtsquellen anzuerkennen.

In ihrer ursprünglichen Form erfasste die weite formelle Rechtspflichttheorie die Garantentrias Gesetz, Vertrag und vorangegangenes gefährliches Tun[341]. Heute wird zumeist die enge Lebens- oder Gefahrengemeinschaft als vierte[342] sowie teilweise die freiwillige Übernahme als fünfte[343] Quelle der Rechtspflichten angesehen. Ein anderer Teil ersetzt den Begriff des Vertrages durch den der freiwilligen Übernahme, so dass es bei vier Rechtsquellen bleibt[344].

In diesen Rechtsquellen sind die heute anerkannten Garantenstellungen unproblematisch enthalten.

2. Funktionenlehre

Die Funktionenlehre ordnet die Garantenpflichten nach materiellen Kriterien. Sie geht zurück auf eine eher beiläufige Feststellung von Kaufmann. Er formulierte[345]: „Einmal kann das Gebotssubjekt ‚auf Posten gestellt' sein zum

---

[340] Auch der Zusatz „weit" ist in diesem Zusammenhang unüblich. Er soll hier jedoch auf den Unterschied zur oben schon beschriebenen engen formellen Rechtspflichttheorie hinweisen.
[341] Vgl. RGSt 58, 130, 131; 63, 392, 394, wobei die Ingerenz dort noch unter dem Stichwort Gewohnheitsrecht auftaucht.
[342] RGSt 69, 321, 323; 73, 389, 391; 74, 309, 311; BGHSt 2, 150, 153; 19, 167, 169; vgl. Gropp, AT, § 11 Rdnr. 13 ff.
[343] Vgl. Kindhäuser, AT, 21.13; Kühl, AT, § 10 Rdnr. 43.
[344] Vgl. Krey, AT 2, Überschrift vor Rdnr. 343.
[345] Armin Kaufmann, Dogmatik, S. 283.

Schutz eines ganz bestimmten Rechtsguts gegen a l l e Angriffe, gleich aus welcher Richtung; hier besteht die Schutzfunktion in der ‚Rundumverteidigung' des konkreten Rechtsgutes gegen Gefahren verschiedenster Art. ... Zum anderen kann die Garantenposition in der Überwachung einer bestimmten G e f a h r e n- q u e l l e bestehen, gleichgültig, welchen konkreten Rechtsgütern im einzelnen aus dieser Quelle Gefahren drohen."

Diese Zweiteilung setzte sich rasch durch und hat bis heute zahlreiche Anhänger im Schrifttum[346].

Trotz ihrer materiellen Differenzierung nach dem Inhalt der Garantenpflichten ist die Funktionenlehre im Rahmen dieser Darstellung bei den typologischen Ansätzen einzuordnen, weil sie weder eine formelle, noch eine materielle Aussage zur Herleitung und Begründung von Garantenpflichten trifft[347]. Vielmehr werden die allgemein anerkannten Garantenpflichten nur in Schutz- und Überwachungspflichten eingeteilt. So gehören zu den Schutzpflichten die natürliche familiäre Verbundenheit, die enge Lebens- und Gefahrengemeinschaft, die tatsächliche Übernahme sowie Dienst- und Amtspflichten. Die Überwachungspflichten beinhalten das vorangegangene gefährliche Tun, die Herrschaft über gefährliche Sachen, die Verantwortung für rechtswidriges Verhalten Dritter sowie ebenfalls bestimmte Fälle der Übernahme[348].

3. Grundfallmethode

Neben den beiden „großen" typologischen Ansätzen gibt es auch einige „kleinere". Als Beispiel soll hier lediglich die Grundfallmethode von Pfleiderer vorgestellt werden.

Pfleiderer versucht, Garantenstellungen mit Hilfe eines „analogistischen" Verfahrens[349] auf der Basis sogenannter Grundfälle zu bestimmen. Ausgehend von Grundfällen, bei denen nach allgemeiner Auffassung unzweifelhaft eine Garantenstellung vorliege[350] – wie dem Fall, dass die Mutter ihr Kind

---

[346] Gropp, AT, § 11 Rdnr. 21 ff.; Haft, AT, S. 183 ff.; Kühl, AT, § 18 Rdnr. 44 ff.; Schmidhäuser, AT, 16/38 f.; Tröndle/Fischer § 13 Rdnr. 5 b, c; Wessels/Beulke, AT, Rdnr. 716; vgl. auch Jescheck/Weigend, AT, S. 621; Otto, AT, § 9 Rdnr. 48 ff.; Sch/Sch-Stree § 13 Rdnr. 9; SK-Rudolphi § 13 Rdnr. 21, die zumindest zusätzlich auf die Funktionenlehre abstellen.

[347] Brammsen, Entstehungsvoraussetzungen, S. 134; Baumann/Weber/Mitsch, AT, § 15 Rdnr. 15; Jakobs, AT, 29/27; Ingelfinger, NStZ 2004, S. 409, 410; Kindhäuser, AT, § 21 Fall 14.

[348] Kühl, AT, § 18 Rdnr. 46 a.

[349] Pfleiderer, Garantenstellung, S. 126.

[350] Pfleiderer, Garantenstellung, S. 96 („Diese Pflichten sind eben selbstverständlich"), S. 119 ff.

verhungern lässt[351] –, sei zu prüfen, wie weit der zu beurteilende Sachverhalt von dem Grundtypus entfernt sei. Je nach Entfernung sei eine Garantenstellung entweder anzunehmen oder abzulehnen[352].

Problematisch erscheint hierbei, dass außer der feststehenden Strafbarkeit der Grundfälle, die ihrerseits nicht begründet wird[353], alle weiteren Ergebnisse völlig von der Einschätzung des Betrachtenden abhängen. Es existieren weder formelle noch materielle Kriterien, die diesen Beurteilungsprozess auch nur in Ansätzen rationalisieren könnten, so dass die Entscheidung lediglich auf dem Rechtsgefühl basiert[354].

4. Zusammenfassende Beurteilung

Zusammenfassend lässt sich festhalten, dass die typologischen Lösungsmodelle primär auf das Rechtsempfinden zurückzuführen sind. Dies zeigt sich bereits bei der weiten formellen Rechtspflichttheorie, die je nach Bedarf weitere Rechtsquellen hinzufügt, und wird auch bei der Funktionenlehre deutlich, die das Fehlen einer Legitimation hinter der materiellen Differenzierung des Inhalts von Garantenpflichten zu verstecken sucht. Der gleiche Vorwurf trifft auch die Grundfallmethode von Pfleiderer. Damit soll nicht in Zweifel gezogen werden, dass es positiv ist, wenn sich die praktischen Ergebnisse der Rechtswissenschaft mit dem allgemeinen Rechtsempfinden decken. Es stellt sich jedoch die Frage, ob das Rechtsgefühl allein hinreichender Anhaltspunkt für eine Strafbarkeit sein kann. Dagegen spricht zumindest, dass die genannten Theorien in den Randbereichen versagen müssen, in denen ein allgemeines Rechtsempfinden nicht besteht. Mangels anderer rationaler Kriterien folgt jeder Vertreter dort seinem eigenen Rechtsgefühl, weswegen die Meinungen – wie der erste Teil dieser Arbeit deutlich gezeigt hat – weit auseinandergehen.

---

351 Pfleiderer, Garantenstellung, S. 118, 120, 127.

352 Pfleiderer, Garantenstellung, S. 120, 126 ff.

353 Zutreffend kritisiert von Schünemann, Grund, S. 83.

354 Ablehnend deshalb Albrecht, Garantenstellungen, S. 82; Roxin, ZStW 83, S. 369, 395; Schünemann, Grund, S. 87 ff.

Teil 3: Die geschichtliche Entwicklung

Der folgende Abschnitt stellt einen Überblick über die geschichtliche Entwicklung des unechten Unterlassungsdelikts dar[355]. Er soll die Wurzeln der aktuellen Problematik aufzeigen und verdeutlichen, vor welchem Hintergrund und mit welcher Begründung die heute gültige gesetzliche Regelung in § 13 StGB entstanden ist. Um eine Vertiefung des Verständnisses der Struktur der unechten Unterlassungsdelikte und deren Einbettung in gesellschaftliche Grundansichten zu erreichen, erfolgt nicht allein eine bloße Schilderung, sondern zugleich eine Auseinandersetzung mit den verschiedenen Ansätzen.

Die Darstellung beschränkt sich dabei auf den Zeitraum ab dem 19. Jahrhundert[356]. Diese Begrenzung ist dadurch gerechtfertigt, dass erst ab Mitte des 18. Jahrhunderts das Strafrecht so systematisiert war, dass von einem eigenständigen Allgemeinen Teil gesprochen werden kann[357]. Damit verbunden war der Beginn einer umfangreichen wissenschaftlichen Diskussion über die Unterlassungsdelikte, die zudem von den Grundgedanken der Aufklärung beeinflusst wurde, welche im 19. Jahrhundert erste Ergebnisse brachte.

I. Ältere formelle Rechtspflichttheorien

Zu Beginn des 19. Jahrhunderts beschäftigte sich der deutsche Strafrechtswissenschaftler Feuerbach mit der Frage der Unterlassungsdelikte und stellte als erster[358] generelle Regeln zum Unterlassungsverbrechen auf. In § 24 seines Lehrbuchs[359] heißt es: „So ferne ein anderes Subject ein Recht auf wirkliche Äusserung unsrer Thätigkeit hat, in so ferne giebt es Unterlassungsverbrechen (*del. omissionis*, im Gegensatz von *del. commissionis*). Weil aber die ursprüngliche Verbindlichkeit des Bürgers nur auf Unterlassungen geht; so setzt ein Unterlassungsverbrechen immer einen besondern Rechtsgrund, (Gesetz oder Vertrag) voraus, durch welchen die Verbindlichkeit zur Begehung begründet wird. Ohne diesen wird man durch Unterlassung kein Verbrecher."

---

[355] Vgl. die ausführlichen Darstellungen von van Gelder, Entwicklung, S. 4 ff.; Jaschinski, Entwicklung, S. 25 ff.; Krause, Entwicklung, S. 3 ff.; Rudolphi, Gleichstellungsproblematik, S. 4 ff. sowie Welp, Vorangegangenes Tun, S. 25 ff.

[356] Zur früheren Rechtslage Jaschinski, Entwicklung, S. 25 ff. und Krause, Entwicklung, S. 4 ff.

[357] Jaschinski, Entwicklung, S. 75, 86; Köbler, Rechtsgeschichte, S. 204.

[358] So Rudolphi, Gleichstellungsproblematik, S. 5.

[359] 4. Auflage 1808

Interessant ist dabei, dass Feuerbach diese positivistische bzw. formelle Rechtspflichttheorie auch auf Unterlassungsstraftaten bezog, die nach der heutigen Dogmatik als unechte Unterlassungsdelikte qualifiziert würden. So ging Feuerbach davon aus, das Verbrechen der Tötung könne sowohl durch positive als auch durch negative Handlungen begangen werden. Eine negative Handlung setze – insoweit übereinstimmend mit § 24 des Lehrbuchs – eine Verbindlichkeit zu einer positiven Handlung voraus[360].

Der Feuerbach'sche Ansatz der engen[361] formellen Rechtspflichttheorie[362] ist vor dem Hintergrund der aus der Aufklärung stammenden Lehre zu sehen, wonach das Verbrechen als Rechtsverletzung, d. h. als Überschreitung des durch die Gesetze erlaubten Verhaltens verstanden wurde[363]. Grundüberzeugung dieser den Liberalismus des 19. Jahrhunderts einleitenden Lehre war die Freiheit des Einzelnen, der grundsätzlich alles tun kann, was andere Menschen nicht in ihren Rechten beeinträchtigt. Der Staat hat lediglich die Aufgabe, die Freiheit und die Rechte seiner Bürger zu schützen[364]. Demzufolge bilden die Strafgesetze die zum Schutz der Mitmenschen notwendige Grenze, innerhalb derer jedes Handeln erlaubt ist[365]. Ausprägung dieser Grundhaltung war das Feuerbach'schen Postulat „nulla poena sine lege“[366].

Eine Unterlassung stellte sich nach diesem Ansatz prinzipiell nicht als Rechtsverletzung dar[367]. Ein Mensch, der von seiner Freiheit keinen Gebrauch machte, begründete keine Gefahr für andere, weil er deren Freiheitsraum nicht beschränkte. Ein Nichtstun konnte folgerichtig nur dann zur strafbaren Rechtsverletzung „aufsteigen“, wenn dem Einzelnen die Rechtspflicht auferlegt war, das unterlassene Verhalten vorzunehmen.

Die enge formelle Rechtspflichttheorie wurde schon bald als zu restriktiv angesehen. Es ließen sich Fallkonstellationen außerhalb der Nichterfüllung gesetzlicher und vertraglicher Pflichten denken, die nach dem Rechtsempfinden ebenso strafwürdig waren wie diese.

---

360 Feuerbach, Lehrbuch, § 211; vgl. dazu Jaschinski, Entwicklung, S. 86 f.

361 Zum Begriff s. o. FN 200.

362 Zustimmend Landsberg, Commissivdelikte, S. 232 ff., 249ff.; in diesem Sinne auch eine Entscheidung des Preussischen Obertribunals aus dem Jahr 1859, GA 7, S. 551.

363 Jaschinski, Entwicklung, S. 89 f.

364 Schreiber, Gesetz und Richter, S. 103.

365 Vgl. Feuerbach, Lehrbuch, § 8 „... zur Guarantie der wechselseitigen Freyheit ...“ ; § 21 „... die ... durch Strafgesetze gesicherte Freyheit“ sowie § 23 „Da die Erhaltung der Rechte überhaupt Zweck der Strafgesetze ist ...“ sowie Mitteis/Lieberich, Rechtsgeschichte, S. 462 f.

366 Feuerbach, Lehrbuch, § 20.

367 Jaschinski, Entwicklung, S. 90.

So brachte Spangenberg das Beispiel, dass die Großmutter ihrer hilflos gebärenden Tochter nicht beisteht und dadurch den Tod der Tochter oder des Enkelkindes verursacht[368]. Da – so Spangenberg – eine entsprechende Hilfspflicht der Großmutter im Gesetz nicht geregelt ist, müsste eine Unterlassungsstrafbarkeit nach dem Konzept Feuerbachs eigentlich ausscheiden. Dieses Ergebnis würde nach Spangenberg „allen Forderungen der Gerechtigkeit widersprechen“[369]. Aus diesem Grund erweiterte er die Rechtsquellen Gesetz und Vertrag um das „besondere rechtliche Verhältnis“[370]. Darunter subsumierte Spangenberg die Verhältnisse zwischen Personen, die durch ein besonders inniges Band verknüpft sind und sich daher gegenseitig den möglichen Schutz und Beistand schulden[371]. Beispiele hierfür seien u. a. die Ehe sowie das Verhältnis von Aszendenten und Deszendenten.

Auch Henke erkannte neben Gesetz und Vertrag das besondere Verhältnis zwischen Personen, die sich gegenseitig zum Schutz verpflichtet sind, als mögliche Legitimation einer Unterlassungsstrafbarkeit an[372].

Einen anderen erweiternden Ansatz wählte Stübel in einer Abhandlung aus dem Jahr 1828. Er bezog erstmals auch Fälle der Ingerenz in den Bereich der Rechtspflichten ein, indem er auf das vorangegangene gefährdende Tun verwies[373]. Unklar bleibt jedoch, ob Stübel für die Ingerenz zwingend ein rechtswidriges Vorverhalten voraussetzte. Zumindest sein – einziges[374] –

---

[368] Spangenberg, Neues Archiv des Criminalrechts (1821), S. 527, 531.

[369] Spangenberg, Neues Archiv des Criminalrechts (1821), S. 527, 531.

[370] Spangenberg, Neues Archiv des Criminalrechts (1821), S. 527, 532, 535 ff.; kritisch hierzu Landsberg, Commissivdelikte, S. 231 f.

[371] Spangenberg, Neues Archiv des Criminalrechts (1821), S. 527, 538 f. – dabei fordert Spangenberg allerdings, dass das innige Band durch das Gesetz geknüpft wurde; überwunden wird mit seiner Theorie daher lediglich das Fehlen gesetzlich geregelter Einzelpflichten.

[372] Henke, Handbuch des Criminalrechts, S. 249, 396 ff. – für ihn beziehen sich gesetzlich geregelte Pflichten aber wohl primär auf die Straftaten, die heute als echte Unterlassungsdelikte beurteilt würden.

[373] Stübel, Theilnahme, S. 61; ausführlich dazu Brammsen, Entstehungsvoraussetzungen, S. 343 ff: Er führt die Entwicklung der Ingerenz auf mehrere Kriterien zurück – zum einen die Trennung von Kausal- und Schuldzusammenhang mit der gleichzeitigen Hervorhebung des naturalistischen Kausalitätsbegriffs, zum anderen die Begrenzung der Schuld auf Willensschuld mit der Folge, dass die heutigen Fahrlässigkeitsfälle nur als Vorsatz in Bezug auf die gefährliche Handlung unabhängig vom Erfolg verstanden werden konnten. Dem Fahrlässigkeitstäter habe der eingetretene Erfolg nicht als gewollte Rechtsgutsverletzung zugerechnet werden können, wenn er den Willen erst nach der gefährdenden Handlung gefasst habe.

[374] In seinem früheren Werk „Über den Thatbestand der Verbrechen“ schreibt Stübel zwar, der Täter einer Körperverletzung müsse sich den infolge der vom Opfer unterlassenen ärztlichen Behandlung später eintretenden Todeserfolg als verschuldeten Mord zurechnen

Beispiel deutet darauf hin[375]: Eine Person sperrt eine andere ein und unterlässt es, ihr die erforderlichen Lebensmittel zu geben.

Der ursprüngliche positivistische Ansatz Feuerbachs wurde durch die Einbeziehung der besonderen persönlichen Verhältnisse und der Ingerenz also bereits früh verlassen. Diese Erweiterung vermochte das Rechtsempfinden besser zu befriedigen, verfälschte aber zugleich auch den Grundansatz der formellen Rechtspflichttheorie[376]. Während für Feuerbach das formale Bestehen einer rechtlichen Verpflichtung entscheidend war, stellte die neue formelle Rechtspflichttheorie lediglich einen Oberbegriff für die verschiedenen Entstehungsgründe von Garantenpflichten auf, ohne eine inhaltliche Begründung für die Anerkennung von Rechtspflichten zu geben[377].

II. Das unechte Unterlassungsdelikt als eigenständige Deliktskategorie

Die Diskussion um die unechten Unterlassungsdelikte als eigenständige Deliktskategorie beginnt mit Luden. Er war – wohl – der Erste, der die Differenz zwischen „Unterlassungsverbrechen im eigentlichen Sinne, bei welchen das Verbrechen lediglich in der Nichtbegehung der gebotenen Handlung bestehet“[378] und „Verbrechen, welche durch Unterlassungshandlungen begangen werden“[379] klar definierte und ins Bewusstsein der Rechtslehre brachte[380].

Das Charakteristikum der eigentlichen Unterlassungsverbrechen sah Luden darin, dass durch die Untätigkeit eine Zwangspflicht verletzt wird. Beim Verbrechen durch Unterlassen erfolge demgegenüber die Beeinträchtigung

lassen, S. 226: „Vor allen Andern aber hat derjenige, von welchem Jemand verletzet worden, die Verbindlichkeit, zu verhindern, daß weder der Verletzte, noch sonst Jemand etwas unterlasse, wodurch die Folge des Todes verhütet werden könne“. Doch wie schon Brammsen, Entstehungsvoraussetzungen, S. 342 FN 84, richtig erkannt hat, stellt dieses Beispiel kein Unterlassungsdelikt, sondern ein fahrlässiges Begehungsdelikt dar.

[375] Vgl. Clemens, Unterlassungsdelikte, S. 14; Rudolphi, Gleichstellungsproblematik, S. 7 – zwingend ist diese Deutung nicht, vgl. zu Zweifeln auch Welp, Vorangegangenes Tun, S. 29 FN 28. Es lassen sich durchaus auch Fälle denken, in denen eine Person rechtmäßigerweise eingesperrt wird, z. B. bei Verbüßung einer Freiheitsstrafe.

[376] Otto/Brammsen, Jura 1985, S. 530, 532; Seebode, FS für Spendel, S. 317, 330.

[377] Vgl. hierzu Jescheck/Weigend, AT, S. 621.

[378] Luden, Abhandlungen II, S. 222.

[379] Luden, Abhandlungen II, S. 220.

[380] Clemens, Unterlassungsdelikte, S. 14 f. und Krause, Entwicklung, S. 85 FN 149, 93, 183 weisen darauf hin, dass Luden nicht der Erste war, der echte und unechte Unterlassungsdelikte trennte. Clemens zitiert die Motive des Badischen Entwurfs von 1936, und Krause beruft sich auf die Autoren Jenull, Hepp und Zachariä.

subjektiver Rechte[381]. Das Vorliegen eines Gesetzes, das die positive Handlung zur Pflicht macht, sei demnach auch nur für die Strafbarkeit der eigentlichen Unterlassung erforderlich[382]. Für das durch Unterlassung begangene Verbrechen komme es dagegen nicht darauf an, ob eine gesetzliche Verbindlichkeit zu positiver Handlung bestand oder nicht[383]. Entscheidend sei allein, ob das Unterlassen wie das positive Tun auch die „Richtung ... auf ein anderes Verbrechen“[384] gehabt habe, d. h. also die Tendenz, ein subjektives Recht zu verletzen.

Damit hatte Luden die Frage aufgeworfen, die bis heute die Kernfrage[385] der unechten Unterlassungsdelikte geblieben ist: Unter welchen Voraussetzungen steht das Nichthindern eines Erfolges dessen positivem Herbeiführen gleich?

III. Kausalitätstheorien

Die ersten Versuche, die aufgeworfene Frage zu beantworten, spielten sich auf der Ebene der Kausalität ab. Ebenso wie ein Begehungsdelikt das Merkmal der Kausalität voraussetzte, mußte dieses Merkmal auch bei der begehungsgleichen Unterlassung vorliegen. Dabei entstand die Schwierigkeit, die Kausalität des Unterlassens zu begründen. Die Kausalitätstheorien gingen interessanterweise zumindest überwiegend davon aus, dass sich die Kausalität nicht aus der reinen Untätigkeit ergeben könne: Aus Nichts wird Nichts[386]. Es wurde vielmehr an die verschiedensten positiven Handlungen im Zusammenhang mit der Unterlassung angeknüpft und letztlich sogar der Kausalitätsbegriff verändert, um zu einer Lösung zu gelangen.

1. Kausalität des während der Unterlassung vorgenommenen anderen Tuns

Luden verknüpfte die Eigenschaft der unechten Unterlassungsdelikte, auf ein Verbrechen gerichtet zu sein, mit der Kausalität. Entscheidend sei, ob die Unterlassung „zu der verbrecherischen Erscheinung geführt“[387] habe. Eine Urheberschaft in diesem Sinne liege vor, wenn der Mensch die üblicherweise

---

[381] Luden, Abhandlungen II, S. 224 ff.
[382] Luden, Abhandlungen II, S. 235 f. unter Betonung, es müsse sich um ein Strafgesetz handeln.
[383] Luden, Abhandlungen II, S. 226.
[384] Luden, Abhandlungen II, S. 226.
[385] Vgl. Jescheck/Weigend, AT, S. 600; Armin Kaufmann, Dogmatik, S. 242; ders., JuS 1961, 173, 174; Nagler, GS 111, 1, 2; ähnlich Silva Sanchez, FS für Roxin, S. 642.
[386] Jaschinski, Entwicklung, S. 115; sehr ausführlich auch Krug, Commentar, 4. Abteilung S. 32 ff; vgl. auch Aldosser, Unterlassungen, S. 53, 102.
[387] Luden, Abhandlungen II, S. 236.

bekannten Kausalgesetze in seinen Willen aufnehme und sie entsprechend seinem Vorhaben wirken lasse[388]. Dabei komme es nicht darauf an, ob der Mensch die Naturkräfte selbst in Bewegung gesetzt habe oder nicht. Selbst das vom Willen getragene Geschehenlassen der Naturkräfte sei kausal, auch wenn es sich zunächst als Unterlassen darstelle. Luden begründete dies zunächst[389] damit, dass jedes Unterlassen auf den zweiten Blick eine positive Handlung enthalte. Denn während der Mensch das eine unterlassen habe, müsse er immer etwas anderes positiv getan haben – und sei es auch nur das (aktive) bloße Zusehen. Diese positive Handlung sei dann die alleinige Ursache des verbrecherischen Erfolgs[390].

Der frühe Ansatz von Luden konnte sich allerdings nicht durchsetzen, sondern wurde sehr bald heftig kritisiert. Sehr anschaulich formulierte Krug seine Bedenken[391]: „Hiernach müssten wir also, wenn die Mutter, während sie dem Säugling Nahrung reichen sollte, Strümpfe gestrickt hat, sagen, das Kind sei am Strümpfestricken verstorben!" Es erscheint in der Tat wenig einleuchtend, die Frage, ob eine Unterlassung auf ein Verbrechen gerichtet ist, mit dem stattdessen vorgenommenen Tun zu beantworten[392]. Da der Täter nach Luden immer etwas anderes tut, müsste konsequenterweise bei einem entsprechenden Willen des Täters auch stets die Kausalität – und damit die Strafbarkeit – zu bejahen sein.

2. Kausalität des der Unterlassung vorangegangenen Tuns

In der Folgezeit bemühte man sich um eine Fortentwicklung der Lehre Ludens. Dabei teilten die Autoren die Grundansicht Ludens, dass die Strafbarkeit des unechten Unterlassungsdelikts auf den Kausalzusammenhang zu stützen sei. Entscheidend sei aber nicht das während der Unterlassung vorgenommene Andershandeln, sondern die vorangegangene Handlung des Täters.

---

[388] Luden, Abhandlungen I, 472 ff.

[389] Die nun geschilderte Auffassung stammt aus Band 1 der Abhandlungen aus dem Jahr 1836. Bereits in Band 2 aus dem Jahr 1840 sowie in seinem Handbuch aus dem Jahr 1842 vertrat Luden eine andere, der heutigen hypothetischen Kausalität entsprechende Ansicht: Die Unterlassung könne „ebenso gut als positive Handlungen mit der Hervorbringung eines Verbrechens in Causalzusammenhange stehen" (Handbuch, S. 359). Die Kausalität eines Unterlassens sei zu bejahen, wenn jemand „solche Handlungen, in Folge deren die Erscheinung nicht eingetreten sein würde, nicht vornahm und dennoch vorzunehmen im Stande war" (Abhandlungen Band 2, S. 250 ff.; Handbuch S. 360); vgl. zu dieser späteren Ansicht Ludens auch Aldosser, Unterlassungen, S. 10 f.

[390] Luden, Abhandlungen I, 474.

[391] Krug, Commentar, 4. Abteilung S. 30.

[392] Kritisch auch Welp, Vorangegangenes Tun, S. 32.

Der erste Strafrechtswissenschaftler, der diesen Ansatz vertrat, war Temme. Er schrieb im Jahr 1853[393]: „Die Unthätigkeit kann daher nur in Verbindung mit der vorhergegangenen positiven Thätigkeit betrachtet werden; sie macht mit dieser also ein ganzes aus, so daß in der ursprünglichen positiven Thätigkeit das Verbrechen seinen eigentlichen Grund hat."

Zwei Jahre später veröffentlichte Krug seine detaillierter ausgearbeitete Ansicht[394]. Es kam für ihn allein darauf an, ob der Täter durch eine vorangegangene Handlung die Erwartung begründet hatte, er werde zur Abwendung der Gefahr tätig werden.

Von einer Verursachung könne nämlich lediglich dann gesprochen werden, wenn der Unterlassende entweder durch förmliche Dienstverpflichtung oder Privatversprechen eine andere Person veranlasst habe, sich bzw. andere in Gefahr zu bringen[395], oder wenn der Unterlassende einen anderen Menschen in eine Lage versetzt habe, in welcher dieser ohne Hilfe zu Schaden kommen müsse[396]. Nur in diesen Fällen könne man sagen, der Täter habe die von ihm selbst mittelbar in Bewegung gesetzten Naturkräfte für seine Zwecke genutzt[397].

Im Gegensatz zu den geschilderten Fällen begründe die Nichterfüllung gesetzlicher Pflichten keinen Kausalzusammenhang, da sich niemand im Vertrauen auf die Erfüllung einer allgemeinen gesetzlichen Pflicht in Gefahr begebe[398].

Ähnliche Standpunkte wurden auch von Glaser[399] und Merkel[400] vertreten, wobei Merkel die Strafbarkeit auf Vorhandlungen beschränkte, die den späteren Schaden zurechenbar herbeiführten.

---

[393] Temme, Lehrbuch des Preußischen Strafrechts, S. 264; vgl. dazu Welp, Vorangegangenes Tun, S. 33 f.

[394] Krug, Commentar, 4. Abteilung S. 34, 41, 45.

[395] Krug, Commentar, 4. Abteilung S. 34 ff., 39.

[396] Krug, Commentar, 4. Abteilung S. 39 f.

[397] Krug, Commentar, 4. Abteilung S. 36.

[398] Krug, Commentar, 4. Abteilung S. 38 f.

[399] Glaser, Abhandlungen, S. 209 ff., 311 ff. – mit einem Beispiel aus dem familiären Bereich: Eltern, die ihrer Alimentationspflicht nicht nachkommen, verursachen dadurch den Erfolg, dass sie das Kind zur Pflege übernehmen und dadurch von anderen abschließen bzw. dass sie das Kind bei sich behalten und seine Lage vor den Behörden und den Nachbarn verheimlichen, wodurch fremde Hilfe verhindert werde. Vgl. zu Glaser auch Rudolphi, Gleichstellungsproblematik, S. 10.

[400] Merkel, Abhandlungen, S. 81 f.; dazu Rudolphi, Gleichstellungsproblematik, S. 10 f.

Schon bald wurde erkannt, dass die von Temme, Krug, Glaser und Merkel vorgenommene Begründung der Strafbarkeit mittels einer Kausalbeziehung zum dem Unterlassen vorangegangenen Tun auf die unzulässige Bestrafung eines dolus bzw. einer culpa subsequens hinausläuft[401]: Der Täter, der bei Vornahme der für die Strafbarkeit entscheidenden, die Kausalität begründenden Handlung noch keinen Tatvorsatz hatte, wurde dennoch bestraft, wenn und weil er später bei der eigentlichen Unterlassung den Eintritt des tatbestandsmäßigen Erfolges wollte[402].

3. Kausalität des in der Unterlassung enthaltenen Tuns

Infolge dieser Erkenntnis begann ein neuer Versuch, das Problem der unechten Unterlassungsdelikte mittels der Kausalität zu lösen. Dabei konzentrierte man sich auf die aktive Wirksamkeit der Unterlassung selbst. Um diese zu begründen, wurde die Unterlassung zugleich als positives Tun verstanden. Das aktive Moment wurde in der psychischen Wirkung des Unterlassens gesehen.

---

[401] Vgl. Aldosser, Unterlassungen, S. 24; v. Buri, GS 21, S. 189 ff.; Hälschner, Strafrecht, S. 239 f. FN 2; Armin Kaufmann, Dogmatik, S. 268; Traeger, Problem, S. 32; Welp, Vorangegangenes Tun, S. 43 ff.; zu weiterer Kritik Rudolphi, Gleichstellungsproblematik, S. 12 ff. Glaser, Abhandlungen, S. 299 ff. hat versucht, diesem Vorwurf entgegenzutreten, indem er sich darauf berief, das vorangegangene Tun und das darauffolgende Unterlassen seien als einheitliches Ganzes zu betrachten. Dies vermag allerdings nicht zu überzeugen, wie Rudolphi, Gleichstellungsproblematik, S. 11 f. und van Gelder, Entwicklung, S. 55 ff., zutreffend feststellen. Hinzuweisen ist in diesem Zusammenhang auf den gedanklich mit dieser Lösung verwandten Ansatz von Brammsen, Entstehungsvoraussetzungen S. 394 ff. Er ordnet die Ingerenz-Konstellationen nicht als Unterlassungsdelikte, sondern als Begehungsdelikte ein. Kennzeichnend für die Ingerenzfälle sei das zeitliche Auseinanderfallen von Gefahrschaffungsakt und Erfolgseintritt sowie die erst nach Handlungsvornahme eingetretene Kenntnis bzw. Möglichkeit der Kenntnis von der noch möglichen Abwendbarkeit der bevorstehenden Rechtsgutsverletzung. Diese nachträglich eingetretene Kenntnis bzw. Kenntnisnahmemöglichkeit stelle nur dann einen mit dem Koinzidenzprinzip nicht zu vereinbarenden dolus subsequens dar, wenn die Anwendung von Vorsatz und Fahrlässigkeit wie von der herrschenden Meinung vorgesehen auf den Gefahrschaffungsakt beschränkt werde. Richtigerweise sei der Begriff der Tatbegehung aber weiter als die reine Verursachungshandlung zu verstehen. Er erfasse den ganzen Geschehensablauf, solange der Ingerent noch die Möglichkeit zur Geschehenssteuerung und Erfolgsvermeidung habe. Insoweit sei die nachträgliche Kenntnis kein dolus subsequens, sondern ein zulässiger dolus superveniens.

[402] Glaser, Abhandlungen, S. 299 ff.; Krug, Commentar, 4. Abteilung S. 35; Merkel, Abhandlungen, S. 82 ff. (beschränkt auf die Fälle, in denen der Erfolgseintritt bei Vornahme der Handlung wenigstens vorhersehbar war).

A) Auswirkungen auf die Psyche des Unterlassenden

Eine weit verbreitete Ansicht stellte die Auswirkungen des Unterlassens auf die Psyche des Unterlassenden selbst in den Mittelpunkt. Das aktive Moment der Unterlassung bestand demnach darin, dass der Unterlassende die zur Tat drängenden Impulse in sich niederkämpfte[403].

Die Vertreter der sogenannten Interferenztheorie[404] - v. Buri[405], Binding und Hälschner – gingen davon aus, dass das menschliche Pflichtbewusstsein grundsätzlich darauf angelegt sei, einen strafrechtswidrigen Erfolg nach Möglichkeit zu verhüten. Deshalb sei eine vorgenommene gefährliche Handlung grundsätzlich mit dem Willen des Handelnden verbunden, einen möglicherweise drohenden schädlichen Erfolg zu verhindern[406]. Unterlasse es nunmehr der Täter, die schädliche Konsequenz seiner Handlung abzuwenden, sei dies Folge einer Willensänderung, der Unterdrückung des ursprünglichen Schadensverhinderungswillens[407]. Damit werde die Willensänderung kausal für den Erfolg[408].

Hierbei wurde aber eine Einschränkung gemacht: Die Ursächlichkeit einer solchen Willensänderung sei nur für den Fall gegeben, in dem die Vorhandlung selbst den Eintritt des Erfolges fördere[409]: Die Vorhandlung müsse entweder eine Bedingung für den schädlichen Erfolg gesetzt oder den Wegfall einer den Erfolg hindernden Bedingung verursacht oder die Entstehung einer den Erfolg abhaltenden Bedingung verhindert haben[410]. Habe sich die Vorhandlung darin erschöpft, selbst den schädlichen Erfolg zu hindern, so sei die spätere Willensänderung nur die Beseitigung dieser Handlung, wodurch der ursprüngliche bestehende Zustand wieder hergestellt werde. In einem solchen Fall sei keine Verursachung gegeben, das Verhalten sei vielmehr kausal

---

403 Binding, Normen 2, S. 233, 249; Hälschner, Strafrecht, S. 241.
404 Vgl. zu dieser Bezeichnung v. Hippel, Strafrecht, S. 158; Jaschinski, Entwicklung, S. 120; Armin Kaufmann, Dogmatik, S. 244.
405 Wobei von Buri später seine Meinung änderte und für die Verursachung ein gesetzliches Handlungsgebot forderte, vgl. ZStW 1, S. 400, 412 sowie Aldosser, Unterlassungen, S. 77 ff. und Rudolphi, Gleichstellungsproblematik, S. 16 FN 35.
406 Vgl. v. Buri, GS 21, S. 189, 196.
407 Binding, Normen 2, S. 251 f. 254; v. Buri, GS 21, S. 189, 199 f.; Hälschner, Strafrecht, S. 241.
408 Binding, Normen 2, S. 246, 249; v. Buri, GS 21, S. 189, 200.
409 Hälschner, Strafrecht, S. 244.
410 Binding, Normen 2, S. 238; wobei im ersten Fall die Bedingung bereits von anderen oder von der Natur als Baustein verwendet und so mit anderen Bedingungen in einen unlösbaren Zusammenhang getreten sein muss, vgl. S. 251.

indifferent[411]. Als Beispiel wurde hier der Täter genannt, der eine Grube im Garten des Nachbarn, in die ein Vorübergehender hineinstürzen könne, zunächst abdeckte, später jedoch die Abdeckung wieder entfernte[412].

Schwachstelle der Interferenztheorie war zum einen, dass sie zur Begründung eines Kausalzusammenhangs auf die Fiktion zurückgriff, das menschliche Pflichtbewusstsein sei grundsätzlich auf die Verhinderung strafrechtlich relevanter Erfolge gerichtet[413]. Zum anderen setzte die Theorie die äußere mit der inneren Kausalität gleich, indem sie das Bewirken im Bereich des positiven Tuns auf die gleiche Stufe stellte wie den rein inneren Vorgang des Niederkämpfen eines Willens[414].

B) Fremdpsychische Auswirkungen

Einen anderen Begründungsansatz vertrat Geyer[415]. Er stellte darauf ab, dass die Unterlassung auf andere Lebewesen psychisch einwirke und so den Erfolg verursache. „Nur indem die Unterlassung in der Seele eines dieselbe wahrnehmenden beseelten Wesens, sei es Mensch oder Thier, den Reiz zu einer Thätigkeit veranlaßt, welche den Erfolg herbeizuführen hilft, kann sich ein Kausalzusammenhang herstellen zwischen diesem und der Unterlassung. ... Es sind dieß also Unterlassungen, welche dadurch einen Erfolg verursachen, daß sie selber die Ursache zu einem diesen Erfolg fördernden Verhalten eines psychischen Entschlüssen zugänglichen lebenden Wesens werden“[416].

Auch diese Ansicht beruht allerdings letztlich auf einer Gleichsetzung von äußerer und innerer Kausalität, die ihrerseits erst legitimiert werden müsste. Zudem zeigen die Beispiele Geyers – wer seine Pferde nicht anhält, obwohl er sieht, dass einem Menschen die Gefahr des Überfahrenwerdens droht, hat dessen Verletzung verursacht, da das Nichtanhalten der Pferde für diese einen Antrieb

---

411 Binding, Normen 2, S. 235.

412 Binding, Normen 2, S. 235 – anders jedoch, wenn sich die Vorhandlung bereits mit anderen Bedingungen untrennbar verbunden habe, z. B. wenn in dem Passanten durch die Abdeckung beim Hinweg das Vertrauen in die Sicherheit des Weges geweckt wurde und er bei der Rückkehr hineinfällt.

413 Jaschinski, Entwicklung, S. 121; Sauer, GS 114, S. 279, 284; Schünemann, ZStW 96, S. 287 FN 1.

414 Welp, Vorangegangenes Tun, S. 46 ff.

415 Geyer, KritVJ 24, S. 237 ff. Er griff dazu den von Aldosser, Unterlassungen, S. 94 ff. entwickelten Begriff der konkludenten Unterlassung auf. Anders als Aldosser bejahte Geyer einen Kausalzusammenhang nur bei diesen konkludenten Unterlassungen. Die reine Unterlassung lasse sich dagegen nicht unter einen positiv formulierten Tatbestand subsumieren (KritVJ 24, S. 237, 244).

416 Geyer, KritVJ 24, S. 237, 242.

zum Weitergehen bewirkt[417] -, dass die Theorie keine saubere Abgrenzung zwischen Handlungs- und Unterlassungsdelikten liefert[418].

4. Kausalität als normativer Begriff

Den Schlußstein der Kausalitätstheorien bildete die Auffassung, die expressis verbis den Kausalitätsbegriff abwandelte, um ihn auf die Unterlassungsdelikte anwenden zu können. Ihre Vertreter – v. Bar, Kohler und v. Rohland – gingen wie ihre Vorgänger davon aus, dass rein naturalistisch bzw. mechanisch betrachtet die Unterlassung nicht kausal sein könne[419]. Anstatt nach einer positiven Handlung zu suchen, veränderten sie den Begriff der Kausalität. Entscheidend seien moralische und rechtliche Anschauungen[420] bzw. die soziale Ordnung[421]. Diese erweiterten im Interesse der Aufrechterhaltung der Rechtsordnung den ursprünglichen Begriff des Kausalzusammenhangs[422].

Diese Kausalität sei überall dort anzunehmen, wo „die Vornahme der Tätigkeit so selbstverständlich erscheint, daß alle Beteiligten sie erwarten, und diese Erwartung sich dem Schuldigen, wenn er nicht durchaus sorglos ist, fahrlässig des Nachdenkens sich enthält, sich ebenfalls psychisch aufdrängt"[423] oder anders formuliert „wo die sociale Ordnung einen Menschen auf einen Posten stellt, um als Mitglied der socialen Organisation; als ein Glied in der Kette des socialen Mechanismus thätig zu sein"[424].

5. Zusammenfassende Beurteilung

Eine Bewertung der Kausalitätstheorien lässt sich nur vornehmen, wenn man zunächst kurz auf die Problematik der Kausalität des Unterlassens eingeht. Die von den Befürwortern der Kausalitätstheorien geteilte Grundansicht, das

---

[417] Geyer, KritVJ 24, S. 237, 242.

[418] Vgl. Welp, Vorangegangenes Tun, S. 56; dieser weist auch darauf hin, dass die Theorie viele der klassischen Unterlassungsfälle nicht erfassen kann, da danach alle Fälle schuldlos bleiben müssen, in denen der Erfolg allein auf Vorgänge der anorganischen oder organischen Natur ohne psychische Einflüsse zurückzuführen ist.

[419] Vgl. v. Bar, Gesetz und Schuld 2, S. 268; v. Rohland, Unterlassung, S. 118; vgl. auch Kohler, Studien, S. 45 f.

[420] V. Bar, Gesetz und Schuld 2, S. 268.

[421] Kohler, Studien, S. 45 f.

[422] V. Bar, Gesetz und Schuld 2, S. 268 f.; ähnlich auch v. Rohland, Unterlassung, S. 118 ff., 121 f. (die Kausalität wird zum Mittel, den rechtlichen Wert eines Verhaltens zu bestimmen).

[423] V. Bar, Gesetz und Schuld 2, S. 269 – wobei er hinzufügt, die Tätigkeit müsse den Eintritt des schädigenden Erfolges verhindert haben.

[424] Kohler, Studien, S. 47; inhaltlich vergleichbar auch die Formulierung bei v. Rohland, Unterlassung, S. 121 f. „Wenn der Unterlassende die Möglichkeit und die Pflicht zum Eingreifen in die Außenwelt ... hat".

Unterlassen selbst sei nicht kausal, ist in der moderneren Strafrechtswissenschaft keineswegs unstreitig. Zwar vertritt auch heute noch der wohl überwiegende Teil des Schrifttums, dass das Unterlassen keine Kausalität begründen könne[425]. Ein anderer Teil der Literatur bejaht dagegen eine Unterlassungskausalität[426].

Betrachtet man sich die scheinbar konträren Positionen genauer, so kommt man zu dem Ergebnis, dass der Gegensatz aus einer unterschiedlichen Vorstellung von Kausalität resultiert[427].

Die erstgenannte Ansicht versteht Kausalität als wirkende Kraft, als Agens[428] bzw. als „causa efficiens"[429]. Kausalität ist der mechanisch-naturgesetzliche Zusammenhang in der tatsächlichen Aufeinanderfolge des realen Geschehens[430], das Bewirken fungiert als entscheidendes Kriterium. Die Verursachung spielt sich nur in der realen Welt ab, es handelt sich um eine „Seinskategorie"[431]. Betrachtet man die Kausalität als Teil des Seins, das Unterlassen jedoch als Nichts[432], so ist die Folgerung „aus Nichts wird Nichts" bzw. „ex nihil nihilo fit"

---

[425] Bockelmann, FS für Schmidt, S. 437, 449, 452; Freund, AT, § 6 Rdnr. 101 ff.; van Gelder, Entwicklung, S. 67; Grünwald, Unterlassungsdelikt, S. 10 f.; Güntge, Begehen durch Unterlassen, S. 20; Hardwig, Zurechnung, S. 155 ff., insbesondere S. 161; Jakobs, AT, 7/26, 29/15 f.; Jescheck/Weigend, AT, S. 278, 618 f.; Kargl, GA 1999, S. 459, 467 f.; Arthur Kaufmann, FS für Schmidt, S. 200, 214; Krey, AT 2, Rdnr. 328; LK-Jescheck Vor § 13 Rdnr. 53; Samson, FS für Welzel, S. 579, 589; Schmidhäuser, AT, 16/74 f.; Schöne, Erfolgsabwendungen, S. 25; Sch/Sch-Stree § 13 Rdnr. 61; Seebold, GA 1969, S. 193 f.; Stoffers, Abgrenzung, S. 107 ff.; ders., GA 1993, S. 262, 264 f.; Walder, SchwZStR 93, S. 113, 152 ff.; Welp, Vorangegangenes Tun, S. 166 ff.; Welzel, Strafrecht, S. 212 f.; Wessels/Beulke, AT, Rdnr. 711; vgl. auch Maiwald, Kausalität, S. 78 ff. Eine Sonderansicht vertritt Armin Kaufmann, Dogmatik, S. 57 ff., der zwar die Kausalität des Nichtstun bejaht, aber davon ausgeht, dass der Mensch nicht kausal für sein Nichthandeln sei.

[426] Engisch, Kausalität, S. 29 f.; ders., FS für Weber, S. 247, 264; Engländer, JuS 2001, S. 958, 960 FN 16; Hall, EG für Grünhut, S. 213, 218 f.; Hilgendorf, NStZ 1994, S. 561, 564; Nickel, Problematik, S. 46; Puppe, ZStW 92, S. 863, 895 ff.; Roxin, AT 2, § 31 Rdnr. 42; Schlüchter, JuS 1976, S. 793; Schmidt, Arzt im Strafrecht, S. 85 ff.; ders., MschrKrim 1942, S. 85, 89; Spendel, JZ 1973, S. 137, 138 f.; Vogel, Norm und Pflicht, S. 156 f.

[427] Bockelmann, FS für Schmidt, S. 437, 449 ff; Dencker, Kausalität, S. 46; Roxin, AT 2, § 31 Rdnr. 41; ders. AT 1 § 11 Rdnr. 4; Schlüchter, JuS 1976, S. 793; Welp, Vorangegangenes Tun, S. 166 f.; vgl. auch Kahlo, Pflichtwidrigkeitszusammenhang, S. 308.

[428] Formulierung von Puppe, ZStW 92, S. 863, 896; Nickel, Problematik, S. 42 ff. spricht von wirkender Kausalität.

[429] Hardwig, Zurechnung, S. 91.

[430] Arthur Kaufmann, FS für Schmidt, S. 200, 210.

[431] Bockelmann, FS für Schmidt, S. 437, 450; Welzel, Strafrecht, S. 43; vgl. auch Seebald, GA 1969, S. 193 f.

[432] Vgl. Schürmann, Unterlassungsstrafbarkeit, S. 41; dagegen Kahlo, Pflichtwidrigkeitszusammenhang, S. 307, der das Unterlassen nicht als ein Nichts, sondern als Handlung ansieht. Handlung wird dabei verstanden als Wirklichkeit, deren Vollzug das jeweils

verständlich, denn ein Nichts kann nicht einen Verlauf als zeitliches Abrollen von Ereignissen anstoßen, es kann ihn nur nicht hindern.

Für die zweite Ansicht dagegen ist die Kausalität eine reine Denkform, eine Kategorie des Erkennens als rein logisches Phänomen[433] bzw. die logisch-erkenntnistheoretische Verknüpfung zweier Gegebenheiten[434]. Diese Kausalität „in mente"[435] setzt sich zusammen aus positiven und negativen Bedingungen und kann nur durch beide vollständig erklärt werden[436]. Richtig sei – insoweit besteht Einigkeit zwischen den beiden Kausalitätsbegriffen –, dass eine negative Bedingung allein einen bestimmten Erfolg nicht herbeiführen könne. Hierfür sei vielmehr mindestens eine positive Bedingung erforderlich. Diese isoliert betrachtet reiche aber – und hier liegt der Gegensatz zur Kausalität als wirkender Kraft – ebenfalls nicht aus, hinzukommen müsse zumindest die negative Bedingung „Abwesenheit von Hinderungsgründen"[437]. So werde beispielsweise das Zerbrechen einer Fensterscheibe nicht allein dadurch verursacht, dass ein Ball in ihre Richtung geschossen werde (positive Bedingung), sondern auch dadurch, dass der Ball nicht vor dem Auftreffen auf die Scheibe an einem Hindernis abprallt oder das Fenster zuvor geöffnet wird (negative Bedingungen).

---

herzustellende, interpersonale Verhältnis gegenseitiger Anerkennung verfehlt und die Realität einer dem Handelnden begegnenden Rechtsperson in einer als Verletzung zu begreifenden Weise wirklich verschlechtert.

433 Vgl. Arthur Kaufmann, FS für Schmidt, S. 200, 209; Otto, FS für Maurach, S. 91, 92.

434 Schmidt, Arzt im Strafrecht, S. 85 ff.; ders., MschrKrim 1942, S. 85, 87.

435 Begriff von Arthur Kaufmann, FS für Schmidt, S. 200, 209 und Welp, Vorangegangenes Tun, S. 167.

436 Puppe, ZStW 92, S. 863, 898 f.; Vogel, Norm und Pflicht, S. 156 f.; vgl. auch Mill, System, S. 332: „The cause, then, philosophically speaking, is the sum total of the conditions, positive and negative taken together; ...".

437 Hierzu Mill, System, S. 330: „We say, for example, The army was surprised because the sentinel was off his post. But since the sentinel's absence was not what created the enemy, or put the soldiers asleep, how did it cause them to be surprised? All that it meant is, that the event would not have happened if he had been at his duty. His being off his post was no producing cause, but the mere absence of a preventing cause: it was simply equivalent to his non-existence. From nothing, from a mere negation, no consequences can proceed. All effects are connected, by the law of causation, with some set of p o s i t i v e conditions; negative ones, it is true, being almost always required in addition." An anderer Stelle heisst es, die negative Bedingung „absence of counteracting causes" sei in allen Fällen mit den positiven Bedingungen verknüpft und werde regelmäßig vorausgesetzt; insofern könne man den Begriff der Ursache auf die positiven Bedingungen eines Ereignisses beschränken, vgl. Mill, System, S. 334. Diese Aussage zur Verkürzung einer Kausalerklärung darf nicht darüber hinwegtäuschen, dass Mill grundsätzlich vom Vorhandensein negativer Bedingungen im Rahmen der Verursachung ausgeht, während die Vertreter der Kausalität „in re" von vorneherein nur producing causes anerkennen.

Die Vertreter der Kausalität „in re“[438] würden an dieser Stelle argumentieren, dass das Nichtablenken des Balls durch ein Hindernis als negative Bedingung zwar im logischen Verständnis vorhanden sei, sich aber nicht ereigne und daher die Situation auch nicht gestalte[439]. Mit anderen Worten: Der Grund dafür, dass die Fensterscheibe kaputtgegangen sei, liege allein darin, dass der Ball als „causa efficiens“ sie zerstört habe. Zwar sei es richtig, dass der Ball die Fensterscheibe nicht zerstört hätte, wenn er vorher an einem Hindernis abgeprallt wäre. Dieses Fehlen eines Hinderungsgrundes sei aber immer schon in der Aussage mitbedacht, dass ein Erfolg durch ein Ereignis hinreichend bedingt sei; das Fehlen sei nicht weitere Bedingung neben dem Ereignis[440].

An dieser Stelle soll keine Entscheidung zwischen den beiden dargestellten Kausalitätsbegriffen erfolgen. Damit bleibt auch die Frage nach dem Bestehen einer Unterlassungskausalität offen. Sie darf an dieser Stelle auch offen bleiben, da ihre Beantwortung für eine abschließende Beurteilung der Kausalitätstheorien irrelevant ist. Wird eine Unterlassungskausalität verneint, so ist eine Begründung der Begehungsgleichheit des unechten Unterlassungsdelikts auf der Kausalitätsebene ohnehin unmöglich. Aber auch bei Bejahung der Kausalität des Unterlassens zeigt sich, dass diese nicht das entscheidende Kriterium der unechten Unterlassungsdelikte sein kann, weswegen auch in diesem Falle die Kausalitätstheorien abzulehnen sind:

Wenn negative Bedingungen Kausalität vermitteln, dann ist praktisch jedes irgendwie in der Nähe eines Erfolgs liegende Unterlassen für diesen kausal[441]. Zwar ist auch im Bereich der Begehungserfolgsdelikte anerkannt, dass allein das Vorliegen der Kausalität das strafwürdige Verhalten nicht hinreichend sicher kennzeichnet, d. h. zwar notwendige, aber nicht hinreichende Bedingung der Strafbarkeit ist[442]. Dort lässt sich allerdings unter Anwendung der Lehre von der objektiven Zurechnung eine ausreichende Begrenzung ermitteln. Wendet man

---

438 Begriff von Arthur Kaufmann, FS für Schmidt, S. 200, 209 und Welp, Vorangegangenes Tun, S. 167.
439 Jakobs, AT, 29/16.
440 Jakobs, AT, 7/25.
441 Arzt, JA 1980, S. 553; besonders weitgehend diesbezüglich Hall, ErG für Grünhut, S. 213, 218 f: „... jede Untätigkeit ... hat diesen konkreten Erfolg in irgend einer ... Weise ... beeinflusst. Ich bin untätig geblieben. Wäre ich tätig geworden, dann hätte die an die Stelle meiner Untätigkeit tretende Tätigkeit den konkreten Erfolg verhindert. Der Enderfolg wäre vielleicht in ähnlicher, aber nicht genau in dieser Weise eingetreten. Dies gilt aber nicht nur von mir, von dem vielleicht eine Tätigkeit zur Abwendung dieses konkreten Erfolgs erwartet wurde, sondern von jedem anderen auch, der vor Eintritt des Erfolges untätig geblieben ist. Wäre er tätig geworden, wäre der Gesamtverlauf der Welt ein anderer gewesen. ... Der Erfolg hätte sich in einer anderen Welt ereignet.“
442 Jescheck/Weigend, AT, S. 272, 284; Roxin, AT 1; § 11 Rdnr. 10.

die Lehre von der objektiven Zurechnung, dass sich ein rechtlich missbilligtes Risiko in dem Erfolg realisiert haben muss, als Erfordernis auf die unechten Unterlassungsdelikte an[443], so führt dies dennoch nicht zu Einschränkungen, die dem Rechtsempfinden Genüge tun.

So ist beispielsweise das Nichtstun eines zufällig vorbeikommenden Passanten für den Tod des im Badesee ertrinkenden Kindes nach der geschilderten Ansicht als negative Bedingung kausal. Auch die objektive Zurechnung führt in diesem Fall nicht zu einer Einschränkung der strafrechtlichen Haftung, da das Nichthandeln das rechtlich relevante Risiko des Erfolgseintritts geschaffen hat und von einer eigenverantwortlichen Selbstgefährdung bei einem Kind nicht ausgegangen werden kann. Für das Rechtsempfinden ist aber gerade der Fall des zufällig vorbeikommenden Passanten wertungsmäßig nicht mit einem aktiven Töten zu vergleichen, sondern erschöpft sich im Unrecht der unterlassenen Hilfeleistung[444]. Dies zeigt, dass die entscheidende Frage nicht die nach der Kausalität ist, sondern die nach der wertenden Gleichstellung des unechten Unterlassens mit dem positiven Tun. Es handelt sich insofern um ein axiologisches Problem[445], das von dem wertfreien Kausalitätsbegriff nicht gelöst werden kann[446].

Dies wird besonders deutlich, wenn man sich diejenigen Kausalitätstheorien betrachtet, die den Kausalitätsbegriff normativ abwandelten, um ihn für die Unterlassungsdelikte fruchtbar zu machen. Die dort vorgenommene Gleichsetzung von Kausalität mit sozialer Erwartung zeigt, wie nutzlos letztlich das Kriterium einer naturwissenschaftlichen oder logischen Kausalität ist.

Angesichts dessen wird verständlich, warum v. Liszt den Streit um die Kausalität der Unterlassung als einen „der unfruchtbarsten, welchen die strafrechtliche Wissenschaft je geführt hat“[447], bezeichnete.

IV. Rechtswidrigkeitslehren

Die Vertreter der Rechtswidrigkeitslehren versuchten, die Frage der Gleichwertigkeit zwischen unechtem Unterlassen und Begehung auf der Ebene der Rechtswidrigkeit zu beantworten. Nach Überwindung der Kausalitätstheorien wurde die Kausalität nicht mehr als kennzeichnendes Merkmal der

---

443 Vgl. dazu Kühl, AT, § 18 Rdnr. 40.
444 Schürmann, Unterlassungsstrafbarkeit, S. 121 f.
445 Vgl. Armin Kaufmann, Dogmatik, S. 266 ff. , 272 f.
446 So auch Rudolphi, Gleichstellungsproblematik, S. 12 f.
447 V. Liszt, Lehrbuch, S. 139.

unechten Unterlassungsdelikte angesehen[448]. Sie wurde vielmehr auf den – bis heute als hypothetische Kausalität aktuellen[449] – Prüfungspunkt reduziert, ob das erwartete Tun den Erfolg mit an Sicherheit grenzender Wahrscheinlichkeit verhindert hätte[450]. Damit war der Weg frei für eine Beurteilung des Unterlassens auf Rechtswidrigkeitsebene.

1. Formelle Rechtspflichttheorie

Die meisten Anhänger der Rechtswidrigkeitslehre – denen sich auch die Rechtsprechung anschloss – griffen zur Begründung der Rechtswidrigkeit auf die bereits früher vertretene formelle Rechtspflichttheorie zurück. Der Unterlassende handele rechtswidrig, wenn er zur Erfolgsabwendung rechtlich verpflichtet gewesen sei[451]. Übereinstimmung bestand im Großen und Ganzen darüber, dass sich diese Pflicht aus Gesetz bzw. sonstigem Rechtssatz, Rechtsgeschäft und vorangegangenem gefährdenden Tun ergeben konnte[452]. Zum Teil wurden auch Gewohnheitsrecht[453] oder die tatsächliche Übernahme[454] anerkannt, interessanterweise jedoch nicht explizit die enge Lebensgemeinschaft. Als einschränkendes Kriterium wurde lediglich gefordert, dass es sich nicht um eine allgemeine Hilfspflicht bzw. Zufallspflicht handeln dürfe[455].

2. Materielle Unrechtslehre

Anders als die soeben geschilderte formelle Rechtspflichttheorie verfuhr die materielle Unrechtslehre[456]. Ihre Vertreter – Sauer und Kissin – gingen davon aus, dass bei Vorliegen der Tatbestandsmäßigkeit des Unterlassens zugleich

---

[448] Vgl. v. Liszt, Lehrbuch, S. 138: „Die Strafbarkeit der Unterlassung ist von der Annahme ihrer Kausalität unabhängig".

[449] BGHSt 6, 1, 2; 7, 211, 214; BGH NStZ 1986, S. 217 f.; BGH NJW 1987, S. 2940; NJW 2000, S. 2754, 2757; zum Begriff der hypothetischen Kausalität vgl. Stoffers, Abgrenzung, S. 110.

[450] RGSt 58, 130, 131; 62, 392, 393; Mezger, Strafrecht, S. 136; von Liszt, Lehrbuch, S. 137 (der allerdings von einem der Kausalität des Tuns analogen Merkmal ausgeht); vgl. Rudolphi, Gleichstellungsproblematik, S. 26 ff.

[451] RGSt 58, 130, 131; 62, 392, 394; Beling, Lehre vom Verbrechen, S. 165; v. Hippel, Strafrecht, S. 161; v. Liszt, Lehrbuch, S. 138.

[452] Frank, Strafrecht [18.], S. 17 ff.; v. Hippel, Strafrecht, S. 161; v. Liszt, Lehrbuch, S. 138 f.; Mezger, Strafrecht, S. 138 ff.; Traeger, Problem, S. 70 ff.; ähnlich RGSt 63, 392, 394; Beling, Grundzüge, S. 38 f.; vgl. auch Böhm, Rechtspflicht, S. 49 ff., 53 ff.

[453] RGSt 63, 392, 394; v. Hippel, Strafrecht, S. 161; Mezger, Strafrecht, S. 138.

[454] Beling, Grundzüge, S. 38 f.

[455] Traeger, Problem, S. 75 ff.; ähnlich auch Mezger, Strafrecht, S. 140 (die Rechtspflicht muss den erweislichen Sinn haben, eine strafrechtliche Haftung für den Erfolg zu begründen).

[456] Vgl. dazu Rudolphi, Gleichstellungsproblematik, S. 31 ff.

seine formelle Rechtswidrigkeit gegeben ist[457]. Diese allein sei aber nicht ausreichend, um den allgemeinen Unwert des Unterlassens zu begründen. Der Unwert sei vielmehr erst dann gegeben, wenn das Unterlassen auch nach seinem materiellen Gehalt rechtswidrig gewesen sei[458]. Eine derartige materielle Rechtswidrigkeit sei dort zu bejahen, wo die Unterlassung nach ihrer „allgemeinen Tendenz der Gemeinschaft mehr schadet als nützt“[459]. Kriterien für diese Abwägung seien die Hochwertigkeit des verletzten Rechtsguts[460], das Vorliegen einer gefahrbegründenden Vortat[461] und die rechtlich-soziale Stellung des Täters[462].

3. Zusammenfassende Beurteilung

Die Rechtswidrigkeitslehren erscheinen problematisch, weil sie ohne eine inhaltliche Legitimation primär darauf ausgerichtet sind, die vom Rechtsempfinden als strafwürdig angesehenen Fälle zu erfassen. Zwar wurde oben das Gleichstellungsproblem als axiologische Frage charakterisiert. Dies bedeutet jedoch nicht, dass die Frage der Strafbarkeit ohne erkennbare Fixierung von Werten bzw. ohne zumindest inhaltlich schlüssiges Wertungskonzept allein danach beurteilt werden darf, ob der zu entscheidende Fall für den jeweiligen Betrachter strafwürdig erscheint oder nicht. Auf diese Lösung laufen die Rechtswidrigkeitslehren jedoch hinaus. Die formelle Rechtspflichttheorie besaß nach Aufgabe des positivistischen Ansatzes selbst keinen inhaltlichen Wert mehr[463] und wurde nunmehr sogar von einigen Vertretern um das Merkmal des Gewohnheitsrechts erweitert. Diese Ausdehnung kann nur dem Zweck gedient haben, Fälle zu erfassen, die strafwürdig erschienen, obwohl sich weder im geschriebenen Recht eine entsprechende Verpflichtung fand noch eine solche vertraglich konstruierbar erschien. Der gleiche Vorwurf trifft die materielle Unrechtslehre. Der Begriff der materiellen Rechtswidrigkeit, der hoch abstrahiert mit dem „Mehr-Schaden-als-Nutzen-Prinzip“ gleichgesetzt wird, ist weitgehend konturenlos[464] und lässt dem Rechtsempfinden des Einzelnen freien Lauf.

---

[457] Kissin, Rechtspflicht, S. 43 f.

[458] Kissin, Rechtspflicht, S. 68 ff.; Sauer, Grundlagen, S. 456 ff.; ders., GS 114, S. 279, 290.

[459] Kissin, Rechtspflicht, S. 82; fast wortgleich Sauer, Grundlagen, S. 458 f.

[460] Kissin, Rechtspflicht, S. 98 ff.

[461] Kissin, Rechtspflicht, S. 101 ff.; Sauer, Grundlagen, S. 459; ders., GS 114, S. 279, 292 ff.

[462] Kissin, Rechtspflicht, S. 107 ff.

[463] Vgl. oben Teil 3, I., S. 78.

[464] A. A. insoweit Bärwinkel, Garantieverhältnisse, S. 62 ff.

V. Tätertypenlehre

In der Zeit des Nationalsozialismus wurden die Rechtswidrigkeitslösungen durch die neue Tätertypenlehre in den Hintergrund gedrängt. Sie betrachtete die Gleichwertigkeit von unechter Unterlassung und positivem Handeln nicht mehr als Rechtswidrigkeits-, sondern als Täterproblem[465].

Dabei war der Nationalsozialismus von einer völligen Abkehr vom strafrechtlichen Liberalismus geprägt. Im Mittelpunkt stand nicht mehr das Individuum mit dem ihm zustehenden Freiheitsraum, sondern die Volksgemeinschaft. Diese war die natürliche Gemeinschaft von Menschen, deren Lebensinhalt der freudig geleistete Dienst am Staat und das willig dargebrachte Opfer an Freiheit darstellte. Der staatlichen Einwirkung auf das Individuum wurden keine Grenzen gesetzt, es gab keine Freiheit vom Staat mehr[466].

Im Strafrecht entwickelte sich aus dieser antiliberalen Grundhaltung die sog. Tätertypenlehre. Danach hatte der Gesetzgeber bei der Formulierung des Tatbestandes ein bestimmtes Täterbild vor Augen, welches bei ganzheitlicher Betrachtung der im Volk existierenden Vorstellung von einem bestimmten Täter entsprach[467].

Ein weiterer – für die Beurteilung des Unterlassungsdelikts entscheidender – Gesichtspunkt des nationalsozialistischen Strafrechts war die radikale Ablehnung der formellen Rechtspflichttheorie[468]. Kritisiert wurde zum einen die „Zivilisierung des Strafrechts“[469] durch willkürlich herbeigezogene strafrechtsfremde Vorschriften, zum anderen die damit verbundene unzulässige Einengung, teils aber auch Erweiterung der Strafbarkeit[470]. Zwar setzte auch die Tätertypenlehre voraus, dass das Unterlassen pflichtwidrig war[471]. Doch während die formelle Rechtspflichttheorie zwischen rechtlichen und sittlichen Pflichten noch scharf differenzierte[472], fand jetzt keine Trennung mehr statt. Vielmehr wurden rechtliche und sittliche Pflichten ausdrücklich gleichgestellt: Erforderlich war lediglich die Verletzung einer sich aus der völkischen Sittenordnung ergebenden Pflicht unabhängig von deren positivistischer

---

465 Schaffstein, FS für Gleispach, S. 70, 71, 94.
466 Marxen, Kampf, S. 61 ff., 66, 194; Schreiber, Gesetz und Richter, S. 191.
467 Marxen, Kampf, S. 190 f.
468 Bruns, Befreiung, S. 265 ff.; Hartung, Unterlassungsdelikte, S. 11 ff.; Schaffstein, FS für Gleispach, S. 70, 73 ff.; vgl. auch Denkschrift des Preußischen Justizministers, S. 132
469 Schaffstein, FS für Gleispach, S. 70, 73; vgl. auch das Werk von Bruns mit dem Titel „Die Befreiung des Strafrechts vom zivilistischen Denken“.
470 Hartung, Unterlassungsdelikte, S. 11 ff., 15 f.; Schaffstein, FS für Gleispach, S. 70, 81.
471 Schaffstein, FS für Gleispach, 70, S. 84, 95 f.
472 Vgl. nur Frank, Strafrecht, S. 19 und Mezger, Strafrecht, S. 139.

Niederlegung[473]. Begünstigt wurde diese Ausweitung des Pflichtbegriffs durch die inhaltliche Aufhebung des in § 2 StGB festgelegten Grundsatzes „nulla poena sine lege“ im Juni 1935[474]. Die Vorschrift erhielt nunmehr folgende Fassung: „Bestraft wird, wer eine Tat begeht, die das Gesetz für strafbar erklärt, oder die nach dem Grundgedanken eines Strafgesetzes und nach gesundem Volksempfinden Strafe verdient. Findet auf die Tat kein bestimmtes Strafgesetz unmittelbar Anwendung, so wird die Tat nach dem Gesetz bestraft, dessen Grundgedanken auf sie am besten zutrifft“ [475].

Mit der Feststellung einer Pflichtverletzung war jedoch die Strafbarkeit eines unechten Unterlassens noch nicht begründet. Der Täter musste vielmehr noch nach gesundem Volksempfinden als Täter oder Teilnehmer des betreffenden Delikts erscheinen[476]. Wann dies der Fall sein sollte, war auf der Grundlage der Tätertypenlehre nach den spezifischen Eigenarten des jeweiligen Delikts[477] bzw. der dahinterstehenden, im Volksbewusstsein lebendigen Tätervorstellung[478] zu bestimmen. Als Kriterien mit symptomatischer Bedeutung für eine Unterlassungstäterschaft wurden dabei genannt: „die besonders enge Beziehung des Unterlassenden zu dem verletzten Schutzwert, welche gerade ihn in erhöhtem Maße zur Abwendung des Erfolgs verpflichtete, sodann die verbrecherische Gesinnung und damit in Zusammenhang die Motive, welche die Tat auslösten, und endlich die eigene Vorhandlung des Unterlassenden, welche eben nach gesundem Volksempfinden eine erhöhte Pflicht zur Beseitigung der

---

473 Schaffstein, FS für Gleispach, S. 70, 71, 95; vgl. auch Freienstein, Strafbarkeit, S. 47 ff. und Lüken, Nationalsozialismus, S. 98 ff.; zögerlicher Dahm, ZStW 59, S. 133, 165 ff. (der zwischen Rechtspflichten und sittlichen Pflichten einen Gradunterschied anerkennt).

474 Laufs, Rechtsentwicklungen, S. 378; Schaffstein, FS für Gleispach, S. 70, 90; Seebode, FS für Spendel, S. 317, 333. Der Reichsminister der Justiz Gürtner prägte sogar das Schlagwort „nullum crimen sine poena“, vgl. dazu Gmür/Roth, Rechtsgeschichte, Rdnr. 480; Lüken, Nationalsozialismus, S. 70. Ebel/Thielmann, Rechtsgeschichte, Rdnr. 699 weisen darauf hin, dass der Grundsatz „nulla poena sine lege“ inhaltlich bereits durch die „Lex van der Lubbe“ vom März 1933 aufgehoben worden sei; vgl. dazu v. Mangoldt/Klein/Starck-Nolte Art. 103 Abs. 2 Rdnr. 101 sowie Schreiber, Gesetz und Richter, S. 199. Marxen, Kampf, S. 192 f. legt dar, dass auch die Verankerung des Analogieverbots in Art. 116 WRV dessen einfachgesetzliche Aufhebung nicht hinderte. Zwar wurde die Weimarer Reichsverfassung auch nach der Machtübernahme nicht aufgehoben. Man vertrat aber die Ansicht, sie gelte nicht mehr, da die nationalsozialistische Revolution einen neuen Staatstyp geschaffen habe, der mit dem bürgerlichen Rechtsstaat der Weimarer Zeit keinerlei Gemeinsamkeiten mehr aufweise.

475 Gesetz vom 28. 6. 1935, RGBl. I, S. 839.

476 Schaffstein, FS für Gleispach, S. 70, 71, 95, 102 ff.

477 Schaffstein, FS für Gleispach, S. 70, 110.

478 Dahm, ZStW 57, S. 225, 254 ff.; ders., ZStW 59, S. 13, 149 ff. – dort aber unter Betonung, dass dieses Täterbild mit der Tatbestandsbeschreibung in Einklang stehen muss.

dadurch hervorgerufenen Gefahren begründet"[479] . An anderer Stelle heißt es: „Als Täter erscheint ... der Unterlassende, von dem nach seiner Gesinnung ebensowohl wie die Nichtabwendung des Erfolges auch seine Herbeiführung durch aktives Tun hätte erwartet werden können, und bei dem die Unterlassung gewissermaßen nur als ein zufälliges, durch die jeweiligen Umstände bestimmtes Mittel zur Äußerung des verbrecherischen Willens anzusehen ist, welches unter anderen Umständen ebensogut durch ein anderes Mittel hätte ersetzt werden können"[480].

Die geschilderte Ansicht, insbesondere die Ausweitung der Strafbarkeit auf die Verletzung sittlicher Pflichten, war kein spezifisches Phänomen des Schrifttums, sondern fand auch Eingang in die gerichtliche Praxis. Als Beispiel sei hier insbesondere auf die bereits angesprochene[481] Entscheidung des Reichsgerichts zur Garantenstellung der Nichte gegenüber ihrer Tante aus dem Jahr 1935 hingewiesen[482]. Das Reichsgericht nahm damals an, ein Gebot der Sittlichkeit könne zur Rechtspflicht werden für Menschen, die der Außenwelt in familiärer oder häuslicher Gemeinschaft gegenüberstünden.

Auch die Gesetzgebungsvorhaben des Nationalsozialismus waren von der Tätertypenlehre geprägt. Der Entwurf eines Strafgesetzes, der im Nationalsozialismus erarbeitet wurde, letztlich aber nicht in Kraft trat[483], sah in seiner letzten Fassung vom Juni 1938 in § 13 folgende Regelung vor: „Wer es pflichtwidrig unterläßt zu handeln, wird als Täter oder Teilnehmer bestraft, wenn er nach gesundem Volksempfinden als solcher verantwortlich ist"[484].

Die nationalsozialistische Tätertypenlehre führte mithin zu einer weitestgehenden Ausdehnung des unechten Unterlassungsdelikts: Grundlage der Strafbarkeit konnten auch moralische Pflichten sein, wodurch der potentiell strafbare Bereich praktisch unbegrenzbar wurde. Auch das zusätzliche Erfordernis, der Unterlassende müsse einem bestimmten Tätertyp zuzuordnen sein, entbehrte jeder Plastizität[485]. Hierdurch wurde die individualistische Rechtssicherheit als Pfeiler des liberalen Rechtsdenkens zugunsten der völkischen Gerechtigkeit aufgegeben[486].

---

[479] Schaffstein, FS für Gleispach, S. 70, 110.

[480] Schaffstein, FS für Gleispach, S. 70, 111 f.

[481] S. o. Teil 1, V., 3.; S. 39.

[482] RGSt 69, 321 ff.

[483] Lüken, Nationalsozialismus, S. 28 ff., 295; Schubert/Regge, Quellen zur Reform des Straf- und Strafprozeßrechts, Band 1, 1. Teil, S. XVII.

[484] Schubert/Regge, Quellen zur Reform des Straf- und Strafprozeßrechts, Band 1, 2. Teil, S. 520.

[485] So auch Rudolphi, Gleichstellungsproblematik, S. 40.

[486] Nagler, GS 111, S. 1, 40.

Es liegt auf der Hand, dass diese Lehre sich unter der Herrschaft des Grundgesetzes nicht behaupten konnte[487].

Dem stand schon die Abschaffung des § 2 StGB nationalsozialistischer Fassung durch das Kontrollratsgesetz Nr. 11 vom 30. 1. 1946[488] entgegen. Zwar wurde die früher geltende Fassung des § 2 StGB hierdurch nicht wieder in Kraft gesetzt. Die inhaltliche Lücke schlossen jedoch zunächst die Proklamation Nr. 3 des Kontrollrats vom 20.10. 1945 und das Gesetz Nr. 1 der Militärregierung für das Kontrollgebiet des obersten Befehlshabers[489]. Mit der Schaffung des Grundgesetzes, das sich mit Art. 1 und 2 zur grundsätzlichen Freiheit des Menschen bekennt sowie mit Art. 1 Abs. 1 S. 2 den Staat zum Schutz der Menschenwürde verpflichtet und damit eine deutliche Abkehr vom nationalsozialistischen Kollektivismus brachte, wurde der Grundsatz „nulla poena sine lege" verfassungsrechtlich verankert. Die Rückkehr ins Strafgesetzbuch erfolgte dann durch das 3. Strafrechtsänderungsgesetz vom 4. 8. 1953[490], das den mit Art. 103 Abs. 2 GG wortgleichen § 2 StGB schuf[491].

VI. Garantenlehre

Ebenfalls aus der Zeit des Nationalsozialismus stammt die Garantenlehre, die auch heute noch die Dogmatik des Unterlassungsdelikts prägt. Sie wurde von Nagler in einem grundlegenden Aufsatz aus dem Jahr 1938[492] entwickelt und beinhaltet die Verlagerung des Gleichstellungsproblems von unechter Unterlassung und positiver Begehung in den Tatbestand: „Daher darf die Kommission durch Unterlassung nur dann angenommen werden, wenn die Untätigkeit als Handlung i. S. d. Tatbestands sich erweist, der Aktivität mithin nach dem Willen des Gesetzes gleichsteht. Der passiv sich Verhaltende muß tatbestandsmäßig dem aktiv Tätigen durchaus parallel geschaltet sein"[493]. Begründet wird dieser Unterschied zur Rechtswidrigkeitslösung mit der Tatsache, dass der Gesetzgeber bei Delikten, die die Parallelisierung zwischen

---

[487] Wobei Schünemann, ZStW 96, S. 287, 300 FN 42 und Seebode, FS für Spendel, S. 317, 332 darauf hinweisen, dass die Nachkriegsrechtsprechung von den Ergebnissen nicht abgerückt ist. Die gleiche Kritik übt Marxen, Kampf, S. 257 f. an der Strafrechtswissenschaft.

[488] Marxen, Kampf, S. 257; Schreiber, Gesetz und Richter, S. 201.

[489] Schreiber, Gesetz und Richter, S. 201.

[490] BGBl. I, S. 753 ff.

[491] § 2 Abs. 1 StGB wurde durch das 2. Strafrechtsreformgesetz vom 4.7. 1969 in § 1 StGB umgewandelt, vgl. LK-Gribbohm, § 1 Entstehungsgeschichte.

[492] Die Arbeit ist ihrer Zeit entsprechend durchaus nationalsozialistisch gefärbt, vgl. nur S. 40 ff.

[493] Nagler, GS 111, S. 1, 53 f.

Aktivität und Passivität ausdrücklich beinhalteten wie § 221 oder § 223 b StGB a. F., die Gleichstellung auf Tatbestandsebene vornahm[494].

In der entscheidenden Frage, wann die Gleichwertigkeit von Tun und Unterlassen vorliegt, griff Nagler auf die bereits bekannten Kriterien der Handlungspflicht zurück: Die tatbestandliche Gleichstellung des Unterlassens mit der positiven Tätigkeit setze voraus, dass der Unterlassende zur Vornahme der Handlung besonders verpflichtet gewesen sei; der Unterlassende müsse gewissermaßen als Garant für den Nichteintritt des Erfolges auf Posten gestellt sein[495]. Dieses Garant-Sein sei auf Tatbestandsebene zu prüfen.

Die von Nagler vorgenomme Einordnung der Gleichstellungsproblematik auf der Ebene des Tatbestandes hat sich bis heute erhalten[496].

Doch während Nagler noch davon ausging, der Unterlassungstäter erfülle den – berichtigten – Tatbestand eines Begehungsdelikts[497], indem er ebenso wie ein Begehungstäter gegen ein gesetzliches Verbot verstoße[498], steht die Lehre heute zumindest teilweise auf einem anderen Standpunkt. Armin Kaufmann[499] hat überzeugend nachgewiesen, dass die unechte Unterlassung nicht den Tatbestand des Begehungsdelikts, sondern den eines Unterlassungsdelikts erfüllt.

Dies wird schon dadurch deutlich, dass das Unterlassen mit dem Wortlaut eines Begehungstatbestandes in den meisten Fällen nicht zu vereinbaren ist. So lässt sich zwar u. U noch sagen, dass die Mutter, die ihren Säugling verhungern lässt, diesen tötet[500]. Schwieriger ist dies aber schon bei dem Autofahrer, der sich um den von ihm schuldlos angefahrenen Passanten nicht kümmert. Hier würde man im gewöhnlichen Sprachgebrauch eher von einer unterlassenen Rettung als von einer Tötung sprechen[501]. Gänzlich versagt der Sprachgebrauch, wenn es darum geht, dass ein Aufsichtspflichtiger eine Straftat des zu Beaufsichtigenden – z. B. einen Diebstahl oder eine Vergewaltigung – nicht hindert. Kein Mensch wird hier sagen, der Aufsichtspflichtige habe gestohlen oder vergewaltigt[502].

---

494 Nagler, GS 111, S. 1, 55 f.
495 Nagler, GS 111, S. 1, 58 ff.
496 Vgl. nur Gropp, AT, § 11 Überschrift vor Rdnr. 8; Köhler, AT, S. 214; Otto, AT, § 9 Rdnr. 18; Sch/Sch-Stree, § 13 Rdnr. 7; Wessels/Beulke, AT, Rdnr. 876 f.
497 Nagler, GS 111, S. 1, 61.
498 Nagler, GS 111, S. 1, 19.
499 Armin Kaufmann, Dogmatik, S. 251 ff.; ebenso Grünwald, Unterlassungsdelikt, S. 44; Schöne, Erfolgsabwendungen, S. 242 ff.; Schürmann, Unterlassungsstrafbarkeit, S. 17, 51 FN 3, 70, 81, 101.
500 Schünemann, Grund, S. 47.
501 Schünemann, Grund, S. 47.
502 Vgl. Schürmann, Unterlassungsstrafbarkeit, S. 142 ff.

Man kann also nicht sagen, dass jeder gesetzliche Tatbestand bereits das Handlungsgebot enthält, die Garantenstellung bzw. die daraus folgende Garantenpflicht folglich nur ein strafbarkeitseinschränkendes Tatbestandsmerkmal dargestellt[503].

Für die Ansicht von Kaufmann spricht ferner, dass bei den unechten Unterlassungsdelikten mit der Voraussetzung der Garantenstellung ein Tatbestandsmerkmal eingefügt wird, das bei der Begehung nicht existiert. Hat ein Begehungstatbestand X die Merkmale a, b und c, dann kann die Kombination a, b, c und g (= Garantenstellung) nicht gleichfalls X sein. Dieses Ergebnis ändert sich auch nicht, wenn man c bei den Begehungsdelikten als mechanische Kausalität versteht und davon ausgeht, dem entspreche bei den Unterlassungsdelikten die Summe aus Abwendungsmöglichkeit und Garantenstellung (d. h. $c = d + g$)[504]. Formal lässt sich dann die Gleichung $X = a + b + c$ in die Gleichung $X = a + b + d + g$ umwandeln. Inhaltlich würde dies aber bedeuten, dass die mechanische Kausalität sich zusammensetzt aus Abwendungsmöglichkeit und Garantenstellung. Diese Aussage ist inhaltlich falsch; mechanische Kausalität sowie Abwendungsmöglichkeit und Garantenstellung können allenfalls gleich strafwürdig und damit gleich zu werten sein. Die zweite Gleichung führt damit nicht zum Tatbestand X, sondern zu einem in seinem Unrechtsgehalt mit diesem vergleichbaren spezifischen Unterlassungstatbestand X*. Dieser Unterlassungstatbestand als Sondertatbestand wird dabei aus dem Tatbestand der Handlungsdelikte abgeleitet[505], er übernimmt von ihm beispielsweise das geschützte Rechtsgut und die Strafandrohung. Die Argumentation zeigt, dass das unechte Unterlassungsdelikt auch nicht gegen das – aus dem Begehungstatbestand fließende – Verbot, sondern lediglich gegen ein spezifisches Gebot zum Handeln verstößt[506].

Unabhängig davon bleibt bei der Garantenlehre jedoch die Frage ungeklärt, wann eine Rechtspflicht zum Handeln besteht. „Die Verweisung auf die Pflicht schlechthin", so hat Nagler zutreffend erkannt, „bedeutet daher ein neues

---

[503] A. A. Fuhrmann, GA 1962, S. 161,172; Maurach/Gössel/Zipf, AT 2, § 46 Rdnr. 40.
[504] So aber Meyer-Bahlburg, Unterlassungsdelikte, S. 185; Schünemann, Grund, S. 58.
[505] Grünwald, Unterlassungsdelikt, S. 44; ders., ZStW 70, S. 412, 413, 417; das Vorgehen beschreibt anschaulich Baumann/Weber/Mitsch, AT, § 15 Rdnr. 34: Die Tatbestandsmerkmale des unechten Unterlassungsdelikts findet man wie die eines Begehungsdelikts in einer Vorschrift des Besonderen Teils. Da aber das tatbestandliche Handlungsmerkmal dieser Vorschrift, das nur aktives Tun umfasst, durch Unterlassen nicht erfüllt wird, tritt § 13 StGB ergänzend hinzu und ersetzt dieses Merkmal.
[506] Armin Kaufmann, Dogmatik, S. 256 ff.; Schöne, Erfolgsabwendungen, S. 249, 253.

Problem, aber noch keine Lösung. Die Wendung ‚Pflichtverletzung' bietet zunächst nur eine blutleere Abstraktion"[507].

VII. Die Entstehung des § 13 StGB

In den fünfziger Jahren erneuerten sich die bereits vor dem Nationalsozialismus vorhandenen Bestrebungen[508], das seit 1871 geltende Strafgesetzbuch zu reformieren, um es der Entwicklung zur sozialen industriellen Gesellschaftsordnung anzupassen[509]. Die zur Ausarbeitung von Reformvorschlägen eingesetzte Große Strafrechtskommission beschäftigte sich auch mit den unechten Unterlassungsdelikten. Ziel war es, für die unechten Unterlassungsdelikte, die bislang nicht gesetzlich normiert waren[510], eine Regelung im Gesetz zu schaffen. Eine solche Normierung schien erforderlich, um die teilweise erhobenen verfassungsrechtlichen Bedenken zu beseitigen[511].

Die von der Strafrechtskommission geführten Diskussionen verdeutlichen die Komplexität der Probleme, die das unechte Unterlassungsdelikt aufwirft. So war beispielsweise umstritten, ob in das Gesetz die Formulierung „Nichthinderung der Tatbestandserfüllung" oder die Formulierung „Nichthinderung des Erfolges" eingeführt werden sollte[512]. Ferner wurde problematisiert, inwieweit eine

---

[507] Nagler, GS 111, S. 1, 94. Nagler bemüht sich selbst um Präzisierung und nennt als Quellen der Handlungspflicht die Rechtsordnung sowie Vorgänge des Soziallebens wie Vorhandlung und Übernahme (GS 111, S. 1, 62 ff.). Eine schlechthin und gleichmäßig verbindliche Formel sei jedoch völlig unauffindbar (GS 111, S. 1, 64).

[508] Vgl. Albrecht, Garantenstellungen, S. 16 f.; Schmidt, Leitsätze zum Thema Unterlassungsdelikte, Umdruck R 47, Niederschriften Band 2, Anhang Nr. 54, S. 148 ff.

[509] Vgl. Schwalm, GA 1964, S. 257, 258.

[510] Das Reichsstrafgesetzbuch vom 15. Mai 1871 regelte Unterlassungen nicht allgemein, sondern enthielt nur einige echte Unterlassungsdelikte; vgl. Albrecht, Garantenstellungen, S. 16; Krause, Entwicklung, S. 158, Lüken, Nationalsozialismus, S. 98.

[511] Gallas, Niederschriften Band 2, S. 279 sowie Band 12, S. 79 f.; Grünwald ZStW 70, S. 412; Schwalm, Niederschriften Band 2, S. 273; v. Stackelberg, Niederschriften Band 2, S. 278 f.; Welzel, Niederschriften Band 2, S. 275; vgl. auch Vorschläge und Bemerkungen des Sachbearbeiter des Bundesjustizministeriums, Umdruck J 17, Niederschriften Band 2, Anhang Nr. 56, S. 157 f .; Zweiter Schriftlichen Bericht des Sonderausschusses für die Strafrechtsreform, BT-Drucksache V/4095, S. 8 sowie Mayer, AT, S. 119 f.

[512] Mezger, Niederschriften Band 2, S. 274 und Schmidt, Leitsätze zum Thema Unterlassungsdelikte, Umdruck R 47, Niederschriften Band 2, Anhang Nr. 54, S. 148, 151 f. sowie Niederschriften Band 2, S. 268 bevorzugten den Begriff der Tatbestandsverwirklichung. Die Mehrheit war dagegen anderer Ansicht, vgl. Bockelmann, Niederschriften Band 2, S. 277 sowie Jescheck, Niederschriften Band 2, S. 276 f. (die beide generell der Ansicht waren, dass reine Tätigkeitsdelikte nicht durch Unterlassen begangen werden können); Gallas, Niederschriften Band 2, S. 279; Schwalm, Niederschriften Band 2, S. 274 (unter Hinweis darauf, dass der Selbstmord keine Tatbestandsverwirklichung sei); v.

Zumutbarkeits-[513] oder eine Gleichstellungsklausel[514] in das Gesetz aufzunehmen sei. Auch über die Frage, ob das Gesetz eine Strafmilderungsmöglichkeit vorsehen sollte oder nicht, bestand keine Einigkeit[515]. Zum Teil gerieten auch Einzelprobleme in den Blickpunkt, so beispielsweise die Ingerenz[516].

Die folgende Darstellung beschränkt sich auf das Schwerpunktproblem, in welchem Umfang und mit welcher Formulierung das Erfordernis der Garantenpflicht in das Gesetz aufgenommen werden sollte[517]. Gerade dieser Gesichtspunkt ist in Anbetracht der historischen Entwicklung und Ausweitung des Begriffs der Rechtspflicht und der dieser Arbeit zugrunde liegenden Fragestellung besonders interessant.

Ausgangspunkt der Überlegungen war zunächst die vor dem Hintergrund der nationalsozialistischen Entwicklungen zu sehende Rückführung der Garantenpflichten auf rechtliche Pflichten. Es sollte verhindert werden, dass eine Garantenpflicht allein aus moralischen oder sittlichen Erwägungen begründet werden konnte[518].

Stackelberg, Niederschriften Band 2, S. 278; Welzel, Niederschriften Band 2, S. 275 (der betont, dass der Begriff der Tatbestandsverwirklichung immer mit einem menschlichen Handeln verknüpft sei und daher Unglücksfälle nicht erfasse).

[513] Ablehnend hierzu Vorschläge und Bemerkungen der Sachbearbeiter des Bundesjustizministeriums, Umdruck J 17, Niederschriften Band 2, Anhang Nr. 56, S. 157, 159; Baldus, Niederschriften Band 2, S. 275, der jedoch in Band 12, S. 92, 99 seine Meinung änderte; befürwortend Vorschläge und Bemerkungen der Sachbearbeiter des Bundesjustizministeriums für die zweite Lesung, Umdruck II J 2, Niederschriften Band 12, Anhang A Nr. 22, S. 472 ff.

[514] Dafür Gallas, Änderungsantrag für die zweite Lesung, Umdruck II R 9, Niederschriften Band 12, Anhang A Nr. 24, S. 478 sowie Niederschriften Band 12, S. 82, 242; Jescheck, Änderungsanträge zur zweiten Lesung; Umdruck II R 4, Niederschriften Band 12, Anhang 1 Nr. 5, S. 436 sowie Niederschriften Band 12, S. 96.

[515] Befürwortend Gallas, Niederschriften Band 2, S. 279; Jescheck, Niederschriften Band 12, S. 97; Mezger, Niederschriften Band 2, S. 274 f.; v. Stackelberg, Niederschriften Band 2, S. 278; Welzel, Niederschriften Band 2, S. 276; ablehnend Schmidt, Niederschriften Band 2, S. 281; Schwarzhaupt, Niederschriften Band 2, S. 280. Das Ergebnis der Abstimmung in der 117. Sitzung fiel knapp für eine Milderungsmöglichkeit aus – Niederschriften Band 12, S. 102. Die Unterkommission kam dagegen zu dem Ergebnis, dass sich die Einführung einer Strafmilderungsklausel nicht empfehle, vgl. Gallas, Niederschriften Band 12, S. 244.

[516] Vgl. nur Schmidt, Niederschriften Band 2, S. 269; Welzel, Niederschriften Band 12, S. 95 f. („dubioseste Frage der ganzen Garantenlehre") sowie ders., JZ 1958, S. 494 f.

[517] Vgl. hierzu auch die Darstellung bei Nickel, Problematik, S. 3 ff.

[518] Vgl. die Äußerungen von Baldus, Niederschriften Band 2, S. 280; Lange, Niederschriften Band 2, S. 277 und Schmidt, Niederschriften Band 2, S. 276 f., 281.

Die Große Strafrechtskommission gelangte in der ersten Lesung über die unechten Unterlassungsdelikte zu dem Ergebnis, dass die Entstehungsgründe der Garantenpflicht im Gesetz aufzuführen seien. Dabei sprachen sich elf Mitglieder für eine erschöpfende Regelung der Entstehungsgründe aus, während sechs Mitglieder eine exemplarische Erwähnung im Gesetz für ausreichend hielten[519]. Ergebnis dieses Stadiums der Diskussion war § 14 E 1959, der die Entstehungsgründe der Garantenpflichten auf anderweitige gesetzliche Regelungen, Gefahrschaffung und Garantieübernahme beschränkte. Er lautete[520]:

(1) Wer es unterläßt, einen Erfolg abzuwenden, steht dem Täter oder Teilnehmer, der den Erfolg durch ein Tun herbeiführt, tatbestandsmäßig nur dann gleich, wenn er kraft Gesetzes verpflichtet ist, den Erfolg zu verhindern, und den Umständen nach dafür einzustehen hat, daß der Erfolg nicht eintreten werde.

(2) Die Pflicht zur Verhinderung des Erfolgs besteht auch für den, der durch sein Verhalten entweder die nahe Wahrscheinlichkeit des Erfolgseintritts herbeigeführt oder die Gewähr dafür übernommen hat, daß der drohende Erfolg nicht eintreten werde.

Entscheidend für dieses Ergebnis dürfte der sehr überzeugende Diskussionsbeitrag von Schwalm in der 23. Sitzung gewesen sein. Er führte aus: „Es geht aber nicht nur um die Verankerung des Gleichbewertungsgrundsatzes, sondern auch um den U m f a n g der Verankerung dieses Grundsatzes; denn wenn man überhaupt verfassungsmäßige Zweifel hat, dann wird man notwendigerweise auch dazu gedrängt, sich darüber Gedanken zu machen, ob dieser Zweifel dadurch ausgeräumt wird, daß nur dieses allgemeine Prinzip formuliert wird, oder ob man einen Schritt weitergehen und erst recht deshalb die Entstehungsgründe für die Rechtspflicht zur Erfolgsabwendung im Gesetz festhalten muß, damit die Erfolgsabwendungspflicht in allen Fällen eine g e s e t z l i c h e werde. Natürlich ist den beiden Herren Referenten darin beizutreten, daß nur eine allgemeine, sehr weite Formulierung gefunden werden könnte, deren Einschränkung dann der Rechtsprechung überlassen bleiben müßte. ... Andererseits ist allgemein bekannt, daß die Rechtsprechung gehindert ist, eine strafbegründende Analogie vorzunehmen, und es könnte der Gedanke für uns den Ausschlag geben, daß es ungefährlicher ist, mit einer etwas zu weit gehenden Formulierung eine gesetzliche Verankerung vorzunehmen und der

---

519 Vgl. die Abstimmung in Niederschriften Band 2, S. 357 i. V. m. den Vorschlägen der Unterkommission, Umdruck U 20, Niederschriften Band 2, Anhang Nr. 57, S. 161; Vorschläge und Bemerkungen der Sachbearbeiter des Bundesjustizministeriums für die zweite Lesung, Umdruck II J 2, Niederschriften Band 12, Anhang A Nr. 22; S. 472 ff.

520 Niederschriften Band 12, Anhang B, S. 549, 573.

Rechtsprechung die Einschränkung zu überlassen, als die Rechtsprechung der Gefahr einer strafbarkeitsbegründenden Analogie auszusetzen“ [521].

Die geschilderte Einstellung der Kommissionsmitglieder war aber nicht von langer Dauer. Schon in der zweiten Lesung mehrten sich die Stimmen, die eine gesetzliche Regelung der Entstehungsgründe von Garantenpflichten für unmöglich hielten[522]. Es wurde bezweifelt, dass es gelinge, die strafwürdigen Fälle im Gesetz vollständig zu erfassen[523]. So seien bislang das besondere Vertrauensverhältnis sowie die Lebens- und Gefahrengemeinschaft nicht genannt[524]. Auch könnten sich auch in Zukunft weitere, bisher noch nicht erkannte Fälle ergeben, in denen die Annahme einer Garantenstellung geboten sei[525]. Eine voreilige Festlegung zu diesem Zeitpunkt könne die Klärung diverser Zweifelsfragen durch Rechtslehre und Rechtsprechung behindern[526], insbesondere auch die Klärung des Ingerenzproblems[527]. Hier sei zu befürchten, dass mit einer Ausformulierung der Ingerenzformel möglicherweise etwas Falsches festgeschrieben würde[528].

Den aber wohl schwerwiegendsten Einwand gegen den erarbeiteten Entwurf bildete die wachsende Überzeugung, dass nicht jede Erfolgsabwendungspflicht eine Garantenpflicht begründen könne. Der Begriff der Garantenpflicht sei vielmehr enger als der der Erfolgsabwendungspflicht[529]. Als Beispiel wurde

---

521 Schwalm, Niederschriften Band 2, S. 273.

522 Bockelmann, Änderungsantrag für die zweite Lesung, Umdruck II R 5, Niederschriften Band 12, Anhang A Nr. 23, S. 475, 477; Gallas, ZStW 80, S. 1, 17; Koffka, Änderungsanträge zur zweiten Lesung, Umdruck II R 8, Niederschriften Band 12, Anhang A Nr. 8, S. 445 f.; Welzel, Vorschläge und Bemerkungen zur zweiten Lesung, Umdruck II R 2, Niederschriften Band 12, Anhang A Nr. 3, S. 418; schon in der ersten Lesung hatten Fränkel, Niederschriften Band 2, S. 272 f.; Schafheutle, Niederschriften Band 2, S. 281 und v. Stackelberg, Niederschriften Band 2, S. 278 entsprechende Bedenken geäußert.

523 Gallas, Änderungsantrag für die zweite Lesung, Umdruck II R 9, Niederschriften Band 12, Anhang A Nr. 24, S. 478,480.

524 Bockelmann, Änderungsantrag für die zweiten Lesung, Umdruck II R 5, Niederschriften Band 12, Anhang A Nr. 23, S. 475 f.

525 Bockelmann, Änderungsantrag für die zweite Lesung, Umdruck II R 5, Niederschriften Band 12, Anhang A Nr. 23, S. 475, 477; Fränkel, Niederschriften Band 2, S. 272 f.; vgl. auch Gallas, ZStW 80, S. 1, 18.

526 vgl. hierzu die Begründung des E 1960, BR-Drucksache 270/60, S. 117.

527 Gallas, Niederschriften Band 2, S. 280; Schmidt, Niederschriften Band 12, S. 90.

528 Vgl. Gallas, ZStW 80, S. 1, 19.

529 Bockelmann, Änderungsantrag für die zweite Lesung, Umdruck II R 5, Niederschriften Band 12, Anhang A Nr. 23, S. 475, 477; ders., Niederschriften Band 12, S. 85; Gallas, Änderungsantrag für die zweite Lesung, Umdruck II R 9, Niederschriften Band 12, Anhang A Nr. 24, S. 478, 480; ders., Niederschriften Band 12, S. 80 f.; ders., ZStW 80, S. 1, 18; Jescheck, Niederschriften Band 12, S. 96; Schmidt, Niederschriften Band 12, S. 89.

folgender Fall erörtert[530]: Vor einem Wettschwimmen beauftragt ein Philanthrop einen Fischer, mit seinem Boot neben den Schwimmern herzufahren und zu verhindern, dass einer von ihnen ertrinkt. Der Fischer erhält dafür 20 Mark. Der Fischer bleibt jedoch während des Wettschwimmens zu Hause; einer der Schwimmer ertrinkt. Die Strafrechtskommission wollte den Fischer nicht wegen eines Tötungsdelikts durch Unterlassen bestraft sehen. Obwohl eine rechtliche – vertragliche – Pflicht zur Erfolgsabwendung unstreitig vorlag, sollte der Fischer kein Garant sein. Damit lag das Bedürfnis nach einer Einschränkung der Erfolgsabwendungspflicht auf der Hand. Auch wenn bei der Diskussion das Beispiel einer Handlungspflicht aus Vertrag im Vordergrund stand, wurde dieses Restriktionsbedürfnis auf Fälle gesetzlicher Erfolgsabwendungspflichten erstreckt[531]. Sie stellte sich also als allgemeines, alle Erfolgsabwendungspflichten erfassendes Phänomen dar.

Sehr deutlich formuliert Jescheck[532] das Bestreben der Strafrechtskommission: „Es soll ... zum Ausdruck gebracht werden, daß die Garantenstellung nicht dasselbe ist wie die Rechtspflicht zur Erfolgsabwendung, d. h.; daß es Rechtspflichten zur Erfolgsabwendung gibt, die nicht die strafrechtliche Sanktion nach sich ziehen. Dem Richter soll klargemacht werden, daß hier eine Gleichsetzung nicht richtig wäre, sondern daß im Rahmen der Rechtspflichten zur Erfolgsabwendung die strafrechtlich sanktionierten Garantenpflichten ein engerer Bereich sind."

Die verbale Präzisierung dieser Ansicht im Gesetzestext erwies sich als außerordentlich schwierig.

Welzel[533], Mezger[534] und Bockelmann[535] sahen die Schwierigkeiten als unüberwindlich an und plädierten deshalb dafür, auf jede gesetzliche Regelung

[530] Bockelmann, Niederschriften Band 12, S. 86; Gallas, Niederschriften Band 12, S. 80.
[531] Gallas, Änderungsantrag für die zweite Lesung, Umdruck II R 9, Niederschriften Band 12, Anhang A Nr. 24; S. 478, 480; vgl. auch Bockelmann, Änderungsantrag für die zweite Lesung, Umdruck II R 5, Niederschriften Band 12, Anhang A Nr. 23, S. 475, 477.
[532] Jescheck, Niederschriften Band 12, S. 96.
[533] Welzel, Vorschläge zur zweiten Lesung, Umdruck II R 2, Niederschriften Band 12, Anhang A Nr. 3, S. 418.
[534] Mezger, Änderungsanträge zur zweiten Lesung, Umdruck II R 10, Niederschriften Band 12, Anhang A Nr. 9, S. 447.
[535] Bockelmann, Änderungsantrag für die zweite Lesung, Umdruck II R 5, Niederschriften Band 12, Anhang A Nr. 23, S. 475 ff. sowie Niederschriften Band 12, S. 85 ff. : „Ich verzweifle an der Möglichkeit, eine solche Vorschrift so einzurichten, daß sie einwandfrei ist. Es scheint mir aber besser, gar keine Vorschrift zu bringen als eine falsche."

der unechten Unterlassungsdelikte im allgemeinen Teil zu verzichten[536], wobei Welzel und Mezger ihre Ansichten später wieder aufgaben[537].

Andere aber stellten sich der Aufgabe. Da der Begriff der Rechtspflicht allein als zu blass erschien, regte Schmidt[538] die Formulierung „... wenn er die besondere Rechtspflicht, für die Abwendung des Erfolges einzustehen, verletzt hat ..." an. Letztlich einigte man sich zum Abschluss der zweiten Lesung dahingehend, auf eine erschöpfende Aufzählung der verschiedenen Entstehungsgründe für Garantenpflichten zu verzichten und sich statt dessen auf die Formulierung „rechtlich dafür einzustehen hat" zu beschränken[539].

§ 13 E 1960, der aus diesem Bearbeitungsstadium hervorging, lautete daher nur[540]:

> „Wer es unterläßt, einen zum Tatbestand eines Strafgesetzes gehörenden Erfolg abzuwenden, ist als Täter oder Teilnehmer strafbar, wenn er rechtlich dafür einzustehen hat, daß der Erfolg nicht eintreten werde, und sein Verhalten den Umständen nach der Verwirklichung des gesetzlichen Tatbestandes durch ein Tun gleichwertig ist."

Die Strafrechtskommission sah in dem Begriff des (rechtlichen) Einstehens das geeignete Mittel zur Beschränkung der Unterlassungsstrafbarkeit auf wirkliche Garantenpflichten. So heißt es bei Gallas[541]: „Auf Grund des Ergebnisses der Diskussion hatte die Vollkommission beschlossen, den Versuch zu unternehmen, für das Begehen durch Unterlassen eine Definition zu finden, die dem Praktiker einen Hinweis darauf gibt, daß nicht jede Handlungs-, aber auch nicht jede Erfolgsabwendungspflicht genügt, sondern nur eine solche Erfolgsabwendungspflicht, die sich aus einer Garantenstellung ergibt. ... Durch die Fassung ‚wenn er rechtlich dafür einzustehen hat, daß der Erfolg nicht eintreten werde' möchte die Unterkommission den Garantengedanken zum Ausdruck bringen. Sie ist sich darüber im klaren, daß dies eine recht schwache Formulierung des Garantengedankens ist, glaubt aber, daß durch die Verwendung dieser Klausel an Stelle der viel einfacheren Formel ‚wer

---

536 So auch Busch, FS für Weber, S. 192, 206; Meyer-Bahlburg, MschrKrim 1965, S.247 ff.; ders., Unterlassungsdelikte, S. 143 ff., insbes. S. 150.

537 Vgl. Mezger, Niederschriften Band 12, S. 78; Welzel, Niederschriften Band 12, S. 94.

538 Schmidt, Niederschriften Band 12, S. 90; vgl. auch die Formulierung bei Jescheck/Weigend, AT, S. 620 (besonderer Rechtsgrund) und Steiner, MDR 1971, S. 260 (besondere Rechtspflicht).

539 Vgl. Abstimmungsergebnis Niederschriften Band 12, S. 247 i. V. m. den Vorschlägen der Unterkommission, Umdruck II U 2, Niederschriften Band 12, Anhang A Nr. 25, S. 481.

540 BR-Drucksache 270/60, S. 13; befürwortend Henkel, MschrKrim 1961, S. 178 ff.

541 Gallas, Niederschriften Band 12, S. 242 f.

verpflichtet ist, den Erfolg zu verhindern' der Garantengedanke hinreichend zum Ausdruck gebracht wird." Bereits in früheren Sitzungen hatten Gallas[542] und Welzel[543] den Begriff des Einstehens als Synonym für den Begriff der Garantenpflichten verwendet.

Die Überlegungen der Strafrechtskommission finden sich wieder in der Begründung des E 1960[544]: „ Der Entwurf setzt für die Strafbarkeit dessen, der einen tatbestandsmäßigen Erfolg abzuwenden unterläßt, zunächst voraus, daß ‚er rechtlich dafür einzustehen hat, daß der Erfolg nicht eintreten werde'. Diese Umschreibung verdeutlicht das Erfordernis der Garantenstellung und der aus ihr entspringenden G a r a n t e n p f l i c h t , in Richtung auf die Abwendung des drohenden Erfolges tätig zu werden. In der Garantenstellung liegt ein besonderes Pflichtenverhältnis begründet, das den Garanten aus der Masse der übrigen Rechtsgenossen heraushebt und gerade ihm den Schutz des betroffenen Rechtsgutes vor dem drohenden tatbestandsmäßigen Erfolg auferlegt." Gerade einfache Handlungspflichten und bloße Tätigkeitsgebote wie die, die der unterlassenen Hilfeleistung und der unterlassenen Verbrechensanzeige zugrunde liegen, sollten keine Garantenpflichten begründen können[545].

Dabei wurde Wert darauf gelegt, dass es sich – in bewusster Abgrenzung zu einer bloß sittlichen Pflicht – um eine Rechtspflicht handeln muss[546]. Der Begriff der „rechtlichen Pflicht" wird allerdings nicht im Sinne von „gesetzlich" oder anderweitig kodifiziert verstanden. Dies zeigt sich daran, dass die Garantenstellungen der Ingerenz und der freiwilligen Übernahme, bei denen eine ausdrückliche kodifizierte Pflicht nicht ersichtlich ist, gerade nicht ausgeschlossen werden sollten. Die Klärung dieser Fallkonstellation wurde vielmehr explizit der Rechtsprechung überlassen[547].

Die ursprünglich vorgesehene abschließende Aufzählung der einzelnen Garantenverhältnisse wurde endgültig aufgegeben[548]. „Der Entwurf ist davon abgekommen, im einzelnen die Fälle aufzuzählen, in denen eine G a r a n t e n – s t e l l u n g besteht. Sie im einzelnen abschließend zu erwähnen, was in der für eine Gesetzesfassung gebotenen Kürze ohnehin kaum erreichbar wäre, brächte wenig Gewinn. Zudem könnte hierdurch eine unerwünschte Festlegung der Rechtsentwicklung eintreten, da in dieser Hinsicht noch zahlreiche

---

542 Gallas, Niederschriften Band 2, S. 279; („Mit dem Wort ‚Einstehen' ist jene nähere Beziehung des Unterlassenden zum tatbestandsmäßigen Erfolg angedeutet").

543 Welzel, Niederschriften Band 12, S. 94; vgl. auch Herzberg, Unterlassung, S. 209.

544 BR-Drucksache 270/60, S. 117.

545 BR-Drucksache 270/60, S. 117.

546 BR-Drucksache 270/60, S. 116 f.

547 BR-Drucksache 270/60, S. 117 f.

548 BR-Drucksache 270/60, S. 117.

Zweifelsfragen bestehen, deren Klärung durch die weitere Entwicklung der Rechtslehre und Rechtsprechung zu erhoffen ist. Für die Rechtsanwendung ist auch ein gesetzlicher Hinweis darauf, was das Wesen der Garantenstellung ausmacht, von größerer Bedeutung als eine nicht abschließende Angabe, welche einzelnen Umstände und Verhältnisse eine solche Garantenstellung begründen können."

Im Gegensatz zu § 13 E 1960 enthielt der von vierzehn deutschen und schweizerischen Strafrechtlern erarbeitete Alternativentwurf eines Strafgesetzbuchs[549] nach wie vor eine gesetzliche Aufzählung der Entstehungsgründe von Garantenpflichten : gesetzliche oder freiwillig übernommene Rechtspflicht sowie Schaffung der nahen Gefahr eines Erfolgseintritts[550]. Der Sonderausschuss des Bundestages für die Strafrechtsreform fand diese Regelung wegen bestehender Auslegungsschwierigkeiten nicht überzeugend[551]. Aus diesem Grund folgte das Zweite Gesetz zur Reform des Strafrechts[552], das am 1. Januar 1975 in Kraft trat[553], mit dem neugefassten § 13 Abs. 1 StGB weitgehend dem Vorschlag aus dem Jahr 1960.

Zusammenfassend lässt sich festhalten, dass die Große Strafrechtskommission zumindest zeitweise die abschließende Aufzählung der Entstehungsgründe für Garantenpflichten im Gesetz aus verfassungsrechtlichen Gründen für vorzugswürdig hielt, dass diese Aufzählung dann aber an praktischen Schwierigkeiten scheiterte. Insbesondere die Herausstellung des besonderen Charakters der Garantenpflicht schien durch eine Einzelaufzählung nicht in befriedigender Weise möglich. Statt dessen begnügte man sich mit der Postulierung einer rechtlichen Einstandspflicht als besonders qualifizierter Rechtspflicht bzw. als Synonym für den Begriff der Garantenpflicht.

Diese Formulierung stellte also lediglich eine „Notlösung" dar. Ausgehend von dem Bedürfnis, die unechten Unterlassungsdelikte vor dem Hintergrund des Art.

---

549 Vgl. dazu Jaschinski, Entwicklung, S. 168 sowie Roxin, AT 1, § 4 Rdnr. 20.

550 Vgl. § 12 Alternativ-Entwurf sowie die Anmerkung dazu, S. 46 f. : „Der AE kennt lediglich zwei relativ eng umrissene Gründe für eine Gleichstellung ..., so daß insbes. nicht schon jedes ‚sozial-ethisch' verwerfliche Unterlassen Strafbarkeit auslöst."

551 Zweiter Schriftlicher Bericht des Sonderausschusses für die Strafrechtsreform, BT-Drucksache V/4095, S. 8. Hingewiesen wird auf das Problem des unwirksamen Vertrages und die Schwierigkeit der Bestimmung des Begriffs der nahen Gefahr.

552 BGBl. 1969 I, 717 ff.

553 Nach Art. 7 des 2. StrRG vom 4. Juli 1969 – BGBl. I, 717, 742 – sollte das Gesetz zunächst am 1. Oktober 1973 in Kraft treten. Dieser Termin wurde jedoch durch § 1 Abs. 1 des Gesetzes über das Inkrafttreten des Zweiten Gesetzes zur Reform des Strafrechts vom 30. Juli 1973 – BGBl. I, S. 909 – auf den 1. Januar 1975 verlegt.

103 Abs. 2 GG im Strafgesetzbuch zu verankern, konnte und wollte man eine präzise Festlegung vermeiden, um den in weiten Teilen umstrittenen Bereich der Garantenpflichten nicht vorschnell zu begrenzen.

Die Stimmung der geschilderten Zeit wird verdeutlicht durch die Ausführungen des Sonderausschusses für die Strafrechtsreform[554]: „Abgesehen von der Schwierigkeit, einen für die praktische Anwendung geeigneten Katalog der Entstehungsgründe aufzustellen, beweist die Tatsache, daß in der Rechtslehre noch sehr über die Einzelheiten dieser Entstehungsgründe gestritten wird, daß die Zeit für eine sachgemäße gesetzliche Regelung jedenfalls dieser Problematik noch nicht reif ist."

[554] BT-Drucksache V/4095, S. 8.

Teil 4: Der Bestimmtheitsgrundsatz und die gesetzliche Regelung des Garantengedankens

Obwohl die Unterlassungsdelikte nunmehr im Gesetz geregelt sind, ist eine auf das Bestimmtheitsgebot des Art. 103 Abs. 2 GG gestützte Kritik der unechten Unterlassungsdelikte nie verstummt. So heißt es beispielsweise, dem Bestimmtheitsgebot sei „noch nicht in vollem Umfang genüge getan“[555], oder es wird von der „Schwachstelle Bestimmtheitserfordernis“[556] gesprochen. Nicht wenige Autoren halten § 13 StGB sogar für verfassungswidrig[557].

Bemerkenswerterweise sind die verfassungsrechtlichen Bedenken auf die Literatur beschränkt. Das Bundesverfassungsgericht hat in zwei aktuelleren Entscheidungen die Vereinbarkeit des § 13 StGB mit dem Bestimmtheitsgebot des Art. 103 Abs. 2 GG bejaht[558]:

„Das Bestimmtheitsgebot verpflichtet den Gesetzgeber, die Voraussetzungen der Strafbarkeit so genau zu umschreiben, dass Tragweite und Anwendungsbereich der Straftatbestände für den Normadressaten schon aus dem Gesetz selbst zu erkennen sind und sich durch Auslegung ermitteln und konkretisieren lassen .... Das Grundgesetz will sicherstellen, dass jeder vorhersehen kann, welches Verhalten verboten und mit Strafe bedroht ist, damit er sein Tun oder Unterlassen auf die Strafrechtslage eigenverantwortlich einrichten kann und willkürliche staatliche Reaktionen nicht befürchten muss .... Art. 103 Abs. 2 GG sorgt zugleich dafür, dass im Bereich des Strafrechts mit seinen weit reichenden Folgen für den Einzelnen allein der Gesetzgeber abstrakt-generell über die Strafbarkeit entscheidet ... . Das Verfassungsgebot der Bestimmtheit schließt allerdings die Verwendung von Begriffen, die in besonderem Maße der Deutung durch den Richter bedürfen, nicht generell aus. Auch im Strafrecht steht der Gesetzgeber vor der Notwendigkeit, der Vielgestaltigkeit des Lebens Rechnung tragen zu müssen ... . Generalklauseln oder unbestimmte, wertausfüllungsbedürftige Begriffe sind im Strafrecht allerdings nur dann verfassungsrechtlich unbedenklich, wenn die Norm eine zuverlässige Grundlage für ihre Auslegung und Anwendung bietet oder wenn sie eine gefestigte

[555] Jescheck/Weigend, AT, S. 609; LK-Jescheck § 13 Rdnr. 14.

[556] Gropp, AT, § 11 Rdnr. 7; kritisch äußern sich auch Jakobs, AT, 29/4; Krey, AT 2, Rdnr. 368; Marxen, Kampf, S. 260 f.; Maunz/Dürig-Schmidt-Aßmann, Art. 103 Abs. 2 Rdnr. 232; Roxin, AT 2, § 31 Rdnr. 32 f.; Sangenstedt, Garantenstellung, S. 66; Simon, Gesetzesauslegung, S. 433 FN 157; SK-Rudolphi § 13 Rdnr. 2.

[557] Claß, FS für Schmidt, S. 122, 125, 138; Kamberger, Garantenstellung, S. 194 ff.; Köhler, AT, S. 213; MüKo-StGB-Schmitz § 1 Rdnr. 47; Schöne, Erfolgsabwendungen, S. 340 ff.; Schürmann, Unterlassungsstrafbarkeit, S. 157,187 f.

[558] BVerfGE 96, 68, 97 ff.; BVerfG NJW 2003, S. 1030 f.

Rechtsprechung übernimmt und damit aus dieser Rechtsprechung hinreichende Bestimmtheit gewinnt ... . Diesen Anforderungen wird die gesetzliche Bestimmung des § 13 StGB gerecht, der die Strafbarkeit unechter Unterlassungsdelikte normiert ... . Die Vorschrift stellt das Unterlassen einer Erfolgsabwendung unter Strafe, wenn eine Rechtspflicht hierfür besteht (sog. ,Garantenstellung') und das Unterlassen bei wertender Betrachtungsweise der Verwirklichung des gesetzlichen Tatbestands durch ein Tun entspricht. Eine Garantenstellung als Voraussetzung für eine mögliche Strafbarkeit schlichten Untätigbleibens setzt damit nach dem Wortlaut des Gesetzes zwingend eine Rechtspflicht zur Abwendung des deliktischen Erfolgs voraus; eine sittliche Pflicht oder die rein faktische Möglichkeit zur Erfolgsabwendung genügen nicht ... . Zwar ist damit der Kreis möglicher Garantenpflichten nicht ohne weiteres dem StGB zu entnehmen ... . Die Anbindung an das Erfordernis normativ begründeter Pflichten und eine auf langjähriger Tradition beruhende einheitliche und klare richterrechtliche Umschreibung möglicher Garantenstellungen gewährleisten aber, dass das Risiko einer Bestrafung für den Normadressaten voraussehbar wird. Dies gilt jedenfalls für die hier entscheidungserhebliche Frage einer Garantenstellung einer daraus resultierenden Handlungspflicht für einen zur Strafverfolgung berufenen Polizeibeamten, wenn er außerhalb seines Dienstes Kenntnis von einer Straftat erlangt hat ..."[559].

Das Bundesverfassungsgericht nimmt hier in wenigen Sätzen Stellung zu Sinn und Zweck, Inhalt und Grenzen des Bestimmtheitsgebots. Ob damit diesem elementaren Grundsatz des Strafrechts Genüge getan ist, muss allerdings bezweifelt werden. Schon die zuvor angesprochene Fülle der Kritik aus dem Schrifttum deutet darauf hin, dass die Frage der hinreichenden Bestimmtheit der unechten Unterlassungsdelikte komplexer ist, als die Ausführungen des Bundesverfassungsgerichts es vermuten lassen. Im Folgenden soll daher vertieft der Frage nachgegangen werden, ob die Regelung der Garantenstellung in § 13 Abs. 1 StGB mit dem Bestimmtheitsgrundsatz des Art. 103 Abs. 2 GG vereinbar ist. Voraussetzung dafür ist zunächst die Auseinandersetzung mit Entstehungsgeschichte, Ratio und Inhalt der Verfassungsnorm. Erst wenn feststeht, welche Anforderungen Art. 103 Abs. 2 GG stellt, kann beurteilt werden, ob § 13 Abs. 1 StGB diese Voraussetzungen erfüllt.

---

[559] BVerfG NJW 2003, S. 1030 – genannt wird § 163 Abs. 1 StPO i. V. m. § 152 Abs. 2 StPO.

I. Das Bestimmtheitsgebot als Bestandteil des Art. 103 Abs. 2 GG

Nach allgemeiner Ansicht bildet das Bestimmtheitsgebot bzw. der Satz „nulla poena sine lege certa" zusammen mit dem Verbot strafbegründenden oder strafschärfenden Gewohnheitsrechts („nulla poena sine lege scripta"), dem Verbot der strafbegründenden oder strafschärfenden Analogie („nulla poena sine lege stricta") und dem Rückwirkungsverbot („nulla poena sine lege praevia") den Garantieinhalt des Art. 103 Abs. 2 GG[560].

Dabei sind die Einzelgarantien nicht isoliert zu betrachten, sondern spezifisch aufeinander bezogen[561]. So ergibt das an die Judikative gerichtete Analogieverbot nur dann Sinn[562], wenn das der richterlichen Entscheidung zugrunde liegende Gesetz inhaltlich bestimmt und begrenzt ist. Erschöpft sich das Gesetz in dem sog. „Schurkenparagraphen"[563], so läuft auch das Analogieverbot ins Leere. Gleiches gilt für das Rückwirkungsverbot und das Verbot des Gewohnheitsrechts. Ein Gesetz, welches so offen und weit gefasst ist, dass jedes strafwürdige Verhalten darunter subsumiert werden kann, lässt Rückwirkungsprobleme oder ein Bedürfnis nach außergesetzlichem Gewohnheitsrecht nicht entstehen. Insofern kann das an den Gesetzgeber gerichtete[564] Gebot der Tatbestandsbestimmtheit und Strafandrohungs-bestimmtheit durchaus als Kern des Art. 103 Abs. 2 GG bezeichnet werden[565].

Angesichts dieses Befundes ist nicht nachvollziehbar[566], dass Nickel das Bestimmtheitsgebot als nicht in Art. 103 Abs. 2 GG verankert ansieht[567]. Ihm ist

---

[560] BVerfGE 25, 269, 285; 73, 206, 234; 75, 329, 340; AK-GG-Wassermann Art. 103 Rdnr. 47,49, 52, 54; Gropp, AT, § 2 Rdnr. 2; Hassemer, Strafen im Rechtsstaat, S. 13, 18 f.; Jakobs, AT, 4/10; Jescheck/Weigend, AT, S. 128; Kamberger, Garantenstellung; S. 150; Kohlmann, Begriff, S. 149; Krey, FS für Blau, S. 123, 134 f.; ders., Keine Strafe ohne Gesetz, Rdnr. 106; LK-Gribbohm § 1 Rdnr. 1; v. Mangoldt/Klein/Starck-Nolte Art. 103 Rdnr. 97; NK-Hassemer § 1 Rdnr. 13; Roxin, AT 1, § 5 Rdnr. 47 ff.; Schroeder, NJW 1999, S. 89; Schünemann, Nulla poena sine lege, S. 1.

[561] Maunz/Dürig-Schmidt-Aßmann Art. 103 Rdnr. 178; Krey, Keine Strafe ohne Gesetz, Rdnr. 2; zum Zusammenhang zwischen Bestimmtheitsgebot und Analogieverbot auch Sangenstedt, Garantenstellung, S. 69.

[562] Lemmel, Strafbarkeitsvoraussetzungen, S. 22; Ransiek, Gesetz, S. 8 f.; Schürmann, Unterlassungsstrafbarkeit, S. 155.

[563] Vgl. dazu Beling, Lehre vom Verbrechen, S. 22: „Jeder Schurke wird ... bestraft."

[564] Gropp, AT, § 2 Rdnr. 28; Grünwald, ZStW 76, S. 1, 6; Kühl, StV 1987, S. 122, 124; Lenckner, JuS 1968, S. 304, 305; Sangenstedt, Garantenstellung, S. 66.

[565] Maunz/Dürig-Schmidt-Aßmann Art. 103 Abs. 2 Rdnr. 178; ähnlich auch Baumann/Weber/Mitsch, AT, § 9 Rdnr. 6 „Obersatz"; BK-Rüping Art. 103 Abs. 2 Rdnr. 19 „der wichtigste Einzelaspekt"; Duttge, Bestimmtheit, S. 146 „Zentrum"; Krahl, Rechtsprechung, S. 52 „eigentlicher Obersatz"; NK-Hassemer § 1 Rdnr. 15 „Zentrum".

[566] So auch Ransiek, Gesetz, S. 7 f.; Schürmann, Unterlassungsstrafbarkeit, S. 145 f.

zwar zuzugeben, dass im Wortlaut des Art. 103 Abs. 2 GG „gesetzlich bestimmt“ nicht zwingend mehr bedeutet als „gesetzlich angeordnet“[568]. Die Vorschrift insgesamt erscheint jedoch nur sinnvoll, wenn sie auch das Gebot der Tatbestandsbestimmtheit umfasst[569]. Der gleiche Einwand widerlegt auch das weitere Argument von Nickel, man habe bei Schaffung des Art. 103 Abs. 2 GG lediglich die alten rechtsstaatlichen Grundsätze wieder zur Geltung bringen wollen, welche jedoch nicht explizit das Gebot der Tatbestandsbestimmtheit umfasst hätten[570]. Die alten rechtsstaatlichen Grundsätze wurden von Art. 116 WRV[571] gebildet, wobei diese Vorschrift als Garantie der staatbürgerlichen Freiheit und Rechtssicherheit angesehen wurde. Zwar ist richtig, dass die Kommentarliteratur zu Art. 116 WRV sich auf die Hervorhebung des Verbots von Gewohnheitsrecht und Analogie sowie des Rückwirkungsverbots beschränkte[572]. Soweit von Bestimmtheitsanforderungen überhaupt die Rede war, betraf dies lediglich die Bestimmtheit der Strafandrohung, nicht die des Tatbestandes[573]. Zu berücksichtigen ist jedoch, dass nach den obigen Ausführungen in den übrigen Garantien das Bestimmtheitsgebot sinngemäß enthalten sein musste, sofern diese ihre freiheitssichernde Funktion erfüllen können sollten.

II. Geschichtliche Wurzeln des Satzes „nulla poena sine lege“

Der in Art. 103 Abs. 2 GG verankerte Grundsatz „nullum crimen, nulla poena sine lege“ ist ideengeschichtlich betrachtet ein Kind der Aufklärung[574]. Im Allgemeinen werden zwei verschiedene Wurzeln dieses Grundprinzips

---

567 Nickel, Problematik, S. 155 ff.; 161, 172 ff.

568 Nickel, Problematik, S. 159; vgl. dazu auch Ransiek, Gesetz, S. 7. Lemmel, Strafbarkeitsvoraussetzungen, S. 21 weist darauf hin, dass anderenfalls der Wortlaut „gesetzlich bestimmt bestimmt“ lauten müsste.

569 Lemmel, Strafbarkeitsvoraussetzungen, S. 22; Ransiek, Gesetz S. 8 f.; Schürmann, Unterlassungsstrafbarkeit, S. 155.

570 Nickel, Problematik, S. 155 f.; dagegen Ransiek, Gesetz, S. 11.

571 „Eine Handlung kann nur dann mit einer Strafe belegt werden, wenn die Strafbarkeit gesetzlich bestimmt war, bevor die Handlung begangen wurde.“

572 Anschütz Art. 116 Nr. 1 f.; Giese Art. 116 Nr. 3 f.; Gebhard Art. 116 Nr. 3.

573 Nipperdey-Gerland Art. 116 § 2 II 4; vgl. auch aus der strafrechtlichen Literatur Frank, Strafrecht, § 2 II; Olshausen § 2 Rdnr.7.

574 Dreier-Schulze-Fielitz Art. 103 Abs. 2 Rdnr. 1; Jescheck/Weigend, AT, S. 132; Kohlmann, Begriff, S. 168 ff.; Krahl, Rechtsprechung, S. 14 ff., 20 ff.; Krey, Keine Strafe ohne Gesetz, Rdnr. 13; v. Mangoldt/Klein/Starck-Nolte Art. 103 Abs. 2 Rdnr. 99; v. Münch/Kunig-Kunig Art. 103 Rdnr. 16; Paulduro, Verfassungsgemäßheit, S. 360; Roxin, AT 1, § 5 Rdnr. 18; Sax, Grundsätze, S. 909, 992; Seel, Tatbestandsmerkmale, S. 18 ff.; SK-Rudolphi § 1 Rdnr. 2; ausführlich Schreiber, Gesetz und Richter, S. 11, 17, 32 ff.

unterschieden, von denen die eine staatsrechtlicher und die andere strafrechtlicher Natur ist.

1. Staatsrechtliche Wurzel

Staatsrechtlich betrachtet stellt sich das Gesetzlichkeitsprinzip als Bestandteil der auf Montesquieu zurückgehenden Gewaltenteilung[575] im Rahmen eines Staatsvertrages dar[576]: Der Mensch, der im gedachten Naturzustand völlig frei, gleich und souverän war, schloss sich im Gesellschaftsvertrag mit anderen Menschen zu einem Staat zusammen. Er unterwarf sich einer herrschenden Gewalt, um im Gegenzug die im Naturzustand nicht gegebene Sicherung seiner Position bzw. den Schutz seiner Rechtsgüter vor den Mitmenschen zu erhalten. Der Gesellschaftsvertrag führte damit zu einer Konzentration der Macht beim Souverän. Aufgrund der allgemeinen Erkenntnis, dass jeder Mensch, der Macht hat, dazu neigt, sie zu missbrauchen[577], verteilte Montesquieu die staatsrechtliche Gewalt auf die verschiedenen Zweige Legislative, Exekutive und Judikative. Durch diese Begrenzung sollte eine willkürliche Machtausübung weitestgehend verhindert werden. Die Judikative als rechtsprechende Gewalt sollte dabei nichts anderes sein als „la bouche qui prononce les paroles de la loi“[578], sie war streng an den Buchstaben des Gesetzes gebunden. Dieses System kann nur funktionieren, wenn das Gesetz seinerseits so bestimmt ist, dass es ohne jede Zweifelsfrage auf alle tatsächlichen Fallgestaltungen angewendet werden kann.

Grundgedanke der staatsrechtlichen Wurzel war demnach die Überzeugung von der Notwendigkeit der Begrenzung staatlicher Gewalt. Die Bindung der Exekutive und Judikative an das gesetzte Recht sollte die Freiheit des Einzelnen gewährleisten; das Gesetz wurde zum Garanten bürgerlicher Freiheit.

2. Strafrechtliche Wurzel

Die strafrechtliche Wurzel des Satzes „nulla poena sine lege“ wurde von Feuerbach begründet[579]. Ausgangspunkt seiner Theorie war die These, dass es

[575] Montesquieu, Vom Geist der Gesetze, Buch XI, 6. Kapitel.
[576] Vgl. hierzu Krahl, Rechtsprechung, S. 14 ff.; Schreiber, Gesetz und Richter, S. 32 ff.; Schünemann, Nulla poena sine lege, S. 1.
[577] Montesquieu, Vom Geist der Gesetze, Buch XI, 4. Kapitel.
[578] Montesquieu, De l'Esprit des lois, Livre XI, Chapitre 6, dort findet sich auch die Aussage: „Des trois puissances dont nous avons parlé, celle de juger est, en quelque façon, nulle.“
[579] Feuerbach, Revision I, S. 43 ff.; ders., Lehrbuch, §§ 9 ff.; vgl. hierzu Dietmeier, Blankettstrafrecht, S. 107 f.; Ehret, Gesetzlichkeitsprinzip, S. 35 ff.; Schreiber, Gesetz und Richter, S. 102 ff.; Schünemann, Nulla poena sine lege, S. 11 ff.; Seel, Tatbestandsmerkmale, S. 20 f.

die primäre Aufgabe des Staates sei, Rechtsverletzungen seiner Bürger zu verhindern[580]. Erforderlich hierfür sei, einen potentiellen Straftäter psychologisch[581] von der Begehung einer Straftat abzuhalten: Der Mensch strebe von Natur aus stets die Befriedigung seiner Lust und Bedürfnisse an. Die Triebfeder einer strafrechtlichen Handlung sei daher die Lust an ihr selbst bzw. dem von ihr vorgebrachten Ergebnis. Werde nun aber mit einer Straftat ein Nachteil in Form einer Strafe verbunden, die mehr Unlust erwarten lasse als die Tat an Lust verspreche, so werde der sinnliche Anreiz, die Tat zu begehen, aufgehoben. „Die Uebertretungen werden daher verhindert, wenn jeder Bürger gewiß weis, daß auf die Uebertretungen ein groeßeres Uebel folgen werde, als dasjenige ist, welches aus der Nichtbefriedigung des Bedürfnisses nach der Handlung ... entspringt“[582].

Dieser Mechanismus des psychologischen Zwangs setzt voraus, dass der Bürger als potentieller Straftäter die negativen Folgen einer Straftat kennt. Erforderlich ist damit ein Gesetz, das dem Bürger die Konsequenzen hinreichend klar vor Augen führt[583]. „Die Bestimmtheit der gesetzlichen Voraussetzungen ist die Grundbedingung jeder Gesetzgebung, weil sie die Grundbedingung aller Gewisheit ist“[584]. Der Zweck der Strafe besteht nach dieser Ansicht darin, die Ernsthaftigkeit der im Gesetz enthaltenen Strafandrohung zu bestätigen, um so die Abschreckungswirkung zu erhöhen[585]. Daraus folgt umgekehrt, dass eine Bestrafung ohne vor der Tat erfolgte gesetzliche Androhung widersinnig ist, weil damit die Abschreckungswirkung eines Strafgesetzes nicht beeinflusst wird[586]. So kommt Feuerbach zu seiner Formulierung „nulla poena sine lege“[587].

III. Ratio des Art. 103 Abs. 2 GG

Die soeben dargestellten geschichtlichen Wurzeln spielen auch in der heutigen Interpretation[588] des Art. 103 Abs. 2 GG eine Rolle.

---

580 Feuerbach, Lehrbuch, § 9; ders., Revision I, S. 39; vgl. dazu auch oben Teil 3, I.; S. 76.
581 Feuerbach, Lehrbuch, § 12.
582 Feuerbach, Revision I, S. 45 f. vgl. auch ders., Lehrbuch, §§ 13, 85.
583 Feuerbach, Lehrbuch, § 14; ders., Revision I, S. 49.
584 Feuerbach, Kritik III, S. 11.
585 Feuerbach, Lehrbuch, § 16.
586 Vgl. Feuerbach, Revision II, S. 41.
587 Feuerbach, Lehrbuch, § 20.
588 Vgl. hierzu ausführlich Kamberger, Garantenstellung, S. 158 ff.; Krey, Studien, S. 206 ff.; Lemmel, Strafbarkeitsvoraussetzungen, S. 74 ff.; Paulduro, Verfassungsgemäßheit, S. 361.

1. Rechtsstaatlichkeit

So wird in der Rechtsprechung[589] und zumeist auch in der Literatur[590] vertreten, alleiniger oder zumindest mittragender Zweck des Art. 103 Abs. 2 GG sei die Gewährleistung von Rechtsstaatlichkeit. Der Einzelne soll staatliche Strafreaktionen voraussehen und berechnen können, Ziel seien Rechtssicherheit und Vertrauensschutz als konstituierende Elemente des Rechtsstaatsprinzips. In die gleiche Richtung geht die These, präzise normierte Tatbestände gewährleisteten die Gleichheit vor dem Gesetz[591]. Insgesamt teilt die moderne Interpretation die in der Entstehungszeit vorherrschende Besorgnis vor staatlicher Willkür. Das Gesetz wird auch hier als Mittel der Sicherung staatsbürgerlicher Freiheit angesehen[592].

Hiergegen wird eingewendet, dass das Gesetz diese Aufgabe schon deshalb nicht erfüllen könne, weil kein Bürger die Tatbestände des Strafgesetzbuchs lese und kenne; Vorhersehbarkeit und Berechenbarkeit würden nicht über das Informationsmedium des Tatbestandes erreicht, sondern viel eher z. B. durch die Massenmedien[593]. Dieser tatsächliche Befund mag zwar in der Realität zutreffend sein. Dennoch ist der daraus gezogenen Schlussfolgerung nicht zuzustimmen[594]. Zuverlässige Grundlage für die Berechenbarkeit staatlichen Verhaltens ist nicht irgend eine u. U. fehlerhafte Information durch Dritte,

---

589 BVerfGE 26, 41,42; 28, 175, 183; 37, 201, 207; 41, 314, 319; 45, 346, 351; 45, 363, 370; 47, 109, 120; 48, 48, 56; 57, 250, 262; 64, 389, 393 f.; 71, 108, 114; 73, 206, 234; 75, 329, 341; 78, 374, 382; 81, 298, 309; 82, 236, 269; 85, 69, 73; 92, 1, 12; 95, 96, 130 f.; 96, 68, 97; 105, 135, 153; BVerfG NJW 2001, S. 1030; BGHSt 18, 136, 140; 23, 40, 41; 23, 167, 171; 28, 72, 73 f.; 28, 312, 313.

590 AK-GG-Wassermann Art. 103 Rdnr. 44; Albrecht, Garantenstellungen, S. 143 ff.; BK-Rüping Art. 103 Abs. 2 Rdnr. 140, 102; Dietmeier, Blankettstrafrecht, S. 97 ff.; Erb, ZStW 108, S. 266, 274 ff.; Heintschel v. Heinegg/Pallas, Grundrechte, Rdnr. 538; Ipsen, Staatsrecht 2, Rdnr. 869; Jarass/Pieroth Art. 103 Rdnr. 40; Kohlmann, Begriff, S. 248 ff.; Krey, FS für Blau, S. 123, 130 ff.; ders., Keine Strafe ohne Gesetz, Rdnr. 138 f.; ders., Studien, S. 206; Kühl, StV 1987, S. 122, 124; Lenckner, JuS 1968, S. 304; v. Mangoldt/Klein/Starck-Nolte Art. 103 Rdnr. 102, 140; Maunz/Dürig-Schmidt-Aßmann Art. 103 Rdnr. 166, 179; MüKo-StGB-Schmitz § 1 Rdnr. 8; v. Münch/Kunig-Kunig Art. 103 Rdnr. 17; Paulduro, Verfassungsgemäßheit, S. 361; Sachs-Degenhart Art. 103 Rdnr. 49; Sangenstedt, Garantenstellung, S. 88; Sax, Grundsätze, S. 909, 997 f.; Schreiber, Gesetz und Richter, S. 213 ff.; Schroeder, NJW 1999, S. 89; Sch/Sch-Eser § 1 Rdnr. 17; Schürmann, Unterlassungsstrafbarkeit, S. 172; Seebode, FS für Spendel, S. 317, 321; Volkmann, ZRP 1995, S. 220, 222; Wolter, NStZ 1986, S. 241, 245.

591 Krahl, Rechtsprechung, S. 26 f.

592 Krahl, Rechtsprechung, S. 12, 22 ff.; Maunz/Dürig-Schmidt-Aßmann Art. 103 Abs. 2 Rdnr. 179; MüKo-StGB-Schmitz § 1 Rdnr. 9; Naucke, Betrug, S. 188.

593 Lemmel, Strafbarkeitsvoraussetzungen, S. 78; Ransiek, Gesetz, S. 13 ff.; 19 ff.

594 Vgl. dazu Dietmeier, Blankettstrafrecht, S. 99 f.; Simon, Gesetzesauslegung, S. 101.

sondern die Information durch die staatlichen Organe selbst[595]. Diese erfolgt durch die nach Art. 82 Abs. 1 GG im Bundesgesetzblatt zu verkündenden[596] und im Rechtsalltag angewendeten Gesetze selbst. Wer jene nicht kennt, geht das Risiko ein, sie zu verletzen und die daraus folgenden Konsequenzen tragen zu müssen. Dem idealen – wenn auch nur gedachten – Staatsbürger muss es möglich sein, sich allein anhand der von den Staatsorganen getätigten Kundgebungen über die Risiken seines Verhaltens zu informieren.

Als weiterer Kritikpunkt gegen die Rechtsstaatlichkeit bzw. die Rechtssicherheit als Zweck des Art. 103 Abs. 2 GG wird angeführt, das Vertrauen des Rechtsbrechers auf das geschriebene Gesetz sei insoweit nicht schutzwürdig[597]. Auch diese Kritik vermag nicht zu überzeugen, da Art. 103 Abs. 2 GG gerade erst dazu dienen soll, einen Rechtsbrecher in rechtsstaatlicher Weise festzustellen: Nur wer Recht i. S. d. Art. 103 Abs. 2 GG bricht, darf als Rechtsbrecher bezeichnet werden.

2. Gewaltenteilung und Demokratieprinzip

Eine Fortwirkung der historischen Ursprünge zeigt sich gerade auch im Bereich des Staatsrechts. Die Gewaltenteilung wird – z. T. in Kombination mit dem Demokratieprinzip – vielfach als alleiniger oder neben dem Rechtsstaatsprinzip zum Tragen kommender Sinngehalt des Art. 103 Abs. 2 GG bezeichnet[598]. Das Grundgesetz überträgt die Aufgabe der Rechtsetzung dem parlamentarischen Gesetzgeber als dem einzig unmittelbar demokratisch legitimierten Organ. Der

---

[595] Vgl. BK-Maurer Art. 82 Rdnr. 93, der anerkennt, dass die Berichterstattung über Rechtsnormen in Presse und Fernsehen im öffentlichen Interesse liegt, aber dennoch betont, dass allein das Bundesgesetzblatt die maßgebliche Grundlage darstellt, weil nur das, was dort steht, auch verbindlich ist.

[596] Die Vorschrift gewährleistet die rechtsstaatlich erforderliche Publizität von Rechtsnormen, vgl. BVerfGE 65, 283, 291; AK-GG-Ramsauer Art. 82 Rdnr. 25; BK-Maurer Art. 82 Rdnr. 88 f.; Sachs-Lücke Art. 82 Rdnr. 1.

[597] Vgl. Grünwald, ZStW 76, S. 1, 12 f.

[598] In der Rechtsprechung des Bundesverfassungsgerichts anerkannt seit BVerfGE 47, 109, 120; vgl. BVerfGE 71, 108, 114; 73, 206, 235; 75, 329, 341; 78, 374, 382; 81, 298, 309; 85, 69, 73; 92, 1, 12; 95, 96, 131; 105, 135, 153; aus der Literatur Dietmeier, Blankettstrafrecht, S. 104 ff.; Dreier-Schulze-Fielitz Art. 103 Abs. 2 Rdnr. 17; Erb, ZStW 108, S. 266, 277; Geitmann, Bundesverfassungsgericht, S. 72, 164; Gropp, AT, § 2 Rdnr. 6; Grünwald, ZStW 76, S. 14 ff.; Krahl, Rechtsprechung, S. 22 ff.; Krey, FS für Blau, S. 123, 130 ff.; Kühl, StV 1987, S. 122, 124; Mangakis, ZStW 81, S. 997, 1003; v. Mangoldt/Klein/Starck-Nolte Art. 103 Rdnr. 140; Maunz/Dürig-Schmidt-Aßmann Art. 103 Rdnr. 166, 180; v. Münch/Kunig-Kunig Art. 103 Rdnr. 17; Ransiek, Gesetz, S. 40 ff.; Roxin, AT 1, § 5 Rdnr. 20; Sangenstedt, Garantenstellung, S. 88 f.; Sch/Sch-Eser § 1 Rdnr. 1 a; Schürmann, Unterlassungsstrafbarkeit, S. 172; Seebode, FS für Spendel, S. 317, 321; Volkmann, ZRP 1995, S. 220, 222; Wolter, NStZ 1986, S. 241, 245.

Gesetzgeber ist verpflichtet, dieser Aufgabe nachzukommen. Er darf sich nicht durch unpräzise Strafgesetze aus der Verantwortung stehlen. Unbestimmte Strafgesetze ermöglichen dem Richter als Teil der rechtsprechenden Gewalt nämlich eine Rechtsschöpfung im Gewande der Rechtsanwendung. Mangels konkreter gesetzlicher Vorgaben entscheidet der Richter anhand anderer, nicht vom Gesetzgeber legitimierter Kriterien.

Uneinigkeit herrscht im Rahmen dieser Ansicht über die Frage, ob auch das Rückwirkungsverbot als Ausfluss der genannten Grundsätze verstanden werden kann. Dabei wird überwiegend betont, dass das Rückwirkungsverbot per se undemokratisch sei, weil es die Macht des Gesetzgebers als dem einzig unmittelbar legitimierten Organ begrenze[599]. Sieht man den Schwerpunkt des Begründungsansatzes daher im Demokratieprinzip, so scheidet eine Legitimierung des Rückwirkungsverbots aus. Stellt man dagegen primär auf den gewaltenteilenden Aspekt ab, so soll nach Schünemann[600] das Rückwirkungsverbot gerechtfertigt sein: Das Rückwirkungsverbot verhindere ein Übergreifen des Gesetzgebers auf das Gebiet der Justiz. Ein solches Übergreifen wäre möglich, indem das Parlament anlässlich eines konkreten Einzelfalls zur gezielten Sonderbehandlung ein rückwirkendes Gesetz schaffe und damit faktisch die der Judikative obliegende Einzelfallbeurteilung übernehme. Gegen diese Ansicht spricht jedoch[601], dass ein Verbot unter Gewaltenteilungsaspekten nur dann Sinn ergibt, wenn der einen Gewalt verboten wird, in den Bereich der anderen Gewalt einzugreifen. Anders formuliert: Das Rückwirkungsverbot könnte nur dann Ausfluss des Gewaltenteilungsprinzips sein, wenn es dem Gesetzgeber die Rückwirkung untersagt, um sie der Rechtsprechung zu ermöglichen. Dies ist aber gerade nicht der Fall, auch die Judikative ist an das Rückwirkungsverbot gebunden. Daraus folgt, dass das Rückwirkungsverbot nicht unter Rückgriff auf die Gewaltenteilung begründet werden kann. Letztlich kann dieser Streit allerdings offen bleiben. Da es nicht zwingend erforderlich ist, dass alle Einzelgarantien des Art. 103 Abs. 2 GG den gleichen Zweck verfolgen, können für das Rückwirkungsverbot durchaus andere Sinndeutungen vertreten werden als beispielsweise für das Bestimmtheitsgebot[602].

---

[599] Dietmeier, Blankettstrafrecht, S. 106; Jakobs, AT, 4/5; Krahl, Rechtsprechung, S. 41; Lemmel, Strafbarkeitsvoraussetzungen, S. 81 ff.; Ransiek, Gesetz, S. 40 ff.; Schreiber, Gesetz und Richter, S. 219. Es fehlt allerdings eine Auseinandersetzung mit der Tatsache, dass der das Rückwirkungsverbot postulierende Verfassungsgeber durchaus demokratisch legitimiert sein kann. Zuzugeben ist aber, dass das Rückwirkungsverbot die Demokratie nicht fördert, letztere also auch nicht Sinn und Zweck des Rückwirkungsverbots bilden kann.

[600] Schünemann, Nulla poena sine lege, S. 24.

[601] Vgl. Schreiber, Gesetz und Richter, S. 219.

[602] So auch Krey, Keine Strafe ohne Gesetz, Rdnr. 1; Ransiek, Gesetz, S. 40; a. A. Lemmel, Strafbarkeitsvoraussetzungen, S. 81 ff., der ohne Erläuterung davon ausgeht, die Trennung der verschiedenen Garantieinhalte im Hinblick auf ihre Sinndeutung müsse begründet werden.

Doch nicht nur in diesem Einzelpunkt, sondern auch im Grundsatz wird das auf die Gewaltenteilung bzw. das Demokratieprinzip gestützte Verständnis des Art. 103 Abs. 2 GG kritisiert. Es wird geltend gemacht, dass nicht nachvollziehbar sei, warum eine grundrechtsgleiche Norm bzw. ein Justizgrundrecht dazu dienen soll, spezifisch staatsrechtliche Kompetenzbereiche abzugrenzen. Dies gelte insbesondere, da sich das Prinzip der Gewaltenteilung und die Beschränkung der Gerichte auf die Rechtsanwendung bereits aus Art. 20 Abs. 3, 97 GG ergebe. Die Sicherung der Gewaltenteilung sei insofern nicht Inhalt des Art. 103 Abs. 2 GG, sondern lediglich ein Rechtsreflex[603].

Diese Kritik erscheint im Hinblick auf die historische Entwicklung wenig überzeugend, da der in Art. 103 Abs. 2 GG niedergelegte Grundsatz „nulla poena sine lege" – wie oben dargestellt wurde – auch eine staatsrechtliche Wurzel hat.

Zudem ist in der Grundrechtsdogmatik heute allgemein anerkannt, dass Grundrechte nicht nur subjektive Rechtspositionen enthalten, sondern auch objektive Elemente[604]. Diese Möglichkeit objektiver Inhalte besteht auch bei Art. 103 Abs. 2 GG[605] unabhängig davon, ob die Vorschrift als Justizgrundrecht oder als den Grundrechten gleichstehendes grundrechtsgleiches Recht[606] qualifiziert wird. So heißt es bei Ipsen[607]: „Der Grundsatz nulla poena sine lege ist zum einen ein Satz des objektiven Verfassungsrechts, räumt den

---

603 Simon, Gesetzesauslegung, S. 109, insbesondere FN 250.

604 Vgl. Dreier – Dreier Vorb. Rdnr. 94 ff.; Ipsen, Staatsrecht II, Rdnr. 85.

605 BK-Rüping Art. 103 Abs. 2 Rdnr. 15; Jarass/Pieroth-Pieroth Art. 103 Rdnr. 43; v. Mangoldt/Klein/Starck Art. 103 Rdnr. 103.

606 Die Bezeichnung grundrechtsgleiches Recht wählen BVerfGE 85, 69, 72; Jarass/Pieroth-Pieroth Art. 103 Rdnr. 40; Pieroth/Schlink, Staatsrecht II, Rdnr. 1084; Sachs-Degenhart Art. 103 Rdnr. 51; dagegen verwenden BK-Rüping Art. 103 Abs. 2 Rdnr. 15; Heintschel v. Heinegg/Pallas, Grundrechte, Rdnr. 538; v. Mangoldt/Klein/Starck-Nolte Art. 103 Rdnr. 103; v. Münch/Kunig-Kunig Art. 103 Rdnr. 1 die Bezeichnung Prozessgrundrecht oder Grundrecht. Dreier – Schulze-Fielitz Art. 103 Abs. 2 Rdnr. 14 und v. Mangoldt/Klein/ Starck-Nolte Art. 103 Rdnr. 103 weisen allerdings darauf hin, dass die Bezeichnung Prozessgrundrecht zumindest widersprüchlich sei, da sich die Vorschrift nicht allein auf das gerichtliche Verfahren beziehe. Beschränkt man den Begriff der Grundrechte wegen der Formulierung in Art. 1 Abs. 2 GG und der Überschrift des ersten Abschnitts des Grundgesetzes auf die in Art. 1-19 GG bezeichneten Rechte und bezeichnet die materiell mit den Grundrechten gleichstehenden, aber an anderer Stelle geregelten Garantien als grundrechtsgleiche Rechte (so Dreier – Dreier Vorb Rdnr. 63; Pieroth/Schlink, Staatsrecht II, Rdnr. 50 f.), dann ist Art. 103 Abs. 2 GG als grundrechtsgleiches Recht anzusehen. Materiell betrachtet stellen damit die grundrechtsgleichen Rechte auch Grundrechte dar, so dass sich eine weitere Erörterung erübrigt.

607 Ipsen, Staatsrecht II, Rdnr. 878.

Grundrechtsträgern aber zum anderen ein Abwehrrecht ein, mit dessen Hilfe Bestrafungen verhindert werden können."

Im Ergebnis ist die dargestellte Kontroverse weitgehend irrelevant. Selbst wenn das Gewaltenteilungsprinzip nicht in Art. 103 Abs. 2 GG verankert sein sollte, wäre ein dieses Prinzip missachtendes Strafgesetz wegen Verstoßes gegen Art. 20 Abs. 3 GG, 97 Abs. 1 GG verfassungswidrig. Auch im Rahmen einer auf die Grundrechte des Art. 1 bis 19 GG gestützten Verfassungsbeschwerde ist zu prüfen, ob eine dem Gesetzesvorbehalt genügende und formell sowie materiell ordnungsgemäße Schranke vorhanden ist. Dies wäre bei einer gegen das Gewaltenteilungsprinzip als Bestandteil des Rechtsstaats[608] verstoßenden Vorschrift nicht der Fall.

Somit reduziert sich der obige Diskussionspunkt in seiner faktischen Auswirkung allenfalls auf die Frage, ob Art. 103 Abs. 2 GG im Vergleich zu anderen strukturgleichen Garantien des Grundgesetzes eine höhere Garantiedichte aufweist – ein Problem, das sich auch im Verhältnis zum Rechtsstaatsprinzip mit den Subgarantien des Vertrauensschutzes und der Gesetzesbestimmtheit[609] stellt. Die Frage ist im Grundsatz zu bejahen[610]: Art. 103 Abs. 2 GG ist in seinem Anwendungsbereich, dem Strafrecht, die speziellere Gewährleistung und sichert den Gewährleistungsinhalt daher vor den weitgehenden Relativierungen, die mit den allgemeinen Lehren verbunden sind. Diese höhere Garantiedichte erstreckt sich aber im Wege des Reflexes auch auf den Bereich der Gewaltenteilung, selbst wenn diese nicht Bestandteil des Art. 103 Abs. 2 GG ist. Denn wenn das Bestimmtheitsgebot des Art. 103 Abs. 2 GG ein höheres Maß an tatbestandlicher Präzision erfordert, als es im normalen Bereich der Gesetzgebung verlangt werden kann, dann folgt daraus im Zusammenhang mit dem Parlamentsvorbehalt bei grundrechtswesentlichen Eingriffen[611] und mit Art. 104 Abs. 1 GG eine gesteigerte Notwendigkeit gerade gesetzgeberischer Aktivität.

---

[608] Vgl. nur Dreier – Schulze-Fielitz Art. 20 Rdnr. 37; v. Münch/Kunig-Schnapp Art. 20 Rdnr. 27; Sachs-Sachs Art. 20 Rdnr. 77.

[609] Vgl. nur Dreier – Schulze-Fielitz Art. 20 Rdnr. 37; v. Münch/Kunig-Schnapp Art. 20 Rdnr. 29; Sachs-Sachs Art. 20 Rdnr. 122 ff.

[610] v. Mangoldt/Klein/Starck-Nolte Art. 103 Rdnr. 138, 165; Maunz/Dürig-Schmidt-Aßmann Art. 103 Abs. 2 Rdnr. 167; speziell zum Bestimmtheitsgebot auch Bleckmann, Staatsrecht II, § 41 Rdnr. 24; v. Münch/Kunig-Kunig Art, 103 Rdnr. 27; vgl auch die Formulierung in BVerfGE 95, 96, 131.

[611] Vgl. BVerfGE 33, 303, 346; 34, 165, 192 f.; 40, 237, 248 ff.; 41, 251, 259 ff.; 45, 46, 78 f.; 48, 210, 221; 49, 89, 126; 83, 130, 142 – dass die staatliche Bestrafung einen wesentlichen Eingriff in die Grundrechte des Bürgers bedeutet, bedarf keiner näheren Erläuterung.

3. Generalprävention

Wesentlich weniger häufig als die beiden erstgenannten Ansichten findet sich heute eine Anlehnung an die spezifisch strafrechtliche Wurzel des Art. 103 Abs. 2 GG. Es wird jedoch von einigen Stimmen immer noch vertreten, dass auch die Generalprävention zu den Zwecken des Bestimmtheitsgrundsatzes gehört[612]. Daran ist mit Sicherheit Folgendes richtig: Die Abschreckung als negative Generalprävention setzt voraus, dass für den Einzelnen erkennbar ist, welches Verhalten er zu unterlassen hat[613]. Diese Erkennbarkeit kann – wie oben ausgeführt – am besten durch das Gesetz selbst gewährleistet werden.

4. Schuldprinzip

Ein nicht auf die tradierten Inhaltsmodelle zurückgreifender Ansatz sieht in Art. 103 Abs. 2 GG eine Ausprägung des Schuldprinzips[614]. Strafrechtlicher Zwang sei mit der persönlichen Freiheit und Menschenwürde nur zu vereinbaren, wenn der strafrechtliche Schuldvorwurf auf einer bewussten oder vorwerfbar unbewussten Fehlentscheidung des Individuums zur Verwirklichung tatbestandsspezifischen Unrechts beruhe. Dies setze voraus, dass ein das Unrecht spezifizierendes Strafgesetz im Zeitpunkt der Entscheidung tatsächlich vorhanden gewesen sei.

Diesem Ansatz wird zu Recht entgegengehalten, dass Anknüpfungspunkt für den Schuldvorwurf nicht das Strafgesetz ist, sondern allein das Verbot der betreffenden Handlung[615]. Der Täter muss nur wissen, dass sein Verhalten rechtlich verboten und seine Tat damit Unrecht ist. Er braucht keine Kenntnis von dem sie unter Strafe stellenden Tatbestand bzw. von der Strafbarkeit der Tat zu haben[616].

---

612 Krahl, Rechsprechung, S. 22 ff; Naucke, Betrug, S. 188; Roxin, AT 1, § 5 Rdnr. 22; Seebode, FS für Spendel, S. 317, 321.
613 Vgl. NK-Hassemer § 1 Rdnr. 7.
614 BVerfGE 25, 269, 285; 95, 96, 131; Baumann/Weber/Mitsch, AT, § 9 Rdnr. 24; Ipsen, Staatsrecht II, Rdnr. 869; v. Münch/Kunig-Kunig Art. 103 Rdnr. 17; Roxin, AT 1, § 5 Rdnr. 24 f.; ders. MschrKrim 1973, S. 316, 317; Sax, Grundsätze, S. 909, 998 f.
615 Albrecht, Garantenstellungen, S. 143; Dietmeier, Blankettstrafrecht, S. 111; Geitmann, Bundesverfassungsgericht, S. 72; Grünwald, ZStW 76, S. 1, 10 ff.; Schünemann, Nulla poena sine lege, S. 15.
616 BGHSt 2, 194, 196, 202; LK-Schroeder § 17 Rdnr. 5; Roxin, AT 1, § 21 Rdnr. 13; Sch/Sch-Cramer § 17 Rdnr. 5. Hätte der Gesetzgeber das Wissen, gegen eine Strafvorschrift zu verstoßen, für notwendig erachtet, hätte er statt „Einsicht, Unrecht zu tun" die Formulierung „Einsicht, sich strafbar zu machen" wählen müssen.

5. Menschenwürde

Vereinzelt wird auch die Menschenwürde als Grundlage des Bestimmtheitsgrundsatzes angesehen[617]. Dieser Ansicht ist jedoch mit Zurückhaltung zu begegnen: Die Menschenwürde ist zugleich Grundrecht und oberster Verfassungsgrundsatz. Sie wird für die einzelnen zahlreichen Lebensbereiche durch die Einzelgrundrechte konkretisiert und ausgeformt[618]. Der Schutz des Einzelgrundrechts geht dabei weiter als der in ihm verborgene Menschenwürdegehalt; zudem enthalten die Einzelgrundrechte bestimmte Eingriffsvorbehalte, die es bei der Menschenwürde allein nicht gibt. In den jeweiligen Sachzusammenhängen gilt daher zunächst das jeweilige Einzelgrundrecht als lex specialis[619]. Nur so kann verhindert werden, dass die Menschenwürde zum „Standardargument" wird und letztlich jede Entscheidung auf eine Abwägung verschiedener Menschenwürde-Bereiche hinausläuft.

Gleiches gilt auch für Art. 103 Abs. 2 GG als Justizgrundrecht bzw. grundrechtsgleiches Recht. Die Vorschrift dient ohne Zweifel auch dem Schutz der Menschenwürde – schon allein deshalb, weil sie eine Ausprägung des Rechtsstaatsprinzips ist. Die Menschenwürde allerdings als expliziten Schutzweck der Norm anzusehen, ist eine sehr verallgemeinernde und spezifische Unterscheidungen nicht mehr ermöglichende Aussage.

6. Zusammenfassende Beurteilung

Zusammenfassend lässt sich festhalten, dass Art. 103 Abs. 2 GG nach heutigem Verständnis der Gewährleistung von Rechtsstaatlichkeit gerade auch für den Einzelnen sowie der Sicherung der Gewaltenteilung und der Generalprävention dient. Der Gesetzgeber muss demnach Gesetze erlassen, die es dem Bürger ermöglichen, staatliche Strafsanktionen sicher vorherzusehen und sein Verhalten danach einzurichten. Die Rechtsprechung ist korrespondierend dazu auf die Rechtsanwendung beschränkt und darf die vom Gesetzgeber fixierten Grenzen des Gesetzes nicht überschreiten.

---

617 Vgl. dazu die Argumentation des vorlegenden Gerichts in BayVGH nF Band 4, II, S. 194, 197.

618 BVerfGE 93, 266, 293; Bleckmann, Staatsrecht II, § 21 Rdnr. 1; Heintschel v. Heinegg/Pallas, Grundrechte, Rdnr. 180; Pieroth/Schlink, Staatsrecht II, Rdnr. 352; kritisch Dreier – Dreier Art. 1 Rdnr. 162 ff.; der von einem „Fundierungsverhältnis" spricht.

619 V. Münch, Staatsrecht II, Rdnr. 302.

IV. Absolute oder relative Bestimmtheit?

Die soeben gewonnene Erkenntnis über die Ratio des Art. 103 Abs. 2 GG muss nunmehr näher konkretisiert werden, um als Maßstab für die Beurteilung von Rechtsnormen dienen zu können. Dabei stellt sich zunächst die Frage, ob Rechtsstaatlichkeit, Gewaltenteilung und Generalprävention absolute Bestimmtheit erfordern oder ob gegebenenfalls und aus welchen Gründen Relativierungen zulässig sind.

„Wer seinen schlafenden Ehepartner durch einen Messerstich in die Brust tötet, wird mit lebenslanger Freiheitsstrafe bestraft." „Wer seinem Nachbarn die Reifen am Auto zersticht, muss pro zerstochenem Reifen eine Geldstrafe von 50 Euro zahlen". „Wer in einem Juweliergeschäft einen goldenen Ring im Wert von 5000 Euro unbemerkt einsteckt und das Geschäft verlässt, ohne den Ring zu bezahlen, wird mit Freiheitsstrafe von einem Jahr und 3 Monaten bestraft, wenn er in der Absicht handelte, den Ring für sich zu behalten, ihn zu verkaufen, einzutauschen oder zu verschenken."

Es bedarf keiner näheren Erläuterung, dass diese Beispiele ein Höchstmaß von Bestimmtheit aufweisen – sieht man einmal davon ab, dass sie nur konkrete Delikte umschreiben und allgemeinere Fragen wie Vorsatz, Rechtfertigungsgründe und Schuld nicht erfassen. Die Zwecke des Bestimmtheitsgrundsatzes werden in geradezu idealer Weise erreicht. Der Bürger weiß genau, für welches Verhalten er welche Strafe erwarten muss. Die Strafbarkeit und die Strafe selbst sind allein vom Gesetzgeber festgelegt, der Richter fungiert nur als „Subsumtionsautomat"[620]. Andererseits ist zumindest dem juristisch geschulten Betrachter klar, dass derartig formulierte Gesetze nicht „des Rätsels Lösung" sein können. Im Folgenden soll versucht werden, diese zumeist spontane Ablehnung einer absoluten Bestimmtheit näher zu erläutern und die teils unbewussten Vorbehalte zu verbalisieren und näher zu betrachten.

1. Vagheit und Porosität der Sprache

Das erste Problem, das einer absoluten Bestimmtheit entgegensteht, liegt in der Sprache an sich. Die Gesetze bestehen aus Sprache, Sprache ist das Medium der Übermittlung des Bedeutungsgehalts einer Norm[621]. Der sprachlichen Exaktheit sind aber immanente Grenzen gesetzt: Eine absolute Bestimmtheit von Sprachzeichen existiert – abgesehen von Zahlbegriffen oder mathematisch-

[620] Der Begriff stammt von Küper, Richteridee, S. 49.
[621] Vgl. zum Zusammenhang von Sprache und Recht Hassemer, Strafen im Rechtsstaat, S. 13; Kirchhof, Bestimmtheit, S. 6 ff.

naturwissenschaftlichen Formeln – nicht[622]. Die natürliche Sprache ist gekennzeichnet durch eine ontologisch unauflösbare und unbehebbare Vagheit und Porosität[623].

Dies zeigt sich in erster Linie bei den sog. normativen, d. h. wertabhängigen[624] Tatbestandsmerkmalen wie beispielsweise „Fremdheit“ oder „zumutbar“. Aber auch die deskripiven, d. h. beschreibenden[625] Tatbestandsmerkmale sind sprachlich nicht immer eindeutig, sondern zumindest in den Rändern unscharf[626]. So wird zu Recht darauf hingewiesen, dass selbst bei einem scheinbar eindeutigen deskriptiven Begriff wie „Mensch“ durchaus unklar ist, wann das Menschsein zeitlich beginnt und endet[627]: „Ob jemand noch ein Mensch oder schon ein Leichnam ist, wenn sein Hirn erloschen ist, der Kreislauf aber noch funktioniert, oder ob jemand beim Einsetzen der Geburtswehen in einem bestimmten Zeitpunkt noch ein Embryo oder schon ein Mensch ist, ist durch den Gesetzeswortlaut nicht exakt vorgezeichnet“[628]. In den oben genannten Beispielstatbeständen kann etwa der Begriff Juweliergeschäft zu Problemen führen. Es bedarf beispielsweise der Erörterung, ob auch eine Schmuckabteilung in einem Kaufhaus als Juweliergeschäft bezeichnet werden kann.

Sprachtheoretisch ist damit klar, dass ein eindeutiges Gesetz gar nicht geleistet werden kann[629]. Vielmehr bedarf jede Rechtsnorm – wenn auch in

---

[622] MüKo-StGB-Schmitz § 1 Rdnr. 40; NK-Hassemer § 1 Rdnr. 20; Ransiek, Gesetz, S. 4 f.; Roxin, AT 1, § 5 Rdnr. 27; Schreiber, Gesetz und Richter, S. 224; Schroeder, JZ 1969, S. 775, 777.

[623] Schreiber, Gesetz und Richter, S. 229; Schünemann, FS für Klug, S. 169, 170; vgl. Duttge, Bestimmtheit, S. 177 f.; Krey, Studien, S. 58 f.; Kühl, StV 1987, S. 122, 125; Larenz/Canaris, Methodenlehre, S. 141, 163 f., Rüthers, Rechtstheorie, Rdnr. 164 ff.; Stächelin, Strafgesetzgebung, S. 213; zur näheren Erläuterung der Begriffe Vagheit und Porosität vgl. NK-Hassemer § 1 Rdnr. 35 ff.: Vagheit bedeutet, dass es mindestens ein Phänomen der Wirklichkeit gibt, das dem zu beurteilenden Begriff weder sicher zugeordnet, noch sicher aus ihm eliminiert werden kann. Porosität kennzeichnet dagegen das Eintreten der Vagheit mit Fortschreiten des sozialen Wandels, beinhaltet also eine zeitliche Dimension.

[624] Vgl. Jescheck/Weigend, AT, S. 130; Lenckner, JuS 1968, S. 249; Wessels/Beulke, AT, Rdnr. 132.

[625] SK-Rudolphi § 1 Rdnr. 13; Wessels/Beulke, AT, Rdnr. 131.

[626] Calliess, NJW 1985, S. 1506, 1508; Geitmann, Bundesverfassungsgericht, S. 25; Krahl, Rechtsprechung, S. 81 f.; Küper, Richteridee, S. 6 f.; NK-Hassemer § 1 Rdnr. 33 äußert sich sogar dahingehend, dass es rein deskriptive Begriffe gar nicht gebe, sondern dass immer ein normativer Kontext bestehe.

[627] Vgl. Lenckner, JuS 1968, S. 249, 256; Roxin, AT 1, § 5 Rdnr. 27.

[628] Roxin, AT 1, § 5 Rdnr. 27.

[629] MüKo-StGB-Schmitz § 1 Rdnr. 40; NK-Hassemer § 1 Rdnr. 30, 40.

unterschiedlicher Intensität – der Sinnermittlung, d. h. mit anderen Worten der Auslegung[630].

Dieser Befund berechtigt allerdings nicht dazu, den Gesetzgeber wegen Nichterfüllbarkeit[631] von seiner Verpflichtung aus dem Bestimmtheitsgebot freizusprechen[632]. Der resignierende Rückzug auf den Standpunkt, dass im Bereich umgangssprachlicher Verständigung keine Gewissheit möglich und deshalb auch nicht zu fordern sei, bedeutet, das Kind mit dem Bade auszuschütten[633].

Die Umgangssprache ermöglicht trotz ihrer Vagheit und Porosität zumindest bei deskriptiven Begriffen im Normalfall eine durchaus verlässliche Orientierung[634]. Eine nähere Erläuterung findet sich bei Schünemann[635]: „Diese Tragfähigkeit resultiert daraus, daß sich bei der Verwendung der Umgangssprache ein B e – d e u t u n g s k e r n und ein B e d e u t u n g s h o f in der Weise unterscheiden lassen, daß eine bestimmte Anzahl von Objekten auf Grund eines Evidenzerlebnisses von allen Mitgliedern der Sprachgemeinschaft fraglos und eindeutig mit einem bestimmten umgangssprachlichen Terminus bezeichnet werden, während eine Anzahl von weiteren Objekten nicht von allen Mitgliedern der Sprachgemeinschaft (oder zumindest nicht von allen ohne Zweifel) mit diesem Terminus bezeichnet werden und alle übrigen Objekte schließlich überhaupt nicht mehr für eine derartige Bezeichnung in Betracht kommen. Die erste Gruppe bildet den Bedeutungskern eines bestimmten umgangssprachlichen Ausdrucks, die zweite Gruppe den Bedeutungshof und die dritte Gruppe den ‚Rest der Welt'."

Im Rahmen des Bedeutungskerns ist ein konkreter Lebenssachverhalt subsumtionspflichtig, außerhalb des Bedeutungshofs dagegen subsumtionsunfähig[636]. Insoweit ist der Begriff dann durchaus bestimmt. Ist ein Lebenssachverhalt lediglich subsumtionsmöglich, weil er im umgangssprachlichen Bedeutungskern liegt, beginnt die richterliche Tätigkeit der wertenden Auslegung dieses insoweit unbestimmten randunscharfen Begriffs. Da kaum ein umgangssprachlicher Begriff ohne Bedeutungshof denkbar ist, kann allein die Tatsache, dass es einen solchen zur Auslegung auffordernden

---

[630] Jescheck/Weigend, AT, S. 154; Krey, Studien, S. 71; Roxin, AT 1, § 5 Rdnr. 28; Schünemann, Nulla poena sine lege, S. 20.

[631] Schmidhäuser, GS für Martens, S. 231, 238 ff. spricht von „Utopie".

[632] Krahl, Rechtsprechung, S. 83.

[633] Schünemann, FS für Klug, S. 169, 176 f.

[634] Schünemann, FS für Klug, S. 169, 176.

[635] Schünemann, FS für Klug, S. 177, wobei der dort genannte Kern-Hof-Ansatz auf Philipp Heck, AcP 112, S. 1, 173 sowie ders., Begriffsbildung, S. 52 zurückgeht.

[636] Schünemann, FS für Klug, S. 169, 179.

Bedeutungshof gibt, nicht automatisch zum Verdikt der verfassungswidrigen Unbestimmtheit führen. Eine andere, an dieser Stelle noch nicht zu beantwortende Frage ist, ob jeder auch noch so weite Bedeutungshof zulässig ist bzw. ob bei normativen Tatbestandsmerkmalen zusätzlich Einschränkungen gemacht werden müssen.

Als Ergebnis lässt sich damit festhalten, dass eine absolute Bestimmtheit i. S. eines nicht mehr auslegbaren Tatbestandes schon aus sprachlichen Gründen nicht möglich ist.

Damit steht auch fest, dass das von Montesquieu theoretisch entwickelte Modell der Gewaltenteilung in der Realität nicht in Reinform zu verwirklichen ist. Eine strenge Trennung der gesetzgebenden und der richterlichen Gewalt scheitert schon an der Unzulänglichkeit der Sprache. Rechtsprechung ist nicht allein Gesetzesanwendung; der Richter ist nicht nur der Mund, der die Buchstaben des Gesetzes ausspricht. Vielmehr beinhaltet auch die Rechtsprechung über das Kriterium der Vagheit der Sprache und der damit verbundenen notwendigen Auslegung ein gewisses Element der Rechtsschöpfung[637].

Die Erkenntnis, dass Auslegung notwendiger Bestandteil der richterlichen Tätigkeit ist, ist nicht neu. Schon Feuerbach[638] stellte sich die Frage, inwieweit dem Richter das Recht der Interpretation zugestanden werden müsse, und kommt zu dem Ergebnis: „Es erscheint mir daher unmöglich, dem Richter alle Interpretation abzusprechen". Der Richter sollte also auch nach Feuerbach keine bloße „Gesetzmaschiene"[639] sein.

---

[637] Vgl. Hettinger, Doppelverwertungsverbot, S. 61 f.; besonders deutlich und sehr weitgehend Arndt, NJW 1963, S. 1273, 1279: „Die Gewaltenteilung kann nicht mehr das scheinbar logische Schema sein, wonach die Rechtsetzung in Ausschließlichkeit der mit ihr identischen Gesetzgebung zusteht, während Rechtsprechung und Verwaltung lediglich Anwendung des vor ihnen fertigen Rechts mittels logischer Ableitung sind. ... Aus dieser Sicht ist Gesetzgebung nicht Ausschluß jeder anderen Rechtsschöpfung, sondern im Gegenteil Auftrag zum Mitwirken am Gestalten des Rechts. ... Sich mittels der Fiktion, das Gesetz besitze einen objektivierten Willen, einzureden, im Gesetz sei alles vorbedacht gewesen, was Rechtslehre und Rechtsprechung, vor allem die zumeist vergessene Übung der Rechtsgenossen daraus entwickeln, ist als pseudojuristische Quacksalberei zu bezeichnen."

[638] Feuerbach, Kritik I, Buch 2, S. 18 ff.; vgl. auch Herberger, Recht und Sprache, S. 19, 28, der darauf hinweist, dass die Auslegung auch schon zu Zeiten des Zwölftafelgesetzes in Rom bekannt war.

[639] Feuerbach, Kritik II, S. 20; vgl. dazu Ehret, Gesetzlichkeitsprinzip, S. 46 f.

Folglich ist davon auszugehen, dass die Problematik der sprachlichen Weite dem Verfassungsgeber bekannt war und von ihm als immanente Schranke akzeptiert worden ist[640].

2. Volumen

Das nächste Problem für eine absolute Bestimmtheit ist das mit ihr verbundene Volumen. Würde man versuchen, das heutige Strafrecht in dem oben gezeigten Detaillierungsgrad zu kodifizieren, ginge die Zahl der Vorschriften in die Zehntausende[641]. Zwar wäre dann die Strafbarkeit des Einzelnen höchst bestimmt; das mit der Bestimmtheit zumindest auch verfolgte Ziel der Rechtssicherheit würde aber dennoch verfehlt[642], weil kein Bürger in der Läge wäre, den Inhalt der zahlreichen vorhandenen Strafrechtsnormen zu überschauen. Der Bürger könnte die staatliche Strafpraxis rein faktisch nicht überblicken und daher auch nicht vorhersehen[643]. Letztlich würde damit die Rechtsstaatlichkeit ebenso beeinträchtigt wie bei zu unbestimmten Strafvorschriften.

Sollen die Strafgesetze einen lesbaren und verstehbaren Umfang behalten, sind daher gewisse Abstriche bei der Bestimmtheit zu machen. So sind deskriptive Begriffe zu abstrahieren. Die einzubeziehenden Lebenssachverhalte sind so weit zu verallgemeinern, dass von den nunmehr verwendeten Begriffen alle konkret denkbaren und gemeinten Fälle erfasst werden[644]. Aus dem „Wer seinen Ehepartner durch einen Messerstich in die Brust tötet" wird durch Generalisierung des Opfers und der Tötungsart „Wer einen anderen Menschen tötet"; aus „Wer seinem Nachbarn die Reifen am Auto zersticht" wird „Wer eine fremde Sache beschädigt oder zerstört". Die dadurch entstehende Weite des Tatbestands muss auf Rechtsfolgenseite durch die Einführung von Strafrahmen ausgeglichen werden[645]. Können Verhaltensweisen von unterschiedlichem Schuldgehalt unter

---

640 Maunz/Dürig-Schmidt-Aßmann Art. 103 Abs. 2 Rdnr. 185.

641 Duttge, Bestimmtheit, S. 176 „unendliche Vielzahl"; Noll, JZ 1963, S. 297, 299: „Absolute Genauigkeit ist ein Grenzwert, den der Gesetzgeber nur mit unendlich vielen Worten erreichen könnte"; Roxin, AT 1, § 5 Rdnr. 69 "unendlich lang".

642 Vgl. MüKo-StGB-Schmitz § 1 Rdnr. 42; Schneider, Gesetzgebung, Rdnr. 80; a. A. Süß, Vom unmöglichen Zustand des Strafrechts, S. 207, 217, der – allerdings nur für den Bereich der Rechtsanwendung – ausführt, die Strafjuristen seien den Umgang mit zahlreichen Vorschriften gewöhnt, i. ü. sei bei einem Zuwachs der Bestimmtheit ein Rückgang der Kommentarliteratur zu erwarten.

643 Vgl. zu dieser Problematik Benda/Maihofer/Vogel, Handbuch, § 17 Rdnr. 71 ff.

644 Baumann/Weber/Mitsch, AT, § 9 Rdnr. 57; Hettinger, Doppelverwertungsverbot, S. 52 ff., 60 ff.; ders., JuS 1986, L 33, 35.

645 Vgl. BVerfGE 105, 135, 154: „Absolute Strafandrohungen begründen die Gefahr eines Konflikts mit dem verfassungsrechtlich gesicherten Schuldprinzip ... ."

eine Vorschrift subsumiert werden, so gebietet es der in Art. 1 Abs. 1 GG i. V. m. Art 2 Abs. 1 GG verankerte Schuldgrundsatz[646], die beiden Handlungen auch unterschiedlich zu bestrafen. Konkret: Wer ein ganzes Auto zerstört, muss anders bestraft werden als der, der nur einen einzigen Reifen dieses Wagens zersticht.

Die Notwendigkeit der Abstrahierung zeigt sich besonders deutlich, wenn wie im geltenden Strafrecht ein Teil der Normen als Allgemeiner Teil vor die einzelnen Delikte gestellt und damit quasi vor die Klammer gezogen wird[647]. Die Vorschriften des Allgemeinen Teils müssen auf alle Bestimmungen des Besonderen Teils anwendbar sein und unterliegen daher einem noch höheren Abstraktionsgrad[648].

Weitere Konsequenz ist – neben der Abstrahierung der deskriptiven Merkmale – die Notwendigkeit, auf normative, d. h. einer Wertung bedürfende Tatbestandsmerkmale sowie auf Generalklauseln als Gegensatz zu kasuistischen Regelungen[649] zurückzugreifen. Dabei besteht ein Bedürfnis sowohl für wertgefüllte Merkmale – d. h. solche, die auf andere gesetzliche Vorschriften zurückgreifen – , als auch für Merkmale, die einer wertenden Beurteilung durch den Richter bedürfen, d. h. im eigentlichen Sinne wertausfüllungsbedürftig sind[650]. Will die Strafrechtsordnung keine Zusammenfassung der Eigentumsregeln des Zivilrechts vornehmen, muss sie sich mit dem normativen wertgefüllten Begriff der Fremdheit begnügen. Will der Gesetzgeber nicht sämtliche Begriffe, die er als ehrverletzend ansieht, einzeln aufzählen, so muss er sie in irgendeiner Form zusammenfassen. Eine Zusammenfassung kommt hierbei nicht ohne wertausfüllungsbedürftige Begriffe im engeren Sinne aus. Die möglichen Formulierungen „Beleidigung", „Ehrverletzung", „Kundgabe der Missachtung", „Angriff auf den sozialen Geltungswert einer Person" bedürfen alle einer Wertung durch den Richter. In gewissen – an dieser Stelle nicht näher

---

[646] Hierzu BVerfGE 6, 389, 439; 25, 269, 285; 45, 187, 228; 50, 205, 214 f.; 105, 135, 154;

[647] Vgl. Jescheck/Weigend, AT, S. 14; Sangenstedt, Garantenstellung, S. 91.

[648] Gropp, AT, § 2 Rdnr. 5; Sangenstedt, Garantenstellung, S. 92. Roxin, AT 1, § 5 Rdnr. 78 sieht in Bezug auf die Partien des Allgemeinen Teils, die der Gesetzgeber absichtlich nicht geregelt und der Entwicklung durch Rechtsprechung und Literatur überlassen habe, eine immanente Einschränkung des Gesetzlichkeitsprinzips; ähnlich auch Herzberg, Unterlassung, S. 254. Einem völligen Dispens des Gesetzgebers kann allerdings nicht zugestimmt werden: Art. 103 Abs. 2 GG kann seine Schutzfunktion für den Bürger nicht entfalten, wenn im Allgemeinen Teil, der notwendig bei jeder Strafrechtsnorm anzuwenden ist, völlig vage und unbestimmte Regelungen zulässig sind, vgl. hierzu Albrecht, Garantenstellungen, S. 141 f.; Sangenstedt, Garantenstellung, S. 90 ff.; Süß, Vom unmöglichen Zustand des Strafrechts, S. 207, 209.

[649] Vgl. Lenckner, JuS 1968, S. 249, 250.

[650] Zu dieser Unterscheidung Kohlmann, Begriff, S. 253 ff.

zu bestimmenden – Grenzen ist daher auch die Verwendung von normativen Tatbestandsmerkmalen bzw. Generalklauseln legitim.

Das Gesetz als handhabbare Normierung der täglichen Lebensvielfalt muss also notwendigerweise zu einer generalisierenden Tatbestandsfassung greifen. Auch diese Tatsache kann dem Verfassungsgeber nicht unbekannt gewesen sein. Es darf nicht unterstellt werden, dass die Aufnahme des Art. 103 Abs. 2 GG in die Verfassung eine völlige Absage an die historisch gewachsene Strafrechtsordnung beinhaltete[651].

Zur Verdeutlichung sei noch ein konkretes Beispiel aus der früheren Zeit genannt: Das allgemeine preußische Landrecht von 1794 wird von Krahl als „Idealvorstellung von einem Strafrecht mit genauen Strafbarkeitsgrenzen" bezeichnet[652]. Allerdings umfasste der strafrechtliche Teil – und das schon vor 200 Jahren – 1557 Paragrafen, davon allein fast 100 über den Kindsmord[653]. Zu diesem Gesetz bemerkte Friedrich II.: „Gut, aber es ist ja so dicke, Gesetze müssen kurz sein"[654].

3. Schutzpflichten des Gesetzgebers

Denkbar ist an dieser Stelle der Einwand, der Gesetzgeber müsse – sofern eine im Rahmen des sprachlich Machbaren bestimmte Formulierung des Tatbestandes nicht möglich erscheint – auf den unbestimmten Tatbestand verzichten und die damit verbundenen Strafbarkeitslücken in Kauf nehmen. Der fragmentarische Charakter des Strafrechts beinhalte gerade, dass nicht alle denkbaren Interessenverletzungen mit strafrechtlichen Mitteln sanktioniert würden[655].

Diese Radikallösung mag durchaus für einige Einzelfälle unbestimmter Tatbestände einen Ausweg aus dem Bestimmtheitsdilemma darstellen. Sie kann allerdings nicht auf alle Tatbestände mit unbestimmten Elementen angewendet werden, weil sie ihrerseits einen Aspekt unberücksichtigt lässt.

Es entspricht der heute in Rechtsprechung und Literatur herrschenden Ansicht, dass Grundrechte nicht nur Abwehrrechte darstellen, sondern auch Schutz-

---

[651] So Kohlmann, Begriff, S. 154 – das Grundgesetz enthalte keine Anhaltspunkte dafür, dass auf dem Gebiet des Strafrechts „tabula rasa" gemacht werden sollte.
[652] Krahl, Rechtsprechung, S. 297.
[653] So Kohlmann, Begriff, S. 186.
[654] Zitiert nach Kohlmann, Begriff, S. 186.
[655] Hamann, Grundgesetz, S. 50; Stächelin, Strafgesetzgebung, S. 215.

pflichten des Staates begründen[656]. Danach muss der Staat gegen Verletzungen und Gefährdungen grundrechtlich geschützter Güter wie z. B. Leben, Gesundheit, Freiheit, Ehre und Eigentum durch Dritte, die nicht selbst Adressaten der Grundrechte sind, einschreiten. Das Bundesverfassungsgericht urteilte[657]: „Art. 2 Abs. 2 Satz 1 i. V. m. Art. 1 Abs. 1 Satz 2 GG verpflichtet den Staat, jedes menschliche Leben zu schützen. Diese Schutzpflicht ist umfassend. Sie gebietet dem Staat, sich schützend und fördernd vor dieses Leben zu stellen, das heißt vor allem, es auch vor rechtswidrigen Eingriffen von seiten anderer zu bewahren.“

Zwar ist damit die Frage noch nicht entschieden, ob sich aus den Grundrechten auch die Pflicht des Staates ergibt, zu ihrem Schutz strafrechtliche Mittel einzusetzen[658]. Zumeist wird davon ausgegangen, dass der Gesetzgeber bei der Ausfüllung der grundrechtlichen Schutzpflicht einen weiten Spielraum hat[659]. Grundsätzlich kommen auch andere Schutzmittel in Betracht: Unterrichtung und Belehrung des Bürgers über die Bedeutung und Tragweite seiner Handlungsweisen oder die materielle und ideelle Unterstützung ohnehin vorhandener Verhaltenstendenzen durch finanzielle oder sonstige Anreize[660]. Die strafrechtliche Sanktion ist gegenüber diesen Mitteln ultima ratio. Jedoch geht das Bundesverfassungsgericht davon aus, dass auch das scharfe Mittel der Strafandrohung eingesetzt werden muss, wenn ein der Bedeutung des Rechtsguts entsprechender und effektiver Schutz anderenfalls nicht gewähr-

---

[656] BVerfGE 39, 1, 41 ff.; 46, 160, 164 ff.; 49, 89, 141 f.; 53, 30, 57; 73, 78, 80 f.; Hesse, FS für Mahrenholz, S. 541, 544 f.; Klein, NJW 1989, S. 1633, 1635; Lang-Hinrichsen, FamRZ 1974, S 497, 500 f.; Müller-Dietz, FS für Dreher, S. 97, 106 ff.; Tiedemann, Verfassungsrecht, S. 50 ff.; vgl. auch EGMR in EuGRZ 1985, S. 297 ff.

[657] BVerfGE 46, 160, 164; vgl. schon die Ausführungen in BVerfGE 39, 1, 41 ff.

[658] Dafür bei fundamentalen Rechtsgütern Tiedemann, Verfassungsrecht, S. 53; dagegen Herzog, JR 1969, S. 441, 444 f. unter Berufung auf Art. 26 Abs. 1 S. 2 GG, der die Pönalisierung bestimmter Agressionshandlungen gegenüber anderen Staaten verlangt. Diese Vorschrift habe so singulären Charakter, dass sie keine analoge Anwendung auf andere Fälle vertrage. Diesem Argument widerspricht Lang-Hinrichsen, FamRZ 1974, S. 497, 504 unter Hinweis auf die Entstehungsgeschichte. Danach sei die Vorschrift unter dem Eindruck der Ereignisse geschaffen worden, die zum 2. Weltkrieg geführt haben. Man habe mit Art. 26 Abs. 1 S. 2 GG schon verfassungsrechtlich völkerrechtsfeindlichen sowie der Kriegsvorbereitung dienenden Handlungen den Kampf ansagen wollen. Weitergehende Konsequenzen für oder gegen eine Pönalisierungspflicht könnten daraus nicht gezogen werden; i. E ebenso Müller-Dietz, FS für Dreher, S. 97, 103.

[659] BVerfGE 39, 1, 44 ff.; 46, 160, 164 f.; 73, 78, 80 f.; Hesse, FS für Mahrenholz, S. 541, 555; Klein, NJW 1989, S. 1633, 1637; Müller-Dietz, FS für Dreher, S. 97, 108 f.; vgl. auch – von einem anderen Standpunkt aus – Isensee, HStR V, § 11 Rdnr. 90, 162

[660] Herzog, JR 1969, S. 441, 445.

leistet werden kann[661]. Daraus ist in der Literatur teilweise eine strafrechtliche Sanktionierungspflicht bei fundamentalen Rechtsgütern hergeleitet worden[662]. Da nicht erkennbar ist, mit welchen nichtstrafrechtlichen Mitteln ein wirksamer Schutz z. B. des Lebens des Einzelnen vor Tötung durch Dritte erreicht werden könnte[663], erscheint diese Ansicht zutreffend. Dies bedeutet, dass der Gesetzgeber zumindest in einem engen, hier nicht näher definierten Bereich besonders wichtiger Rechtsgüter nicht auf strafrechtliche Normen verzichten darf.

Auch wenn die Herleitung einer Schutzpflicht aus den Grundrechten abgelehnt wird, ergibt sich kein wesentlich anderes Ergebnis. Auch dann ist die „strafrechtliche Minimallösung“ aus staatstheoretischer Sicht problematisch. Die Bedenken resultieren aus grundsätzlichen Erwägungen über den Staatszweck. Der moderne Staat im gesellschaftsvertraglichen Modell besteht überhaupt nur zu dem Zweck, die Rechtsgüter der Bürger zu sichern und vor dem rechtswidrigen Zugriff Dritter zu bewahren. Um diesen Zweck zu erreichen, wird dem Staat als bewusste Alternative des Krieges aller gegen alle das Gewaltmonopol übertragen. Verbunden hiermit ist ein allgemeines Gewaltverbot unter Bürgern und das auch unkörperliche Gewaltmittel erfassende Gebot des neminem laede[664]. Beide Institute sind nur dann legitim, wenn der Staat mit seinem Gewaltmonopol für einen effektiven Schutz der Rechtsgüter des Einzelnen sorgt. Dem Staat obliegt daher die Pflicht, die Sicherheit bestimmter

---

661 BVerfGE 30, 1, 45 ff.: „Im äußersten Falle, wenn nämlich der von der Verfassung gebotene Schutz auf keine andere Weise zu erreichen ist, kann der Gesetzgeber verpflichtet sein, zum Schutz des sich entwickelnden Lebens das Mittel des Strafrechts einzusetzen. Die Strafnorm stellt gewissermaßen die „ultima ratio“ im Instrumentarium des Gesetzgebers dar. ... Jedoch muß auch dieses letzte Mittel eingesetzt werden, wenn anders ein effektiver Lebensschutz nicht zu erreichen ist“; vgl. auch Klein, NJW 1989, S. 1633, 1637; Müller-Dietz, FS für Dreher, S. 97, 109. Vehement ablehnend dagegen das Minderheitsvotum BVerfGE 39, 68, 73 mit der Begründung, die Ableitung einer Pflicht des Gesetzgebers zum Erlass von Strafnormen aus den Grundrechten verkehren deren Schutzfunktionen in ihr Gegenteil.

662 Lang-Hinrichsen, FamRZ 1974, S. 497, 504 (der die Pflicht allerdings aus dem Rechtsstaats- und Sozialprinzip herleitet); Tiedemann, Tatbestandsfunktion, S 30; ders., Verfassungsrecht, S. 53.

663 Vgl. EGMR in EuGRZ 1985, S. 297, 299 zum Fall eines Sexualvergehens: „Es handelt sich hier um einen Fall, wo grundsätzlichere Werte und wesentliche Aspekte des Privatlebens betroffen sind. Wirksame Abschreckung ist in diesem Bereich unerläßlich und kann nur durch strafrechtliche Vorschriften erreicht werden ...“; Ipsen, Staatsrecht II, Rdnr. 221 f. Er geht von einer Schutzpflicht des Staates im Hinblick auf die Menschenwürde aus und schreibt: „Der Schutz wird regelmäßig durch das Strafrecht gewährleistet.“ Beispiele seien Straftatbestände für Straftaten gegen die sexuelle Selbstbestimmung, Beleidigungs- und Körperverletzungsdelikte sowie Delikte gegen die persönliche Freiheit.

664 Isensee, HStR V, § 111 Rdnr. 104.

Schutzgüter[665] vor Übergriffen Privater zu gewährleisten. Diese Aufgabe umfasst sowohl den repressiven Schutz bei akuter Rechtsverletzung wie den präventiven Schutz gegen drohende Gefährdungen[666]. Im Ergebnis wird also auch hier eine staatliche Schutzpflicht bejaht. Sie beruht allerdings auf einer außergrundrechtlichen Basis, der Staatsaufgabe Sicherheit[667]. Zwar ist diese Staatsaufgabe in der Verfassung nicht explizit normiert, sie ist aber als deren immanente Voraussetzung anzusehen[668].

Als Ergebnis lässt sich festhalten, dass der Gesetzgeber einen eng umgrenzten Bereich fundamentaler Rechtsgüter effektiv auch strafrechtlich schützen muss. In diesem Bereich wäre es verfehlt, eine Norm wegen Nichterreichens absoluter Bestimmtheit für entbehrlich zu erklären. Umgekehrt darf jedoch nicht davon ausgegangen werden, dass das Ziel des Grundrechtsschutzes den Gesetzgeber von allen verfassungsrechtlichen Anforderungen dispensiert[669]. Das Bestehen einer Schutzpflicht heiligt nicht jedes Mittel, dieses muss vielmehr grundsätzlich den Anforderungen der Verfassung genügen. Eventuelle Antinomien sind dabei – so Isensee[670] – praktisch auszugleichen. Eine derartige Antinomie besteht gerade im Verhältnis der Schutzpflicht zum Bestimmtheitsgrundsatz des Art. 103 Abs. 2 GG. Wird Letzterer absolut verstanden, erweist sich eine praktikable Normierung bestimmter Lebenssachverhalte als unmöglich oder eine bestehende Normierung als zu eng, was der grundrechtlichen Schutzpflicht zuwiderlaufen kann. Je weiter und elastischer ein Schutzgesetz formuliert ist, desto besser kann es grundrechtliche Gefährdungen erfassen. Die grundrechtliche Schutzpflicht schafft insoweit ein „verfassungsrechtliches Gegenprinzip zum Prinzip der rechtsstaatlichen Bestimmtheit“[671], ohne diesen Grundsatz völlig preisgeben zu dürfen. Wie die praktische Konkordanz[672] beider Rechtsprinzipien konkret auszusehen hat, ist an dieser Stelle nicht zu erörtern.

4. Einzelfallgerechtigkeit

In Rechtsprechung und Literatur werden noch weitere Kriterien genannt, die einer absoluten Bestimmtheit entgegenstehen sollen. So heißt es vielfach, der

---

[665] Isensee, HStR V, § 111 Rdnr. 84 bezieht die aus der Sicherheit resultierende Pflicht auf die Grundrechte.
[666] Isensee, HStR V, § 111, Rdnr. 137.
[667] Isensee, HStR V, § 111 Rdnr. 83.
[668] Isensee, HStR V, § 111, Rdnr. 83.
[669] Isensee, HStR V, § 111, Rdnr. 150.
[670] Isensee, HStR V, § 111, Rdnr. 154.
[671] Isensee, HStR V, § 111, Rdnr. 154.
[672] Vgl. hierzu Müller, Methodik, S. 220 f.

Gesetzgeber müsse der Vielgestaltigkeit des Lebens Rechnung tragen[673] bzw. die Gesetze müssten den Besonderheiten des Einzelfalls gerecht werden[674].

Hinter diesen Formulierungen steht der Gedanke der materiellen Gerechtigkeit[675] und des Schuldprinzips. Starre Begriffe können im Einzelfall zu Ungerechtigkeiten führen. Zu nennen ist etwa die im obigen Beispielstatbestand angeordnete Rechtsfolge einer Geldstrafe von 50 Euro, die einen Millionär anders treffen wird als einen Sozialhilfeempfänger.

Diese mit der Rechtssicherheit verbundene Gleichbehandlung aller widerspricht aktuellen Tendenzen: Die heutige moderne Gesellschaft strebt nach individueller Gerechtigkeit. Unter Zurückdrängung des durch den Positivismus gewährleisteten Gleichheitsgedankens besteht der Wunsch bzw. das Bedürfnis, auch die entlegensten Details einer Straftat zu Gunsten oder zu Lasten des Täters zu berücksichtigen[676]. Dies erfordert die Einbeziehung diverser Einzelheiten, die sich am einfachsten unter einen unbestimmten, wertausfüllungsbedürftigen Begriff subsumieren lassen[677].

Es stellt sich nunmehr die Frage, ob dieses Gerechtigkeitsbedürfnis im Rahmen des Art. 103 Abs. 2 GG ein legitimes Ziel ist.

Grundsätzlich gilt, dass Rechtssicherheit und materielle Gerechtigkeit auf der Ebene des Rechtsstaatsprinzips gleichrangige Positionen darstellen[678]. Das Rechtsstaatsprinzip setzt nicht nur das Vertrauen des Bürgers auf Schutz vor staatlicher Willkür voraus, sondern beinhaltet auch die Überzeugung, dass jedem sein Recht zuteil wird[679]. Materielle Gerechtigkeit ist die „Leitidee des Rechtsstaats“[680], Gerechtigkeit ist ein verfassungsrechtliches Postulat[681].

---

673 BVerfGE 4, 352, 358; 11, 234, 237; 28, 175, 183; 32, 347, 364; 37, 201, 208; 41, 314, 320; 45, 363, 371; 71, 105, 115; 73, 206, 235; 75, 329, 341; 92, 1, 12; BGHSt 30, 285, 287; 37, 266; AK-GG-Wassermann Art. 103 Rdnr. 52; LK-Gribbohm § 1 Rdnr. 4 b; Sch/Sch-Eser § 1Rdnr. 19.

674 BVerfGE 14, 245, 251; 41, 314, 320; 45, 363, 371; 48, 48, 56; BGHSt 18, 359, 362; 27, 318, 321; AK-GG-Wassermann Art. 103 Rdnr. 52; Sachs-Degenhart Art. 103 Rdnr. 68; Sch/Sch-Eser § 1 Rdnr. 19.

675 Gassner, ZG 1996, S. 37, 41; Krahl, Rechtsprechung S. 280.

676 Krey, Studien, S. 85 f.; Küper, Richteridee, S. 7; Naucke, Generalklauseln, S. 15 f.; vgl. auch NK-Hassemer § 1 Rdnr. 17, der einen Trend zum Misstrauen in den starren Gesetzesstaat und zum Heil in der flexiblen Rechtsprechung konstatiert.

677 Baumann, SUMMUM IUS, S. 117, 127; Gassner, ZG 1996, S. 37, 41.

678 Schmidt-Aßmann, HStR I, § 1 Rdnr. 81 FN 231.

679 Lenckner, JuS 1968, S. 129, 255.

680 Isensee, HStR IX, § 202 Rdnr. 23.

681 Pauldur o, Verfassungsgemäßheit, S. 378.

Genauso sieht es auch das Bundesverfassungsgericht[682]: „Das Rechtsstaatsprinzip umfaßt als eine der Leitideen des Grundgesetzes ... auch die Forderung nach materieller Gerechtigkeit."

Folge der Anerkennung der materiellen Gerechtigkeit als Verfassungsgrundsatz ist, dass im Konflikt mit der formellen Rechtssicherheit ein Ausgleich im Weg der praktischen Konkordanz gesucht werden muss[683]. Anders formuliert: Von der formellen Rechtssicherheit dürfen im Hinblick auf die materielle Gerechtigkeit Abstriche gemacht werden, und umgekehrt wird die materielle Gerechtigkeit durch die formelle Rechtssicherheit beschränkt.

Für den Bereich des Strafrechts wird allerdings vertreten, dass sich aus Art. 103 Abs. 2 GG zwingend eine Priorität der Rechtssicherheit ergebe[684]. Das Spannungsverhältnis zwischen Rechtssicherheit und materieller Gerechtigkeit sei aufgrund der eindeutigen gesetzlichen Anweisung zugunsten der formellen Rechtsstaatlichkeit zu lösen, Art. 103 Abs. 2 GG stelle sich insofern als Kollisionsnorm dar.

Im Folgenden soll untersucht werden, inwieweit diese Ansicht zutreffend ist.

Auszugehen ist von der Tatsache, dass das Rechtsstaatsprinzip grundsätzlich sowohl das Teilelement der formellen Rechtssicherheit als auch das Teilelement der materiellen Gerechtigkeit umfasst. Für das Strafrecht findet sich in Art. 103 Abs. 2 GG die Regelung, dass eine Tat nur bestraft werden kann, wenn die Strafbarkeit gesetzlich bestimmt war, bevor die Tat begangen wurde. Dieser Satz – insoweit dürfte Einigkeit bestehen – stellt ein Bekenntnis zur formellen Rechtssicherheit dar[685]. Die alles entscheidende Frage lautet nun: Wie ist dieses Bekenntnis mit Blick auf die materielle Gerechtigkeit zu verstehen?

Auf diese Frage gibt es vier denkmögliche Antworten:

---

[682] BVerfGE 95, 96, 130.

[683] Gassner, ZG 1996, S. 37, 41.

[684] Ausführlich Krahl, Rechtsprechung, S. 184 ff., 336 ff. sowie Kamberger, Garantenstellung, S. 160 f.; 166, 185; ebenso Claß, FS für Schmidt, S. 122, 137; Dreier, JZ 1997, S. 421, 432; Dreier-Schulze-Fielitz Art. 103 Rdnr. 50; Hettinger, "actio", S. 46; Ipsen, Staatsrecht 2, Rdnr. 879; v. Mangoldt/Klein/Starck-Nolte Art. 103 Rdnr. 168; vgl. auch Maunz/Dürig-Schmidt-Aßmann Art. 103 Rdnr. 177; a. A. explizit Rudolphi, Unrechtsbewusstsein, S. 137; Seel, Tatbestandsmerkmale, S. 114; unklar Jarass/Pieroth-Pieroth Art. 103 Rdnr. 55, vgl. auch Tiedemann, Tatbestandsfunktionen, S. 189 f.

[685] Vgl. Gropp, AT, § 2 Überschrift und Rdnr. 1.

Man könnte zunächst der Ansicht sein, dass durch Art. 103 Abs. 2 GG das Rechtsstaatsprinzip für das Strafrecht abschließend geregelt wird und insoweit auf das Element der formellen Rechtssicherheit reduziert ist. Fragen der materiellen Gerechtigkeit wären damit irrelevant.

Gegen diese Interpretation spricht, dass hiermit unnötigerweise eine der gerade im Nationalsozialismus gewonnenen Erkenntnisse über die Gefahr eines Unrechts in Gesetzesform preisgegeben würde. Kein Strafrechtler wird ernsthaft vertreten, dass das Einhalten der Voraussetzungen des Art. 103 Abs. 2 GG von zusätzlich zu berücksichtigenden materiellen Voraussetzungen entbindet[686]. Zu denken ist beispielsweise an ein Gesetz des Inhalts „Wer auf öffentlichen Straßen Kaugummi kaut, wird mit lebenslanger Freiheitsstrafe bestraft." Ein solches – formell u. U. einwandfreies – Gesetz wird wohl jeder zu Recht als materiell ungerecht bzw. unverhältnismäßig und gegen das Schuldprinzip verstoßend ansehen.

Das andere Extrem im Rahmen der möglichen Interpretationen des Art. 103 Abs. 2 GG ist die Deutung, dass es sich dabei lediglich um eine Wiederholung der formellen Komponente des Rechtsstaatsprinzips handelt, die keinerlei Auswirkung auf dessen Gewicht hat.

Auch diese Interpretation ist abzulehnen[687]: Hätte der Grundgesetzgeber das Strafrecht lediglich den üblichen formellen Grundsätzen des öffentlichen Rechts unterwerfen wollen – zu denen auch das Bestimmtheitsgebot und das Rückwirkungsverbot gehören[688] –, hätte er Art. 103 Abs. 2 GG weggelassen. Die explizite Normierung als grundrechtsgleiches Recht bzw. Justizgrundrecht wäre nicht erforderlich gewesen, da die Garantien auch im Rahmen einer normalen Verfassungsbeschwerde bei der Rechtmäßigkeit des freiheitsbeschränkenden Gesetzes geltend gemacht werden könnten. Gerade die Tatsache, dass eine Sondervorschrift für den Bereich des Strafrechts geschaffen wurde, macht deutlich, dass hier auch eine inhaltlich besondere Regelung angestrebt war. Dafür spricht zudem die geschichtliche Entwicklung des nulla-poena-Satzes, die gerade besonders im Strafrecht wurzelt. So zeigt sich am Beispiel des Rückwirkungsverbots, dass beide Garantien nach allgemeiner

---

[686] Vgl. Hettinger, JuS 1986, L 17, 19.

[687] Maunz/Dürig-Schmidt-Aßmann Art. 103 Rdnr. 164 schreibt: „Art. 103 Abs. 2 GG aber ist mehr als eine Bestätigung dieser allgemeinen Eingriffslehren. Er hebt die Strafgewalt heraus und legt sie auf einen Kanon von Rechtslehren fest, die zwar dieselbe Struktur und denselben Regelungsgrund haben wie die allgemeinen Schutzmechanismen des demokratischen Rechtsstaats, die aber in ihrem Gewicht und in ihrer Stringenz besonders hervorgehoben sind."

[688] Vgl. Krey, FS für Blau, S. 123, 144 ff.; zum Bestimmtheitsgebot auch Faller, FS für Merz, S. 61, 62; Gassner, ZG 1996, S. 37 ff.

Ansicht nicht inhaltsgleich sind. Während das in Art. 103 Abs. 2 GG enthaltene Rückwirkungsverbot als absolut abgesehen wird, finden sich im Rahmen des rechtsstaatlichen Rückwirkungsverbots Differenzierungen mit z. T. weitreichenden Einschränkungen[689].

Damit verbleiben für die Interpretation zwei Mittellösungen:

Die strengere Deutung des Art. 103 Abs. 2 GG lautet, dass hierdurch ein unbedingter Vorrang der formellen Rechtssicherheit vor der materiellen Gerechtigkeit angeordnet wird. Eine offenere Interpretation sieht die Bedeutung von Art. 103 Abs. 2 GG „lediglich" darin, dass die Bedeutung der formellen Rechtssicherheit betont und gesteigert wird, ohne eine Abwägung mit der materiellen Gerechtigkeit von vornherein und völlig auszuschließen.

Die Entscheidung zwischen diesen beiden Interpretationsmöglichkeiten ist nicht eindeutig vorgegeben. Der Wortlaut des Art. 103 Abs. 2 GG ist indifferent, über die Frage eines unbedingten Vorrangs oder einer Bedeutungssteigerung der formellen Rechtssicherheit wird nichts mitgeteilt. Ähnlich unergiebig ist die Systematik.

Auch die historische Auslegung führt nicht weiter. Bei der Entstehung des Grundgesetzes wurde Art. 103 Abs. 2 GG inhaltlich kaum erörtert. Der Verfassungskonvent auf Herrenchiemsee wollte mit dieser Vorschrift – damals Art. 136 des Entwurfes[690] – „alte bewährte Grundsätze ... wieder zu Ehren kommen lassen"[691]; es wurde explizit an Art. 116 WRV angeknüpft[692]. Auch in den Diskussionen des Ausschusses für Verfassungsgerichtshof und Rechtspflege als Teil der Beratungen des Parlamentarischen Rats finden sich keine Ausführungen zu der hier interessierenden Frage[693], sondern nur Verweisungen auf Art. 116 WRV. Die Kommentarliteratur zur Weimarer Reichsverfassung beschäftigt sich soweit erkennbar ebenfalls nicht mit dem genannten Problem[694].

Es bleibt die Heranziehung von Sinn und Zweck der Norm. Art. 103 Abs. 2 GG soll – wie oben herausgearbeitet – gewährleisten, dass der Einzelne staatliches Strafverhalten vorhersehen und sein Verhalten auch im Sinne der General-

---

[689] Krey, FS für Blau, S. 123, 149 f.; Maunz/Dürig-Schmidt-Aßmann Art. 103 Abs. 2 Rdnr. 238; Schlink, NJ 1994, S. 433, 436.

[690] Bericht Herrenchiemsee, Entwurf, S. 83.

[691] Bericht Herrenchiemsee, Darstellender Teil, S. 36

[692] Bericht Herrenchiemsee, Kommentierender Teil, S. 94.

[693] Vgl. Der Parlamentarische Rat, Akten und Protokolle, Band 13/2 S. 1433 ff., 1439.

[694] Vgl. Anschütz Art. 116 WRV; Gebhard Art. 116 WRV; Giese Art. 116 WRV; Poetzsch-Heffter Art. 116 WRV.

prävention darauf einrichten kann. Zudem soll sichergestellt werden, dass allein der Gesetzgeber abstrakt-generell über die Strafbarkeit entscheidet.

Diese Ziele können durch einen absoluten Vorrang der formellen Rechtssicherheit zweifellos erreicht werden. Sie sind aber auch durch die Interpretation als Bedeutungssteigerung der formellen Rechtssicherheit nicht unbedingt gefährdet – hier kommt es vielmehr auf Einzelheiten an. So sind nicht alle Einzelgarantien des Art. 103 Abs. 2 GG gleich zu behandeln[695]: Werden beim Rückwirkungsverbot Abstriche zugunsten der materiellen Gerechtigkeit gemacht, erleiden die Zwecke des Art. 103 Abs. 2 GG eine empfindliche Einbuße. Gleiches gilt für das Verbot des Gewohnheitsrechts und der Analogie. Damit steht uneinschränkbar[696] fest, dass Art. 103 Abs. 2 GG für die staatliche Strafsanktion notwendig das Vorliegen eines Strafgesetzes fordert. Das Bestimmtheitsgebot ist im Vergleich zu den übrigen Garantien offener und seinerseits nicht exakt bestimmt. Hier besteht vielmehr ein fließender Bereich zwischen dem völlig unbestimmten Schurkenparagraphen und der absoluten Bestimmtheit, wobei Letztere schon rein sprachlich nicht realisierbar ist. Wenn nun auf dieser Skala gewisse Abstriche gemacht werden, ist dies so lange mit Sinn und Zweck des Art. 103 Abs. 2 GG vereinbar, wie die Strafnorm dennoch Vorhersehbarkeit des staatlichen Verhaltens garantiert und als Ausdruck einer gesetzgeberischen Entscheidung angesehen werden kann. Nimmt man daher nur begrenzte Einschränkungen zugunsten der materiellen Gerechtigkeit im Rahmen des Bestimmtheitsgebots hin, so ergibt sich, dass die Bedeutungssteigerungslösung nicht aus teleologischen Gründen abgelehnt werden kann.

Damit ist festzuhalten, dass die Auslegung des Art. 103 Abs. 2 GG zu keinem zwingenden Ergebnis führt[697]. In diesem Fall muss die Lösung den Vorrang genießen, die der Grundentscheidung des Rechtsstaatsprinzips, dem Nebeneinander von formeller Rechtssicherheit und materieller Gerechtigkeit, am weitesten Rechnung trägt: die Bedeutungssteigerungslösung. Es ist daher davon

---

[695] Vgl. v. Mangoldt/Klein/Starck-Nolte Art. 103 Rdnr. 165, der davon ausgeht, dass der abstrakte Charakter des Bestimmtheitsgebots und des Analogieverbots sich einer relativierenden Abwägung notwendig stärker öffnen, als dies beim Rückwirkungsverbot und beim Verbot des Gewohnheitsrechts der Fall sei.

[696] Auf die Frage, ob Ausnahmefälle wie der Mauerschützenprozess eine andere Beurteilung gebieten, wie dies BVerfGE 95, 96, 132 ff. unter Rückgriff auf die Radbruch'sche Formel angenommen hat, soll hier nicht eingegangen werden.

[697] Gleiches gilt für die Regelung des Art. 7 EMRK. Die Tatsache, dass die Bundesrepublik Deutschland bei der Ratifikation den Vorbehalt erklärt hat, dass der Einschränkungen enthaltende Art. 7 Abs. 2 EMRK in der Bundesrepublik nur in den Grenzen des Art. 103 Abs. 2 GG angewendet werde – vgl. BGBl. 1954 II, S. 14; Maunz/Dürig-Schmidt-Aßmann Art. 103 Rdnr. 250 – erlaubt keine Rückschlüsse auf den Inhalt der Grundgesetzvorschrift selbst, a. A. Tiedemann, Tatbestandsfunktionen, S. 189 f.

auszugehen, dass unter den soeben dargestellten Bedingungen gewisse Abstriche im Rahmen des Bestimmtheitsgebots zulässig sind, um Elemente der Einzelfallgerechtigkeit einzufügen.

In dem Grundgesetzkommentar von Dreier heißt es[698], dass Beschränkungen des Art. 103 Abs. 2 GG theoretisch durch kollidierendes Verfassungsrecht denkbar seien. Wer sie durchführen wolle, trage aber die – nach Ansicht des Kommentators Schulze-Fielitz kaum zu leistende – Begründungslast, weshalb Art. 103 Abs. 2 GG nicht schon selbst eine strikt anzuwendende Kollisionsnorm darstelle. Diese Ansicht ist unrichtig. Sie verkennt, dass – mit Ausnahme des Art. 1 Abs. 1 GG[699] – alle Verfassungsnormen und deren Elemente grundsätzlich gleichrangig sind. Die Begründungslast trägt daher derjenige, der einem bestimmten Teil der Verfassung einen Vorrang einräumt, nicht der, der von der grundsätzlichen Gleichrangigkeit ausgeht.

Dies gilt umso mehr, als die Einzelfallgerechtigkeit nicht nur in der materiellen Gerechtigkeit, sondern auch im Schuldprinzip verankert ist. Dieses wiederum ist auf die Grundrechte, nämlich Art. 1 Abs. 1 i. V. m. Art. 2 Abs. 1 GG zurückzuführen. Selbst wenn also ein absoluter Vorrang der formellen Rechtssicherheit vor der materiellen Gerechtigkeit angenommen wird, bedürfte es einer zusätzlichen Begründung, warum das grundrechtsgleiche Recht bzw. Justizgrundrecht Art. 103 Abs. 2 GG keiner verfassungsimmanenten Einschränkung zugänglich sein soll. Besteht nämlich Einigkeit, dass Art. 103 Abs. 2 GG materiell als Grundrecht einzustufen ist, so gelten auch hier die Grundsätze über vorbehaltlos gewährleistete Grundrechte. Diese können nach allgemeiner Ansicht durch kollidierendes Verfassungsrecht eingeschränkt werden[700]. Wieso sollte für Art. 103 Abs. 2 GG etwas anderes gelten als beispielsweise für die Gewissensfreiheit oder die Freiheit der Berufswahl?

Zum gleichen Ergebnis kommt das Bundesverfassungsgericht. Schon die bereits zitierten Entscheidungen, die von der Notwendigkeit ausgehen, die Besonderheiten des Einzelfalls zu berücksichtigen, zeigen, dass das Gericht hier faktisch eine Verkürzung der formellen Rechtssicherheit zu Gunsten der materiellen Einzelfallgerechtigkeit vornimmt, auch wenn dies nicht explizit ausgesprochen wird. Deutlich artikuliert wird die Ansicht des Bundesverfassungsgerichts in seiner Entscheidung zur Verfassungswidrigkeit der Vermögensstrafe. Dort stellt das Gericht ein Spannungsverhältnis zwischen dem Schuldprinzip bzw. der Einzelfallgerechtigkeit einerseits und der Forderung nach Rechtsfolgen-

---

[698] Dreier – Schulze-Fielitz Art. 103 Abs. 2 Rdnr. 50
[699] Vgl. dazu v. Mangoldt/Klein/Starck Art. 1 Rdnr. 30.
[700] Vgl. Dreier-Dreier, Vorb. Rdnr. 158; Pieroth/Schlink, Staatsrecht 2, Rdnr. 260, 318 ff.; Sachs, Verfassungsrecht II, A 9 Rdnr. 20 ff.; 32 ff.

bestimmtheit anderseits fest. Dann heißt es: Beide Seiten „müssen abgewogen und in einen verfassungsrechtlich tragfähigen Ausgleich gebracht werden, der beiden für das Strafrecht unverzichtbaren Prinzipien möglichst viel an Substanz beläßt“[701].

Die hier vertretene Ansicht setzt allerdings voraus, dass es überhaupt eine feststellbare und daher der praktischen Konkordanz fähige Form der materiellen Gerechtigkeit gibt. Dies ist keineswegs unumstritten. So wird vertreten, dass der Begriff der Gerechtigkeit keine feststehende Größe sei. Er sei vielmehr formbar und streitfähig und werde erst durch den Gesetzgeber festgelegt und definiert[702].

Diese Ansicht weist auf einen richtigen und wichtigen Gesichtspunkt hin[703]:

Über die Frage, was als strafwürdiges Unrecht anzusehen ist, besteht in einer pluralistischen Gesellschaft naturgemäß nicht immer Einigkeit. Das Grundgesetz beruft – mit den aus der Unzulänglichkeit der Sprache folgenden Grenzen – allein den parlamentarischen Gesetzgeber, die divergierenden Ansichten und Interessen in einem genau festgelegten Gesetzgebungsverfahren zu berücksichtigen und zu einem optimalen Ausgleich zu bringen. Die in diesem Verfahren stattfindende politische Auseinandersetzung, die Vorarbeit der Ministerialbürokratie sowie die Beteiligung des Bundesrats gewährleisten eine breite Diskussion und ein – zumeist – tragfähiges Ergebnis, auch wenn sich dieses oft als politischer Kompromiss darstellt[704]. Der Richter ist dagegen auf ein für den Einzelfall konzipiertes Erkenntnisverfahren angewiesen. Allein schon im Hinblick auf seine arbeitstechnischen und zeitlichen Möglichkeiten ist er nicht in der Lage, wie der Gesetzgeber pluralistische Interessen wertend zu verarbeiten und zum Ausgleich zu bringen. Der Richter kann sich zwar bemühen, ein Werturteil nicht lediglich aus seiner subjektiven Sicht und beruhend auf seinem Vorverständnis zu treffen, sondern sich – angelehnt an die Kompromissfindung im Gesetzgebungsverfahren – an allgemein in der Gesellschaft vorherrschenden Wertungen zu orientieren[705]. Ob ihm dies gelingt, hängt von seiner Fähigkeit ab, sich von persönlichen Wertvorstellungen und dem Eindruck des Einzelfalls zu distanzieren. Zwar wird den Richtern dieses Kunststück in der täglichen Arbeit ständig abverlangt und gelingt häufig. Dennoch: Das geschilderte richterliche Verfahren bietet im Gegensatz zum

---

[701] BVerfGE 105, 135, 155.

[702] Ransiek, Gesetz, S. 57; vgl. auch Schünemann, Nulla poena sine lege, S. 32.

[703] Vgl. zum Folgenden Kamberger, Garantenstellung, S. 190; Schürmann, Unterlassungsstrafbarkeit, S. 178 ff.

[704] Krey, Studien, S. 84 weist darauf hin, dass die Notwendigkeit eines Kompromisses den Trend zur Generalklausel verstärkt; so auch Naucke, Generalklauseln, S. 13.

[705] Dass er hierzu verpflichtet ist, findet sich bei Jescheck/Weigend, AT, S. 130; Lemmel, Strafbarkeitsvoraussetzungen, S. 184.

demokratischen Gesetzgebungsverfahren keine Gewähr dafür, dass es auch tatsächlich zu einem Ausgleich pluralistischer Interessen kommt. Zu denken ist nur an den – sicherlich nicht nur fiktiven – Richter, der ohne Reflektion sein eigenes, u. U. auch durch Erfahrungen und Erlebnisse stark einseitig geprägtes Werturteil für zweifellos zutreffend hält.

Diese Ausführungen zeigen, dass der Richter nicht in gleicher Weise wie der Gesetzgeber legitimiert ist, über die wertende Frage zu entscheiden, welches Verhalten strafbares Unrecht darstellt und welches nicht.

Andererseits darf nicht völlig unberücksichtigt bleiben, dass unser Grundgesetz durchaus von einem Recht ausgeht, das außerhalb des vom Parlament formulierten Gesetzes existiert. Dies zeigt sich deutlich an Art. 20 Abs. 3 GG, der die Exekutive und die Judikative an Recht und Gesetz bindet, wobei mit dem Begriff Recht die Idee der Gerechtigkeit angesprochen wird[706]. Der Satz „was gerecht ist, wird erst durch den Gesetzgeber bestimmt“ ist also in dieser Allgemeinheit nicht richtig.

Mit diesem Befund korrespondiert ein weiterer Gedanke: Das Strafrecht schützt die bestehende vorgegebene Rechts- und Sozialordnung[707]. Es stellt im Regelfall Handlungen unter Strafe, die schon zuvor gesellschaftlich als sozialschädlich angesehen werden und damit negativ besetzt sind. Der Richter kann sich daher bei Berücksichtigung der an Strafwürdigkeitsaspekten angelehnten Einzelfallgerechtigkeit zumindest in den Kernbereichen an den gesellschaftlichen Wertungen orientieren. In diesem Fällen ist sowohl beim Richter als auch bei der Bevölkerung durchaus ein Rechtsempfinden vorhanden, das ein bestimmtes Urteil als Reaktion auf ein bestimmtes Verhalten als gerecht oder ungerecht einordnet.

Es ist daher davon auszugehen, dass sich zumindest in den Kernbereichen durchaus ein von der gesetzgeberischen Norm unabhängiger Begriff der Gerechtigkeit feststellen lässt, der Grundlage für eine praktische Konkordanz sein kann. Grundsätzlich gilt jedoch, dass die – der Einzelfallgerechtigkeit zugrunde liegende – Strafwürdigkeit vom Gesetzgeber als parlamentarisch legitimiertem Organ festzustellen ist. Dieses Ergebnis ist immer im Gedächtnis zu behalten und setzt einer zu weitgehenden Relativierung der formellen Rechtssicherheit Schranken.

---

706 Sachs/Sachs Art. 20 Rdnr. 103.

707 Vgl. Appel, Verfassung, S. 431; Brammsen, Entstehungsvoraussetzungen, S. 95 ff..

5. Zeitliche Flexibilität

Ein letzter Gesichtspunkt, der gegen eine absolute Bestimmtheit ins Feld geführt wird, ist das Bedürfnis, den Wandel der Verhältnisse berücksichtigen zu können[708].

Es ist unmöglich, dass der Gesetzgeber bei Erlass der Gesetze alle denkbaren künftigen Konstellationen und Entwicklungsmöglichkeiten vor Augen hat. Der Einsatz von weichen, unbestimmten Begriffen ermöglicht es, dieses Manko auszugleichen und ein Gesetz auch durch den Wandel der Zeit hinweg anwendungsfähig zu erhalten.

Dem ließe sich entgegnen, dass es undemokratisch und daher gar nicht wünschenswert sei, ein Gesetz auch auf Fallkonstellationen anzuwenden, die der Gesetzgeber nicht bedacht habe. Bei einer Änderung der tatsächlichen Verhältnisse müsse eben der Gesetzgeber – sofern er dieses wolle – das Gesetz anpassen[709].

Zwar ist auch diese Überlegung im Grundsatz berechtigt. Sie darf jedoch ihrerseits nicht verabsolutiert werden. Die Vorstellung, der Gesetzgeber überlege sich im Gesetzgebungsverfahren alle möglichen Anwendungsfälle einer Norm, ist unrealistisch. Vielfach wird sich zudem für den Rechtsanwender nicht feststellen lassen, ob der Gesetzgeber an eine bestimmte Konstellation gedacht hat oder nicht. Auch die nach der genannten Ansicht ständig erforderliche Anpassung der Gesetze an geänderte Situationen bringt Nachteile mit sich. Zum einen gehört auch die Dauerhaftigkeit der Rechtsordnung zum Grundsatz der Rechtssicherheit und damit der Rechtsstaatlichkeit. Verlangt wird ein Mindestmaß an Kontinuität, um die Verlässlichkeit der Rechtsordnung zu erhalten[710]. Zum anderen werden häufige Gesetzesänderungen von der Bevölkerung als Zeichen gesetzgeberischer Unfähigkeit verstanden. Je häufiger Gesetze geändert werden, desto mehr schwindet das Vertrauen der Allgemeinheit in die Gesetzgebungsorgane und damit in den Staat selbst[711]. Dies gilt insbesondere für Strafgesetze, die im qualifizierten Medieninteresse und damit im Bewusstsein der Öffentlichkeit stehen.

Außerdem besteht die Gefahr, dass sich mental die Vorstellung einbürgert, Gesetze sollten nach jedem im Ergebnis unbefriedigend gelösten Fall geändert

708 BVerfGE 14, 245, 251; 41, 314, 320; 45, 363, 371; 48, 48, 56; BVerfG NJW 1998, S. 50, 56; BGHSt 18, 359, 362; AK-GG-Wassermann Art. 103 Rdnr. 52; Sch/Sch-Eser § 1 Rdnr. 19.

709 Vgl. die Kritik von Süß, Vom unmöglichen Zustand des Strafrechts, S. 207, 220.

710 Dreier – Schulze-Fielitz Art. 20 Rdnr. 134.

711 Kohlmann, Begriff, S. 4.

werden. Berücksichtigt man dazu den ständigen Ruf der Öffentlichkeit nach härteren Strafen insbesondere, aber nicht nur im Sexualstrafrecht, dann wird der Rechtfertigungsdruck für den Gesetzgeber, der hier nicht strafschärfend tätig werden will, immer höher. Letztlich ist auch zu berücksichtigen, dass sich der Gesetzgeber nicht „rund um die Uhr" mit Änderungen der Strafgesetze beschäftigen kann.

Angesichts dessen scheint es sinnvoll, Gesetze in einem begrenzten Umfang anpassungsfähig zu erhalten. Dies darf jedoch nicht dazu führen, dass Vorschriften jedes erdenkliche zukünftige Verhalten erfassen, um ein Höchstmaß an Wandelbarkeit zu garantieren.

6. Zusammenfassende Beurteilung

Als erstes Zwischenergebnis lässt sich damit festhalten, dass der Bestimmtheitsgrundsatz nicht absolut verstanden werden kann, sondern aus den genannten Gründen in begrenztem Umfang relativiert werden muss[712].

V. Die Grenze der hinreichenden Bestimmtheit

In diesem Abschnitt ist nunmehr die Frage zu klären, welche Schranken der relativen Bestimmtheit zu setzen sind. Es geht um die Grenzen, die im vorherigen Abschnitt mehrfach angesprochen, aber nicht spezifiziert wurden oder – anders formuliert – um die Voraussetzungen der verfassungsrechtlich hinreichenden Bestimmtheit.

„Welchen Grad an gesetzlicher Bestimmtheit der einzelne Straftatbestand haben muß, läßt sich nicht allgemein sagen. Die erforderliche Gesetzesbestimmtheit hängt von der Besonderheit des jeweiligen Straftatbestandes und von den Umständen ab, die zu der gesetzlichen Regelung führen"[713] – mit dieser Formulierung versucht sich die Rechtsprechung weitgehend aus der Affäre zu ziehen. Ganz so einfach darf man es sich jedoch nicht machen, geht es doch um eine Frage des rechtsstaatlichen Kernbereichs des Strafrechts. Im Folgenden soll daher versucht werden, die verschiedenen Ansätze zur Festlegung einer hinreichenden Bestimmtheit vorzustellen und kritisch zu betrachten. Dabei kann es nicht Ziel der Darstellung sein, ein einfach zu handhabendes und auch in Grenzfällen zu eindeutigen Ergebnissen führendes Konzept zu ermitteln. Ein solches Konzept ist – so bedauerlich dies ist – illusorisch. Dies folgt bereits daraus, dass die Suche nach der hinreichenden Bestimmtheit mit sprachlichen

[712] Vgl. Schmidhäuser, GS für Martens, S. 231, 244.
[713] BVerfGE 26, 41, 43; 28, 175, 183; vgl. auch BVerfGE 41, 314, 320; BGHSt 30, 285, 287.

Mitteln ein Problem zu lösen versucht, das seinerseits zumindest teilweise in der Sprache begründet liegt. Die Bedeutung der Grenzziehung für eine hinreichende Bestimmtheit gebietet es aber, trotz dieser Schwierigkeiten die verschiedenen Kriterien auf ihre Brauchbarkeit zu überprüfen und so ein Konzept zu finden, das einerseits die Erreichung der Ziele des Art. 103 Abs. 2 GG so weit wie möglich gewährleistet und andererseits auch praktikabel erscheint.

Vorweg ist anzumerken, dass die folgenden Lösungsansätze nicht immer isoliert, sondern teilweise auch untereinander kombiniert vertreten werden. Um eine geordnete Darstellung und Diskussion zu ermöglichen, muss dieser Aspekt jedoch in den Hintergrund treten. Ferner sei angemerkt, dass auch im Rahmen dieser Arbeit nicht alle zu dieser Frage vorgeschlagenen Einzelansichten erörtert werden können.

1. Bestimmbarkeit durch Auslegung

Die meistgewählte Lösung zur Festlegung der Grenze hinreichender Bestimmtheit besteht in einem Rückgriff auf das Verfahren der Auslegung. So urteilt das Bundesverfassungsgericht immer wieder, den Anforderungen des Art. 103 Abs. 2 GG sei Genüge getan, wenn sich aus der Norm mit Hilfe der üblichen Auslegungsmethoden eine zuverlässige Grundlage für deren Anwendung erkennen lasse[714]. Dieser Gedanke findet sich auch in der Literatur[715] wieder, wobei die klarste Formulierung von Roxin[716] stammt: „Die richtige Lösung wird man auf dem Weg suchen müssen, der durch die Grundsätze der Auslegung im Strafrecht ... vorgezeichnet ist. Danach ist eine Strafvorschrift dann noch hinreichend bestimmt, wenn und soweit ... der Wortlaut einer beliebigen Ausdehnung der Interpretation immerhin noch Grenzen setzt."

Auch unbestimmte Begriffe sind demnach zulässig, solange sich ihr Anwendungsbereich mit Mitteln der Auslegung bestimmen lässt. Diese Lösung bedeutet faktisch, dass eine Norm nicht zwingend bestimmt sein muss, sondern dass ihre Bestimmbarkeit im Sinne einer Auslegungskonkretisierung ausreicht[717].

---

714 BVerfGE 25, 269, 285; 32, 347, 363; 37, 201, 208; 45, 363, 372; 48, 48, 56; 50, 142, 164 f.; 57, 29, 35; 75, 329, 341; 85, 69, 73; BGHSt 11, 365, 377.

715 Albrecht, Garantenstellungen, S. 149 ff.; BK-Rüping Art. 103 Abs. 2 Rdnr. 26; LK-Gribbohm § 1 Rdnr. 47; Rudolphi, Unrechtsbewusstsein, S. 138; Sachs-Degenhart Art. 103 Rdnr. 67 f.; SK-Rudolphi § 1 Rdnr. 12; Woesner, NJW 1963, S. 273, 274; vgl. auch Müller-Dietz, FS für Lenckner, S. 179, 191.

716 Roxin, AT 1, § 5 Rdnr. 75.

717 Kritisch Kamberger, Garantenstellung, S. 187, 192.

Trotz dieses Abstrichs ist die dargestellte Ansicht im Grundsatz zustimmungswürdig. Dies soll im folgenden erläutert werden, wobei hier zwischen deskriptiven und normativen Merkmalen unterschieden werden soll.

A) Deskriptive Merkmale

Wie bereits gezeigt ist letztlich jedes deskriptive Tatbestandsmerkmal zumindest in seinen Randbereichen unscharf und bedarf der Auslegung. Daraus wurde schon die Konsequenz gezogen, dass alleine das Vorhandensein eines Auslegungsspielraums nicht zur Verfassungswidrigkeit eines Tatbestands führen kann. Wenn aber nun die Auslegung zum Verständnis eines Tatbestands erforderlich ist, liegt es nahe, umgekehrt zu sagen, dass eine hinreichende Bestimmtheit vorliegt, wenn außer der Auslegung keine weiteren Verfahren angewendet werden müssen, um den Inhalt einer Norm zu definieren.

Diese Abgrenzung des Bereichs der hinreichenden Bestimmtheit korrespondiert mit der ratio legis des Bestimmtheitsgebots, die darin liegt, dass der Bürger auch im Hinblick auf die Generalprävention staatliche Strafsanktionen vorhersehen und sein Verhalten darauf einrichten können soll sowie dass der Bereich des strafwürdigen Verhaltens vom Gesetzgeber bestimmt wird.

Die Auslegung eines deskriptiven Tatbestandsmerkmals anhand der geläufigen Abgrenzungsmethoden der grammatikalischen, historischen, systematischen und teleologischen Auslegung[718] führt im Regelfall zu einem hinreichend konkreten Ergebnis. Zwar ist dieses Ergebnis nicht unbedingt eindeutig und unumstritten – dies scheitert schon daran, dass es einen festgelegten Rang der Auslegungsarten nicht gibt[719]. Eine Person, die der historischen Auslegung mehr Bedeutung zumisst als der teleologischen, wird möglicherweise zu einem anderen Ergebnis kommen als eine andere Person, die dies genau umgekehrt sieht. Ein hinreichend konkretes Ergebnis wird jedoch dadurch gewährleistet, dass es zum einen methodische und nicht willkürliche Verfahren der Interpretation einer Norm gibt und dass zum anderen zumindest im Strafrecht nach überwiegender

[718] Vgl. dazu Baumann/Weber/Mitsch, AT, § 9 Rdnr. 67 ff.; Bydlinski, Methodenlehre, S. 436 ff.; Gropp, AT, § 2 Rdnr. 19 ff.; Jescheck/Weigend, AT, S. 154 ff.; Larenz/Canaris, Methodenlehre, S. 141 ff.; Wessels/Beulke, AT, Rdnr. 57 sowie Müller/Christensen, Methodik I, S. 336 ff., der jedoch zwischen einer genetischen und einer historischen Auslegung differenziert und die teleologische Auslegung nur sehr beschränkt anerkennt; krit. zur teleologischen Auslegung auch Hettinger, „actio“, S. 13 f. und Kamberger, Garantenstellung, S. 164.

[719] Vgl. Hassemer, Strafen im Rechtsstaat, S. 13, 21; Larenz/Canaris, Methodenlehre, S.166; Sch/Sch-Eser § 1 Rdnr. 53; Schünemann, FS für Klug, S. 169.

und zutreffender Auffassung der Wortsinn[720] einer Norm die äußerste Grenze jeder Auslegung bildet[721]. Eine über den Wortlaut hinausgehende Ausdehnung eines Begriffs ist nicht mehr Auslegung, sondern im Strafrecht unzulässige Analogie. Grenze der Auslegung ist damit der den Begriffskern umgebende Begriffshof; innerhalb des Begriffshofs gewährleistet eine nach den anerkannten Regeln erfolgende Auslegung eine hinreichende Bestimmtheit.

Im Rahmen der Wortsinnbegrenzung stellt sich dabei naturgemäß die Frage, ob es auf den natürlichen, allgemeinen Sprachgebrauch oder auf die juristische Fachsprache ankommt. Diese Frage ist zumindest theoretisch leicht zu beantworten: Da der Wortlaut die Funktion übernehmen soll, hinreichende Bestimmtheit und Rechtssicherheit für den einzelnen Bürger zu gewährleisten, muss es auf den natürlichen, für den Adressaten erkennbaren und verstehbaren Wortlaut ankommen[722]. Zwar wird geltend gemacht, dass diese Auffassung

---

[720] Das Verhältnis von Wortlaut und Wortsinn wird nicht einheitlich beurteilt. Vielfach werden beide Begriffe synonym verwendet (darauf hinweisend Hanack, NStZ 1986, S. 263 FN 7; Müller/Christensen, Methodik I, S. 297), während methodische Lehrbücher zwischen dem Wortlaut als Gegenstand der Auslegung und dem Wortsinn als deren Ziel differenzieren (vgl. Müller/Christensen, Methodik I, S. 297). Dabei wird unter „Wortsinn" die „Bedeutung eines Ausdrucks im allgemeinen Sprachgebrauch oder, falls ein solcher feststellbar ist, im besonderen Sprachgebrauch des jeweils Redenden ..." verstanden (Larenz/Canaris, Methodenlehre, S. 141). Für den konkreten Auslegungsvorgang bzw. das konkrete Auslegungsergebnis ist die methodische Entscheidung ohne Bedeutung. Vgl. zu dieser Problematik auch Simon, Gesetzesauslegung, S. 43 f.

[721] BVerfGE 47, 109, 121, 124; 64, 389, 393; 71, 108, 114 ff.; 73, 206, 235 f.; 75, 329, 341; 82, 236, 269; 92, 1, 12; 105, 135, 157; BGHSt 3, 300, 303; 4, 144, 148; 8, 343, 345; 10, 157, 160; 37, 226, 230; 39, 112, 114 f.; 40, 272, 279; 41, 285, 286; 43, 237, 238; OLG Koblenz NJW 1978, S. 2043 f.; AG Alsfeld NJW 1981, S. 2588; Albrecht, Garantenstellungen, S. 150; AK-GG-Wassermann Art. 103 Rdnr. 54; Baumann/Weber/Mitsch, AT, § 9 Rdnr. 84; BK-Rüping Art. 103 Abs. 2 Rdnr. 35, 45; Bydlinski, Methodenlehre, S. 441, 468 ff.; Dreier – Schulze-Fielitz Art. 103 Abs. 2 Rdnr. 39 f.; Gropp, AT, § 2 Rdnr. 25 f.; Heintschel v. Heinegg/Pallas, Grundrechte, Rdnr. 540; Hettinger, „actio", S. 46; Ipsen, Staatsrecht II, Rdnr. 873 f.; Jescheck/Weigend, AT, S. 159; Krey, Studien, S. 146 ff.; ders., ZStW 101, S. 838, 843 ff.; Lackner, Rechtsfortbildung, S. 39, 54 ff.; Larenz/Canaris, Methodenlehre, S. 143, 163 f.; LK-Gribbohm § 1 Rdnr. 87; v. Mangoldt/Klein/Starck-Nolte Art. 103 Rdnr. 157; Maunz/Dürig-Schmidt-Aßmann Art. 103 Rdnr. 225 ff.; MüKo-StGB-Schmitz § 1 Rdnr. 58; Müller-Dietz, FS für Lenckner, S. 179, 189 ff.; Otto, AT, § 2 Rdnr. 60; Roxin, AT 1, § 5 Rdnr. 28; Sch/Sch-Eser § 1 Rdnr. 37, 53; SK-Rudolphi § 1 Rdnr. 35; Stree, JuS 1961, S. 51; Zippelius, Methodenlehre, S. 47; vgl. aber auch Jakobs, AT, 4/ 35 ff., der eine Wortlautüberschreitung unter folgenden vier Voraussetzungen für zulässig hält: Kontinuität der Begriffsentwicklung, ansonsten bestehender Wertungswiderspruch, gleichrangige Regelungsbedürftigkeit, Geeignetheit.

[722] BVerfGE 47, 109, 121; 71, 108, 115; 73; 206, 236; 75, 329, 341; 82, 236, 269; BGHSt 1, 158, 163; 10, 46, 50; 28, 147, 148; Baumann, MDR 1958, S. 394 ff.; Baumann/Weber/Mitsch, AT, § 9 Rdnr. 84 f.; Jarass/Pieroth-Pieroth Art. 103 Rdnr. 70; Maunz/Dürig-Schmidt-Aßmann Art. 103 Rdnr. 179, 227; Müller-Dietz, FS für Lenckner, S. 179, 190; Roxin, AT 1, § 5 Rdnr.

angesichts des heute erreichten Stands der Gesetzgebungstechnik illusorisch sei. Der Bürger müsse vielmehr einkalkulieren, dass ein Begriff in fachspezifischer Weise verstanden werde; dieses Risiko müsse er hinnehmen. Es gelte daher ein Vorrang der Fachsprache, sofern das Gesetz nicht selbst auf die Umgangssprache rekurriere[723]. Dem ist jedoch entgegenzuhalten, dass Vorhersehbarkeit dann nur für denjenigen gewährleistet wäre, der die intellektuellen Fähigkeiten hat, sich über eine spezifisch juristische Bedeutung der verwendeten Begriffe zu informieren. Das Bestimmtheitsgebot erfordert aber, dass jeder bei – theoretischer – Kenntnis des Gesetzeswortlauts vorhersehen kann, was erlaubt bzw. verboten ist[724]. Entscheidend muss daher grundsätzlich die natürliche Wortbedeutung sein.

Ein besonderer, von der natürlichen Wortbedeutung abweichender juristischer Sprachgebrauch ist demnach nur vorrangig, wenn er durch das Gesetz selbst bestimmt und auf diese Weise für die Allgemeinheit erkennbar wird[725]. Beispiele hierfür sind die Legaldefinitionen in § 11 StGB, auch wenn diese nicht nur deskriptive Begriffe umfassen. Ein spezifisch juristischer Sprachgebrauch kann auch dann ausschlaggebend sein, wenn die Alltagssprache die entsprechenden Begriffe ursprünglich gar nicht kannte oder verwendete, sondern die Begriffe aus der Fachsprache rezipiert wurden, was allerdings bei deskriptiven Begriffen selten der Fall sein dürfte. In diesem Fall hat der oben abgelehnte Standpunkt seine Berechtigung: Wer ein Fachwort verwendet, trägt das Risiko, dass er dessen Inhalt falsch verstanden hat.

Dabei soll nicht geleugnet werden, dass die Feststellung des möglichen Wortsinns anhand der Wortlautgrenze der Alltagssprache ihrerseits schwierig sein kann[726]. Da eine Durchführung demoskopischer Befragungen[727] im

---

37; Sachs-Degenhart Art. 103 Rdnr. 70; Sch/Sch-Eser § 1 Rdnr. 20; SK-Rudolphi § 1 Rdnr. 29; Tröndle/Fischer § 1 Rdnr. 12; unklar Gropp, AT, § 2 Rdnr. 20: sowohl Alltags- als auch Fachsprache. MüKo-StGB-Schmitz § 1 Rdnr. 68 schränkt den natürlichen Sprachgebrauch ein, wenn ein engerer juristischer Sprachgebrauch existiert.

723 Simon, Gesetzesauslegung, S. 112 ff., der die Orientierung am allgemeinen Sprachgebrauch als kaum realistisch bzw. realitätsfern bezeichnet; i. E. wohl auch Jescheck/Weigend, AT, S. 155.

724 Vgl. Baumann, MDR 1958, S. 394, 395: „Festlegung ohne allgemeine Erkennbarkeit würde eine Art Geheimrecht schaffen."

725 MüKo-StGB-Schmitz § 1 Rdnr. 68; SK-Rudolphi § 1 Rdnr. 29.

726 Deshalb ablehnend Hanack, NStZ 1986, S. 263; vgl. auch Simon, Gesetzesauslegung, S. 121 ff.

727 Hassemer, Strafen im Rechtsstaat, S. 13, 28 bezweifelt zudem die Effektivität derartiger Umfragen: „In der Praxis werden die demoskopischen Befragungen ans Licht bringen, daß ein Teil der Befragten den Begriff so verwenden würde, ein Teil anders ... und ein weiterer Teil die Frage nicht verstünde. Bei wie viel Ja-Stimmen beginnt nun die strafrechtliche Sättigung, und brauchte man eine bestimmte Qualität von Ja-Stimmen (native-speakers, Alters- oder

Hinblick auf den damit verbundenen Zeitaufwand und die hierdurch verursachten Kosten nicht in Frage kommt, zählt allein die Fähigkeit des Rechtsanwenders, das Ergebnis einer hypothetischen Befragung zu erahnen. Dies ist insbesondere deswegen schwierig, weil der Richter ja auch den juristischen Sprachgebrauch kennt und sich für ihn persönlich auch die Fachsprache als Alltagssprache darstellt. So misslich diese Situation ist – eine andere Lösung als die, auf die Sensibilität und Fähigkeit der Richterschaft zu vertrauen, existiert nicht.

Gegen die herrschende Ansicht von der Maßgeblichkeit der Wortlautgrenze werden allerdings auch Einwände geltend gemacht. Zum einen wird vertreten, dass die ratio legis einer Norm höher stehe als deren Wortlaut[728], Letzterer also nicht Grenze der Auslegung sein könne. Zum anderen wird vertreten, dass auch die Auslegung analogischen Charakter habe[729].

Beide Argumente können jedoch nicht überzeugen:

Schon die erste These, der Zweck einer Norm sei höher anzusiedeln als deren Wortlaut, bleibt eine tragfähige Begründung schuldig. Vielmehr spricht alles für einen Vorrang des Wortlauts. Gegenstand der Norminterpretation und damit der Auslegung ist allein der Gesetzestext. In ihm verwirklicht sich die gesetzgeberische Anordnung. Der Gesetzgeber ist zur Mitteilung seines Willens auf Sprache angewiesen, nur durch Worte kann er den Sinn eines Gesetzes vermitteln. Damit ist der Wortlaut bzw. der Wortsinn das einzig objektiv nachprüfbare – und insofern entscheidende – Merkmal. Alle weiteren Auslegungsmethoden, gerade auch die historische und die teleologische, sind letztlich – von Bemerkungen im Gesetzgebungsverfahren abgesehen, die keineswegs immer existieren – durch die vom Gesetzgeber gewählte Ausdrucksweise geprägt und beeinflusst. Anders formuliert: Was der

---

Bildungsgrenzen, Nationalität)? Müßten die Befragten nicht die Akte kennen oder doch den Sachverhalt oder wenigstens das Problem, auf das es ankommt, anstatt ins Blaue hinein irgendetwas miteinander zu verbinden – wo Sprechen und Verstehen doch, wie man weiß, von Kontexten und Situationen abhängen?".

728 Germann, SchwZStR 55, S. 134, 153 ff.; Hanack, NStZ 1986, S. 263; Sax, Analogieverbot, S.87 f.; Stratenwerth, AT 1, § 3 Rdnr. 31; Zimmermann, NJW 1956, S. 1262 ff. sowie – allerdings nicht spezifisch auf das Strafrecht bezogen – Bartholomeyczik, Kunst, S. 79 f., 71 ff.: „Erst aus dem Geist wird das Gesetz lebendig. Der Buchstabe tötet." In die gleiche Richtung geht BGHSt 10, 375 f. Dort entschied der Bundesgerichtshof zu § 9 Abs. 1 Nr. 6 des preußischen Gesetzes über den Forstdiebstahl, dass ein Kraftfahrzeug zwar vom Wortlaut „ein bespanntes Fuhrwerk, ein Kahn oder ein Lasttier" nicht erfasst wird, Sinn und Zweck der Vorschrift aber eine Einbeziehung geböten.

729 Hassemer, Strafen im Rechtsstaat, S. 13, 29 ff.; ders., Tatbestand, S. 118, 160 ff.; Arthur Kaufmann, Analogie, S. 39 ff.; NK-Hassemer § 1 Rdnr. 95; Sax, Analogieverbot, S. 24

Gesetzgeber gewollt hat oder was der objektive Sinn eines Gesetzes ist, ergibt sich im Regelfall erst aus einer Textinterpretation der geschaffenen Vorschrift. Dies zeigt, dass der Wortlaut der Norm ihrem Zweck vorgeht und nicht umgekehrt[730].

Auch der zweite Kritikpunkt erscheint wenig einleuchtend. Es kann an dieser Stelle dahinstehen, ob die Auslegung eines Gesetzes tatsächlich nichts anderes darstellt als einen Ähnlichkeitsschluss, wie er auch im Rahmen der Analogie gezogen wird. Selbst wenn dies so ist, hindert es nicht, zwischen einem Ähnlichkeitsschluss innerhalb und außerhalb der Wortlautgrenze zu unterscheiden und den ersten Fall für zulässig, den zweiten dagegen im Strafrecht für unzulässig zu erklären[731].

Die einzige Kritik, die die herrschende Meinung wirklich trifft, wurde bereits oben angesprochen: Das Abgrenzungskriterium des möglichen Wortsinns ist selbst vage und insofern nicht eindeutig[732]. Diese Erkenntnis ist richtig – sie zwingt aber nicht zu der Aussage, dass der Wortlaut keinerlei brauchbare Abgrenzung ermöglicht[733]. Eine Grenzziehung, die ohne jede Zone des Zweifels auskommt, ist im Rahmen sprachlicher Verständigung nicht denkbar. Gerade auch das Abstellen auf den Sinn und Zweck einer Norm liefert keine exakteren Ergebnisse. Der Wortlaut verhindert aber zumindest eine Manipulierbarkeit des Begriffsinhalts. Er bildet daher im Rahmen des sprachlich Machbaren zwar eine schwache, aber immerhin noch brauchbare Garantie.

Zudem ist es der Praxis in der Vergangenheit durchaus gelungen, mit Hilfe des Wortlauts eine Abgrenzung von Analogie und Auslegung vorzunehmen. Zu nennen sind hier an erster Stelle die Entscheidungen des Reichsgerichts, in denen dieses sich weigerte, Elektrizität bzw. elektrischen Strom als Sache i. S. d. § 242 StGB anzusehen[734]. Der Bundesgerichtshof hat diese Tradition fortgesetzt. Er sah sich gehindert, eine mit einem Gebäude fest verbundene Wand als Werkzeug i. S. d. Körperverletzungsdelikte anzusehen, weil das natürliche

---

[730] Vgl. hierzu Canaris, Feststellung, S. 19 f. (Ein „Gesetz besteht p r i m ä r aus Befehlen, Geboten, Anordnungen, und erst ‚dahinter' stehen die Wertungen"); Jescheck/Weigend, AT, S. 159; Krey, Studien, S. 129, 147 ff.; Lackner, Rechtsfortbildung, S. 39, 53 ff.; Roxin, AT 1, § 5 Rdnr. 30.

[731] Canaris, Feststellung, S. 23; Kamberger, Garantenstellung, S. 163; Krey, Studien, S. 141, 149; Roxin, AT 1, § 5 Rdnr. 36; vgl. auch Hettinger, „actio", S. 374.

[732] Haft, FS für Lenckner, S. 81, 86; Hanack, NStZ 1986, S. 263; Jakobs, AT, 4/35; Arthur Kaufmann, Analogie, S. 4 f.; Sax, Analogieverbot, S. 80 ff.

[733] So auch Canaris, Feststellung, S. 23; Krey, Studien, S. 152 ff.; ders., ZStW 101, S. 838, 845; Lackner, Rechtsfortbildung, S. 39, 56; Müller-Dietz, FS für Lenckner, S. 179, 184 f.; Roxin, AT 1, § 5 Rdnr. 37.

[734] RGSt 29, 111 ff; 32, 165 ff., insbesondere 185 ff.

Sprachempfinden sich gegen diese Bezeichnung wehre[735]. Unter Hinweis auf den allgemeinen Sprachgebrauch lehnte der Bundesgerichtshof es ferner ab, einen Zusammenschluss von nur zwei Personen als Vereinigung i. S. d. § 129 StGB anzusehen[736]. Weitere Beispiele sind die Verneinung einer Sachbeschädigung beim Bekleben mit Plakaten[737] und die Ablehnung einer Strafvereitelung beim Bezahlen einer Geldstrafe durch einen Dritten[738].

Diese Darstellung zeigt, dass der Wortlaut in vielen Fällen ein durchaus handhabbares Kriterium darstellt. Für die übrigen Fälle gilt, dass dem Bürger bei einem im Grenzbereich nicht eindeutigen Wortlaut zumindest das Risiko vor Augen steht, sich strafbar zu machen. Dies reicht nach der Rechtsprechung des Bundesverfassungsgerichts aus[739]. Zwar ist diese Aussage insofern problematisch, als das Risiko die Handlungsfähigkeit eines rechtstreuen Bürgers faktisch wie ein Verbot begrenzt, weil er die Handlung schon im Hinblick auf das Risiko einer Bestrafung unterlassen wird. Andererseits wird sich im Rahmen der sprachlichen Verständigung – wie bereits mehrfach betont – keine eindeutige Abgrenzung finden lassen. In Anbetracht dessen muss im Grenzbereich eines Begriffs die Erkennbarkeit des Risikos, sich strafbar zu machen, ausreichen. Der Bürger muss sich für diesen Sonderfall entweder informieren oder die Handlung unterlassen oder das Risiko in Kauf nehmen. Einen gewissen Schutz bieten dabei die strafrechtlichen Irrtumsregelungen. Glaubt beispielsweise der Täter bei voller Tatsachenkenntnis nicht, dass der Sachverhalt unter ein bestimmtes deskriptives Merkmal fällt (hält z. B. der Dieb den gerade ausgegrabenen Baum nicht für eine bewegliche Sache i. S. von § 242 StGB), so unterliegt er einem nach § 17 StGB zu beurteilenden Verbotsirrtum. Der Verbotsirrtum führt bei Unvermeidbarkeit nach § 17 Satz 1 StGB zum Ausschluss der Schuld; bei Vermeidbarkeit ist nach § 17 Satz 2 StGB eine Strafmilderung möglich.

B) Normative Merkmale

Die dargestellten Kriterien gelten im Grundsatz auch für die normativen Tatbestandsmerkmale. Dabei ist allerdings zu differenzieren[740]: Zum einen gibt es normative, wertgefüllte Tatbestandsmerkmale, d. h. solche Begriffe, die auf andere rechtliche Wertungen Bezug nehmen. Zum anderen ist auf normative,

---

735 BGHSt 22, 235 ff.
736 BGHSt 28, 147 ff.
737 BGHSt 29, 129 ff.
738 BGHSt 37, 226 ff.
739 BVerfGE 47, 109, 121; 55, 144, 153; 71, 108, 115; 73, 206, 235; 75, 329, 341; 85, 69, 73; 92, 1, 12.
740 Vgl. Rüthers, Rechtstheorie, Rdnr. 183 ff.

wertausfüllungsbedürftige Merkmale einzugehen. Sie verweisen auf außerrechtliche, oftmals sittliche bzw. moralische Wertungen.

a) Wertgefüllte normative Tatbestandsmerkmale

Die wertgefüllten, normativen Tatbestandsmerkmale sind wiederum in zwei Gruppen zu unterteilen. Die eine Gruppe besteht aus den Blankettmerkmalen, deren Existenz die Strafvorschrift zu einem Blankettgesetz macht[741]. Die andere Gruppe wird von den hier sog. rechtlich-institutionellen Tatbestandsmerkmalen[742] gebildet.

Beide Untergruppen verweisen aus dem Strafgesetz auf andere rechtliche Wertungen. Der Unterschied besteht nach vorzugswürdiger Ansicht[743] im Inhalt

[741] Die Definitionen eines Blankettstrafgesetzes sind vielfältig und weichen z. T. auch voneinander ab. Hier sollen folgende Definitionen zu Grunde gelegt werden: „Blankettstrafgesetze sind solche Strafgesetze, die ihre Strafdrohung auf ein ganz oder teilweise durch andere Rechtsquellen tatbestandlich umschriebenes Verhalten beziehen“ (Warda, Abgrenzung, S. 5) bzw. „Enthält ein Strafgesetz einen ausfüllungsbedürftigen, unbestimmten Begriff und wird dieser durch andere Bestimmungen konkretisiert, so liegt eine echte Blankettergänzung vor“ (Lohberger, Blankettstrafrecht, S. 17); vgl. auch BGHSt 6, 30,40 f. und Schneider, Gesetzgebung, Rdnr. 75. Dabei sollen hier Blankettstrafgesetze auch gegeben sein, wenn die ausfüllende Norm in einer Einzelverfügung besteht, vgl. Lohberger, Blankettstrafgesetz, S. 18, 37 ff. Einige Stimmen verneinen in diesen Fällen das Vorliegen eines Blankettstrafgesetzes, vgl. Schünemann, FS für Lackner, S. 367, 372 f.; differenzierend Warda, Abgrenzung, S. 15 ff.

[742] Zum Begriff Puppe, GA 1990, S. 145, 163, die allerdings die legaldefinierten Merkmale nicht dazuzählen will. Diese Ausgrenzung ist m. E. nicht zwingend.

[743] Die Abgrenzung zwischen Blankettstrafgesetzen und den hier sog. rechtlich-institutionellen Merkmalen (d. h. normativen Merkmalen, die anhand geltender rechtlicher Normen auszulegen sind) ist äußerst streitig, vor allem im Hinblick auf die aus der Differenzierung resultierenden Probleme im Vorsatz- und Irrtumsbereich (vgl. Enderle, Blankettstrafgesetze, S. 79; Lauer, Irrtum, S. 64 ff.; Müller-Magdeburg, Abgrenzung, S. 86, 142 f.). Die Erkenntnis, dass formelle Kriterien wie z. B das Vorliegen eines Kompetenzsprungs (Binding, Normen I, S. 161 f.) allein keine plausible Differenzierung ermöglichen (Dietmeier, Blankettstrafrecht, S. 228 f.; Enderle, Blankettstrafgesetze, S. 89 f.), führt angesichts der Vielzahl der materiellen Ansätze noch nicht zu hinreichender Klarheit. Hier sollen nicht alle einzelnen materiellen Ansätze dargestellt werden; insoweit wird auf bereits bestehende Darstellungen (Dietmeier, Blankettstrafrecht, S. 228 ff.; Enderle, Blankettstrafgesetze, S. 90 ff.) verwiesen. Einer Erörterung an dieser Stelle bedarf nur die mehrfach genannte Abgrenzung anhand der Frage, ob im Tatbestand eine vollständige Unrechtsvertypung enthalten ist oder nicht. Entscheidend soll sein, ob der Straftatbestand auch ohne das normative Merkmal bereits vollständig ist (BVerfGE 78, 205, 213; vgl. auch Enderle, Blankettstrafrecht, S. 349 f.; Marburger, Regeln der Technik, S. 385). Blankettstrafgesetze sind danach Tatbestände, die keine sinnvolle Unrechtsvertypung darstellen und insoweit unvollständig sind. Ein hier sog. rechtlich-institutionelles Tatbestandsmerkmal ist dagegen dadurch gekennzeichnet, dass ein sinnvoller, vollständiger

des Bezugsobjekts, der ausfüllenden Norm. Beim Blankettstrafgesetz beinhaltet die ausfüllende Norm ein Gebot oder ein Verbot, sie beschreibt die ge- oder verbotene Handlung[744]. Beim rechtlich-institutionellen Merkmal hat der Rechtssatz, auf den Bezug genommen wird, nur beschreibenden Inhalt. Er stellt kein eigenes Gebot oder Verbot auf, sondern regelt nur die Voraussetzungen dafür, dass eine bestimmte Eigenschaft oder Situation gegeben ist[745]. Ein Beispiel für letzteres bildet das Tatbestandsmerkmal „fremd" in § 242 StGB[746]. Es verweist auf die sachenrechtlichen Vorschriften zum Eigentumserwerb.

Tatbestand vorliegt, auch wenn die Bedeutung des normativen Merkmals erst anhand anderer Normen festgestellt werden kann. Dieser Lösungsweg ist problematisch, weil unklar ist, was unter einem vollständigen, sinnvollen Tatbestand zu verstehen ist. Zwar wird ausgeführt, dass ein vollständiger Tatbestand die Angabe des geschützten Wertes, des Verbots bestimmter Verhaltensweisen und der staatlichen Reaktion enthalte (Enderle, Blankettstrafgesetze, S. 124). Diese Inhaltsbestimmung führt jedoch nicht zu einer befriedigenden Klärung. Als Beispiel sei nur auf § 21 Abs. 1 Nr. 1 StVG verwiesen, der das Führen eines Kraftfahrzeugs ohne die erforderliche Erlaubnis unter Strafe stellt. Enthält dieser Tatbestand nun das Verbot einer bestimmten Handlung? Dafür spricht, dass die verbotene Tätigkeit – das Führen eines Fahrzeugs ohne Erlaubnis – im Tatbestand selbst genannt wird. Umgekehrt lässt sich argumentieren, dass das spezifisch Verbotene erst darin besteht, ein Fahrzeug ohne Erlaubnis zu führen, wenn eine Erlaubnis überhaupt erforderlich war. Wann dies der Fall ist, lässt sich dem strafrechtlichen Tatbestand selbst nicht entnehmen. Dies zeigt, dass die Abgrenzung nach der Vollständigkeit des Tatbestandes zu willkürlichen Ergebnissen führt. Sie ist daher abzulehnen. Im Vergleich dazu führt die Abgrenzung nach der Art der ausfüllenden Norm (Gebots- bzw. Verbotsnorm oder beschreibende Norm, so vertreten von Lohberger, Blankettstrafrecht, S. 16 ff.; Warda, Abgrenzung, S. 6 f.; ähnlich auch Puppe, GA 1990, S. 141, 163 ff., die darauf abstellt, ob aus dem Straftatbestand eine sinnvolle und nicht bloß tautologische Bestimmungsnorm hergeleitet werden kann. Dies sei bei solchen (Blankett-)Gesetzen nicht der Fall, die in ihrem Tatbestand auf eine anderweitig bestimmte Pflicht verweisen. Ähnlich auch von der Heide, Abgrenzung, S. 170 ff., die zwar primär auf den Begriff der Unvollständigkeit abstellt, diese aber mit der Gebots- bzw. Verbotsbeschreibung gleichsetzt. Das weitere von ihr verwendete Merkmal der Korrespondenz der Regelungsgehalte kann nicht überzeugen und wird hier daher nicht weiter verfolgt, vgl. Lauer, Irrtum, S. 55 ff.) zu vorhersehbaren Ergebnissen. Zwar mag auch diese Ansicht in Randbereichen zu schwierigen Problemen führen (z. B. die Einordnung von Verweisungsobjekten, die ein mit der Ausfüllungsnorm gleichlautendes Verbot bzw. Gebot enthalten, vgl. Enderle, Blankettstrafgesetze, S. 95 f., Lohberger, Blankettstrafrecht, S. 17). Will man aber nicht eine Differenzierung für unmöglich erklären (so Dietmeier, Blankettstrafrecht, S. 235), so ist die soeben aufgezeigte Ansicht der beste Weg.

[744] Lohberger, Blankettstrafrecht, S. 17 f.; Maunz/Dürig-Schmidt-Aßmann Art. 103 Rdnr. 199. Dabei kommt es nach von der Heide, Abgrenzung, S. 191 nicht darauf an, ob der Gesetzgeber das Verbot bzw. Gebot ausdrücklich formuliert hat oder ob es nur in indirekter Form zutage tritt.

[745] Lohberger, Blankettstrafrecht, S. 17 f.; Maunz/Dürig-Schmidt-Aßmann Art. 103 Rdnr. 200.

[746] Von der Heide, Abgrenzung, S. 171; LK-Gribbohm § 1 Rdnr. 38; Lohberger, Blankettstrafrecht, S. 17 f.; Maunz/Dürig-Schmidt-Aßmann Art. 103 Rdnr. 200.

Diese beinhalten jedoch keine Gebote oder Verbote, sondern beschreiben nur, wie Übereignungen etc. wirksam vollzogen werden können. Anders verhält es sich beispielsweise mit § 21 Abs. 1 Nr. 1 StVG[747]. Danach wird bestraft, wer ohne die erforderliche Fahrerlaubnis ein Kraftfahrzeug führt. Diese Vorschrift verweist auf § 2 Abs. 1 S. 1 StVG. Dieser enthält das Verbot, ohne Fahrerlaubnis der zuständigen Behörde auf öffentlichen Straßen ein Kraftfahrzeug zu führen, und wird durch die Fahrerlaubnisverordnung konkretisiert. Dabei handelt es sich nicht lediglich um beschreibende Normen, sondern um eine Ausgestaltung des in § 21 Abs. 1 Nr. 1 StVG sanktionierten Verbots. Unerheblich für die Qualifizierung einer Norm als Blankettgesetz ist, ob die Verweisung – wie z. B. in § 28 VersG, wonach der Verstoß gegen das Uniformverbot des § 3 VersG unter Strafe gestellt wird – explizit erfolgt oder sich implizit aus der vom Gesetzgeber verwendeten Formulierung ergibt[748].

Hinzuweisen ist noch darauf, dass es sich beim normativen wertgefüllten Blanketttatbestand häufig um einen lediglich teilergänzungsbedürftigen Tatbestand[749] handelt. Dieser ist dadurch gekennzeichnet, dass die Strafbarkeit wenigstens teilweise im Blankettgesetz selbst umschrieben und lediglich für einzelne Merkmale auf andere Normen verwiesen wird. Da viele Straftatbestände des Strafgesetzbuchs mehr als ein Tatbestandsmerkmal enthalten, kommt diese Art Blankettvorschrift relativ oft vor. Enthält ein Tatbestand dagegen nichts außer der Verweisung auf andere Normen, so handelt es sich um eine voll ergänzungsbedürftige Blankettvorschrift[750]. Dieser Fall soll mangels Relevanz im Kernstrafrecht des Strafgesetzbuchs hier außer Betracht bleiben.

aa) Blankettstrafgesetze

Bei den hier zu erörternden teilausfüllungsbedürftigen Blanketttatbeständen wird die blankettausfüllende Norm quasi Bestandteil des strafrechtlichen Tatbestandes. Art. 103 Abs. 2 GG gilt demnach auch für die Ergänzungsvorschrift[751]. Damit müssen auch bei den Ergänzungsvorschriften die Zielsetzungen des nulla poena-Satzes erfüllt werden, d. h. die Vorher-

---

747 Von Volkmann, ZRP 1995, S. 220, 221 als Musterfall eines Blankettgesetzes bezeichnet; vgl. LK-Gribbohm § 1 Rdnr. 37.

748 Vgl. BGHSt 3, 400, 402 f.; Lauer, Irrtum, S. 46; Warda, Abgrenzung, S. 13.

749 Vgl. Lohberger, Blankettstrafrecht, S. 28 ff.; Warda, Abgrenzung, S. 7, 12; Kühl, FS für Lackner, S. 819, 828.

750 Lohberger, Blankettstrafrecht, S. 28 ff.; Warda, Abgrenzung, S. 7, 12.

751 Vgl. OLG Karlsruhe NStZ 1995, S. 446; Dietmeier, Blankettstrafrecht, S. 114; Enderle, Blankettstrafgesetze, S. 173; Maunz/Dürig-Schmidt-Aßmann Art. 103 Rdnr. 201; MüKo-StGB-Schmitz § 1 Rdnr. 49; Müller-Magdeburg, Abgrenzung, S. 16; Sachs-Degenhart Art. 103 Rdnr. 61

sehbarkeit durch den Bürger und die gesetzgeberische Wertentscheidung sind zu gewährleisten. Dies erscheint je nach Charakter der ausfüllenden Norm – Gesetz, Verordnung, Satzung, Verwaltungsakt etc. – mehr oder weniger problematisch. Die Erörterungsbedürftigkeit erhöht sich noch, wenn man den für die meisten Strafgesetze einschlägigen Art. 104 Abs. 1 GG mit in die Betrachtung einbezieht. Während im Rahmen von Art. 103 Abs. 2 GG nicht völlig geklärt ist, ob Gesetz hier im formellen Sinne zu verstehen ist[752], besteht bei Art. 104 Abs. 1 GG Einigkeit, dass nur ein Parlamentsgesetz ausreichend ist[753]. Es drängt sich deshalb die Frage auf, wie z. B. eine Verordnung als blankettausfüllende Norm mit diesen Voraussetzungen in Einklang gebracht werden kann. Dies soll im Folgenden näher dargestellt werden.

(1) Gesetz

Relativ unproblematisch ist die Konstellation, dass die ausfüllende Norm ein formelles Gesetz darstellt. Sie ist ebenso wie die Blankettnorm selbst eine den Anforderungen des Art. 103 Abs. 2, 104 Abs. 1 GG genügende Wertentscheidung des parlamentarischen Gesetzgebers, und auch die Vorhersehbarkeit für den Bürger wird gewährleistet. Dementsprechend hat das Bundesverfassungsgericht entschieden, dass bei blankettausfüllenden Gesetzen ein Verweis in der Blankettvorschrift genügt[754]. Diese Ansicht hat in der Literatur Zustimmung gefunden[755]. Die einzige Schwierigkeit in diesem Bereich entsteht bei dynamischen Verweisungen[756] von Bundes- auf Landesrecht. Das Bundesverfassungsgericht hat in einer insgesamt restriktiv geprägten Entscheidung eine derartige Verweisung zwar nicht generell, aber bei grundrechtsrelevanten Regelungen für unzulässig gehalten[757]. Zu berück-

[752] Vgl. BVerfGE 14, 174, 185; 32, 347, 362; BVerfG NJW 1979, S. 1981, 1982; BVerfG NJW 1992, S. 2624; Winkelbauer, Verwaltungsakzessorietät, S. 33 einerseits und BVerfGE 22, 21, 25; 78, 374, 382; v. Münch/Kunig-Kunig Art. 103 Rdnr. 21 andererseits. Ausführlich dazu Dietmeier, Blankettstrafrecht, S. 119 ff.

[753] BVerfGE 14, 174, 186; 37, 374, 389; BVerfG NJW 1979, S. 1981; BVerfG NStZ 1991, S. 88; Kistner, DRiZ 1962, S. 118.

[754] BVerfGE 14, 245, 252; 75, 329, 342; BVerfG NJW 1992, S. 35 f.

[755] Bergmann, Strafbewehrung, S. 80; Dietmeier, Blankettstrafrecht, S. 118; Dreier-Schulze-Fielitz Art. 103 Abs. 2 Rdnr. 28; Enderle, Blankettstrafgesetze, S. 174; Maunz/Dürig-Schmidt-Aßmann Art. 103 Rdnr. 207; Sachs-Degenhart Art. 103 Rdnr. 61.

[756] Die dynamische Verweisung verweist auf die jeweils gültige Fassung der in Bezug genommenen Vorschrift im Gegensatz zur statischen Verweisung, die auf diejenige Fassung des Verweisungsobjekts beschränkt ist, die bei Inkrafttreten der Verweisungsvorschrift in Geltung stand, vgl. Schneider, Gesetzgebung, Rdnr. 385.

[757] BVerfGE 47, 285, 311 ff, 317; ebenso Enderle, Blankettstrafgesetze, S. 182; Ossenbühl, DVBl 1967, S. 401, 403 f.; Winkelbauer, Verwaltungsakzessorietät, S. 29; a. A. Lohberger, Blankettstrafrecht, S. 114. Er begründet seine Ansicht damit, dass in jedem Bundesland nur das Strafgesetz gilt, das von dem zuständigen Landtag und vom Bundestag, dessen

sichtigen ist aber, dass die – nicht strafrechtsspezifische Entscheidung[758] – zu einer Regelung erging, in der das Bundesgesetz lediglich die Rechtsfolgen enthielt, ohne eigene Aussagen zu Tatbestandsvoraussetzungen zu treffen[759]; in Rede stand also eine voll ergänzungsbedürftige Blankettvorschrift. Ob diese Entscheidung Rückschlüsse auf die hier erörterten teilergänzungsbedürftigen Blankettvorschriften erzwingt, erscheint durchaus zweifelhaft, da hier ein Teil des Tatbestands vom Bundesgesetzgeber selbst geregelt wird, der sich seiner Verantwortung für den Inhalt der Normierung daher nicht völlig entäußert[760]. Zumindest in den Fällen, in denen auch die Voraussetzungen für einen Verweis auf untergesetzliches Recht vorliegen, muss auch ein dynamischer Verweis auf Landesrecht zulässig sein.

(2) Untergesetzliches Recht

Sodann ist auf die Konstellation einzugehen, dass die blankettausfüllende Norm eine untergesetzliche Vorschrift oder ein Verwaltungsakt ist.

Auch in diesem Fall kann die Vorhersehbarkeit für den Bürger durchaus gewährleistet sein. Eine präzise Auflistung der ver- oder gebotenen Handlungen steigert – sofern sie nicht unübersichtlich wird – die Rechtsklarheit für den Einzelnen[761]. Problematisch ist aber, dass die Vorhersehbarkeit sich nicht allein aus dem Gesetz ergibt. Schwierig ist ferner, dass sich die Strafbarkeit noch als Ausdruck einer gesetzgeberischen Wertentscheidung darstellen muss.

Von einer solchen gesetzgeberischen Wertentscheidung kann nur dann gesprochen werden, wenn sich im Blankettgesetz selbst die möglichen Straftatbestände einschließlich der Schuldform und der Art und des Höchstmaßes der Strafe nach den anerkannten Regeln juristischer Auslegung bestimmen lassen[762]. In diesem Fall stellt sich die ausfüllende untergesetzliche

---

Kompetenzen sich auf alle Länder erstreckt, geschaffen wurde. Dadurch werde gewährleistet, dass nur die parlamentarischen Instanzen, die von den in diesem Bundesland lebenden Bürgern gewählt werden, das Strafgesetz erlassen; für die Zulässigkeit auch Schneider, Gesetzgebung, Rdnr. 398; wohl auch LK-Gribbohm § 1 Rdnr. 36. Vgl. auch BayVerfGH in BayVBl 1996, S. 141, 142 für einen dynamischen Verweis von Landes- auf Bundesrecht.

[758] Es ging um die Vereinbarkeit einer Gebührensenkungsregelung für Notargebühren mit der Berufsaus-übungsfreiheit der Notare.

[759] BVerfGE 47, 285, 310.

[760] Vgl. die Argumentation in BVerfGE 47, 285, 315.

[761] Vgl. Maunz/Dürig-Schmidt-Aßmann Art. 103 Rdnr. 218 zum Verwaltungsakt.

[762] Dies gilt prinzipiell für alle Ausfüllungsnormen, vgl. BVerfG NStZ 1991, S. 88; Enderle, Blankettstrafgesetze, S. 174, 184 f.; Erbs/Kohlhaas, Nebengesetze, zu „Blankettvorschriften"; Heine/Meinberg, Gutachten D, S. 54; LK-Steindorf Vor § 324 Rdnr. 25; Lohberger, Blankettstrafrecht, S. 116; MüKo-StGB-Schmitz § 1 Rdnr. 50.

Norm nur als Spezifizierung dar, die eigentliche Wertentscheidung wird vom Gesetzgeber selbst getroffen. Es zeigt sich also eine gewisse Gewichtung zwischen Blanketttatbestand und ausfüllender Norm: Letztere darf nur einen relativ kleinen Teil des Gesamttatbestands ausmachen, dieser muss sich in seinen wesentlichen Grundzügen bereits aus dem Blankettgesetz selbst ergeben. Die ausfüllende Norm kann also nur eine bereits getroffene kriminalpolitische Grundentscheidung konkretisieren.

Zusätzlich erstrecken sich – was hier nochmals ausdrücklich betont werden soll – die Anforderungen des Art. 103 Abs. 2 GG auch auf die blankettausfüllende Norm. Diese muss also das Verbot des Gewohnheitsrechts beachten und ihrerseits hinreichend bestimmt sein.

Die soeben geschilderten Voraussetzungen gewährleisten zusammen mit der Wortlautgrenze und dem festgelegten Kanon der Auslegungsregeln eine hinreichende Bestimmtheit bei normativen wertgefüllten Tatbestandsmerkmalen im Rahmen von teilausfüllungsbedürftigen Blankettvorschriften.

Zu Verordnungen BVerfGE 14, 174, 187; 14, 245, 252; 23, 265, 269; 37, 201, 208 f.; 51, 60, 70 f.; 75, 329, 343; BVerfG NJW 1979, S. 1981; BGHSt 42, 219, 221; BGH NStZ 1990, S. 443; Bergmann, Strafbewehrung, S. 80 f.; Dietmeier, Blankettstrafrecht, S. 123 ff.; Dreier – Schulze-Fielitz Art. 103 Abs. 2 Rdnr. 29; Enderle, Blankettstrafgesetze, S. 187 ff.; Jescheck/Weigend, AT, S. 111; Kistner, DRiZ 1962, S. 118, 119 ff.; Kühl, FS für Lackner, S. 815, 830 ff.; LK-Gribbohm § 1 Rdnr. 35; Maunz/Dürig-Schmidt-Aßmann Art. 103 Rdnr. 210; v. Münch/Kunig-Kunig Art. 103 Rdnr. 23; Sachs-Degenhart Art. 103 Rdnr. 62; Sch/Sch-Eser § 1 Rdnr. 8; Winkelbauer, Verwaltungsakzessorietät, S. 33 f.; Tiedemann, Tatbestandsfunktion, S. 253, 258 f.
Für Satzungen BVerfGE 32, 346, 362 f.; Dietmeier, Blankettstrafrecht, S. 133 ff.; Dreier – Schulze-Fielitz Art. 103 Abs. 2 Rdnr. 29; Enderle, Blankettstrafgesetze, S. 200 f.; Maunz/Dürig-Schmidt-Aßmann Art. 103 Rdnr. 211; Sachs-Degenhart Art. 103 Rdnr. 69.
Zu Verwaltungsakten BVerfGE 78, 374, 382 f.; Bergmann, Strafbewehrung, S. 81; Dietmeier, Blankettstrafrecht, S. 137 f.; Dreier – Schulze-Fielitz Art. 103 Abs. 2 Rdnr. 32; Enderle, Blankettstrafgesetze, S. 195 f.; LK-Gribbohm § 1 Rdnr. 38; v. Mangoldt/Klein/Starck-Nolte Art. 103 Rdnr. 54; v. Münch/Kunig-Kunig Art. 103 Rdnr. 24 a; Sachs-Degenhart Art. 103 Rdnr. 65; Winkelbauer, Verwaltungsakzessorietät, S. 34 f. (wobei sich hier erhebliche Probleme bei rechtswidrigen Verwaltungsakten stellen).
Strittig ist die Verweisung auf Verwaltungsvorschriften, vgl. Dietmeier, Blankettstrafrecht, S. 135 f.; Dreier – Schulze-Fielitz Art. 103 Abs. 2 Rdnr. 31; Lohberger, Blankettstrafrecht, S. 118; Maunz/Dürig-Schmidt-Aßmann Art. 103 Rdnr. 212 ff.; v. Mangoldt/Klein/Starck-Nolte Art. 103 Rdnr. 154; v. Münch/Kunig-Kunig Art. 103 Rdnr. 24 a; Sachs-Degenhart Art. 103 Rdnr. 64; Schröder, VVDStRL 50, S. 196, 215 ff. Überwiegend werden normkonkretisierende Verwaltungsvorschriften als Ausfüllungsnorm zugelassen. Ebenfalls noch nicht völlig geklärt ist die Verweisung auf EG-Recht, vgl. BGHSt 42, 219 ff.; MüKo-StGB-Schmitz § 1 Rdnr. 51. Enderle, Blankettstrafgesetze, S. 198 ff. geht davon aus, dass diese grundsätzlich nicht anders zu beurteilen ist als Verweisungen auf nationales Recht.

bb) Rechtlich-institutionelle Merkmale

Andere Anforderungen gelten zumindest nach der herrschenden Meinung bei den rechtlich-institutionellen Merkmalen. Nach der Rechtsprechung des Bundesverfassungsgerichts fallen die begrifflich einbezogenen Normen und Rechtsinstitute nicht unter das spezielle strafrechtliche Bestimmtheitsgebot, die Anforderungen des Art. 103 Abs. 2 GG richten sich vielmehr allein an die Strafrechtsnorm[763]. Dies lässt sich damit begründen, dass hierbei das strafrechtliche Verbot im Tatbestand selbst umschrieben ist und lediglich zur Auslegung eines weiteren Tatbestandsmerkmals an Vorschriften angeknüpft wird, deren rechtlicher Status sich nach anderen Rechtsgrundlagen bestimmt.

Problematisch ist jedoch, dass der Tatbestand insgesamt sich nur erschließt, wenn auch das weitere, über das eigentliche Verbot hinausgehende Tatbestandsmerkmal richtig erkannt wird. Dieses ist nur dann möglich, wenn die außerhalb dieses Merkmals liegenden Wertungen erkennbar sind. Unterliegen diese Wertungen nicht den Anforderungen des Art. 103 Abs. 2 GG, entsteht für den Bürger durchaus ein gewisses Maß an Unsicherheit und Unklarheit. Die oben genannte Ansicht gleicht dieses Manko mit dem Schutz durch das strafrechtliche Vorsatzerfordernis aus.

Trotz der geäußerten Bedenken[764] ist der oben genannten Rechtsprechung zuzustimmen. Das Strafrecht muss für bestimmte Bereiche auf andere Wertungen zurückgreifen. Zu erinnern ist nur an den Begriff der Fremdheit. In diesem Bereich im Strafrecht und Zivilrecht verschiedene Anforderungen zu stellen, würde zu wesentlich höherer Rechtsunsicherheit führen, als beispielsweise zivilrechtliche Analogien auch im Strafrecht anzuerkennen. Dem Bürger bleibt der Schutz durch die Wortlautgrenze und das Vorsatzerfordernis.

b) Wertausfüllungsbedürftige normative Tatbestandsmerkmale

Die größten Schwierigkeiten ergeben sich jedoch bei den normativen, wertausfüllungsbedürftigen Tatbestandsmerkmalen und bei Generalklauseln, die auf außerrechtliche Wertungen verweisen. Zu denken ist beispielsweise an die Begriffe „verwerflich" in § 240 Abs. 2 StGB oder „niedrige Beweggründe" in § 211 StGB.

Bei diesen Merkmalen bildet der Wortlaut nur eine sehr unzulängliche Schranke, weil der Wortsinn gerade von einer Wertung des Adressaten abhängt. Es kommt darauf an, was dieser „verwerflich" findet bzw. als „niedrigen

---

[763] BVerfGE 78, 205, 213; vgl. auch Maunz/Dürig-Schmidt-Aßmann Art. 103 Rdnr. 200.
[764] Vgl. BK-Rüping Art. 103 Abs. 2 Rdnr. 41.

Beweggrund“ einordnet. Zwar gibt es auch hier Verhaltensweisen, die genauso selbstverständlich unter den genannten Begriff fallen, wie beispielsweise ein Stuhl in den Begriffskern des Worts „Sache“ fällt. Umgekehrt werden einige Fallkonstellationen unzweifelhaft nicht unter das normative Tatbestandsmerkmal subsumiert werden und fallen daher in den Außenbereich. Zwischen dem Begriffskern und dem Außenbereich existiert jedoch ein äußerst weiter und vor allem in den Grenzen höchst unscharfer Begriffshof. Dieser stellt quasi nur eine Hülse dar, die mit fast beliebigen Inhalten gefüllt werden kann.

Dieses Phänomen hat seine Ursache darin, dass zu der normalen sprachlichen Unklarheit eine Differenz in der erforderlichen Werteinschätzung hinzukommt. Dabei ist der Grad der wertungsbedingten Unschärfe deutlich höher als der der sprachlichen Vagheit. Das Prinzip der Sprache liegt darin, dass mit einem bestimmten Begriff ein bestimmtes Vorstellungsbild verbunden wird[765]. Idealzustand der Sprache ist damit eine einhellige Zuordnung eines Begriffs zu einem bestimmten tatsächlichen oder fiktiven Umstand, eine allgemeingültige Definition im Geiste. Allgemeinverständlichkeit ist Ziel der Sprache, das zwar nie völlig erreicht, aber doch systemimmanent angestrebt wird. Ein derartiges Streben nach Einheitlichkeit ist der Wertung fremd. Vielmehr ist eine pluralistisch-demokratische Gesellschaft gerade dadurch gekennzeichnet, dass es verschiedene Wertanschauungen gibt und diese grundsätzlich gleichberechtigt sind. Gewiss wird es in einer Gesellschaft aufgrund ihrer gemeinsamen Kulturgeschichte einige zentrale, übereinstimmende Wertungen geben. Dies ändert jedoch nichts daran, dass in den „Einzelwertungen des täglichen Lebens“ erhebliche Unterschiede bestehen.

Da der Wortlaut normativer wertausfüllungsbedürftiger Tatbestandsmerkmale gerade Raum für diese Vielfalt lässt, kann allein durch ihn eine hinreichende Bestimmtheit bei wertausfüllungsbedürftigen normativen Tatbestandsmerkmalen nicht gewährleistet werden. Für den einzelnen Bürger ist in Anbetracht der divergierenden Wertungen nicht erkennbar, welches Verhalten mit Strafe bedroht ist. Eine Verurteilung lässt sich auch nicht als Ausdruck einer gesetzgeberischen Wertentscheidung begreifen, wenn nicht zweifelsfrei ist, auf welche der pluralistischen Ansichten der Gesetzgeber verwiesen hat.

Damit ist klar, dass bei den wertausfüllungsbedürftigen normativen Tatbestandsmerkmalen ein zusätzliches Kriterium erforderlich ist, um hinreichende Bestimmtheit zu erreichen.

---

[765] Vgl. hierzu Ransiek, Gesetz, S. 69 ff.

2. Maximale Bestimmtheit

Vielfach wird vertreten, das Problem der hinreichenden Bestimmtheit sei im Sinne eines Maximierungsgebots zu lösen. Der Gesetzgeber sei verpflichtet, die Tatbestände so bestimmt wie möglich zu formulieren[766]. Insbesondere im Verhältnis von deskriptiven zu normativen Tatbestandsmerkmalen gelte, dass Letztere erst verwendet werden dürften, wenn eine Umschreibung durch deskriptive Begriffe nicht möglich sei[767].

Diese Ansicht ist in ihrem Grundansatz sicherlich zustimmungswürdig, da sie einem Verfassungsprinzip zu größtmöglicher Geltung verhilft. So einfach, wie das Maximierungsgebot klingt, ist seine Anwendung auf einen konkreten Tatbestand jedoch nicht:

Zum einen ist die Frage, ob eine noch bestimmtere Regelung möglich ist, abhängig von den subjektiven Eindrücken und Ansichten des Betrachters. In vielen Fällen werden daher Zweifel und Streit darüber bestehen, ob dem Maximierungsgebot Genüge getan ist oder nicht[768].

Hinzu kommt, dass es abgesehen von sprachlichen Unzulänglichkeiten[769] weitere legitime Gründe für die Verwendung von normativen Tatbestands-

---

[766] BGHSt 23, 167, 171; BK-Rüping Art. 103 Abs. 2 Rdnr. 30; Jakobs, AT, 4/25; Kamberger, Garantenstellung, S. 166, 186, 193; MüKo-StGB-Schmitz § 1 Rdnr. 41; Sch/Sch-Eser § 1 Rdnr. 20, SK-Rudolphi § 1 Rdnr. 14; Stächelin, Strafgesetzgebung, S. 221 f.; Woesner, NJW 1963, S. 273, 275; vgl. auch Krahl, Rechtsprechung, S. 254, 298 ff.; v. Mangoldt/Klein/Starck Art. 103 Rdnr. 142; ablehnend Roxin, AT, § 5 Rdnr. 71; Schroth, Rechtskultur, S. 93, 102, Fortsetzung FN 33; Schünemann, Nulla poena sine lege, S. 33.

[767] Kohlmann, Begriff, S. 266 ff. entwickelt diesbezüglich ein detailliertes Drei-Stufen-Modell, vgl. die Zusammenfassung auf S. 320: „(1) Art. 103 Abs. 2 GG verpflichtet den Gesetzgeber, Strafvorschriften so bestimmt wie möglich zu formulieren ... (2) Dieser Verpflichtung genügt der Gesetzgeber in der Regel nur dann, wenn er die Strafvorschriften aus d e s k r i p t i v e n Tatbestandsmerkmalen formt (Regelung auf Stufe 1 des Drei-Stufen-Schemas) ... (3) Die Verwendung n o r m a t i v e r Tatbestandsmerkmale (Regelung auf Stufen 2 und 3 des Drei-Stufen-Schemas) ist erst und nur dann zulässig, wenn sich das gesetzgeberische Ziel durch eine Regelung auf Stufe 1 des Drei-Stufen-Schemas nicht verwirklichen lässt. (4) Bei der Verwendung normativer Elemente ist zu unterscheiden zwischen solchen, die im Rechtsraum (Stufe 2) und solchen, die im außerrechtlichen Raum (Stufe 3) verankert sind ... (6) Im außerrechtlichen Raum verankerte normative Tatbestandsmerkmale (Stufe 3) widerstreiten grundsätzlich der Berechenbarkeitsmaxime. Ihre Verwendung ist nur dann zulässig, wenn auf andere Weise das gesetzgeberische Ziel nicht erreicht werden kann ..."; krit. hierzu Lemmel, Strafbarkeitsvoraussetzungen, S. 99 ff.

[768] Albrecht, Garantenstellungen, S. 148.

[769] Stächelin, Strafgesetzgebung, S. 221 f. scheint allein diese Einschränkung zuzulassen. Er fordert, der Gesetzgeber müsse sich einer absoluten Bestimmtheit so weit annähern, wie dies die Sprache zulasse.

merkmalen und Generalklauseln gibt. Dies gilt selbst dann, wenn man der oben dargelegten Ansicht nicht zustimmt, dass offene Merkmale auch aus Gründen der Einzelfallgerechtigkeit zulässig sein können. Auch in diesem Fall bleibt nämlich das aus der volumenmäßigen Beschränkung folgende Erfordernis abstrakter Tatbestandsformulierungen. Jeder abstrakte Tatbestand kann durch die Einfügung kasuistischer Merkmale bestimmter formuliert werden. Wird das Maximierungsgebot also absolut verstanden, wäre das gesamte Strafgesetzbuch verfassungswidrig.

Sofern aber legitime Einschränkungen möglich sind, stellt sich die Frage nach der Abwägung zwischen dem Bestimmtheitsgebot einerseits und den mit der Einschränkung verfolgten Zielen andererseits. Dies äußert sich bei den Vertretern des Maximierungsgebots beispielsweise in der Formulierung „so bestimmt zu fassen, wie es unter Berücksichtigung der sonstigen unabweisbaren Bedürfnisse eben möglich ist“[770]. Die erforderliche Abwägung ist Sache des demokratisch legitimierten Gesetzgebers. Ihm allein obliegt die mit der Abwägung notwendig verbundene Wertungsentscheidung, die nicht eindeutig vorgegeben ist. Aus diesem Grund ist dem Gesetzgeber hierbei auch eine gewisse Einschätzungsprärogative zuzugestehen[771]. Den Gerichten – spezifisch dem Bundesverfassungsgericht – ist es verwehrt, eine Norm für verfassungswidrig zu erklären, nur weil die Abwägung zwischen Bestimmtheitsgebot und legitimem Ziel aus Richtersicht anders ausfällt, als sie der Gesetzgeber getroffen hat[772]. Erst wenn die Entscheidung des Gesetzgebers durch verständige Erwägungen nicht mehr zu rechtfertigen ist und Art. 103 Abs. 2 GG über einen vertretbaren Rahmen hinaus eingeschränkt wird, darf das Bundesverfassungsgericht korrigierend eingreifen[773].

Dabei wird der Spielraum des Gesetzgebers um so größer, je mehr legitimierende Gründe gegen eine absolute Bestimmtheit anerkannt werden. Akzeptiert man wie hier nicht nur ein Bedürfnis nach Abstraktheit zur Vermeidung unzähliger Vorschriften, sondern auch begrenzte Bedürfnisse der Einzelfallgerechtigkeit, so ist die Einschätzungsprärogative des Gesetzgebers sehr weit.

---

[770] Woesner, NJW 1963, S. 273, 275; vgl. auch die Einschränkung bei Jakobs, AT, 4/25 und SK-Rudolphi § 1 Rdnr. 14.

[771] Vgl. Lenckner, JuS 1968, S. 304, 305 zum Verhältnis zwischen Bestimmtheitsgebot und materieller Gerechtigkeit; MüKo-StGB-Schmitz § 1 Rdnr. 42 zum Verhältnis zwischen Bestimmtheitsgebot und notwendig generalisierender Tatbestandsfassung.

[772] Vgl. Geitmann, Bundesverfassungsgericht, S. 116 ff.

[773] Lenckner, JuS 1968, S. 304, 395 – wobei zuzugeben ist, dass die genannten Begriffe ihrerseits ungenau sind und damit ein gewisser Spielraum eröffnet wird.

Damit erweist sich das Maximierungsgebot praktisch als weitgehend stumpfes Schwert. Im Grundsatz zwar anerkennungswürdig, kann eine Verletzung dennoch nur dann festgestellt werden, wenn sie faktisch auf der Hand liegt, wie es beispielsweise beim Schurkenparagrafen der Fall ist. Ein weiteres Beispiel, das auch dem hier relativ verstandenen Maximierungsgebot nicht genügt hätte, ist § 360 Abs. 1 Nr. 11 2. Alt. StGB a. F., die Strafbestimmung über den groben Unfug. Hier ist – gerade auch unter Aspekten der gesetzgeberischen Schutzpflicht und dem damit verbundenen Strafbedürfnis – keine Notwendigkeit zu erkennen, die eine derartig weite und extrem offene Tatbestandsformulierung rechtfertigen könnte[774].

Als „Notbremse" für offensichtliche Fälle der Unbestimmtheit ist das Gebot der maximalen Bestimmtheit durchaus geeignet und sollte dort auch ohne Zögern eingesetzt werden. Darüber hinaus beschränkt es seine Wirkung allerdings auf einen moralischen Appell an den Gesetzgeber.

3. Klärung durch die Rechtsprechung

In der Judikative, aber auch in der Literatur findet sich die Ansicht, ein Rechtsbegriff sei dann hinreichend bestimmt, wenn er durch eine gefestigte Rechtsprechung präzisiert werde[775].

Diese Meinung vermag jedoch aus mehreren Gründen nicht zu überzeugen:

Zum einen fordert Art. 103 Abs. 2 GG eine gesetzliche Bestimmtheit, nicht eine richterliche. Entscheidet jedoch eine gefestigte Rechtsprechung über die hinreichende Bestimmtheit, so bedeutet dies, dass das Gesetz gerade keine inhaltliche Orientierung bietet, sondern diese erst in einem länger dauernden Prozess von der Rechsprechung geschaffen werden muss[776]. Hinzu kommt, dass nach dieser Ansicht ein gerade erst erlassener Straftatbestand mangels einer gefestigten Rechtsprechung zunächst verfassungswidrig wäre und dieser Zustand sich mit jeder Entscheidung in Richtung Verfassungsmäßigkeit verschieben würde, bis er letztlich erreicht ist – ein zumindest sonderbares Ergebnis[777].

---

[774] Wie hier Lenckner, JuS 1968, S. 304, 305 f. ; i. E. a. A. BVerfGE 26, 41 ff.

[775] BVerfGE 4, 352, 358; 14, 245, 253; 26, 41, 43; 28, 175, 183 ff.; 37, 201, 208; 45, 363, 372; 48, 48, 56; 57, 250, 362; 73, 206, 243; 86, 288, 311; BGHSt 28, 312, 313; 30, 285, 287; Dreier – Schulze-Fielitz Art. 103 Abs. 2 Rdnr. 35; LK-Gribbohm § 1 Rdnr. 48; v. Mangoldt/Klein/Starck-Nolte Art. 103 Rdnr. 150; Paulduro, Verfassungsgemäßheit, S. 377 ff.; a. A. Duttge, Bestimmtheit, S. 171 ff.

[776] Krahl, Rechtsprechung, S. 132 f.; Schürmann, Unterlassungsstrafbarkeit, S. 162; Seel, Tatbestandsmerkmale, S. 69; vgl. auch Amelung, NJW 1995, S. 2584, 2587.

[777] Kamberger, Garantenstellung, S. 192; Paulduro, Verfassungsgemäßheit, S. 378.

Zum anderen ist auch dem rechtsstaatlichen Aspekt der Vorhersehbarkeit und Berechenbarkeit staatlicher Strafreaktionen nicht Genüge getan. Richterrecht bietet keinerlei Gewähr für Universalität und Kontinuität[778]. Verschiedene Gerichte können zu unterschiedlichen Ergebnissen kommen; auch ist ein Gericht nicht an seine vorherige Rechtsprechung gebunden, sondern kann seine Rechtsprechung jederzeit mit sofortiger Wirkung abändern. Warnendes Beispiel hierfür ist die Entwicklung der Rechtsprechung im Hinblick auf die Promillegrenze der alkoholbedingten Fahruntüchtigkeit. Hatte die Rechtsprechung jahrzehntelang vertreten, dass eine absolute Fahruntüchtigkeit erst ab 1,3 Promille vorliegt[779], so wurde diese Grenze mit der Entscheidung vom Juni 1990 auf 1,1 Promille abgesenkt[780]. Das Bundesverfassungsgericht segnete diese Rechtsprechungsänderung ab, ohne eine Verletzung des in Art. 103 Abs. 2 GG enthaltenen Rückwirkungsverbots festzustellen[781] – eine Entscheidung, die im Zusammenhang mit der oben angeführten Meinung einer gewissen Inkonsequenz nicht entbehrt.

Letztlich spricht gegen die obige Ansicht auch, dass der Bürger eine ständige Recherche der Rechtsprechung betreiben müsste, um das staatliche Strafverhalten vorherzubestimmen. Dies ist einem Nichtjuristen jedoch nicht zuzumuten[782].

4. „Je-desto-Formel"

Ein Kriterium, das in Rechtsprechung[783] und Literatur[784] häufig verwendet wird, ist die sog. „je-desto-Formel[785]". Danach muss der Gesetzgeber die

---

[778] Hanack, JZ 1970, S. 41, 44; Krahl, Rechtsprechung, S. 132 f.; Seel, Tatbestandsmerkmale, S. 69.

[779] BGHSt 21, 157 ff.: 1,3 Promille; anders noch BGHSt 19, 243: 1,5 Promille.

[780] BGHSt 37, 89 ff.

[781] BVerfG NJW 1990, S. 3140.

[782] Vgl. Jarass/Pieroth-Pieroth Art. 103 Rdnr. 48; Maunz/Dürig-Schmidt-Aßmann Art. 103 Rdnr. 229; v. Münch/Kunig-Kunig Art. 103 Rdnr. 29; Lehner, NJW 1991, S. 890 verweist auf eine Entscheidung des österreichischen Verfassungsgerichtshofs, in der eine Vorschrift als gegen das Rechtsstaatsprinzip verstoßend angesehen wurde, zu deren Sinnermittlung subtile verfassungsrechtliche Kenntnisse, qualifizierte juristische Befähigung und Erfahrung und geradezu archivarischer Fleiß notwendig waren.

[783] BVerfG DAR 1968, S. 329; BVerfGE 14, 245, 251; 26, 41, 43; 41, 314, 320; 75, 329, 342; 105, 135, 155 f.; BGHSt 27, 318, 321.

[784] BK-Rüping Art. 103 Abs. 2 Rdnr. 21; Dreier – Schulze-Fielitz Art. 103 Abs. 2 Rdnr. 34; Maunz/Dürig-Schmidt-Aßmann Art. 103 Rdnr. 189; v. Mangoldt/Klein/Starck-Nolte Art. 103 Rdnr. 145; Sachs-Degenhart Art. 103 Rdnr. 68; Sch/Sch-Eser § 1 Rdnr. 20; vgl. auch Lemmel, Strafbarkeitsvoraussetzungen, S. 160 mit der Begründung, der Staat müsse seine Strafgerichte um so fester binden, je größere Macht er ihnen übertragen habe.

[785] Der Begriff findet sich bei Maunz/Dürig-Schmidt-Aßmann Art. 103 Abs. 2 Rdnr. 189.

Strafbarkeitsvoraussetzungen um so präziser bestimmen, je schwerer die angedrohte Strafe ist.

Abgesehen davon, dass das Verhältnismäßigkeitsprinzip bislang nicht dazu verwendet wurde, strenge Anforderungen an schwere Straftaten zu stellen, sondern ausschließlich dazu, unbestimmte Formulierungen bei weniger schweren Delikten zu legitimieren[786], stellt sich die Frage nach der Zulässigkeit dieses Ansatzes.

Problematisch ist schon der Ausgangspunkt der „je-desto-Formel", der durch eine staatliche Bestrafung verursachte Eingriff sei quantitativ oder qualitativ differenzierbar. Natürlich ist eine Freiheitsstrafe von 15 Jahren höher als eine von drei Jahren. Auch Letztere kann jedoch einen Bürger hart treffen und dessen private und berufliche Existenz zerstören[787]. Stellt man daher den grundsätzlichen Eingriffscharakter einer Strafe als schärfster staatlicher Reaktion in den Mittelpunkt, so gilt zunächst, dass selbst die geringste Strafe den Anforderungen des Art. 103 Abs. 2 GG voll genügen muss. Der Straftatbestand muss daher hinreichend bestimmt sein, Abstriche sind keinesfalls zulässig.

Des weiteren ist zu berücksichtigen, dass der in der Grundrechtsdogmatik verwendete Verhältnismäßigkeitsgrundsatz hier nicht passt.

Der Verhältnismäßigkeitsgrundsatz sucht einen Ausgleich zwischen der Notwendigkeit eines Grundrechtseingriffs aufgrund einer legitimen Schranke einerseits und der Bedeutung des Grundrechts andererseits. Diese Beziehung fehlt[788], wenn ein Eingriff in Art. 103 Abs. 2 GG und die Höhe einer staatlichen Strafsanktion in Relation zueinander gesetzt werden. Hier werden vielmehr zwei Grundrechtseingriffe einander gegenübergestellt: Je stärker der strafende Eingriff in die allgemeine Handlungsfreiheit ist, desto kleiner muss bzw. darf der Eingriff in das Recht auf Vorhersehbarkeit der Strafe sein und umgekehrt. Geht man von dem durch eine Strafe (auch) betroffenen Art. 2 Abs. 1 GG aus, so bildet das Strafgesetz die Schranke, die ihrerseits verfassungsmäßig sein muss. In diesem Rahmen stellt sich die Frage der Vereinbarkeit mit Art. 103 Abs. 2 GG, bevor geprüft wird, ob die Schranke auch verhältnismäßig ist und verhältnismäßig angewendet wurde.

---

[786] Kritisch hierzu Schürmann, Unterlassungsstrafbarkeit, S. 160 f.; Krahl, Rechtsprechung, S. 317 ff. formuliert sogar, die „je-desto-Formel" werde im Sinne einer Umkehrformel gebraucht.

[787] Kamberger, Garantenstellung, S. 192; Lemmel, Strafbarkeitsvoraussetzungen, S. 98; Paulduro, Verfassungsgemäßheit, S. 380.

[788] Krahl, Rechtsprechung, S. 317 ff.; Paulduro, Verfassungsgemäßheit, S. 379.

Es liegt auch kein Fall einer verfassungsimmanenten Schranke durch kollidierende Grundrechte vor, der eine Verhältnismäßigkeitsprüfung erforderlich machen würde. Denn die Konstellation der kollidierenden Grundrechte betrifft nur Fälle, in denen die Rechtspositionen verschiedenen Grundrechtsträgern zustehen. Hier aber handelt es sich um die Rechte derselben Person.

Eine die Anwendung des Verhältnismäßigkeitsgrundsatzes legitimierende Konstellation ließe sich allenfalls noch denken zwischen dem Eingriff in Art. 103 Abs. 2 GG und der Pflicht des Staates zum Schutz hochrangiger Rechtsgüter. Diese würde aber gerade zu einer umgekehrten Verhältnismäßigkeitsabstufung kommen. Je wichtiger das Rechtsgut und je höher damit die angedrohte Strafe ist, desto größer dürfte dann der Eingriff in Art. 103 Abs. 2 GG sein[789]. Mangels eines tragfähigen Anknüpfungspunkts ist die „je-desto-Formel" daher abzulehnen[790].

5. Adressatenhorizont

Im Rahmen einer Definition der hinreichenden Bestimmtheit wird gelegentlich vertreten, dass der Grad der Bestimmtheit auch davon abhänge, an welchen Kreis von Adressaten sich die Vorschrift wende[791].

Geht man in Übereinstimmung mit den vorangegangenen Darlegungen davon aus, dass aufgrund der Schutzfunktion des Art. 103 Abs. 2 GG grundsätzlich der Adressatenhorizont, der für den Bürger verstehbare Wortlaut entscheidend ist, so erscheinen Abstufungen der oben genannten Art einleuchtend[792].

Dennoch ist ihnen gegenüber Vorsicht geboten: Das Strafrecht richtet sich prinzipiell an die Allgemeinheit schlechthin, und entsprechend allgemeinverständlich müssen die Tatbestände formuliert sein. Abstufungen sind nur dann zulässig, wenn sich die Norm ausschließlich an einen feststehenden Kreis

---

789 Vgl. Sch/Sch-Eser § 1 Rdnr. 21.

790 AK-GG-Wassermann Art. 103 Rdnr. 52; Dietmeier, Blankettstrafrecht, S. 115 f.; Kamberger, Garantenstellung, S. 192; Krahl, Rechtsprechung, S. 317 ff.; Müller-Dietz, FS für Lenckner, S. 179, 190; v. Münch/Kunig-Kunig Art. 103 Rdnr. 29; Roxin, AT 1, § 5 Rdnr. 70; Woesner, NJW 1973, S. 273, 274; auch Paulduro, Verfassungsgemäßheit, S. 379 f. spricht von "Skepsis".

791 BVerfGE 26, 186, 204; 28, 51, 54; 45, 346, 351; 48, 48, 56 ff; 53, 96, 99; 57, 29, 35; 75, 329, 245; Dreier – Schulze-Fielitz Art. 103 Abs. 2 Rdnr. 34; LK-Gribbohm § 1 Rdnr. 50; v. Mangoldt/Klein/Starck-Nolte Art. 103 Rdnr. 146; Maunz/Dürig-Schmidt-Aßmann Art. 103 Rdnr. 189; Sch/Sch-Eser § 1 Rdnr. 21.

792 V. Mangoldt/Klein/Starck-Nolte Art. 103 Rdnr. 146; Maunz/Dürig-Schmidt-Aßmann Art. 103 Rdnr. 189.

spezieller Normadressaten richtet[793]. Dies kann z. B. der Fall sein beim Disziplinarrecht für Beamte[794] oder beim Standesrecht für bestimmte Berufsgruppen[795], sofern man diese in den Schutzbereich des Art. 103 Abs. 2 GG einbezieht.

Auch das Bundesverfassungsgericht betont die Notwendigkeit der restriktiven Anwendung von Abstufungen nach dem Adressatenhorizont[796]: „Richtet sie sich ausschließlich an Personen, bei denen auf Grund ihrer Ausbildung oder praktischen Erfahrung bestimmte Fachkenntnisse regelmäßig vorauszusetzen sind, und regelt sie Tatbestände, auf die sich solche Kenntnisse zu beziehen pflegen, so begegnet die Verwendung unbestimmter Rechtsbegriffe unter dem Gesichtspunkt des Art. 103 Abs. 2 GG keinen Bedenken, wenn allgemein davon ausgegangen werden kann, daß der Adressat auf Grund seines Fachwissens imstande ist, den Regelungsinhalt solcher Begriffe zu verstehen und ihnen konkrete Verhaltensanweisungen zu entnehmen."

6. Minimallösung bei wertausfüllungsbedürftigen normativen Tatbestandsmerkmalen

In Hinblick auf die Gewährleistung einer hinreichenden Bestimmtheit bei wertausfüllungsbedürftigen normativen Tatbestandsmerkmalen wird von einigen Stimmen die sog. Minimallösung propagiert. Kernaussage dieser Lösung ist, dass im Rahmen der unbestimmten Tatbestandsmerkmale nur auf solche Werturteile zurückgegriffen werden darf, die allgemein anerkannt sind, sozusagen auf die kleinste gemeinsame Wertung[797].

---

[793] V. Mangoldt/Klein/Starck-Nolte Art. 103 Rdnr. 146; Maunz/Dürig-Schmidt-Aßmann Art. 103 Rdnr. 189.
[794] BVerfGE 28, 51, 54; 57, 29, 35.
[795] BVerfGE 26, 186, 204; 53, 96, 99.
[796] BVerfGE 48, 48, 57.
[797] In diese Richtung gehend BGHSt 4, 24, 32 („Als Verstoß gegen die guten Sitten kann deshalb in diesem strafrechtlichen Sinne nur angesehen werden, was nach dem Anstandsgefühl aller billig und gerecht Denkenden zweifellos kriminell strafwürdiges Unrecht ist") sowie BGHSt 3, 132 f.; 42, 226, 228 und BGH NStZ 1999, S. 129 für die Definition niedriger Beweggründe; aus der Literatur Grünwald, ZStW 76, S. 1, 16; Jescheck/Weigend, AT, S. 130; Lemmel, Strafbarkeitsvoraussetzungen, S. 184 f.; Lenckner, JuS 1968, S. 304, 308 f.; Ransiek, Gesetz, S. 72 ff.; Schlüchter, NStZ 1984, S. 300 ff.; Tiedemann, FS für Schaffstein, S. 195, 208; ders., GS für Schröder, S. 289, 299; Woesner, NJW 1963, S. 273, 274; vgl. auch Duttge, Bestimmtheit, S. 188 ff.

Diese Lehre vom Mindestgemeinsamen[798] stellt ein geeignetes Verfahren zur Gewährleistung einer hinreichenden Bestimmtheit für wertausfüllungsbedürftige Tatbestandsmerkmale dar:

Wie oben bereits dargelegt wurde, kann bei den wertausfüllungsbedürftigen normativen Tatbestandsmerkmalen der Wortlaut allein nicht gewährleisten, dass das staatliche Strafverhalten vorhersehbar ist und sich ein Urteil auf eine gesetzgeberische Entscheidung zurückführen lässt. Dies liegt darin begründet, dass der Wortlaut offen ist und einer wertenden Ausfüllung bedarf. Die von Art. 103 Abs. 2 GG garantierten Ziele lassen sich aber mit der Lehre vom Mindestgemeinsamen erreichen.

Der Bürger kann staatliche Strafreaktionen vorausberechnen, wenn die Wertung, die im Rahmen des normativen Tatbestandsmerkmals erforderlich wird, seine eigene ist. Die Individualwertung des Einzelnen ist Bestandteil der pluralistischen Wertungen, aus denen das Mindestgemeinsame, die Minimallösung ermittelt wird. An dieser hat sich die Rechtsprechung und damit das staatliche Strafverhalten zu orientieren.

Als Einschränkung ist hierbei zu berücksichtigen, dass es sich um eine vertretbare Meinung handeln muss[799]. Eine Meinung ist so lange als vertretbar zu akzeptieren, wie sie der Rechtsordnung nicht widerstreitet[800] und nicht in sich widersprüchlich ist. Eine Schranke der Vertretbarkeit bilden damit insbesondere die Wertungen des Grundgesetzes. Sind beispielsweise einige wenige Staatsbürger der Auffassung, dass Ausländerfeindlichkeit und Rassenhass durchaus legitim sind, steht dies einer Subsumtion entsprechender Motive unter das Mordmerkmal der niedrigen Beweggründe nicht entgegen[801]. Das Grundgesetz als objektive Wertordnung distanziert sich in Art. 3 Abs. 3 GG ausdrücklich von ausländerfeindlichem und rassistischem Gedankengut. Diese Einschränkung führt ihrerseits nicht dazu, dass die durch die Minimallösung erreichte Vorhersehbarkeit und Berechenbarkeit wieder verloren geht. Es kann von den einzelnen Bürgern erwartet werden, dass sie einen Widerspruch zwischen ihrer persönlichen Ansicht und gesetzlichen, insbesondere grundgesetzlichen Wertungen erkennen. Damit sind sie mit ihrer eigenen Beurteilung in dem konkreten Fall nicht schutzwürdig. Sie müssen sich vielmehr darauf einstellen,

---

[798] Der Begriff stammt von Küchenhoff, NJW 1959, S. 1254.

[799] Lenckner, JuS 1968, S. 304, 308 f.; Schlüchter, NStZ 1984, S. 300, 301.

[800] Schlüchter, NStZ 1984, S. 300, 301. Damit wird der Einwand Roxins, AT 1, § 5 Rdnr. 73 widerlegt, dass eine allgemein verbreitete moralische Auffassung im Einzelfall von verfassungsrechtlich bedenklichen Vorurteilen geleitet sein könne – vgl. Duttge, Bestimmtheit, S. 189 f.; gleiches gilt für die Bedenken von Jakobs, AT, 4/32.

[801] I. E. BGHSt 18, 37, 39; 22, 375, 376; BGH NJW 1996, S. 471; 2000, S. 1583; vgl. auch BGH NStZ 1994, S. 124 f.

dass der Staat sich in seinem strafenden Verhalten widerspruchsfrei verhält, indem er nur rechtskonforme Ansichten zur Ermittlung des Mindestgemeinsamen berücksichtigt.

Eine weitere Einschränkung muss zugelassen werden. Meinungen, die zwar nicht gegen die Rechtsordnung verstoßen, aber offensichtlich jeden auch nur im Ansatz nachvollziehbaren Gedankengang vermissen lassen und nur vertreten werden, um eine Bestrafung unmöglich zu machen, können nicht zur Ermittlung des Mindestgemeinsamen herangezogen werden. Dabei geht es nicht darum, jede vom Richter als falsch qualifizierte Minderheitsmeinung abzulehnen. Gemeint sind vielmehr Fälle, in denen es völlig ausgeschlossen erscheint, dass der Betreffende die Ansicht ernsthaft und nicht nur deshalb vertritt, um etwas Absurdes vorzubringen oder seine Bestrafung zu verhindern („Querulantenvorbehalt"): Als Beispiel ist an die – hypothetische – Meinung zu denken, dass als Urkunde nur das angesehen werden kann, was mit grünem Filzstift auf rotes Pergamentpapier geschrieben sei. Der Querulantenvorbehalt ist rechtsstaatlich bedenklich, weil er sehr leicht dazu missbraucht werden kann, andere Meinungen als „querulatorisch" abzutun. Er ist aber notwendig, da ansonsten bei praktisch jedem normativen Tatbestandsmerkmal eine Bestrafung unmöglich gemacht werden könnte.

Auch das zweite Ziel des Art. 103 Abs. 2 GG wird mit der Lehre vom Mindestgemeinsamen erreicht: Sie gewährleistet, dass die konkrete Fallentscheidung noch als Ausdruck der gesetzgeberischen Wertentscheidung angesehen werden kann. Der Grundsatz der Gewaltenteilung und das Demokratieprinzip wollen sicherstellen, dass der Gesetzgeber selbst über die Strafwürdigkeit eines Verhaltens entscheidet. Der Gesetzgeber soll hierbei in einem festgelegten Verfahren die divergierenden Interessen ermitteln und zu einem tragfähigen Ausgleich führen. Verzichtet nun der Gesetzgeber auf eine spezifische und konkrete Aussage zur Strafwürdigkeit, indem er ein normatives, wertausfüllungsbedürftiges Tatbestandsmerkmal verwendet, sind theoretisch zwei Deutungen denkbar: Zum einen ist es möglich, dass zu der Wertungsfrage keine divergierenden Ansichten bestehen und der Gesetzgeber sich die einzige Ansicht zu Eigen macht. Zum anderen ist es denkbar, dass es zwar divergierende Ansichten gibt, der Gesetzgeber sich aber nicht für eine bestimmte Ansicht entscheiden konnte oder wollte. Damit sind wie immer in einer pluralistischen Gesellschaft alle vertretbaren Meinungen gleichrangig. Ein normatives, wertausfüllungsbedürftiges Tatbestandsmerkmal weist daher auf alle vertretbaren Ansichten bzw. auf das Mindestgemeinsame dieser Auffassungen hin. Der Richter umgekehrt hat sich an diese Nichtentscheidung für eine bestimmte Auffassung zu halten und die darin enthaltene Gleichrangigkeit aller divergierenden Ansichten zu akzeptieren. So lange daher nicht alle vertretbaren

Meinungen im konkreten Fall zu einer übereinstimmenden Beurteilung des Sachverhalts im Hinblick auf das normative Tatbestandsmerkmal kommen, gilt der Grundsatz „in dubio pro libertate“[802].

Insoweit ist trotz der unbestimmten Tatbestandsfassung die Strafbarkeit gesetzlich bestimmt: Das unbestimmte Merkmal verweist entweder auf eine einzige und daher bestimmte Wertung oder lenkt den Anwender auf das Mindestgemeinsame aller vertretbaren Auffassungen und ist insoweit ebenfalls bestimmt, da dem Richter kein Wertungsspielraum verbleibt.

Das Verfahren des Rückgriffs auf das Mindestgemeinsame ähnelt dabei der Entstehung von Sprache und korrespondiert insoweit der Bestimmbarkeit durch Auslegung anhand der Wortlautgrenze. Ein sprachlicher Begriff als solcher ist erst etabliert, wenn sein Inhalt intersubjektiv anerkannt wird, d. h. wenn die Mitglieder der Sprechgemeinschaft die Verknüpfung zwischen Begriff und Inhalt vollzogen haben. Genauso kann eine Wertung nur dann verbindlich sein, wenn sie intersubjektiv anerkannt wird, wenn sie also der allgemeinen Auffassung als Summe der Einzelansichten entspricht.

Es liegt auf der Hand, dass diese Minimallösung zu äußerst restriktiven Ergebnissen bei wertausfüllungsbedürftigen Tatbestandsmerkmalen führt. Diese Konsequenz ist aber im Hinblick auf die Bedeutung des Art. 103 Abs. 2 GG hinzunehmen. Insbesondere offene Tatbestandsmerkmale, die der Verwirklichung der Einzelfallgerechtigkeit dienen sollen, dürfen nur solange verwendet werden, wie die Ziele des Art. 103 Abs. 2 GG noch gewahrt werden. Letzteres ist jedoch nur mit der hier vorgestellten Minimallösung der Fall. Schon das Abstellen auf eine Mehrheitsansicht läuft Art. 103 Abs. 2 GG zuwider. Das staatliche Strafverhalten wäre für den Einzelnen kaum noch vorhersehbar. Der Bürger müsste das immense Risiko tragen, dass seine persönliche Wertung nicht der Mehrheitswertung entspricht, wobei Letztere ohnehin weder vom Bürger noch vom Richter mit hinreichender Sicherheit festgestellt werden kann. Auch der Richter stünde vor der Frage, was die Ansicht der Mehrheit sein könnte. Er müsst also eine Entscheidung zwischen den divergierenden Ansichten treffen. Damit übernähme er aber die Aufgabe, die nach der Gewaltenteilungslehre gerade dem Gesetzgeber obliegt.

Weitere Auswirkung der Minimallösung ist, dass mit ihr einer laxen Durchschnittsmoral Vorschub gewährleistet werden kann. Auch diese Konsequenz ist vor dem Hintergrund des Art. 103 Abs. 2 GG hinzunehmen. „Sind dem demokratisch legitimierten Parlament die Anschauungen der Gemeinschaft zu lax, inhaltlich zu unrichtig, muß es seine Vorstellungen für

[802] Lenckner, JuS 1968, S. 304, 308.

eine richtigere strafrechtliche Ordnung deutlich machen"[803], so beispielsweise durch Legaldefinitionen. Zudem bildet das Grundgesetz mit seiner objektiven Wertordnung eine Sicherung vor menschenverachtenden Entwicklungen, auch wenn diese der Durchschnittsmoral entsprechen sollten.

Die Minimallösung gliedert sich auf in zwei Unteransichten:

Die eine Meinungsgruppe wendet die Lehre vom Mindestgemeinsamen derart an, dass der Gesetzgeber selbst nur auf solche Wertungen Bezug nehmen darf, die allgemein anerkannt sind[804]. Im Gegensatz dazu steht die andere Meinungsgruppe auf dem Standpunkt, dass jedes vom Gesetzgeber verwendete wertausfüllungsbedürftige Tatbestandsmerkmal so zu verstehen ist, dass es nur die Sachverhaltsausschnitte erfasst, die nach allen Auffassungen den Tatbestand erfüllen[805]. Der Unterschied zwischen beiden Auffassungen besteht darin, dass nach der ersten Ansicht die Norm selbst unbestimmt ist, wenn sich eine allgemein anerkannte Wertung nicht feststellen lässt. Die zweite Meinungsgruppe verschiebt das Schwergewicht der Bestimmtheit weg von der Norm in die richterliche Auslegung und Anwendung. Die Norm selbst ist immer bestimmt, da sie zur Einhaltung des Bestimmtheitsgebots nur auf das Mindestgemeinsame Bezug nimmt; es obliegt dem Richter, dieses Mindestgemeinsame in der Anwendung der Norm zu beachten.

Es stellt sich die Frage, welche Lösung vorzuziehen ist.

Die erste Ansicht entspricht der klassischen Deutung des Bestimmtheitsgrundsatzes als Gebot an den Gesetzgeber. Zudem stellt sie Anforderungen an die Norm selbst, d. h. die Frage der Bestimmtheit einer Norm kann allein anhand der Norm selbst und losgelöst vom konkreten Fall beantwortet werden. Die zweite Ansicht führt dazu, dass das Bestimmtheitsgebot auch an den Rechtsanwender gerichtet ist. Zudem kann die Frage einer hinreichenden Bestimmtheit erst anhand eines konkreten Sachverhalts beantwortet werden, indem nämlich entschieden wird, ob die jeweilige Konstellation noch zu dem Minimalbereich gehört, der durch das normative Tatbestandsmerkmal umschrieben wird. Trotz dieser dogmatisch eigenwilligen Konstruktion ist die zweite Lösung vorzuziehen. Der Grund hierfür ist pragmatischer Natur: Da es in einer pluralistischen Gesellschaft wohl keinen Bereich gibt, in dem die Wertungen einhellig sind, dürfte es – legt man die erste Meinung zugrunde – keine wertausfüllungsbedürftigen Tatbestandsmerkmale

---

803 Ransiek, Gesetz, S. 77.
804 Vgl. Lemmel, Strafbarkeitsvoraussetzungen, S. 184 f.; Woesner, NJW 1963, S. 273, 274.
805 Vgl. Jescheck/Weigend, AT, S. 130; Schlüchter, NStZ 1984, S. 300 ff.; wohl auch Lenckner, JuS 1968, S. 304, 308.

geben. So ist beispielsweise keinesfalls unumstritten, welche Verhaltensweisen als verwerflich i. S. d. § 240 Abs. 2 StGB einzustufen sind. Da das Werturteil „verwerflich" damit nicht allgemein anerkannt ist, dürfte der Gesetzgeber nicht darauf Bezug nehmen. Diese Situation ist grundsätzlich bei jedem wertausfüllungsbedürftigen Merkmal gegeben.

Die zweite Ansicht kann diese praktischen Schwierigkeiten vermeiden. Sie lässt eine Bezugnahme auch auf pluralistische Wertungen zu, hält aber umgekehrt eine Wertung nur dann für anwendbar, wenn sie für diesen konkreten Einzelfall das Mindestgemeinsame darstellt. Die mit der zweiten Lösung verbundene Einbeziehung der Rechtsprechung in den Adressatenkreis des Bestimmtheitsgebots ist zwar ungewöhnlich. Sie ist allerdings nicht so fernliegend, wie es auf den ersten Blick scheint, sondern notwendige Folge der Erkenntnis, dass bei der Schaffung von Straftatbeständen keine absolute Präzision des Gesetzestexts und damit keine absolute Gewaltenteilung möglich ist[806]. So hat das Bundesverfassungsgericht in seinem Urteil zur Nötigung im Jahr 1995[807] entschieden, dass die damals vorgenommene Auslegung gegen das Bestimmtheitsgebot verstieß, obwohl der Tatbestand selbst hinreichend bestimmt war. Die Entscheidung wurde teilweise so gedeutet, als habe das Bundesverfassungsgericht einen Verstoß gegen das Analogieverbot gemeint[808]. Dies ist jedoch – versteht man das Analogieverbot im technischen Sinne – nicht richtig. Das Bundesverfassungsgericht hat nicht festgestellt, dass die erweiternde Auslegung des Gewaltbegriffs gegen den Wortlaut verstößt[809]. Es hat vielmehr aus der Systematik der Vorschrift und dem Sinn des Merkmals geschlossen, dass der Begriff der Gewalt eng auszulegen ist. Eine Auslegung, die sich zwar im Rahmen des Wortlauts hält, diese weiteren Sinngrenzen jedoch überschreitet, sieht das Verfassungsgericht nicht als unzulässige Analogie, sondern als Verstoß gegen das Bestimmtheitsgebot an. Dies ist insofern zutreffend, als eine derartige Auslegung nicht als Analogie bezeichnet werden kann. Voraussetzung für eine Analogie ist gerade die Vergleichbarkeit der Interessenlage[810]. Die Sinnähnlichkeit als Angelpunkt der Analogie ist nur gegeben, wenn der einzubeziehende Sachverhalt sich im Rahmen der ratio legis hält. Interpretationen, die wie die erweiternde Auslegung des Gewaltbegriffs den

---

[806] Vgl. Enderle, Blankettstrafrecht, S. 150. Vgl. zu der Problematik auch Simon, Gesetzesauslegung, S. 440 ff.

[807] BVerfGE 92, 1, 14 ff.

[808] Krey, JR 1995, S. 265, 268.

[809] I. E. ebenso Amelung, NJW 1995, S. 2585, 2588; Jeand'Heur, NJ 1995, S. 465, 466; Lesch, JA 1995, S. 889.

[810] Amelung, NJW 1995, S. 2585, 2587; Bartholomeyczik, Kunst, S. 84; Böhm, Auslegung, S. 35 ff.

Sinn des Tatbestandsmerkmals überschreiten, stellen daher keine Analogie dar[811].

Eine vergleichbare Situation besteht für die Fälle der wertausfüllungsbedürftigen normativen Tatbestandsmerkmale. Auch hier würde eine über das Mindestgemeinsame hinausgehende Auslegung nicht gegen das Analogieverbot verstoßen, solange sie sich im Rahmen des Wortlauts hielte. Eine Analogie läge auch schon deshalb nicht vor, weil die Ratio des normativen Tatbestandsmerkmals nicht gewahrt wäre. Diese kann – auch wenn der Gesetzgeber dies nicht so bedacht hat – aus Verfassungsgründen nur darin bestehen, das Mindestgemeinsame aller vertretbaren Meinungen einzubeziehen, da anderenfalls ein Verstoß gegen das Bestimmtheitsgebot vorliegt.

7. Erkennbarkeit des Schutzzwecks

Teilweise wird auch betont, ein Straftatbestand sei nur dann hinreichend bestimmt, wenn sich ihm zusätzlich zu anderen Voraussetzungen ein klarer gesetzgeberischer Schutzzweck entnehmen lässt[812]. Mit anderen Worten: Das geschützte Rechtsgut muss sich eindeutig aus der Vorschrift selbst ergeben.

Diese Forderung erscheint auf den ersten Blick einleuchtend. Sie ist auch unproblematisch, solange es sich um die klassischen Rechtsgüter wie z. B. Leben oder Körperintegrität handelt. Zwar werden diese Rechtsgüter in den sie schützenden Tatbeständen nicht immer explizit genannt, sie ergeben sich jedoch eindeutig aus der Umschreibung der Rechtsgutsverletzung[813]. Das Strafrecht steht jedoch in zunehmendem Maße vor der Notwendigkeit, Rechtsgüter zu schützen, die ihrerseits nicht fest umrissen sind[814]. Hier kann es zum einen unmöglich sein, das Rechtsgut selbst abstrakt positiv zu beschreiben. Zum anderen ergeben sich auch Schwierigkeiten bei der konkreten Beschreibung

---

811 Anderer Ansicht kann hier nur sein, wer die Analogie nicht im technischen Sinne versteht, sondern sie auf alle Fälle ausdehnt, in denen eine Rechtsanwendung über den Inhalt einer gesetzlichen Sanktionsnorm hinausgeht – so BVerfGE 82, 236, 269; Krey, ZStW 101, S. 838, 843; Jarass/Pieroth-Pieroth Art. 103 Rdnr. 47; Maunz/Dürig-Schmidt-Aßmann Art. 103 Rdnr. 227. In diesem Fall stellt sich die erweiternde Auslegung zwar tatsächlich als Verstoß gegen das Analogieverbot dar, das Bestimmtheitsgebot bleibt auf den Gesetzgeber beschränkt. Die innere Konsequenz im Rahmen des Bestimmtheitsgebot wird jedoch erkauft durch eine Erweiterung im Rahmen des Analogieverbots, weil die Analogie nicht mehr im technischen Sinne verstanden wird. Die Inkonsequenz wird damit nicht beseitigt, sondern nur verschoben.

812 Roxin, AT 1, Rdnr. 75.

813 Diese fordert Haft, JuS 1975, S. 477, 483 – dazu müsse mindestens ein Beispiel für diese Rechtsgutsverletzung genannt werden, von dem analogisch auf andere, ähnliche Fälle geschlossen werden könne.

814 Vgl. Lenckner, JuS 1968, S. 249, 253.

eines rechtsgutverletzenden Verhaltens. Der Rückschluss von einer Verhaltensumschreibung auf das geschützte Rechtsgut ist wegen dessen Abstraktheit notwendig ein interpretatorischer. Dieses Interpretationserfordernis bewirkt, dass das Ergebnis nicht immer eindeutig ist. In einigen Fällen ist nach dem Inhalt einer Norm nicht nur ein einziger bestimmter Schutzzweck denkbar, sondern stehen verschiedene mögliche Schutzzwecke alternativ oder kumulativ nebeneinander[815]. Diese Tatsache an sich führt noch nicht zu einer verfassungswidrigen Unbestimmtheit. Die Ziele des Art. 103 Abs. 2 GG erfordern nicht, dass der Schutzzweck eines Gesetzes aus diesem eindeutig hervorgeht. Soweit die unter Strafe gestellte Verhaltensweise hinreichend klar definiert ist, kann der Bürger das staatliche Strafverhalten vorhersehen und ein Urteil ist auf eine gesetzgeberische Entscheidung zurückzuführen. Die Frage nach dem geschützten Rechtsgut wird erst im Rahmen der Auslegung einzelner Tatbestandsmerkmale relevant. Hierbei wird der Bürger durch die oben beschriebene Wortlautgrenze hinreichend geschützt. Insofern stellt die eindeutige Erkennbarkeit des geschützten Rechtsguts zwar ein wünschenswertes Ziel, aber kein zwingendes Erfordernis hinreichender Bestimmtheit dar[816].

8. 51-%-Grenze

Einen originellen Ansatz zur Festlegung der Grenze hinreichender Bestimmtheit vertritt Schünemann[817]. Er ist der Ansicht, der Begriff der Bestimmtheit sei auf quantitativem Wege dahingehend zu definieren, dass der Anteil der noch hinreichend bestimmbaren Tatbestandsmerkmale jedenfalls mehr als 50 % betragen müsse. Dahinter steht die Überlegung, dass von einem „Bestimmtheitsgrundsatz“ nur dann gesprochen werden könne, wenn die Zahl der hinreichend bestimmten Merkmale die der unbestimmten übersteige und daher die Regel und nicht die Ausnahme sei.

Diese Meinung ist zu Recht auf einhellige Ablehnung gestoßen. Es ist nicht ersichtlich, wie eine sichere quantitative Abschätzung nach Prozenten möglich sein soll[818]. Dies gilt insbesondere, weil jedem Begriff schon aus sprachlicher Sicht ein gewisses Quantum an Unbestimmtheit innewohnt, das seinerseits kaum bezifferbar ist. Hinzu kommt, dass auch bei einem Anteil unbestimmter

---

815 Vgl. Engisch, Einführung, S. 80.

816 Verfassungswidrig ist eine Vorschrift allerdings dann, wenn gar kein gesetzgeberischer Schutzzweck zu erkennen ist. Dies ist jedoch eine Frage der materiellen Rechtswidrigkeit. Ein Strafgesetz, das die allgemeine Handlungsfreiheit beschränkt, muss einem legitimen Zweck dienen. Ist ein solcher nicht ersichtlich, ist das Gesetz materiell verfassungswidrig.

817 Schünemann, Nulla poena sine lege, S. 35.

818 Albrecht, Garantenstellungen, S. 149; Dietmeier, Blankettstrafrecht, S. 95; Ransiek, Gesetz, S. 60 ff.; Roxin, AT 1, § 5 Rdnr. 74; Sch/Sch-Eser § 1 Rdnr. 21; Schroth, Rechtskultur, S. 102 Fortsetzung FN 33.

Merkmale in Höhe von 49 % die Vorhersehbarkeit für den Bürger nicht gegeben ist[819]. Der Unterschied zwischen 49 % und 51 % ist so klein, dass er für den durchschnittlichen Bürger kaum ins Gewicht fällt – für ihn ist das staatliche Verhalten bei einer 49-prozentigen Unbestimmtheit genauso wenig berechenbar wie bei einer 51-prozentigen Unbestimmtheit.

9. Wertverletzungstypus

Eine Sonderlösung zur Präzisierung des Bestimmtheitsgebots wird von Sax[820] vertreten. Ausgehend von der Prämisse, das Bestimmtheitsgebot sei Ausfluss des Schuldprinzips, fordert er im Rahmen des Art. 103 Abs. 2 GG nicht primär die gesetzliche Präzisierung des tatbestandlichen Verhaltens (Verhaltenstypus), sondern lediglich die gesetzliche Bestimmtheit des Wertverletzungstypus'. Es genüge, wenn die durch das Verhalten verursachte Verletzung der in der Gemeinschaft verbindlich anerkannten Werte inhaltlich eindeutig umrissen sei[821]. Zwar hänge die inhaltliche Bestimmtheit des Wertverletzungstypus in der Regel von der Präzisierung des strafrechtlichen Verhaltenstypus ab. Doch könne auch hinter einem unbestimmten Verhaltenstypus ein deutlich abgegrenzter Werttypus stehen.

Dieser Ansicht kann – unabhängig von der zweifelhaften Verknüpfung zwischen Art. 103 Abs. 2 GG und dem Schuldprinzip – nicht gefolgt werden[822]. Art. 103 Abs. 2 GG spricht von Taten, nicht von Wertverletzungen. Der Begriff der Tat kennzeichnet eine menschliche Verhaltensweise im Sinne eines Verhaltenstypus, nicht ihre Beziehung zur Rechtsordnung im Sinne einer Wertverletzung. Zudem ist in Art. 103 Abs. 2 GG von Strafbarkeit die Rede; eine Wertverletzung als solche ist an sich jedoch nicht strafbar – sie wird es vielmehr erst, wenn sie durch ein in einem Straftatbestand vertyptes Verhalten geschieht.

---

819 MüKo-StGB-Schmitz § 1 Rdnr. 41; Roxin, AT 1, § 5 Rdnr. 74; Stächelin, Strafgesetzgebung, S. 224.

820 Sax, Grundsätze, S. 909, 1008 ff.

821 Die Lösung weist gewisse Ähnlichkeit zu dem oben bereits abgehandelten Erfordernis der Erkennbarkeit des Schutzzwecks auf. Im Unterschied zu dieser reduziert sie die Frage der hinreichenden Bestimmtheit auf die Erkennbarkeit einer Wertverletzung und löst sie aus dem Zusammenhang einer konkreten Tatbestandsumschreibung.

822 Hamann, Grundgesetz, S. 51; Kohlmann, Begriff, S. 162; Lemmel, Strafbarkeitsvoraussetzungen, S. 113; Paulduro, Verfassungsgemäßheit, S. 363; Seel, Tatbestandsmerkmale, S. 105.

10. Zusammenfassende Beurteilung

Als Ergebnis lässt sich festhalten, dass die hinreichende Bestimmtheit grundsätzlich durch Auslegbarkeit gewährleistet wird, soweit hierbei keine Wortlautüberschreitung stattfindet. Maßgeblich ist dabei primär der für den Adressaten verstehbare Wortlaut. Bei den wertausfüllungsbedürftigen normativen Tatbestandsmerkmalen gilt zudem der Grundsatz des Mindestgemeinsamen. Als „Notbremse" ist auf das Maximierungsgebot zurückzugreifen.

VI. Bestimmtheit der Garantenklausel

Nunmehr soll der Frage nachgegangen werden, ob und inwieweit die gesetzliche Regelung der Garantenstellung und der daraus resultierenden Garantenpflicht in § 13 Abs. 1 StGB mit dem Bestimmtheitsgebot des Art. 103 Abs. 2 GG vereinbar ist. Die Fragestellung ist bewusst eng gewählt – die Frage, ob § 13 StGB insgesamt verfassungsgemäß ist oder nicht, soll nicht beantwortet werden. Sie würde über die Formulierung „rechtlich dafür einzustehen hat" Stellungnahmen zu Problemen erfordern, die ihrerseits äußerst komplex und umstritten sind. So soll nicht auf die Entsprechungsklausel eingegangen werden, die Gegenstand heftiger Kontroversen ist[823]. Offen bleiben soll ferner die Frage, ob der in § 13 Abs. 1 StGB verwendete Begriff „Erfolg" so zu verstehen ist, dass er nur die Erfolgsdelikte umfasst, oder ob in diesen Begriff auch reine Tätigkeitsdelikte einbezogen werden können[824].

---

[823] Die überwiegende Ansicht – vgl. OLG Karlsruhe JR 1989, S. 210, 212; Baumann/Weber/Mitsch, AT, § 15 Rdnr. 77 f.; Gropp, AT, § 11 Rdnr. 4; Jakobs, AT, 29/7, 78 ff.; Jescheck/Weigend, AT, S. 629 f.; LK-Jescheck § 13 Rdnr. 5; Maurach/Gössel/Zipf, AT 2, § 46 Rdnr. 54 ff.; Sch/Sch-Stree § 13 Rdnr. 4; SK-Rudolphi § 13 Rdnr. 18 – versteht die Entsprechungsklausel als Modalitätenäquivalenz: Während bei den reinen Erfolgsdelikten die durch die Garantenklausel gewährleistete Handlungsäquivalenz ausreicht, soll bei verhaltensgebundenen Delikten ein zusätzliches Gleichstellungsmerkmal, die Modalitätenäquivalenz, hinzukommen. Roxin, AT 2, § 32 Rdnr. 239 ff. beschränkt die Entsprechungsklausel auf begehungstäterbezogene Qualifikationsmerkmale; Androulakis, Studien, S. 219 ff.; Henkel, MschrKrim 61, S. 178 f., Kahlo, Pflichtwidrigkeitszusammenhang, S. 322 und Schünemann, Freiburg-Symposium, S. 103, 114 wollen die Klausel dagegen nicht auf verhaltensgebundene Delikte beschränken. Vgl. zum Streitstand Güntge, Begehen durch Unterlassen, S. 46 ff.

[824] Für eine Begrenzung auf Erfolgsdelikte Dedes, GA 1977, S. 230, 233; Gropp, AT, § 11 Rdnr. 9 f.; Jescheck-Weigend, AT, S. 606; LK-Jescheck § 13 Rdnr. 2; Schmidhäuser, AT, 16/68; Steiner, MDR 1971, S. 260 f. sowie ausführlich Güntge, Begehen durch Unterlassen, S. 29 ff.; Tätigkeitsdelikte einbeziehend BayOblG JR 1979, S. 289, 291; Baumann/Weber/Mitsch, AT, § 15 Rdnr. 42 f.; Jakobs, AT, 29/2; Maurach/Gössel/Zipf, AT 2, § 46 Rdnr. 4 ff.; Sch/Sch-Stree § 13 Rdnr. 3; Tröndle/Fischer § 13 Rdnr. 3.

§ 13 Abs. 1 StGB fordert als Voraussetzung der Strafbarkeit eines unechten Unterlassens, dass der Täter „rechtlich dafür einzustehen hat, dass der Erfolg nicht eintritt“.

In der Rechtsprechung und der strafrechtlichen Literatur wird dieser Begriff – in Übereinstimmung mit der Begründung des Entwurfs E 1960 – als Umschreibung des Terminus „Garantenstellung“ bzw. „Garantenpflicht“ verstanden. Problematisch ist, dass auch die Inhaltsbestimmung sich nur an diesem gemeinten Begriff orientiert. So werden zumeist die nach der jeweiligen Ansicht anerkannten Garantenpflichten aufgezählt, ohne die Formulierung „rechtlich dafür einzustehen hat“ in ihre Einzelbestandteile zu zerlegen, wie es ein unbefangener Betrachter tun wird. Zwar wird von vielen noch betont, dass es sich um eine Rechtspflicht handeln müsse und dass sittliche bzw. moralische Pflichten keine Garantenstellung begründen könnten[825]. Eine eigenständige Definierung des Begriffs „rechtlich“ oder die Aufstellung von Kriterien für die Abgrenzung zur Sittlichkeit bzw. Moral finden sich nicht. Dies zeigt sich schon daran, dass die meisten Autoren kein Problem darin sehen, auch die freiwillige Übernahme als Garantenpflicht zu qualifizieren[826]. Dabei ist es gerade nicht erkennbar, warum es hierbei um eine rechtliche und nicht um eine moralische Pflicht handeln soll, sofern die Parteien keinen rechtswirksamen Vertrag geschlossen haben.

In diesem Sinne formuliert auch Grünwald[827]: „Allerdings wird an dem Begriff der Rechtspflicht bis zum heutigen Tag festgehalten – oder genauer, es wird an dem W o r t e festgehalten, das nun einen ganz anderen Begriff bezeichnet. ... Man muß also den Begriff einer speziellen strafrechtlichen Rechtspflicht zur Erfolgsabwendung schaffen, wobei dieser und der ursprüngliche Begriff der Rechtspflicht sich wie zwei schneidende Kreise verhalten. Eine Antwort auf die Frage, wann eine Rechtspflicht in diesem Sinne besteht, ist nun von Recht-

---

[825] Vgl. aus der Rechtsprechung RGSt 22, 332, 333; 39, 397, 398; 40, 165, 166; 64, 273, 275; BGHSt 7, 268, 271; 20, 391, 393 f.; BayObIG JR 1988, S. 298, 299; OLG Düsseldorf MDR 1989, S. 931, 932; aus der Literatur Albrecht, Garantenstellungen, S. 154; Gropp, AT, § 11 Rdnr. 10; Herzberg, Unterlassung, S. 209; Jakobs, AT, 19/26; Krey, AT 2, Rdnr. 334; Kühl, AT, § 18 Rdnr. 41; LK-Jescheck § 13 Rdnr. 19; Maiwald, JuS 1981, S. 473, 480; Seebode, FS für Spendel, S. 317, 329; Sch/Sch-Stree § 13 Rdnr. 7; SK-Rudolphi § 13 Rdnr. 19; Stree, FS für Mayer, S. 145, 146 f.; Tröndle/Fischer § 13 Rdnr. 5; Wessels/Beulke, AT, Rdnr. 717.

[826] Vgl. Gropp, AT, § 11 Rdnr. 27; Jescheck/Weigend, AT, S. 623; Krey, AT 2, Rdnr. 343; Kühl, AT, § 18 Rdnr. 68; LK-Jescheck § 13 Rdnr. 26; Maurach/Gössel/Zipf, AT 2, § 46 Rdnr. 82. Aufschlussreich sind auch die Ausführungen von Jakobs, AT, 29/26. Auch er setzt für die Bejahung einer Garantenpflicht eine Rechtspflicht voraus. Nur wenig später formuliert er: „Die förmliche Rechtsquelle ist ... nebensächlich.“

[827] Grünwald, ZStW 70, S. 412, 415 f.

sprechung und Lehre allein aus dem Rechtsgefühl abgeleitet worden – denn eine andere Möglichkeit der Ableitung besteht nicht."

So einfach darf es sich eine Auslegung der in § 13 Abs. 1 StGB verwendeten Formulierung aber nicht machen. Der Gesetzgeber hat eben nicht den Ausdruck „Garantenpflicht" verwendet, sondern die Formulierung „rechtlich dafür einzustehen hat". Dieser Wortlaut ist Ausgangspunkt der Auslegung. Eine historische Auslegung der Vorschrift ist zwar möglich. Sie muss aber immer mit dem Wortsinn vereinbar bleiben, sie darf diesen also allenfalls einschränken, nicht aber überschreiten.

„Rechtlich dafür einzustehen hat" lässt sich umformulieren in „rechtlich dafür einstehen muss". Aus der letztgenannten Formulierung werden die zwei Komponenten deutlich, aus denen sich die Garantenpflicht zusammensetzt: Es handelt sich zum einen um ein *rechtliches* Müssen, also eine rechtliche Pflicht, zum anderen um ein *Einstehen*-Müssen, eine Einstandspflicht. Diese beiden Elemente sollen im Folgenden getrennt untersucht werden. Die getrennte Bearbeitung erfolgt dabei nur für die im Rahmen des Art. 103 Abs. 2 GG wichtigen Fragen der Auslegung und Begrenzung evtl. normativer Elemente. Die Frage, ob es eine offensichtlich bestimmtere Formulierung gegeben hätte, erfordert es, den Komplex der Garantenstellung bzw. der Garantenpflicht insgesamt zu betrachten. Sie wird daher erst im Anschluss gestellt und beantwortet werden.

1. Rechtliche Pflicht

A) Auslegung, insbesondere Wortlautgrenze

Die Formulierung „rechtlich" als Adjektiv zur näheren Kennzeichnung der Erfolgsabwendungspflicht ist zunächst darauf zu untersuchen, ob der Wortlaut einer beliebigen Auslegung immer noch Schranken setzt.

a) „Rechtliche Pflicht" als normatives Tatbestandsmerkmal

Es stellt sich die Frage, ob der Begriff „rechtlich" bzw. das dazugehörige Substantiv „Recht" einen sprachlich fest umrissenen Bedeutungsgehalt hat. Zweifel daran kommen auf, wenn man sich einige der verschiedenen Begriffe betrachtet, die den Bestandteil „Recht" enthalten: Naturrecht, Gewohnheitsrecht, Gesetzesrecht, Vertragsrecht. Diese Zweifel verstärken sich bei einem Blick in verschiedene Wörterbücher. „Recht ist die Gesamtheit der vom Staat festgelegten Normen des menschlichen Verhaltens"[828] bzw. „die jeweilige

[828] Wörterbuch der deutschen Gegenwartssprache, 4. Band, S. 2971.

Summe aller geltenden – soziologisch gesehen aller tatsächlich befolgten – Rechtssätze“[829]. Kennzeichnend für das Recht ist „in erster Linie das Bestehen eines organisierten und institutionalisierten Verfahrens“[830], seine Einhaltung zu erzwingen oder seine Nichteinhaltung mit bestimmten Sanktionen zu belegen.

Übereinstimmung kann allenfalls dahingehend konstatiert werden, dass „Recht“ soziale Normen begründet[831]. Diese Festlegung hilft aber bei der gewollten Abgrenzung von Rechtspflichten zu sittlichen Pflichten nicht weiter, weil auch sittliche Pflichten Anforderungen an das menschliche Verhalten stellen[832]. „Soziale Norm“ erweist sich damit als Oberbegriff, die differentia specifica bleiben ungeklärt. „Der Begriff Recht ist so vielschichtig und umfassend, daß er sich nicht mehr einheitlich bestimmen läßt“[833]. Der Begriff „rechtlich“ erweist sich damit als normatives Tatbestandsmerkmal.

b) Wertausfüllungsbedürftiges oder wertgefülltes Merkmal?

Sodann stellt sich die Frage, ob das normative Tatbestandsmerkmal „rechtlich“ wertgefüllt oder wertausfüllungsbedürftig ist. Der Unterschied[834] besteht darin, dass wertgefüllte Merkmale anhand anderer Normen der Rechtsordnung inhaltlich ausgefüllt werden können, während wertausfüllungsbedürftige Merkmale grundsätzlich keine derartigen Hilfskonstruktionen kennen, sondern Adressaten und Anwender bei der Inhaltsbestimmung weitgehend alleine lassen, so dass es auf deren eigene Ansicht ankommt.

aa) Wertausfüllungsbedürftiges Merkmal

Man könnte zunächst – gerade im Hinblick auf den Zweck, Recht und Moral voneinander abzugrenzen – daran denken, den Begriff „rechtlich“ als wertausfüllungsbedürftiges normatives Tatbestandsmerkmal anzusehen. Entsprechend den obigen Ausführungen[835] käme dann die Lehre vom Mindestgemeinsamen zur Anwendung. Als „rechtlich“ könnte nur das angesehen werden, was dem Minimalkonsens aller vertretbaren Meinungen entspricht. Demnach wären zunächst alle Ansichten zum Rechtsbegriff darzustellen – eine praktisch unmögliche Aufgabe. Schon die Grobrichtungen der zahllosen

---

[829] Köbler, Juristisches Wörterbuch, S. 393.
[830] Meyers Neues Lexikon, 8. Band, S. 123.
[831] Vgl. Brockhaus Enzyklopädie, 18. Band, S. 117; Deutsches Rechtslexikon, 3. Band, S. 3445; Duden, 6. Band, S. 2718; Schreiber, RENOVATIO 1976, S. 163, 166.
[832] Albrecht, Garantenstellungen, S. 154; Schreiber, RENOVATIO 1976, S. 154.
[833] Deutsches Rechtslexikon, 3. Band, S. 3445.
[834] S. o. Teil 4, V., 1., B); S. 146 f.
[835] S. o. Teil 4, V., 6.; S. 161.

Ansichten sind vielfältig[836]. So kann man primär auf die äußere soziale Wirksamkeit einer Norm abstellen, die sich zeigt an ihrer tatsächlichen Befolgung[837] und/oder der Gewährleistung durch einen staatlichen Zwangsapparat[838]. Andererseits kann es auf die innere soziale Wirksamkeit ankommen, d. h. auf die wie auch immer motivierte Bereitschaft zur Einhaltung der Norm[839]. Eine weitere Alternative besteht darin, den Akt der staatliche Setzung für konstituierend zu halten[840]. Letztlich kann – zumindest zusätzlich zu anderen Kriterien – die inhaltliche Richtigkeit einer Norm entscheidend sein[841].

Entscheidend für das Mindestgemeinsame sind jedoch – worauf oben bereits hingewiesen wurde – die vertretbaren Meinungen, d. h. die Meinungen, die mit dem Grundgesetz und der übrigen Rechtsordnung im Einklang stehen. Insofern komme es im Ergebnis gar nicht darauf an, wie Rechtsphilosophie, Rechtstheorie und Rechtssoziologie global den Begriff des Rechts definieren. Maßgebend ist allein, wie Recht und insbesondere rechtliche Pflichten in der Bundesrepublik Deutschland entstehen können. Schon das Grundgesetz kennt verschiedene Arten der Rechtsentstehung: Bundesgesetz, Landesgesetz, Verordnung und gemeindliche Satzung. Außerhalb des Grundgesetzes erweitert sich der Kreis der Möglichkeiten, Rechtspflichten zu begründen. Zu denken ist an privatrechtliche oder öffentlich-rechtliche Verträge, gerichtliche Urteile, vollstreckbare Verwaltungsakte etc. Der Minimalkonsens aller vertretbaren Meinungen wird also im Großen und Ganzen die Rechtsordnung der Bundesrepublik Deutschland umfassen. Meinungen, die diese Ordnung nicht vollständig anerkennen können, müssen als unvertretbar unberücksichtigt bleiben. Ebenfalls nicht vom Mindestgemeinsamen umfasst sind die Ansichten, die Recht rein soziologisch definieren.

---

[836] Vgl. Alexy, Begriff und Geltung, S. 31 ff.; Dreier, NJW 1986, S. 890 ff.

[837] Vgl. Alexy, Begriff und Geltung, S. 32.

[838] Vgl. Alexy, Begriff und Geltung, S. 31; Brockhaus Enzyklopädie, 18. Band, S. 117; Hoerster, JuS 1987, S. 181, 184; ders., NJW 1986, S. 2480, 2481; Meyers Neues Lexikon, 8. Band, S. 123; Röhl, Rechtslehre, S. 184 ff.; Rüthers, Rechtstheorie, Rdnr. 58, 410; Weber, Wirtschaft und Gesellschaft, S. 17; besonders deutlich v. Ihering, Begriff und Wesen, S. 176, 177: „Der vom Staate in Vollzug gesetzte Zwang bildet das absolute Kriterium des Rechts, ein Rechtssatz ohne Rechtszwang ist ein Widerspruch in sich selbst, ein Feuer, das nicht brennt, ein Licht, das nicht leuchtet."

[839] Vgl. Alexy, Begriff und Geltung, S. 33; Dreier, NJW 1986, S. 890 ff.; Luhmann, Rechtssoziologie, S. 99, 105.

[840] Vgl. Alexy, Begriff und Geltung, S. 34 ff.; Rüthers, Rechtstheorie, Rdnr. 55; Schreiber, RENOVATIO 1976, S. 163, 166; Wörterbuch der deutschen Gegenwartssprache, 4. Band, S. 2971.

[841] Vgl. Alexy, Begriff und Geltung, S. 17.

bb) Wertgefülltes Merkmal

Möglich erscheint aber auch, den Begriff „rechtlich" als wertgefülltes Tatbestandsmerkmal anzusehen[842]. „Rechtlich" würde in diesem Fall auf die in anderen Bereichen der Rechtsordnung verankerten Rechtspflichten verweisen. § 13 Abs. 1 StGB wäre also eine Blankettvorschrift[843], die unechten Unterlassungsdelikte wären akzessorisch zur übrigen Rechtsordnung.

Die hier vorgestellte Deutung des Begriffs „rechtlich" in § 13 Abs. 1 StGB ist ungewöhnlich, aber keinesfalls fernliegend. Dies zeigt ein Vergleich mit den im StGB normierten Umweltdelikten. So wird nach § 324 a Abs. 1 Nr. 2 StGB bestraft, wer unter Verletzung verwaltungsrechtlicher Pflichten Stoffe in den Boden einbringt und diesen dadurch in bedeutendem Umfang verunreinigt. Gleiches gilt gemäß § 325 Abs. 1 StGB für den, der beim Betrieb einer Anlage unter Verletzung verwaltungsrechtlicher Pflichten bestimmte Veränderungen der Luft verursacht. Diese Vorschriften begründen wie alle Umweltdelikte des 29. Abschnitts des Strafgesetzbuchs eine sog. Verwaltungsrechtsakzessorietät[844], indem sie das Verwaltungsrecht in Bezug nehmen. Rechtstechnisch handelt es sich daher um Blankettvorschriften im oben dargestellten Sinne[845], die durch verwaltungsrechtliche Normen ausgefüllt werden. Letzteres wird durch die Legaldefinition in § 330 d Nr. 4 StGB bestätigt[846].

---

[842] Dabei kommt eine Einstufung als rechtlich-institutionelles Merkmal nicht in Betracht. Der Begriff „rechtlich" bezeichnet die Handlungspflicht näher. Die ausfüllenden Vorschriften haben nicht nur beschreibenden Inhalt, sondern enthalten selbst Handlungsgebote, vgl. dazu oben Teil 4, V., 1., B), a); S. 147 ff., insbes. FN 743.

[843] A. A. Puppe, GA 1990, S. 145, 171 f., die § 13 StGB nicht als Blankettnorm versteht, sondern als sog. gesamttatbewertendes Merkmal. Im Unterschied zum Blankettstrafrecht verweise dieses nicht auf anderweitig kodifiziertes positives Recht, sondern auf allgemein anerkannte elementare Normen des ungeschriebenen Rechts. Dieses Ergebnis, das faktisch eine Reduktion des Rechtsbegriffs auf das Naturrecht bedeutet, entspricht nicht dem hier für maßgeblich gehaltenen Minimalkonsens aller vertretbaren Meinungen. A. A. auch Arzt, JA 1980, S. 647, 650. Er beruft sich darauf, dass die außerstrafrechtliche Pflicht noch auf ihre strafrechtliche Relevanz überprüft werde. Warum dies der Qualifizierung einer Norm als teilausfüllungsbedürftigem Tatbestand entgegenstehen sollte, ist nicht ersichtlich. Wenn es unerheblich ist, ob zu dem einer anderen Rechtsvorschrift entnommenen Verbot noch ein weiteres Tatbestandsmerkmal hinzukommt, muss Gleiches auch gelten, wenn das Verbot durch den strafrechtlichen Tatbestand noch auf Fälle der strafrechtlichen Relevanz beschränkt wird.

[844] Vgl. nur Kühl, FS für Lackner, S. 815, 817 ff.; LK-Steindorf Vor § 324 Rdnr. 24; SK-Horn Vor § 324 Rdnr. 7; Tröndle/Fischer Vor § 324 Rdnr. 6; Wessels/Hettinger, BT 1, Rdnr. 1059.

[845] Bergmann, Strafbewehrung, S. 78; Kühl, FS für Lackner, S. 815, 821 („blankettartiger Charakter"); Wessels/Hettinger, BT 1, Rdnr. 1054.

[846] Wobei diese Vorschrift zusätzlich das Erfordernis eines bestimmten Schutzzwecks aufstellt und die öffentlich-rechtlichen Verträge einschränkt.

Wenn die Formulierung „unter Verletzung verwaltungsrechtlicher Pflichten" eine Akzessorietät zum Verwaltungsrecht begründet, kann Gleiches auch für die Formulierung „rechtlich dafür einzustehen haben" gelten. Diese könnte abgeändert werden in „wer unter Verletzung einer rechtlichen Einstandspflicht", was die Parallele noch deutlicher hervortreten lässt.

Wird der Begriff „rechtlich" in § 13 Abs. 1 StGB als wertgefülltes normatives Tatbestandsmerkmal verstanden, so verweist er auf die in der Rechtsordnung der Bundesrepublik Deutschland geltenden Rechtspflichten.

cc) Erörterung

Im Ergebnis scheinen daher auf den ersten Blick beide Deutungen zu dem gleichen Ergebnis zu kommen: „Rechtlich" ist eine Pflicht dann, wenn sie irgendwo in der Rechtsordnung der Bundesrepublik Deutschland existiert.

Bei genauer Betrachtung zeigen sich jedoch durchaus Unterschiede, und zwar sowohl in den Konsequenzen als auch für die Anforderungen. Dies ergibt sich daraus, dass, wenn § 13 Abs. 1 StGB als Blankettvorschrift verstanden wird, die oben für diese Regelungstechnik vorgestellten Voraussetzungen[847] anzuwenden sind.

Wie oben ausgeführt, müssen Blankettvorschrift und blankettausfüllende Norm zusammen Art. 103 Abs. 2 GG genügen. Dies hat folgende Auswirkungen: Da Art. 103 Abs. 2 GG das Verbot des Gewohnheitsrechts enthält, kann Gewohnheitsrecht nicht als wertausfüllungsbedürftige Norm anerkannt werden. Pflichten, die nicht in irgendeiner Hinsicht kodifiziert sind, können zur Ausfüllung des Begriffs „rechtlich" nicht herangezogen werden. Praktisch relevant wird dies vor allem für naturrechtliche Pflichten. Geht man von einer Blankettvorschrift aus, wären die gewohnheitsrechtlichen Pflichten nicht einbezogen. Dieses Ergebnis wäre dagegen nach der Ansicht, die „rechtlich" als wertausfüllungsbedürftiges normatives Tatbestandsmerkmal versteht, nicht zwingend. Da die deutsche Rechtsordnung durchaus den Begriff des Gewohnheitsrechts kennt und dieses auch von den Gerichten angewendet wird, könnte Gewohnheitsrecht wohl in den Begriff des Mindestgemeinsamen einbezogen werden. Das Mindestgemeinsame selbst unterliegt jedoch – anders als die blankettausfüllende Vorschrift – nicht den Anforderungen des Art. 103 Abs. 2 GG.

Weiter müssen Blanketttatbestände aus verfassungsrechtlichen Gründen bestimmte Voraussetzungen erfüllen. Es muss gewährleistet sein, dass der

---

[847] S. o. Teil 4, V., 1., B), a), aa); S. 149 ff.

Gesetzgeber sich nicht seiner Verantwortung entzieht, indem er alle entscheidenden Fragen dem Verordnungs- oder Satzungsgeber oder der Verwaltungsbehörde überlässt. Insofern muss der Blanketttatbestand selbst inhaltlich bereits bestimmte Vorgaben enthalten.

Diese Anforderungen würden unterlaufen, wenn die Bezeichnung „rechtlich" als wertausfüllungsbedürftiges Tatbestandsmerkmal angesehen würde, das seinerseits über das Mindestgemeinsame aller vertretbaren Meinungen auf die in der Bundesrepublik Deutschland geltenden Rechtspflichten begrenzt ist. Der Gesetzgeber könnte sich somit zumindest teilweise von seinen Verpflichtungen aus Art. 103 Abs. 2 GG lösen. Eine derartige Vorgehensweise wäre als Umgehung des Art. 103 Abs. 2 GG unzulässig. Wenn der Gesetzgeber nicht selbst die Handlungs- oder Unterlassungspflichten vollumfassend normiert – wie er es in § 138 StGB oder § 323 c StGB getan hat – , sondern ein normatives Merkmal einfügt, das auf die Rechtsordnung der Bundesrepublik Deutschland Bezug nimmt, so muss er dies technisch korrekt im Wege der Blankettstrafnorm tun.

Der Begriff „rechtlich" ist demnach als wertgefülltes normatives Tatbestandsmerkmal zu verstehen, § 13 Abs. 1 StGB stellt insoweit einen – teilergänzungsbedürftigen – Blanketttatbestand dar, der besonderen verfassungsrechtlichen Anforderungen unterliegt[848].

B) Verfassungsmäßigkeit des § 13 Abs. 1 StGB als Blankettnorm

Nunmehr ist zu prüfen, ob § 13 Abs. 1 StGB als Blanketttatbestand mit Art. 103 Abs. 2 GG vereinbar ist. Dabei sind vor allem die Ziele des nulla-poena-Satzes im Auge zu behalten: Vorhersehbarkeit für den Bürger und Gewährleistung einer gesetzgeberischen Wertentscheidung.

---

[848] An dieser Stelle soll darauf hingewiesen werden, dass die im Rahmen des unechten Unterlassungsdelikts gestellten Anforderungen an den Vorsatz und die daraus resultierende Irrtumsdogmatik mit der bei den Blanketttatbeständen herrschenden Meinung übereinstimmt: Die Kenntnis der tatbestandlichen Voraussetzungen der Handlungspflicht bzw. Ausfüllungsnorm gehört zum Vorsatz. Ihre Unkenntnis führt daher zum Tatbestandsirrtum, während die Unkenntnis der Handlungspflicht bzw. der Ausfüllungsnorm selbst einen Gebots- bzw. Verbotsirrtum darstellt. Vgl. zur herrschenden Meinung bei Blanketttatbeständen nur Roxin, AT 1 Rdnr. 100 und zum Unterlassungsdelikt nur Lackner/Kühl § 15 Rdnr. 7, § 16 Rdnr. 5.

a) Gesetzliche Pflichten

Beide Ziele sind unproblematisch gewahrt, soweit es sich um einen Verweis auf gesetzliche Pflichten handelt[849]. Als in Rechtsprechung und Literatur bei unechten Unterlassungsdelikten häufig genanntes Beispiel können hier die Pflichten aus dem Familienrecht des BGB herangezogen werden. Diese stellen eine gesetzgeberische Wertentscheidung dar. Dabei ist unerheblich, dass diese Wertentscheidung nicht für das Strafrecht, sondern für das Familienrecht getroffen ist. Denn einen spezifischen Strafgesetzgeber kennt das Grundgesetz nicht[850]. Gesetzgeber ist vielmehr der jeweilige Bundestag für die Angelegenheiten, die ihm zur Abstimmung vorliegen. Dass der Gesetzgeber bei Schaffung der Familienrechtsnormen nicht daran gedacht haben dürfte, die von ihm konstituierten Normen könnten als blankettausfüllende Normen für Straftatbestände herangezogen werden können, ändert daran nichts. Die Leistung der Verknüpfung wurde insoweit vom Gesetzgeber des § 13 Abs. 1 StGB erfüllt, indem er den Begriff „rechtlich“ verwendete.

Auch das Ziel der Vorhersehbarkeit für den Bürger ist gewährleistet. Zwar enthält § 13 Abs. 1 StGB – ebensowenig wie die Umweltdelikte, die nur vom Verwaltungsrecht sprechen – keine ausdrückliche Verweisung auf die jeweils anzuwendenden gesetzlichen Vorschriften oder auch nur auf das anzuwendende Gesetz[851]. Dies ist jedoch durch die spezifischen Eigenheiten des unechten Unterlassungsdelikts als solches begründet und führt nicht zu übermäßiger Unklarheit. Im Gegensatz zu beispielsweise § 21 Abs. 1 Nr. 1 Alt. 2 und 3 StVG kennzeichnet sich das unechte Unterlassungsdelikt dadurch, dass es nicht nur einige wenige blankettausfüllende Normen gibt, sondern viele. Die Übersichtlichkeit des Tatbestandes und das Ziel, das StGB knapp zu halten, würden leiden, wenn der Gesetzgeber an dieser Stelle alle möglichen anderen gesetzlichen Tatbestände aufzählen müsste. Zudem wären ständige gesetzgeberische Anpassungen erforderlich, wenn ein Gesetz geändert oder neu geschaffen würde. Die gewählte „Generalverweisung“ bewirkt auch keine übermäßige Beeinträchtigung für den Bürger. Soweit beispielsweise familienrechtliche Normen des BGB in Betracht kommen, kann davon ausgegangen werden, dass dem Bürger diese im Grundsatz ebenso bekannt sind

---

[849] S. o. Teil 4, V., 1., B), a), aa), (1), S. 150 f.

[850] Kühl, FS für Lackner, S. 815, 829.

[851] Vgl. aber BVerfG NJW 1979, S. 1981, 1982, das scheinbar strengere Anforderungen stellt: „ es muss hinreichend deutlich werden, worauf sich die Verweisung bezieht“. Diese Voraussetzung soll aber bei § 21 Abs. 1 Nr. 1 StVG erfüllt sein, der nur von „erforderlicher“ Fahrerlaubnis spricht. Dreier-Schulze-Fielitz Art. 103 Abs. 2 Rdnr. 28 fordert eine „eindeutige“ Bestimmung der ausfüllenden Norm; Maunz/Dürig-Schmidt-Aßmann Art. 103 Rdnr. 207 spricht von einer der „Gesetzesklarheit“ genügenden Koppelung und regt an, zukünftig die Angabe der amtlichen Gesetzesbezeichnung und der Fundstelle zu verlangen.

wie die Normen des StGB. Bei anderen, spezielleren Ausfüllungsnormen wie § 30 Nr. 2 LMBG ist der Adressatenkreis zu berücksichtigen[852]. Sicherlich ist einem normalen Bürger diese Vorschrift nicht bekannt. Der normale Bürger produziert aber auch keine Lebensmittel und bringt sie in Verkehr. Von demjenigen, der dies tut, darf auch erwartet werden, dass er die für seine Berufsausübung maßgeblichen außerstrafrechtlichen Vorschriften kennt. Letztlich ist zu berücksichtigen, dass der Normadressat bei Unkenntnis der Garantenpflicht über einen eventuellen Gebotsirrtum nach § 17 StGB geschützt wird.

b) Untergesetzliche Pflichten

Bei den untergesetzlichen blankettausfüllenden Vorschriften[853] kann die Frage der Vereinbarkeit des § 13 Abs. 1 StGB mit Art. 103 Abs. 2 GG nicht so einfach beantwortet werden.

Oben wurde bereits festgestellt[854], dass untergesetzliche blankettausfüllende Normen nur dann nicht zu Art. 103 Abs. 2 GG in Widerspruch stehen, wenn sich aus dem Blankettstrafgesetz selbst die möglichen Straftatbestände einschließlich der Schuldform und die Art und das Höchstmaß der Strafe nach den anerkannten Regeln juristischer Auslegung bestimmen lassen. Die ausfüllende gesetzliche Norm darf sich nur als Spezifizierung des Straftatbestandes darstellen.

Fraglich ist, ob § 13 Abs. 1 StGB diesen Anforderungen gerecht wird.

§ 13 Abs. 1 StGB selbst enthält weder Angaben zu Art und Höchstmaß der Strafe oder zur Schuldform. Isoliert betrachtet erfüllt die Vorschrift die erforderlichen Bedingungen also nicht. Zu berücksichtigen ist aber, dass § 13

---

[852] Vgl. BVerfGE 75, 329, 343; BGHSt 42, 219, 221 f.; s. o. Teil 4, V., 5, S. 160 f.

[853] Zu denken ist insbesondere an Verordnungen, Satzungen und Verträge. Denkbar sind auch Verwaltungsakte und gerichtliche Urteile, wobei hier geklärt werden müsste, inwieweit diese nicht lediglich bereits existierende Pflichten wiederholen und klarstellen. Europäische Rechtsakte und Verwaltungsvorschriften können – wenn überhaupt – nur dann als blankettausfüllende Rechtspflichten anerkannt werden, wenn sie unmittelbare Außenwirkung begründen; vgl. Schröder, VVDStRL 50, S. 196, 216. Ansonsten stellen sie sich nicht als eine an den Adressaten gerichtete Pflicht dar. Vgl. auch Maunz/Dürig-Schmidt-Aßmann Art. 103 Rdnr. 213, der bei dem Blankettbegriff „Rechtsvorschriften" Verwaltungsvorschriften nicht als Ausfüllungsnormen akzeptieren will: Zwar sei in der neueren Verwaltungsrechtslehre die Rechtsqualität inneradministrativer Rechtspflichten anerkannt, der gesetzliche Sprachgebrauch sei aber noch ganz von der älteren Ansicht bestimmt, nach der Verwaltungsvorschriften keine Rechtsvorschriften darstellten.

[854] S. o. Teil 4, V., 1., B), a), aa), (2); S. 151 f.

Abs. 1 StGB isoliert ohnehin nicht angewendet wird und auch nicht angewendet werden kann. Es handelt sich um eine Vorschrift des Allgemeinen Teils, die erst zusammen mit den Normen des Besonderen Teils verständlich und subsumierbar wird. Es wurde bereits dargelegt[855], wie § 13 Abs. 1 StGB und ein Tatbestand des Besonderen Teils zu kombinieren sind, damit der Tatbestand eines spezifischen unechten Unterlassungsdelikts entsteht. Am Beispiel des § 212 StGB führt die Kombination zu folgendem Unterlassenstatbestand: Wer es unterlässt, den Tod eines anderen Menschen abzuwenden, wird mit Freiheitsstrafe nicht unter fünf Jahren bestraft, wenn er rechtlich dafür einzustehen hat, dass der Todeserfolg nicht eintritt.

D i e s e r Tatbestand ist es, der die soeben dargestellten Anforderungen erfüllen muss. § 13 Abs. 1 StGB stellt sich also quasi als doppelt verweisender Tatbestand dar. Dabei steht der Einbeziehung der spezifischen Tatbestände des Besonderen Teils nichts entgegen, da hier keine Probleme mit Art. 103 Abs. 2 GG auftauchen können. Da anerkannt ist, dass Blankettstrafgesetze auch mehrstufige Verweisungen enthalten können[856], ist kein Grund ersichtlich, warum ein Blanketttatbestand des Allgemeinen Teils nicht mit den jeweils zugehörigen Tatbeständen des Besonderen Teils zusammen berücksichtigt werden kann. Anderenfalls würden die Vorschriften des Allgemeinen Teils, soweit sie nur vor die Klammer gezogene Bestandteile der Tatbestände des Besonderen Teils sind, an Bedingungen gemessen, die für vollständige Tatbestände entwickelt wurden. Dass Letzteres nicht zu sachgerechten Ergebnissen führen kann, liegt auf der Hand.

Es ist daher davon auszugehen, dass erst die zu bildenden unechten Unterlassenstatbestände an den Anforderungen für Blankettnormen zu messen sind. Ob sie diese Anforderungen erfüllen, soll an dem soeben gebildeten Tatbestand des Totschlags durch Unterlassen exemplarisch überprüft werden.

Entscheidend ist, ob dieser Tatbestand auch ohne den Verweis auf rechtliche Pflichten verständlich ist, ob sich aus ihm die möglichen Straftatbestände einschließlich der Schuldform und die Art und das Höchstmaß der Strafe nach den anerkannten Regeln juristischer Auslegung bestimmen lassen. Lässt man das Blankettmerkmal „rechtlich" weg, so lautet der Tatbestand: Wer es unterlässt, den Tod eines anderen Menschen abzuwenden, wird mit Freiheitsstrafe nicht unter fünf Jahren bestraft, wenn er dafür einzustehen hat, dass der Todeserfolg nicht eintritt.

---

[855] S. o. Teil 3, VI.; S. 97, insbes. FN 505.

[856] Vgl. BVerfG NJW 1979, S. 1981, 1982; BGHSt 42, 219, 222; v. Mangoldt/Klein/Starck-Nolte Art. 103 Rdnr. 153.

Diese Vorschrift enthält Ausführungen zu Art und – verbunden mit dem bei allen Tatbeständen mit zeitiger Freiheitsstrafe hinzuzulesenden § 38 Abs. 2 StGB – Höchstmaß der Strafe. Die allgemein anzuwendende Vorschrift des § 15 StGB legt fest, dass nur der vorsätzliche Totschlag durch Unterlassen nach §§ 212, 13 Abs. 1 StGB strafbar ist. Für die fahrlässige Tötung durch Unterlassen gelten §§ 222, 13 Abs. 1 StGB. Zu beantworten bleibt daher nur die Frage, ob sich bereits aus dem Tatbestand die möglichen Fälle der Strafbarkeit ergeben. Hierbei ist Folgendes zu sehen: Der Tatbestand nennt zum einen den Erfolg der Straftat – Tod eines anderen Menschen – mit hinreichender Genauigkeit. Zum anderen wird deutlich, dass nicht jede unterlassene Erfolgsabwendung die Strafbarkeit begründet, sondern nur diejenige, die zugleich eine Einstandspflicht verletzt. Zwar wird nicht klar, woraus sich diese Einstandspflicht ergibt oder wodurch sie sich auszeichnet[857]. Diese Offenheit ist es, die durch den Begriff „rechtlich" und die darin enthaltene Verweisung näher – wenn auch nicht abschließend – spezifiziert wird. Es handelt sich hierbei – wie bei der Formulierung „unter Verletzung verwaltungsrechtlicher Pflichten" bei den Umweltdelikten – gerade um eine Einschränkung der Strafbarkeit[858]. Daraus ergibt sich für die eben aufgeworfene Frage: Aus dem Blankettstrafgesetz allein lassen sich – die hinreichende Bestimmtheit des Begriffs der Einstandspflicht vorausgesetzt – die möglichen Fälle der Strafbarkeit erkennen, die durch die ausfüllende Norm dann nur konkretisiert werden.

Bei der ausfüllenden Norm ist insbesondere zu berücksichtigen, dass das Kriterium der Einstandspflicht – worauf sogleich noch einzugehen ist – im Sinne eines besonderen Pflichtenverhältnisses auszulegen ist und gerade nicht mit dem Begriff der Pflicht gleichgesetzt werden kann. Es ist also gerade nicht so, dass jede rechtliche Pflicht eine Garantenpflicht begründet; es muss sich vielmehr auch um eine Einstandspflicht i. S. eines besonderen Pflichtenverhältnisses handeln. Die Garantenpflicht wird gebildet durch die Schnittmenge der rechtlichen Pflichten einerseits und der spezifischen Einstandspflichten andererseits. Dabei gewährleistet das Kriterium der Einstandspflicht, welches eben nur bei besonderen Pflichtenverhältnissen gegeben ist, das Vorhandensein spezifisch strafrechtlicher Kriterien. Es verhindert, dass ein anderer als der Gesetzgeber durch Schaffung einer rechtlichen Pflicht abschließend über die Frage der Strafbarkeit im positiven Sinn entscheiden kann[859]: Wenn es keine Rechtspflicht gibt, gibt es zwar auch

---

[857] Dazu unten Teil 4, VI., 2.; S. 184 ff.

[858] Vgl. zu den Umweltdelikten LK-Steindorf Vor § 324 Rdnr. 28.

[859] Heine/Meinberg, Gutachten D, S. 55 betonen, dass es verfassungswidrig ist, wenn eine andere Instanz als der Gesetzgeber abschließend über die Strafbarkeit entscheidet; vgl. auch Dietmeier, Blankettstrafrecht, S. 127, der von einem lediglich mittelbaren Einfluss der Verwaltung spricht.

keine Strafbarkeit (Strafbarkeit im negativen Sinne). Umkehrt begründet jedoch nicht jede Rechtspflicht eine Garantenpflicht (keine Strafbarkeit im positiven Sinne).

An dieser Stelle soll kurz auf die Konstellation eingegangen werden, dass die Rechtspflicht aus einer zivilrechtlichen vertraglichen Verpflichtung besteht. Zivilrechtliche Verträge sind – soweit ersichtlich – bislang nicht als blankettausfüllende Normen erörtert worden. Es ist jedoch keinen Grund erkennbar, sie als solche nicht anzuerkennen. Das entscheidende Kriterium ist, dass sich die möglichen Fälle der Strafbarkeit bereits aus dem Strafgesetz entnehmen lassen. Ist dies der Fall, spielt es keine Rolle, wer die blankettausfüllende Norm schafft – Gesetzgeber, Verordnungsgeber, Satzungsgeber oder Verwaltungsbehörde, oder auch die handelnde Person selbst. § 13 Abs. 1 StGB verweist nicht auf andere Rechts- N o r m e n, sondern auf Rechts- P f l i c h t e n . Rechtspflichten können nach unserer Rechtsordnung auch zwischen einzelnen Bürgern privatautonom begründet werden[860]. Die Vorhersehbarkeit für den einzelnen Bürger leidet darunter nicht. Wie beim Verwaltungsakt wird dem Bürger durch den von ihm abgeschlossenen Vertrag klar und individualisiert[861] vor Augen geführt, wozu er sich rechtlich verpflichtet hat.

c) Zwischenergebnis

Als Quintessenz dieser Ausführungen lässt sich festhalten, dass das Blankettmerkmal „rechtlich“ in § 13 Abs. 1 StGB nicht zu einer verfassungswidrigen Unbestimmtheit der Norm führt.

Voraussetzung ist lediglich, dass die blankettausfüllende Norm ihrerseits hinreichend bestimmt ist. Daher gilt bei Ausfüllungstatbeständen, die selbst wertausfüllungsbedürftige normative Tatbestandsmerkmale oder Generalklauseln enthalten, die Auslegung nach dem Mindestgemeinsamen aller vertretbaren Meinungen[862].

Dabei ist allerdings eine Einschränkung bezüglich des Kriteriums „keine offensichtlich bestimmtere Lösung“[863] zu machen, soweit es blankettausfüllende

---

[860] Hierin besteht der Unterschied zum Verweis auf andere private Konsense, die keine Rechtsnatur haben, wie z. B. die Regeln der Technik; vgl. dazu Marburger, Regeln der Technik, S. 387 ff.; Veit, Rezeption, S. 29 ff.
[861] Diese Charakterisierung verwendet v. Mangoldt/Klein/Starck-Nolte Art. 103 Rdnr. 154 im Rahmen des Verwaltungsakts.
[862] S. o. Teil 4, V., 6.; S. 161 ff.
[863] S. o. Teil 4, V., 2.; S. 157.

Normen betrifft. Es gilt, solange die ausfüllende Norm keinen über die Ausfüllung hinausgehenden Zweck verfolgt. In diesem Fall ist die Norm nur strafrechtlichen Anforderungen unterworfen. Wenn aber die aus anderen Rechtsbereichen stammende wertausfüllende Norm in diesen Bereichen auch einen eigenständigen Regelungsgehalt hat, so kann es nicht auf das Erfordernis ankommen, dass es keine offensichtlich bestimmtere Formulierung gibt. Denn in anderen Rechtsgebieten gelten die strengen Anforderungen des Art. 103 Abs. 2 GG nicht. Es kann folglich nicht richtig sein, die gesamte Rechtsordnung auch außerhalb des Strafrechts an Art. 103 Abs. 2 GG zu binden, nur weil eine außerstrafrechtliche Norm u. U. über eine Verweisung des Strafgesetzgebers Bestandteil einer Strafvorschrift wird. Die erforderliche spezifisch strafrechtliche Bestimmtheit muss dann allein über die Auslegungsbeschränkung auf den Minimalkonsens gewährleistet werden.

C) Präzisierung des Merkmals „rechtliche Pflicht“

Die hier vertretene Ansicht über den Begriffsinhalt des Merkmals „rechtlich“ zeigt in ihren Auswirkungen große Ähnlichkeit zu der oben vorgestellten engen formellen Rechtspflichttheorie[864]. Sie muss sich daher auch die Fragen stellen lassen, die dort bereits aufgeworfen wurden.

Die erste Frage lautete dahin, was formelle Rechtsquelle sein kann, insbesondere inwieweit es außer Gesetz und Vertrag noch andere Rechtsquellen gibt. Diese Frage vermag die hier vertretene Ansicht dahingehend zu beantworten, dass alles das Rechtsquelle i. S. d. § 13 Abs. 1 StGB ist, was nach der Rechtsordnung der Bundesrepublik Deutschland Rechtspflichten begründen kann. Neben Gesetz und Vertrag kommen also insbesondere Verordnungen und Satzungen in Betracht[865]. Bei Verwaltungsakten und gerichtlichen Urteilen müsste noch geklärt werden, inwieweit diese selbst Rechtspflichten begründen oder nur bereits existierende Rechtspflichten wiederholen und klarstellen. Dies soll hier nicht weiter erörtert werden.

Geklärt ist auch die Frage des erforderlichen Formalisierungsgrades der Rechtspflicht. Will man nicht gegen das auch für die blankettausfüllende Norm geltende Analogieverbot des Art. 103 Abs. 2 GG verstoßen, so können nur Rechtspflichten, die in der Rechtsordnung ausdrücklich normiert wurden, maßgeblich sein. Für Verträge ist dieses Erfordernis über die allgemeine Regelung der Schuldverhältnisse in § 241 BGB und deren besondere Ausformung im Besonderen Schuldrecht gewährleistet. Der Vertrag selbst muss nicht schriftlich abgeschlossen worden sein. Eine über diese Verankerung in der

[864] S. o. Teil 2, I.; S. 47.
[865] Zu Verwaltungsvorschriften und Europarecht vgl. die obigen Ausführungen in FN 762.

Rechtsordnung hinausgehende Interpretation des Rechts als Sinnganzes[866] genügt dagegen verfassungsrechtlichen Anforderungen nicht.

Die Frage, ob neben außerstrafrechtlichen auch strafrechtliche Rechtspflichten unter § 13 Abs. 1 StGB fallen, ist nach der hier vertretenen Ansicht zu bejahen. Im Strafrecht sind ebenso wie in anderen Rechtsgebieten Rechtspflichten normiert. Für dieses Ergebnis spricht auch, dass der Gesetzgeber nicht die Formulierung „unter Verletzung einer außerstrafrechtlichen Einstandspflicht" verwendet hat, sondern den allgemeinen Begriff „rechtlich".

Der Hauptkritikpunkt an der streng formellen Rechtspflichttheorie, nicht jede Rechtspflicht könne eine strafrechtliche Garantenpflicht begründen, trifft die hier vertretene Meinung nicht. Sie erkennt eine eigenständige Bedeutung der Formulierung „einstehen müssen" an, so dass hierdurch eine Begrenzung der Rechtspflichten bewirkt wird. Der näheren Darlegung dieser Beschränkung soll der nächste Abschnitt dienen.

2. Einstandspflicht

Die Formulierung „einzustehen hat" fand Eingang in das Gesetz, um zu verdeutlichen, dass nicht jede Rechtspflicht eine Garantenpflicht begründet, sondern nur ein besonderes Pflichtenverhältnis[867]. Es stellt sich die Frage, ob und inwieweit der verwendete Begriff das ihm zugedachte Ziel erreichen kann.

A) Auslegung, insbesondere Wortlautgrenze

Zunächst ist zu klären, was der Begriff „einstehen" eigentlich bedeutet. Einstehen wird umschrieben als „sich verbürgen"[868], „garantieren"[869], „Gewähr leisten"[870] bzw. „eintreten"[871].

Diese Umschreibungen deuten zumindest teilweise darauf hin, dass mit der Formulierung „für etwas einstehen" eine stärkere Verbindlichkeit gemeint ist als mit der Formulierung „zu etwas verpflichtet sein". Gerade das am häufigsten verwendete Synonym „verbürgen" beinhaltet, dass derjenige, der sich verbürgt,

---

866 S. o. Teil 2, I.; S. 51 f.

867 S. o. Teil 3, VII.; S. 101 ff.

868 Duden, 2. Band, S. 870; Duden, Herkunftswörterbuch, S. 804; Wörterbuch der deutschen Gegenwartssprache, 2. Band, S. 993; vgl. auch die Formulierung in § 765 Abs. 1 BGB und Paul, Deutsches Wörterbuch, S. 262.

869 Duden, 2. Band, S. 870.

870 Duden, 2. Band, S. 870; Grimm, Deutsches Wörterbuch, 3. Band, S. 309; Paul, Deutsches Wörterbuch, S. 262.

871 Duden, 2. Band, S. 870; Wörterbuch der deutschen Gegenwartssprache, 2. Band, S. 993.

im Falle des Nichteintritts des eigentlich angestrebten Erfolgs selbst im weitesten Sinne Konsequenzen tragen muss. Dies zeigt sich schon im gesellschaftlichen Bereich: So verliert man z. B. das Gesicht, wenn man sich für die Vertrauenswürdigkeit einer Person verbürgt, die das in sie gesetzte Vertrauen enttäuscht. Auch in der juristischen Fachsprache stellt die Bürgschaft ein zusätzliches Sicherungsmittel dar, das zu der ohnehin bestehenden Pflicht dazutritt. Wird Letztere nicht erfüllt, so muss der Bürge gemäß § 765 Abs. 1 BGB selbst für die Erfüllung der Verbindlichkeit sorgen. Besonders plastisch wird dies in dem alten Rechtssprichwort „Bürgen soll man würgen“[872]. Ähnlich verhält es sich mit dem Synonym „garantieren“. Wer umgangssprachlich etwas garantiert, bringt damit zum Ausdruck, dass er sich besonders stark verpflichtet fühlt. Auch juristisch gesehen stellt z. B. die kaufrechtliche Beschaffenheits- oder Haltbarkeitsgarantie ein über die normalen gesetzlichen Gewährleistungsansprüche hinausgehendes Mittel dar, § 442 Abs. 1 BGB. Zudem verschärft die Garantie nach §§ 442 Abs. 1 S. 2, 444 BGB die Pflichten des Verkäufers.

Diese Qualifizierung des Pflichtbegriffs durch das Merkmal „einstehen“ anhand der Synonyme ist jedoch trotz aller Interpretationen schwammig. Allein aus dem Wortlaut lässt sich eine Begrenzung nicht sicher ableiten[873].

Berücksichtigt man die Gesetzgebungsgeschichte, so ergibt sich, dass die Formulierung „dafür einzustehen hat“ auf das Erfordernis einer besonderen Pflicht hinweist. Diese historische Auslegung ist verfassungsrechtlich zulässig, da sie den Wortsinn der Formulierung nicht überschreitet, sondern gegenüber dem Allgemeinbegriff der „Pflicht“ nur verkleinert und so den Bürger begünstigt.

Konsequenz dieser Auslegung ist allerdings, dass der Begriff „einzustehen hat“ zum normativen wertausfüllungsbedürftigen Tatbestandsmerkmal wird. Denn was eine Rechtspflicht zur besonderen Rechtspflicht, zur Garantenpflicht macht, ist von persönlichen Wertungen abhängig. Es sind keine außertatbestandlichen Normen ersichtlich, die bei der Ausfüllung dieses Begriffs herangezogen werden könnten.

---

[872] Rechtssprichwörter, S. 60.

[873] Vgl. aber Schürmann, Unterlassungsstrafbarkeit, S. 61 ff., insbesondere S. 63, 69 f., der aus dem Begriff „einstehen“ herleitet, dass an die Verletzung der Handlungspflicht in irgendeiner Form Rechtsfolgen geknüpft sein müssen.

B) Das Mindestgemeinsame

Wie bereits oben dargestellt, genügt ein wertausfüllungsbedürftiges Tatbestandsmerkmal nur in seiner Begrenzung auf das Mindestgemeinsame aller vertretbaren Meinungen dem Bestimmtheitsgebot. In einer abstrakten Darstellung das Mindestgemeinsame aller vertretbaren Meinungen zu der Frage herauszufiltern, was das spezifische Charakteristikum der strafrechtlichen Garantenpflicht ausmacht, ist nicht möglich. Zu verweisen ist nur auf die oben bereits dargestellten[874] monistischen materiellen Kriterien der Nähe, der Gefahrschaffung, der Herrschaft, des Vertrauens und der Erwartung. Zudem ist ungeklärt, ob es nur ein einziges materielles Kriterium gibt, das eine Rechtspflicht zur Garantenpflicht macht, oder ob mit der dualistischen Auffassung auf mehrere alternative Kriterien abzustellen ist[875]. Der einzig gangbare Weg zur Auffindung des Mindestgemeinsamen besteht darin, die jeweiligen konkreten Pflichten auf ihre allgemeine Anerkennung als Garantenpflichten zu überprüfen.

Dabei soll noch auf zwei bislang nicht genannte Kriterien, die für die Annahme einer Garantenpflicht gefordert werden, hingewiesen werden.

Zum einen handelt es sich um das aus der Zurechnungslehre bekannte Merkmal des Schutzzwecks der Norm. Da nicht jede rechtliche Norm eine Garantenstellung begründen kann, wird gefordert, den Schutzzweck und die Schutzrichtung der Norm zu beachten. Zur Begründung von Garantenpflichten sollen nur die Regelungen geeignet sein, die einen dem Straftatbestand des Handlungsdelikts entsprechenden Schutzzweck aufweisen[876].

Das andere einschränkende Kriterium besteht darin, Rechtspflichten als Garantenpflichten auszuschließen, deren Verletzung keine Konsequenzen für den Verpflichteten haben[877] bzw. deren Einhaltung nicht durchgesetzt werden

---

[874] S. o. Teil 2, II., 1.; S. 54 ff.

[875] S. o. Teil 2, II., 2.; S. 69 f.

[876] So Albrecht, Garantenstellungen, S. 135; Gunia, Garantenstellungen, S. 30; Rudolphi, FS für Dünnebier, S. 561, 573; Seebode, FS für Spendel, S. 317, 340; vgl. auch Schürmann, Unterlassungsstrafbarkeit, S. 63 f., der Zivilrechtssätze ausschließt, bei denen es nicht um eine Haftung für eigenes schuldhaftes Verhalten, sondern lediglich um eine gerechte Schadensverteilung geht. Diese statuierten keine Verpflichtung zum Handeln auf das Ziel der Abwendung eines Erfolgs hin. In der Begründung nennt Schürmann allerdings nicht explizit den Schutzzweck der Norm, sondern das Schuld- und Verantwortungsprinzip.

[877] So der Ansatz von Schürmann, Unterlassungsstrafbarkeit, S. 61 ff., der die Begrenzung allerdings fälschlich aus dem Wortlaut „einstehen“ herleitet.

kann[878]. Dahinter steht wohl die Überlegung, dass das Strafrecht als „ultima ratio" nicht die Verletzung von Rechtspflichten mit der schärfsten staatlichen Sanktion „Strafe" belegen kann, wenn andere Rechtsgebiete keinerlei Reaktion auf die Nichterfüllung vorsehen.

C) Zwischenergebnis

Die bereits bei der Erörterung des Merkmals „rechtlich" zutage getretene restriktive Tendenz hat sich durch die Formulierung „einzustehen hat" und deren gewollte Deutung als „besondere Rechtspflicht" weiter verschärft. Entscheidend ist, ob die konkret ermittelte Rechtspflicht nach dem Mindestgemeinsamen aller vertretbaren Auffassungen eine Garantenpflicht darstellt. In dieser Auslegung ist der Begriff der Einstandspflicht hinreichend bestimmt.

Zugleich ermöglicht das Erfordernis der „besonderen Rechtspflicht" eine Lösung für die Frage, ob strafrechtliche Unterlassungsdelikte Garantenpflichten begründen können. §§ 138, 323 c StGB stellen nämlich eine für jedermann geltende, unqualifizierte bzw. allgemeine Pflicht auf und können insofern nicht als „besondere" Rechtspflichten eingestuft werden[879].

3. Nichtvorhandensein einer offensichtlich bestimmteren Regelung

Zuletzt ist die Frage zu beantworten, ob es zu der in § 13 Abs. 1 StGB verwendeten Formulierung „rechtlich dafür einzustehen hat" keine Alternative gab, die die Anforderungen des Bestimmtheitsgrundsatzes offensichtlich besser erfüllt hätte.

In Betracht kommt dabei zunächst der oben in Teil 3, VII., S. 100 bereits dargestellte § 14 E 1959[880], der auf gesetzliche Erfolgsabwendungspflichten Bezug nahm und in einem zweiten Absatz zusätzliche gesetzliche Pflichten normierte. M. E. war diese Formulierung bestimmter und plastischer. Der weitläufige Begriff der rechtlichen Pflicht wurde ersetzt durch den schärfer konturierten Begriff der gesetzlichen Pflicht; die zusätzliche Einfügung der unpräzisen, wertausfüllungsbedürftigen Formulierung „einzustehen hat" entfiel. Allerdings vertrat die Strafrechtskommission als Expertenversammlung und ihr folgend der Gesetzgeber die Ansicht, § 14 E 1959 drücke nicht deutlich genug aus, dass es sich um ein besonderes Pflichtenverhältnis handeln müsse, welches

[878] Vgl. Ingelfinger, NStZ 2004, S. 409, 411; Roxin, AT 2, § 32 Rdnr. 45 zu Pflichten aus ehelicher Lebensgemeinschaft.

[879] BGH JR 1956, S. 347 f.; Albrecht, Garantenstellungen, S. 155 f.; Arzt, JA 1980, S. 647, 649; vgl. auch Güntge, Begehen durch Unterlassen, S. 74 ff.

[880] Niederschriften Band 12, Anhang B, S. 549, 573.

nicht bei jeder beliebigen gesetzlichen Pflicht automatisch gegeben sei. Dieser im Grundsatz anerkennungswürdige Gedanke darf für die Beantwortung der aufgeworfenen Frage nicht unberücksichtigt bleiben. Eine Formulierung, die zwar bestimmter ist als § 13 Abs. 1 StGB, die damit gewollte Eingrenzung aber nicht erreicht, kann nicht als offensichtlich bessere Lösung anerkannt werden. Es ist nicht ersichtlich, dass die vom Gesetzgeber gewollte Qualifizierung einer Pflicht als „besonders" in einer wesentlich bestimmteren Formulierung hätte Ausdruck finden können. Der denkbare Terminus der „besonderen Rechtspflicht" oder der „besonderen gesetzlichen Pflicht" bringt gegenüber dem Begriff „einzustehen haben" keine wesentlichen Vorteile. Eine Umschreibung des Begriffs „besonders", d. h. eine Charakterisierung dessen, was die Besonderheit ausmacht, ist der Strafrechtskommission nicht gelungen. So konnte sich beispielsweise der vorgeschlagene Begriff des Schutzverhältnisses[881] nicht durchsetzen.

Als weitere Möglichkeit kommt § 12 AE in Betracht. Er lautete[882]:

> „Wer es unterläßt, den zum Tatbestand gehörenden Erfolg abzuwenden, obwohl er
> 1. auf Grund einer gesetzlich oder freiwillig übernommenen Rechtspflicht gegenüber der Allgemeinheit oder dem Geschädigten dafür zu sorgen hat, daß der Erfolg nicht eintritt, oder
> 2. eine nahe Gefahr für den Eintritt des Erfolges geschaffen hat, ist nach dem betreffenden Tatbestand nur dann strafbar, wenn das Unrecht seines Verhaltens nach den Umständen der Tat dem Unrecht der Begehung durch Tun entspricht."

Auch dieser Vorschlag hat den Vorteil, dass durch eine nähere Umschreibung der Rechtspflichten eine einfachere Abgrenzung von den sittlichen Pflichten erreicht wird. Allerdings kann auch § 12 AE nicht in offensichtlich besserer Form als § 13 Abs. 1 StGB gewährleisten, dass nicht jede gesetzliche Pflicht eine Garantenpflicht begründet. Hinzu kommt, dass der Begriff einer freiwillig übernommenen Rechtspflicht nicht eindeutig ist. Ist er identisch mit dem Vorliegen eines Vertrags, oder sollen auch außervertragliche Pflichten erfasst werden? Letzterenfalls ist nicht klar, wieso es sich um eine Rechtspflicht handeln soll.

Eine weitere Alternative zu § 13 Abs. 1 StGB stammt von Grünwald aus dem Jahr 1958[883]. Interessant ist sein Ansatz deshalb, weil er die Garantenstellungen

---

[881] Vgl. Koffka, Änderungsantrag zur zweiten Lesung, Umdruck II R 8, Niederschriften Band 12, Anhang A Nr. 8, S. 445; dies., Niederschriften Band 12, S. 79.

[882] Alternativ-Entwurf, S. 46.

bzw. Garantenpflichten abschließend in einem Straftatbestand normierte, ohne auf die problembeladenen und einschränkungsbedürftigen Blankettbegriffe „Rechtspflicht" oder „gesetzliche Pflicht" abzustellen. Sein Vorschlag lautete:

„§ X – Nichtabwendung eines Todeserfolges

I. Wer es unterläßt, den Tod eines Menschen abzuwenden, steht demjenigen gleich, der den Tod eines Menschen verursacht, wenn er
   1. mit ihm im ersten Grade verwandt oder sein Ehegatte ist,
   2. mit ihm durch enge Lebensgemeinschaft verbunden ist,
   3. die Obhut über ihn übernommen hat
   4. gemeinsam mit ihm an einer mit Gefahren verbundenen Unternehmung beteiligt ist,
   5. durch eine gefährliche Handlung die nahe Wahrscheinlichkeit des Todeseintritt herbeigeführt hat.

II. Wer die Selbsttötung eines volljährigen Menschen nicht hindert, bleibt straflos, wenn sie auf einem freien und nicht durch tatsächlichen Irrtum hervorgerufenen Entschluß beruht."

Dieser Vorschlag ist deutlich bestimmter als § 13 Abs. 1 StGB. Er hat allerdings den Nachteil, dass er sich nur auf eine einzige Deliktsart, die Tötungsdelikte, bezieht. Ob eine entsprechende Formulierung auch für den Allgemeinen Teil gefunden werden könnte, müsste erst noch erörtert werden. Grünwald selbst hielt ein solches Vorhaben für unmöglich, da nicht jede Garantenstellung zu jedem Delikt passe[884]. Selbst wenn diese Ansicht unzutreffend oder die daraus gezogene Schlussfolgerung nicht überzeugend sein sollte, zeigt die Skepsis des Urhebers des geschilderten Vorschlags, dass eine entsprechende Lösung im Allgemeinen Teil nicht auf der Hand liegt. Umgekehrt ist das Interesse des Gesetzgebers legitim, die Unterlassungsdelikte zum einen nicht auf Tötungsdelikte zu beschränken und zum anderen das Strafgesetzbuch nicht in großem Umfang zu erweitern, indem für jede Deliktsart eine eigene Unterlassungsvorschrift geschaffen wird.

---

[883] Grünwald, ZStW 70, S. 412, 431.
[884] Grünwald, ZStW 70, S. 412, 424 ff.

Insgesamt ist der Vorschlag von Grünewald daher, so vielversprechend im Ansatz er auch ist, nicht geeignet, eine offensichtlich bestimmtere Lösung der Problematik zu bieten und so die Verfassungswidrigkeit des § 13 Abs. 1 StGB zu begründen[885].

Es ist daher davon auszugehen, dass es unter Berücksichtigung der Ziele der Strafrechtskommission und des Gesetzgebers zu der in § 13 Abs. 1 StGB verwendeten Formulierung „rechtlich dafür einzustehen haben" nicht eine offensichtlich bestimmtere Formulierung gibt.

4. Ergebnis

Als Ergebnis ist festzuhalten, dass die gesetzliche Regelung der Garantenpflicht in § 13 Abs. 1 StGB mit Art. 103 Abs. 2 GG vereinbar ist. Garantenpflichten müssen demnach zwei kumulative Voraussetzungen erfüllen:

1. Es muss sich um eine Pflicht handeln, die an irgendeiner Stelle der Rechtsordnung explizit normiert bzw. vertraglich festgelegt ist.

2. Es muss sich um ein besonderes Pflichtenverhältnis handeln. Ein solches liegt nur vor, wenn die Rechtspflicht allgemein als Garantenpflicht anerkannt wird.

Es liegt auf der Hand, dass die hier vertretene Ansicht zu wesentlich restriktiveren Ergebnissen führt als die bislang aufgezeigten Meinungen. Das beruht darauf, dass die gesetzliche Formulierung „rechtlich dafür einzustehen hat" ernst genommen und nicht lediglich als Synonym für den Begriff der Garantenpflicht verstanden wird.

Letztlich entspricht das hier gefundene Ergebnis in etwa einer Kombination aus der streng formellen Rechtspflichttheorie und dem Mindestgemeinsamen aller materiellen Ansätze. Die Kombination formeller und materieller Kriterien ist nicht neu, sie wurde bereits oben bei der Darstellung der verschiedenen Ansätze zur Begründung von Garantenpflichten angesprochen[886]. Doch die Autoren, die behaupten, einen derartigen kombinierten Ansatz zu vertreten, halten dieses Postulat zumindest insofern nicht durch, als sie das formelle Element des Vorhandenseins einer rechtlichen Pflicht schnell aus den Augen verlieren[887].

---

[885] Es handelt sich hier allerdings um einen Grenzfall. Eine andere Beurteilung erscheint vertretbar.

[886] S. o. Teil 2, Vor I.; S. 46 insbes. FN 197.

[887] Vgl. nur Jescheck/Weigend, AT, S. 621 einerseits und S. 622 ff. andererseits (Anerkennung der freiwilligen Übernahme und des engen Gemeinschaftsverhältnisses) sowie

Diese Auslegung ist jedoch mit dem Wortlaut des § 13 Abs. 1 StGB nicht vereinbar. Auch wenn der Gesetzgeber in § 13 Abs. 1 StGB nur das Erfordernis der Garantenpflicht aufstellen wollte, muss er sich – so der Garantiegehalt des Art. 103 Abs. 2 GG – beim Wort nehmen lassen[888].

Sch/Sch-Stree § 13 Rdnr. 8 einerseits und Rdnr. 28 andererseits (Irrelevanz der zivilrechtlichen Nichtigkeit eines Vertrages).

[888] BVerfGE 47, 109, 123 f.; 71, 108, 116.

Teil 5: Garantenpflichten in familiären Beziehungen – eine Analyse

In diesem Abschnitt soll untersucht werden, welche Garantenpflichten aus familiären Beziehungen nach den soeben genannten Grundsätzen de lege lata anerkannt werden können. Dazu ist in einem ersten Teil der Frage nachzugehen, welche innerfamiliären Rechtspflichten überhaupt existieren. Zur Beantwortung dieser Frage werden das Bürgerliche Gesetzbuch und das Lebenspartnerschaftsgesetz herangezogen. In einem zweiten Teil soll sodann untersucht werden, inwieweit diese Rechtspflichten als besondere Rechtspflichten im Sinne einer Garantenpflicht angesehen werden können.

I. Rechtliche Pflichten aus dem Familienrecht

Im Folgenden sollen die familienrechtlichen Vorschriften des Privatrechts daraufhin analysiert werden, ob und welche Rechtspflichten sie im innerfamiliären Kreis begründen. Die Arbeit beschränkt sich dabei auf die gesetzlichen Pflichten. Zwar können auch Familienmitglieder untereinander Verträge schließen. Die daraus resultierenden Rechtspflichten sind jedoch nicht familientypisch und sollen daher außer Betracht bleiben. Lediglich dort, wo spezifisch familienrechtliche Verträge im Raum stehen, soll auf die Möglichkeit einer rechtsgeschäftlichen Gestaltung hingewiesen werden. Im übrigen geht es ausschließlich um die Frage, welche Pflichten sich aus Ehe bzw. Lebenspartnerschaft, Verwandtschaft und ähnlichen Rechtsbeziehungen ergeben. Die Beantwortung dieser Frage orientiert sich der Übersichtlichkeit halber an der bereits in Teil 1 gewählten Gliederung.

1. Ehe und eingetragene Lebenspartnerschaft

A) Grundsätzliches Bestehen einer Beistandspflicht in der Ehe

a) § 1353 Abs. 1 Satz 2 BGB

Zur Begründung einer gegenseitigen Beistands- und Schutzpflicht unter Ehegatten wird im Strafrecht häufig auf § 1353 Abs. 1 Satz 2 BGB zurückgegriffen[889], wonach die Ehegatten einander zur ehelichen Lebensgemeinschaft verpflichtet sind. Doch so eindeutig, wie es die

---

[889] BGHSt 2, 150, 153; Arzt, JA 1980, S. 647, 651; Baumann/Weber/Mitsch, AT, § 15 Rdnr. 55; Gropp, AT, § 11 Rdnr. 14; Kühl, AT, § 18 Rdnr. 57; Lackner/Kühl § 13 Rdnr. 8; Tröndle/Fischer § 13 Rdnr. 6 b; Wessels/Beulke, AT, Rdnr. 718.

weitgehende strafrechtliche Einmütigkeit vermuten lässt, ist die zivilrechtliche Rechtslage nicht.

So werden zum einen schon Zweifel daran geäußert, ob § 1353 Abs. 1 Satz 2 BGB überhaupt Rechtspflichten und nicht bloß sittliche Pflichten begründet[890]. Die Auslegung der Vorschrift ergibt jedoch, dass die Verpflichtung zur ehelichen Lebensgemeinschaft sehr wohl als Rechtspflicht anzusehen ist[891]. Entscheidendes Argument hierfür ist zum einen der Wortlaut und zum anderen die Existenz des § 888 Abs. 3 2. Alt. ZPO. Die Formulierung „die Ehegatten sind ... verpflichtet“ ist ein klares Votum gegen die Annahme eines bloßen Leitbildes ohne verpflichtenden Charakter. Spricht das Gesetz ohne nähere Zusätze von Pflichten, so sind rechtliche und nicht sittliche Pflichten gemeint. Zwar kann auch die Sittlichkeit für den Einzelnen Pflichten begründen, die rechtliche Relevanz erlangen können. Wie § 814 2. Alt. BGB zeigt, kennzeichnet der Gesetzgeber derartige Pflichten aber durch das Adjektiv „sittlich“. Fehlt – wie in § 1353 Abs. 1 Satz 2 BGB – eine entsprechende Kennzeichnung, so muss von einer rechtlichen Pflicht ausgegangen werden. Für dieses Ergebnis spricht auch § 888 Abs. 3 2. Alt. ZPO, der im Falle einer Verurteilung zur Herstellung des ehelichen Lebens die Vollstreckbarkeit ausschließt. Daraus folgt, dass die Pflichten aus § 1353 Abs. 1 Satz 2 BGB eingeklagt und tenoriert werden können, was ihre rechtliche Existenz voraussetzt. Ein weiteres Argument für die hier vertretene Ansicht ist die Stellungnahme des Gesetzgebers, der selbst davon ausging, dass § 1353 Abs. 1 Satz 2 BGB Rechtspflichten unter Eheleuten begründet[892].

Schwieriger erscheint die Frage nach dem Inhalt und Umfang der Rechtspflichten. Die Problematik resultiert daraus, dass der Gesetzgeber mit der Verpflichtung zur ehelichen Lebensgemeinschaft lediglich eine Generalklausel in das Gesetz aufgenommen hat[893]. Die Ausfüllung dieser normativen Generalklausel hat zumindest im Hinblick auf die strafrechtliche Relevanz nach dem Mindestgemeinsamen aller vertretbaren Meinungen zu erfolgen.

---

[890] Vgl. Lipp, Familienrecht, Rdnr. 60; Wacke, FamRZ 1977, S. 505, 506 ff.

[891] BGH NJW 1988, S. 2032 f.; BGHZ 37, 38, 41; Bamberger/Roth-Lohmann § 1353 Rdnr. 2; Erman-Heckelmann § 1353 Rdnr. 2; MüKo-BGB-Wacke § 1353 Rdnr. 14; Palandt-Brudermüller § 1353 Rdnr. 2; Rauscher, Familienrecht, Rdnr. 237 f.; Soergel-Lange § 1353 Rdnr. 3; Staudinger-Hübner/Voppel § 1353 Rdnr. 18.

[892] Vgl. Motive IV, S. 104; die Rechtslage hat sich nach dem 1. EheRG nicht geändert, vgl. BT-Drucksache 7/650, S. 95.

[893] So auch Bamberger/Roth-Lohmann § 1353 Rdnr. 2; Erman-Heckelmann § 1353 Rdnr. 2; Gernhuber, FamRZ 1959, S. 465 ff.; Jauernig-Berger § 1353 Rdnr. 2; MüKo-BGB-Wacke § 1353 Rdnr. 12; Palandt-Brudermüller § 1353 Rdnr. 2; Schlüter, Familienrecht, Rdnr. 40; Staudinger-Hübner/Voppel § 1353 Rdnr. 11, 17; Streck, Generalklausel, S. 19.

Der Versuch, den Minimalkonsens aller vertretbaren Meinungen zum Begriff der ehelichen Lebensgemeinschaft zu finden, kann nur gelingen, wenn die bestehende Diskussion über das Wesen der Ehe in die Erörterung einbezogen wird.

Aufbauend auf historischer Tradition[894] gehen der Gesetzgeber und Teile der Literatur davon aus, die Ehe sei eine – allerdings vertraglich begründete – Institution[895]. Der Begriff der Institution wird dabei zwar nicht präzise definiert. Kennzeichnend ist aber der Glaube an vorgeprägte Eheinhalte und ein sicheres Wissen um das – sittliche – Wesen der Ehe. Die Rechtspflichten der ehelichen Lebensgemeinschaft orientieren sich an dem sittlichen Lebensverhältnis Ehe bzw. sind mit diesem sogar identisch[896].

Im Ergebnis ähnlich ist die sog. pragmatische Eheauffassung, die die Ehe als soziale Verhaltensform ansieht. Ehe ist danach eine rechtlich geregelte soziale Verhaltensform, die dem Anspruch des Einzelnen auf soziale Verhaltensmuster in einem zentralen und für alle bedeutsamen Lebensbereich Genüge tun soll[897]. Mit dieser Definition orientiert sich die pragmatische Eheauffassung wie die Institutionenlehre an einer vorgegebenen Modellehe. Sie bezieht ihre Inhalte jedoch nicht wie diese aus weltanschaulichen Vorgegebenheiten, sondern aus allgemeinen sozialen Vorstellungen und Erwartungen, die sich mit der Ehe verknüpfen[898]. Die Ehe ist danach nicht metaphysisch, sondern soziologisch fundiert.

Als weitere Ansicht sind die sog. interindividuellen Ehelehren zu nennen. Sie sehen – mit verschiedenen Nuancierungen – die Ehe lediglich als interindividuelles Gemeinschaftsverhältnis an, in dem sich die privaten Erwartungen der Ehegatten erfüllen sollen und das aus diesem Grund in seiner Gestaltung so weit wie möglich von deren Vorstellungen und Vereinbarungen abhängig ist[899]. Als Rechtspflichten werden allenfalls die Pflicht zur gemeinsamen Entscheidung

---

[894] Dazu Hepting, Ehevereinbarungen, S. 15 ff.

[895] Vgl. Motive IV, S. 104 f.; Hübner, FamRZ 1962, S. 1, 3 ff.; wohl auch Palandt-Brudermüller Einf. vor § 1353 Rdnr. 1; zum Streitstand Gernhuber/Coester-Waltjen, Familienrecht, S. 25 ff.; Staudinger-Hübner/Voppel § 1353 Rdnr. 10.

[896] Erman-Heckelmann § 1353 Rdnr. 4; Giesen, JR 1983, S. 89, 91.

[897] Gernhuber/Coester-Waltjen, Familienrecht, S. 27 f.; zustimmend MüKo-BGB-Wacke § 1353 Rdnr. 2, 16; vgl. auch Staudinger-Hübner/Voppel § 1353 Rdnr. 10.

[898] Hepting, Ehevereinbarungen, S. 37 f.

[899] Lipp, Familienrecht, Rdnr. 55, 57; Pawlowski, Organisation, S. 7, 11; Streck, Generalklausel, S. 52 ff.; zu den interindividuellen Ehelehren wird auch Wolf, FamRZ 1968, S. 493 ff., ders.; NJW 1968, S. 1497 ff. gezählt; vgl. insgesamt Gernhuber/Coester-Waltjen, Familienrecht, S. 26 f.; Hepting, Ehevereinbarungen, S. 43 ff.; Staudinger-Hübner/Voppel § 1353 Rdnr. 9.

und die Pflicht, in räumlicher Zuordnung zueinander zu leben, anerkannt[900]. Im übrigen hänge die Ausgestaltung der ehelichen Lebensgemeinschaft und damit auch die Existenz und der Inhalt von Rechtspflichten von der privatautonomen Vereinbarung der Ehegatten ab.

Wären alle drei Ansichten zur Ermittlung des Mindestgemeinsamen heranzuziehen, so könnte eine gegenseitig Schutz- und Beistandspflicht allenfalls nach vorheriger Vereinbarung durch die Ehegatten anerkannt werden. Die interindividuellen Lehren stehen jedoch in ihrer Reinform außerhalb des geltenden Rechts und müssen daher für den Minimalkonsens unberücksichtigt bleiben.

Dabei kann an dieser Stelle dahinstehen, ob die interindividuellen Lehren mit der verfassungsrechtlichen Institutsgarantie des Art. 6 Abs. 1 GG[901] vereinbar sind. Denn ein derartig entleerter Ehebegriff widerspricht bereits den Vorschriften des Bürgerlichen Gesetzbuchs[902]. Wichtigstes Argument ist der letzte Satz des § 1353 Abs. 1 BGB, nach dem die Ehegatten – und zwar unabhängig von einer Vereinbarung – füreinander Verantwortung tragen. Sinn und Zweck dieser Vorschrift war es, die Ehe vom gewöhnlichen Vertrag abzugrenzen[903]. Schon die Formulierung des Gesetzes zeigt daher, dass die Ehe mehr ist als eine reine Organisationsform und durchaus materiell festgeschriebene Elemente enthält. Gegen die interindividuellen Ehelehren spricht auch, dass das Gesetz in § 1353 Abs. 1 Satz 1 BGB die Dauer der Ehe nicht in die Privatautonomie der Parteien stellt, sondern mit dem Lebenszeitprinzip eine wertende Vorgabe aufstellt. Es ist also gerade nicht so, dass die Ehegatten im Eherecht den Umfang und die Dauer ihrer Pflichten völlig frei vereinbaren können. Auch die Vorteile, die Ehegatten in der gesamten Rechtsordnung gewährt werden (z. B. Zeugnisverweigerungsrechte oder steuerliche Vorteile), erscheinen nur dann gerechtfertigt, wenn eine Lebensgemeinschaft besteht, die von der Rechtsgemeinschaft als positiv und der Vorteile würdig bewertet wird. Dies wäre bei einer Ehe, die letztlich nicht mehr darstellt als eine Gesellschaft bürgerlichen Rechts, nicht gewährleistet.

---

900 Pawlowski, Organisation, S. 7, 44, 55 f.; Streck, Generalklausel, S. 55 ff.

901 Diese Institutsgarantie schützt davor, dass bestimmende Merkmale des der Verfassung zugrunde liegenden Bildes von Ehe und Familie beeinträchtigt werden, vgl. BVerfGE 76, 1, 49; 80, 81, 92.

902 So auch Gernhuber/Coester-Waltjen, Familienrecht, S. 27; Staudinger-Hübner/Voppel § 1353 Rdnr. 9.

903 Vgl. BT-Drucksache 13/9416, S. 33; Bamberger/Roth-Lohmann § 1353 Rdnr. 3; Erman-Heckelmann § 1353 Rdnr. 3; MüKo-BGB-Wacke § 1353 Rdnr. 1, 12; Schwab, Familienrecht, Rdnr. 98.

Können die interindividuellen Lehren daher in ihrem vollen Umfang nicht anerkannt werden, so müssen doch die mit ihnen verwandten restriktiven Tendenzen der anderen beiden Theorien berücksichtigt werden. So wird heute vertreten, dass von § 1353 Abs. 1 Satz 2 BGB nur die wesentlichen Kardinalpflichten einer Ehe erfasst werden, nicht jedoch die höchstpersönlichen Pflichten der Ehegatten[904].

Zu diesen Kardinalpflichten – insoweit besteht Einigkeit – gehört jedenfalls die Verpflichtung, dem anderen Ehepartner insbesondere in Notsituationen Beistand zu leisten[905]. Ein anderes Ergebnis erscheint auch angesichts des § 1353 Abs. 1 letzter Satz BGB kaum vertretbar. Gerade die gesetzliche Fixierung der Ehe als Verantwortungsgemeinschaft fordert das Bestehen einer gegenseitigen Fürsorgepflicht.

Eine grundsätzliche zivilrechtliche Rechtspflicht der Ehegatten, sich gegenseitig Schutz und Fürsorge zu gewähren, ist daher zu bejahen.

b) §§ 1360, 1361, 1569 ff. BGB

Eine Garantenpflicht der Ehegatten könnte möglicherweise auch auf die unterhaltsrechtlichen Verpflichtungen des Bürgerlichen Gesetzbuches gestützt werden. Die ehelichen Unterhaltsvorschriften finden sich in §§ 1360, 1361, 1569 ff. BGB. Dabei regelt § 1360 BGB den sog. Familienunterhalt während der funktionierenden Ehe, § 1361 BGB den Trennungsunterhalt und die §§ 1569 ff BGB. den nachehelichen Unterhalt. Zu berücksichtigen ist jedoch, dass diese Vorschriften nur einen begrenzten Inhalt haben. Bei §§ 1361, 1565 ff. geht es grundsätzlich nur um Geldleistungen[906]. § 1360 BGB ist – wie aus § 1360 a Abs. 2 Satz 1 hervorgeht – darauf gerichtet, dass jeder Ehegatte seinen Beitrag zum

---

[904] Vgl. AK-BGB-Lange-Klein § 1353 Rdnr. 2, 4, 7, 10; Ambrock, JR 1978, S. 1 f.; Hepting, Ehevereinbarungen, S. 66, 188 ff.; MüKo-BGB-Wacke § 1353 Rdnr. 12; Soergel-Lange § 1353 Rdnr. 4.

[905] AK-BGB-Lange-Klein § 1353 Rdnr. 4; Ambrock, JR 1978, S. 1 f.; Bamberger/Roth-Lohmann § 1353 Rdnr. 15 f.; Erman-Heckelmann § 1353 Rdnr. 11; Gernhuber/Coester-Waltjen, Familienrecht, S. 174; MüKo-BGB-Wacke § 1353 Rdnr. 22; Palandt-Brudermüller § 1353 Rdnr. 9; Rauscher, Familienrecht, Rdnr. 245; Schlüter, Familienrecht, Rdnr. 42; Schwab, Familienrecht, Rdnr. 103; Soergel-Lange § 1353 Rdnr. 22, 24; Staudinger-Hübner/Voppel Rdnr. 53, 57; vgl. auch die Äußerungen des Gesetzgebers bei Erlass des Lebenspartnerschaftsgesetzes, BT-Drucksache 14/3751, S. 36, wonach Fürsorge, Unterstützung und Verantwortung Grundlage einer jeden familienrechtlichen Verbindung sind.

[906] Zu § 1361 Bamberger/Roth-Beutler § 1361 Rdnr. 121; Palandt-Brudermüller § 1361 Rdnr. 69; zu §§ 1569 ff. siehe § 1585 Abs. 1 Satz 1 BGB. Zwar kann eine andere Art der Unterhaltsgewährung vereinbart werden, § 1585 c BGB; dieses ist dann aber ein Vertrag.

Familienunterhalt entsprechend seiner nach dem vereinbarten Ehebild übernommenen Funktion leistet[907]. Allgemeine Beistands- und Rücksichtspflichten folgen hieraus nicht. Zwar wird geltend gemacht, aus den Unterhaltsvorschriften ergebe sich, dass man seine nächsten Angehörigen nicht einfach zugrunde gehen lassen dürfe[908]. Selbst wenn dieser Grundgedanke zutreffend sein sollte, würde sich an dem hier gefundenen Ergebnis nichts ändern. Das Ableiten allgemeiner Beistandspflichten aus den doch relativ umgrenzten Unterhaltsvorschriften ist vom Wortlaut des Gesetzes nicht gedeckt und insofern eine im Strafrecht verbotene Analogie[909].

Aus den Unterhaltsvorschriften ergeben sich daher keine grundsätzlichen Beistands- und Rücksichtnahmepflichten unter Ehegatten.

B) Pflicht, einen Vermögensschaden beim Ehepartner abzuwenden

Zur gegenseitigen Beistands- und Rücksichtspflicht des § 1353 Abs. 1 S. 2 BGB wird teilweise auch ausdrücklich die Pflicht gezählt, einen Vermögensschaden des Ehepartners abzuwenden[910]. Da von den anderen Autoren nichts explizit anderes vertreten wird, kann wohl[911] von einem Konsens im Hinblick auf das Bestehen einer entsprechenden Rechtspflicht ausgegangen werden.

Ob zur Begründung dieses Ergebnisses auch § 1357 Abs. 1 Satz 1 BGB herangezogen werden kann, erscheint zweifelhaft. Nach dieser Vorschrift kann ein Ehegatte Geschäfte zur angemessenen Deckung des Lebensbedarfs mit verpflichtender Wirkung auch für den anderen Ehegatten besorgen. Zwar lässt sich argumentieren, dass es gerechtfertigt sei, einen Ehegatten zum Schutz des Vermögens des Ehepartners zu verpflichten, wenn er umgekehrt die Rechtsmacht hat, dieses Vermögen durch Verpflichtungen zu belasten. Allerdings ist ein derartiger Rückschluss von einer Befugnis auf eine Verpflichtung problematisch. Mit der gleichen Plausibilität lässt sich zudem aus § 1357 Abs. 1 Satz 1 BGB schließen, dass eine Schutzpflicht für das Vermögen

---

[907] Palandt-Brudermüller § 1360 a Rdnr. 1.

[908] Blei, FS für Mayer, S. 119, 131.

[909] So auch Albrecht, Garantenstellungen, S. 172.

[910] Bamberger/Roth-Lohmann § 1353 Rdnr. 15; Erman-Heckelmann § 1353 Rdnr. 11; MüKo-BGB-Wacke § 1353 Rdnr. 28.

[911] Dabei stellt sich die Frage, wie Schweigen sich bei Ermittlung des Minimalkonsenses auswirkt. Fordert man eine allerseits explizit geäußerte positive Zustimmung, würde das Schweigen eines einzigen die Zugehörigkeit der in Rede stehenden Ansicht zum Mindestgemeinsamen hindern. Dies wäre unpraktikabel und würde auch das Ergebnis verfälschen, weil man nicht davon ausgehen kann, dass derjenige, der nichts sagt, ausdrücklich gegen geäußerte Meinungen ist. Zudem kann man auch nicht von jedem verlangen, zu den Ansichten anderer Stellung zu nehmen.

bis zu der Wertgrenze ausscheidet, innerhalb der ein Ehegatte die Rechtsmacht hat, Geschäfte zu Lasten des anderen Ehepartners zu tätigen. Danach könnte eine Vermögensfürsorgepflicht lediglich im Hinblick auf existentielle Vermögenswerte angenommen werden[912].

Eine umfassende Vermögensfürsorgepflicht fällt demnach nicht unter den Minimalkonsens aller vertretbaren Meinungen; letzterer ist auf die Pflicht beschränkt, existentielle Vermögensinteressen des Ehepartners zu schützen.

C) Pflicht, Straftaten des Ehepartners abzuwenden

Ebenfalls im Rahmen von § 1353 Abs. 1 S. 2 BGB konsensfähig erscheint die zivilrechtliche Pflicht, den Ehepartner von Straftaten abzuhalten[913]. Zu betonen ist jedoch, dass es sich hierbei nach überwiegender Ansicht um eine Fürsorge- und nicht um eine Sicherungspflicht handelt[914]. Die Pflicht hat daher nur den Inhalt, den Ehegatten vor den Konsequenzen seiner Tat zu bewahren, nicht aber die von der Straftat betroffene dritte Person zu schützen[915].

D) Pflicht, die Selbsttötung des Ehepartners abzuwenden

Im Rahmen des § 1353 Abs. 1 Satz 2 BGB ist auch die Rechtspflicht anerkannt, die Selbsttötung des Ehepartners abzuwenden[916]. Differenzierungen hinsichtlich der Verantwortlichkeit des Sterbewilligen oder die eben schon angesprochene Auseinandersetzung mit der Frage, inwieweit eine Bevormundung des Partners mit dem Wesen der Ehe vereinbar ist, finden sich im zivilrechtlichen Schrifttum nur sehr vereinzelt[917]. Dies ist insofern bemerkenswert, als die von der

---

[912] So mit dieser Begründung Albrecht, Garantenstellungen, S. 170.

[913] Bamberger/Roth-Lohmann § 1353 Rdnr. 17; Gernhuber/Coester-Waltjen, Familienrecht, S. 174; MüKo-BGB-Wacke § 1353 Rdnr. 23; Palandt-Brudermüller § 1353 Rdnr. 9; Soergel-Lange § 1353 Rdnr. 25.

[914] Bamberger/Roth-Lohmann § 1353 Rdnr. 17; vgl. auch die Argumentation von Staudinger-Hübner/Voppel § 1353 Rdnr. 58; a. A. wohl Schwab, Familienrecht, Rdnr. 103, der bezogen auf Straftaten in der Ehewohnung auch eine strafrechtliche Garantenpflicht bejaht.

[915] Gernhuber/Coester-Waltjen, Familienrecht, S. 174 f.; MüKo-BGB-Wacke § 1353 Rdnr. 23; Soergel-Lange § 1353 Rdnr. 25.

[916] Bamberger/Roth-Lohmann § 1353 Rdnr. 16; Erman-Heckelmann § 1353 Rdnr. 11; Gernhuber/Coester-Waltjen, Familienrecht, S. 174; Jauernig-Berger § 1353 Rdnr. 3; MüKo-BGB-Wacke § 1353 Rdnr. 22; Palandt-Brudermüller § 1353 Rdnr. 9; Rauscher, Familienrecht, Rdnr. 245; Schwab, Familienrecht, Rdnr. 103; Soergel-Lange § 1353 Rdnr. 24.

[917] Staudinger-Hübner/Voppel § 1353 Rdnr. 55: „Der höchstpersönliche Entschluß des Gatten zu sterben, muß von seinem Ehepartner nicht beachtet werden; ... ." Eine Rettung sei aber nicht immer ein Verstoß gegen eine Rechtspflicht, vielmehr könne ein Handeln unzumutbar sein. Nähere Ausführungen finden sich nicht. Außerdem ist dogmatisch die Frage des

strafrechtlichen Literatur vorgebrachten Gegenargumente überzeugen. Dort wird betont, dass die Ehe eine Gemeinschaftsbeziehung unter gleichberechtigten und eigenverantwortlichen Personen darstellt. Als solche könne sie keine Vormundschaft des einen Ehegatten über den anderen, freiverantwortlich handelnden Partner begründen[918]. Diese Argumentation findet auch in den Vorschriften des Bürgerlichen Gesetzbuchs eine Stütze. Insbesondere die Formulierungen der §§ 1356 Abs. 2 Satz 1, 1357 Abs. 1 Satz 1 BGB zeigen, dass das Zivilrecht von der Gleichberechtigung der Ehepartner ausgeht. Die im Strafrecht erhobenen Einwände sind demzufolge gleichermaßen im Zivilrecht zu berücksichtigen. Die Pflicht, den freiverantwortlichen Suizid des Ehepartners zu verhindern, gehört daher nicht zum Mindestgemeinsamen aller vertretbaren Meinungen.

E) Beistandspflicht bei Zerrüttung der Ehe

Schwieriger zu beurteilen ist die Frage, bis zu welchem Zeitpunkt die Beistandspflichten zwischen Ehegatten bestehen, wenn sich deren Ehe in einer Krise oder in der Auflösungsphase befindet.

Zum Teil wird angenommen, dass bereits die Trennung der Eheleute den Umfang der Pflichten mindere[919]. Umgekehrt wird jedoch auch geltend gemacht, die Beistandspflichten bestünden auch bei Zerrüttung der Ehe fort[920].

Betrachtet man allein die gesetzlichen Bestimmungen, so gilt Folgendes: Gemäß § 1353 Abs. 2 2. Alt. BGB ist ein Ehegatte zur ehelichen Lebensgemeinschaft nicht mehr verpflichtet, wenn die Ehe gescheitert ist. Das Scheitern der Ehe richtet sich nach § 1565 Abs. 1 Satz 2 BGB. Danach ist die Ehe gescheitert, wenn die eheliche Lebensgemeinschaft der Ehegatten nicht mehr besteht und nicht erwartet werden kann, dass die Ehegatten sie wieder herstellen – mit anderen Worten: wenn die Ehe zerrüttet ist[921]. Für den Wegfall der Pflicht zur ehelichen Lebensgemeinschaft ist dabei ohne Bedeutung, ob das nach § 1565 Abs. 2 BGB grundsätzlich erforderliche Trennungsjahr eingehalten wurde oder nicht[922]. Die Rechtspflicht aus § 1353 Abs. 1 Satz 2 BGB endet daher spätestens

Bestehens einer Rechtspflicht zum Handeln von der der Zumutbarkeit dieses Handelns zu trennen.

918 Albrecht, Garantenstellungen, S. 70; Jakobs, AT, 29/63; Kühl, AT, § 18 Rdnr. 59 f.; Otto/Brammsen, Jura 1985, S. 530, 539.

919 Vgl. Bamberger/Roth-Lohmann § 1353 Rdnr. 15.

920 So wohl Bamberger/Roth-Lohmann § 1353 Rdnr. 15; MüKo-BGB-Wacke § 1353 Rdnr. 22; Soergel-Lange § 1353 Rdnr. 24.

921 Vgl. Palandt-Brudermüller § 1565 Rdnr. 1.

922 AG Pforzheim, FamRZ 1978, S. 710 f.; OLG Hamburg, NJW 1978, S. 644; Erman-Heckelmann § 1353 Rdnr. 29; Soergel-Lange § 1353 Rdnr. 49.

mit Vorliegen der Voraussetzungen des § 1565 Abs. 1 Satz 2 BGB[923]. Inwieweit die Pflicht schon vorher – z. B. bei bloßer Trennung – modifiziert wird, ist zivilrechtlich ungeklärt. Es bedarf dann einer Einzelfallprüfung, ob die konkret in Rede stehenden Handlung auch nach Trennung der Ehepartner noch zum Mindestgemeinsamen aller vertretbaren Meinungen gehört.

F) Eingetragene Lebenspartnerschaft

a) § 2 Satz 1 LPartG

Gemäß § 2 Satz 1 LPartG sind die Lebenspartner einander zur Fürsorge und Unterstützung sowie zur gemeinsamen Lebensgestaltung verpflichtet. Diese Vorschrift entspricht § 1353 Abs. 1 Satz 2 BGB im Eherecht und begründet ebenso wie diese Rechtspflichten unter den Lebenspartnern. Inhalt und Umfang der Beistands- und Fürsorgepflicht sollen dabei denen des § 1353 Abs. 1 Satz 2 BGB gleichstehen[924]; insoweit wird auf die obigen Ausführungen verwiesen.

Problematisch erscheint allein die Frage, wann die Rechtspflichten aus § 2 Satz 1 LPartG enden, wenn die Partnerschaft in eine Krise gerät und die Partner sich trennen. Eine § 1353 Abs. 2 BGB entsprechende Regelung kennt das Lebenspartnerschaftsgesetz nicht. Als Ausgleich ist vorgeschlagen worden, ein entsprechendes Erfüllungsverlangen als nach § 242 BGB unzulässige Rechtsausübung anzusehen[925]. Im Übrigen enden die Pflichten aus der Lebenspartnerschaft mit deren Aufhebung nach § 15 Abs. 1 LPartG.

b) §§ 5, 12, 16 LPartG

Für die in der Lebenspartnerschaft geltenden Unterhaltsvorschriften gilt das zu den ehelichen Unterhaltsvorschriften Ausgeführte entsprechend.

---

[923] Wobei die Drei-Jahres-Vermutung des § 1566 Abs. 2 BGB anwendbar sein soll, vgl. Erman-Heckelmann § 1353 Rdnr. 29; MüKo-BGB-Wacke § 1353 Rdnr. 37.

[924] Die BT-Drucksache 14/3751, S. 36 weist darauf hin, dass zur Auslegung des § 2 LPartG die Rechtsprechung zu § 1353 BGB heranzuziehen sei; vgl. auch Schlüter, Familienrecht, Rdnr. 473; Schwab, FamRZ 2001, S. 385, 390.

[925] Schlüter, Familienrecht, Rdnr. 473.

2. Eheähnliche Gemeinschaften: Verlöbnis und nichteheliche Lebensgemeinschaft

A) Verlöbnis

Fraglich ist, ob Verlobte rechtlich verpflichtet sind, sich untereinander Beistand und Fürsorge zu gewähren.

Eine gegenseitige Beistandspflicht wird in der Literatur häufig bejaht[926]. Aus dem Gesetz ergibt sich eine entsprechende Rechtspflicht allerdings nicht. Die Pflichten eines bestehenden Verlöbnisses sind gesetzlich nicht geregelt. Das BGB begründet in §§ 1297, 1299 BGB nur eine Ersatzpflicht beim Rücktritt vom Verlöbnis und in § 1301 BGB eine Pflicht zur Herausgabe von Geschenken. Das Verhalten der Verlobten spielt für das Gesetz lediglich im Rahmen der Ersatzpflicht nach einem Rücktritt vom Verlöbnis eine Rolle. So tritt eine Ersatzpflicht des Zurücktretenden nicht ein, wenn ein wichtiger Grund für den Rücktritt vorliegt, § 1298 Abs. 3 BGB. Ein solcher wichtiger Grund kann auch im Verhalten der anderen Person gesehen werden[927]. Umgekehrt muss der Verlobte, der den Rücktritt des anderen Partners verschuldet hat, diesem Schadensersatz leisten, § 1299 BGB. Beim Schadensersatz nach Rücktritt vom Verlöbnis geht es um den Ersatz für enttäuschtes Vertrauen, das zu wirtschaftlichen Nachteilen für einen der Partner geführt hat. Die Regelungen lassen aber keinen Rückschluss darauf zu, dass zwischen den Verlobten rechtliche Beistandspflichten bestehen[928].

Das Verlöbnis ist vielmehr ein auf ein gemeinsames Ziel hin gerichtetes Rechtsverhältnis. Bestimmte Pflichten, dieses gemeinsame Ziel zu fördern, erlegt das Gesetz den Beteiligten nicht auf[929]. Derartige Pflichten bestehen allein im sittlichen Bereich. Das Gesetz überlässt es den Verlobten, ihre Möglichkeiten zu nutzen oder es nicht zu tun. Es schützt nur den, der im Vertrauen auf eine gemeinsame Zukunft Aufwendungen gemacht hat, Verbindlichkeiten eingegangen ist oder sonstige vermögensrelevante Maßnahmen getroffen hat, indem es dem Schuldigen eine Ersatzpflicht für diese Nachteile auferlegt.

Gleiches gilt auch für § 1 Abs. 3 S. 2 LPartG.

---

926 Erman-Heckelmann Vor § 1297 Rdnr. 3; Jauernig-Berger § 1297 Rdnr. 1; MüKo-BGB-Wacke § 1297 Rdnr. 5; vgl. auch Staudinger-Strätz Vor §§ 1297 Rdnr. 20.

927 Vgl. die Aufzählung bei Palandt-Brudermüller § 1298 Rdnr. 9.

928 Vgl. Albrecht, Garantenstellungen, S. 171; Bamberger/Roth-Lohmann Vor § 1297 Rdnr. 18.

929 Strätz, Jura 1984, S. 449, 456.

B) Nichteheliche Lebensgemeinschaft

Relativ unproblematisch zu beantworten ist die Frage, ob zwischen den Partnern einer nichtehelichen Lebensgemeinschaft rechtliche Beistandspflichten bestehen.

Die nichteheliche Lebensgemeinschaft ist im Bürgerlichen Gesetzbuch nicht geregelt, insofern können auch keine spezifischen gesetzlichen Beistandspflichten bestehen. Rechtliche Fürsorgepflichten können sich allenfalls über einen u. U. konkludenten Vertrag ergeben, was hier aber nicht näher betrachtet werden soll. Hinzuweisen ist lediglich darauf, dass die Annahme eines konkludenten Vertrags nicht vorschnell erfolgen darf, da die Partner einer nichtehelichen Lebensgemeinschaft zumeist gerade keine rechtliche Bindung wollen[930].

3. Eltern und Kinder

A) Obhutspflicht der Eltern gegenüber minderjährigen Kindern

a) §§ 1626 Abs. 1, 1631 Abs. 1 BGB

Rechtliche Schutzpflichten der Eltern gegenüber ihrem minderjährigen Kind ergeben sich zunächst aus der elterlichen Sorge, §§ 1626 Abs. 1, 1631 Abs. 1 BGB.

Gemäß § 1626 Abs. 1 Satz 1 BGB haben die Eltern die Pflicht und das Recht, für das minderjährige Kind zu sorgen. Diese Sorge gliedert sich auf in die Personensorge einerseits und die Vermögenssorge andererseits, § 1626 Abs. 1 Satz 2 BGB, wobei sich beide Bereiche zusätzlich unterteilen lassen in die tatsächliche Sorge und die gesetzliche Vertretung des Kindes[931].

Die Personensorge umfasst nach § 1631 Abs. 1 BGB die Pflicht und das Recht, das Kind zu pflegen, zu erziehen, zu beaufsichtigen und seinen Aufenthalt zu bestimmen. Unter den Begriff der Pflege fallen die Sorge für das leibliche Wohl des Kindes, seine Unterbringung, Verpflegung und Bekleidung sowie die Sorge für seine Gesundheit[932]. Auch die Aufsichtspflicht stellt eine Schutzpflicht

---

[930] Vgl. Gernhuber/Coester-Waltjen, Familienrecht, S. 658.

[931] Erman-Michalski § 1626 Rdnr. 14; Gernhuber/Coester-Waltjen, Familienrecht, S. 857; MüKo-BGB-Huber § 1626 Rdnr. 25; Soergel-Strätz § 1626 Rdnr. 12.

[932] AK-BGB-Münder § 1631 Rdnr. 2; Bamberger/Roth-Veit § 1631 Rdnr. 3; MüKo-BGB-Huber § 1631 Rdnr. 2; RGRK-Wenz § 1626 Rdnr. 19; Schwab, Familienrecht, Rdnr. 538; Soergel-Strätz § 1631 Rdnr. 3; Staudinger-Salgo § 1631 Rdnr. 22.

zugunsten des Kindes dar, soweit sie bezweckt, das Kind vor Gefahren und Schäden zu bewahren, die es sich selbst zufügt oder die ihm von Dritten zugefügt werden[933].

Die Schutzpflicht zugunsten des Kindes ist dabei nicht im Sinne einer absoluten, ständigen und allumfassenden Schutzgewährung zu verstehen. Dies ergibt sich für die Teilbereiche der Pflege und Erziehung schon aus dem Wortlaut des § 1626 Abs. 2 Satz 1 BGB, wonach die Eltern die wachsende Fähigkeit und das wachsende Bedürfnis des Kindes zu selbständigem und verantwortungsbewusstem Handeln berücksichtigen sollen. Diese Vorschrift bringt zum Ausdruck, dass das Erziehungsziel nicht das absolut behütete Kind ist, sondern dessen Heranwachsen zu einem selbständigen und verantwortungsbewussten Menschen[934]. Gleiches folgt auch daraus, dass das BGB an die Vollendung des 18. Lebensjahres die volle Geschäfts- und Deliktsfähigkeit knüpft[935]. Dieses Ziel beeinflusst nicht nur, wie schon § 1626 Abs. 2 Satz 1 BGB festlegt, die Bereiche der Pflege und Erziehung, sondern auch den Rahmen der Aufsichtspflicht. Es kann nur erreicht werden, wenn das Kind lernt, auf sich selbst aufzupassen und ihm drohende Gefahren selbst zu erkennen, einzuschätzen und abzuwenden. Es kann also für die Eltern erforderlich sein, eine – verhältnismäßige – Gefahr für das Kind nicht selbst abzuwenden, sondern das Kind mit dieser Gefahr zu konfrontieren, auch mit dem Risiko, dass das Kind einen – verhältnismäßigen – Schaden erleidet, aus dem es dann für die Zukunft lernen kann[936]. Das Maß des für das Kind erforderlichen Schutzes richtet sich daher nach Alter, Eigenart und Charakter des jeweiligen Kindes, d. h. nach den individuellen Umständen[937]. Die Schutzpflicht ist damit nicht eindeutig festgelegt, sondern in ihrem Inhalt variabel. Die damit verbundene Unschärfe liegt in der Natur der Sache und muss hingenommen werden.

---

933 AK-BGB-Münder § 1631 Rdnr. 3; Bamberger/Roth-Veit § 1631 Rdnr. 6; Erman-Michalski § 1631 Rdnr. 11; Gernhuber/Coester-Waltjen, Familienrecht, S. 1010; Jauernig-Berger §§ 1631-1633 Rdnr. 4; MüKo-BGB-Huber § 1631 Rdnr. 6; Rauscher, Familienrecht, Rdnr. 1017; Staudinger-Salgo § 1631 Rdnr. 34.

934 Vgl. Erman-Michalski § 1626 Rdnr. 22 sowie § 1631 Rdnr. 7; Gernhuber/Coester-Waltjen, Familienrecht, S. 881; MüKo-BGB-Huber § 1626 Rdnr. 32, 61; Rauscher, Familienrecht, Rdnr. 961; Soergel-Strätz § 1626 Rdnr. 38 ff.

935 Bamberger/Roth-Veit § 1631 Rdnr. 5.

936 Vgl. Gernhuber/Coester-Waltjen, Familienrecht, S. 1012; Rauscher, Familienrecht, Rdnr. 1017.

937 Vgl. AK-BGB-Münder § 1626 Rdnr. 8; Bamberger/Roth-Veit § 1631 Rdnr. 7 ff.; Erman-Michalski § 1631 Rdnr. 12; Gernhuber/Coester-Waltjen, Familienrecht, S. 1011 f.; MüKo-BGB-Huber § 1631 Rdnr. 8 ff:; Rauscher, Familienrecht, Rdnr. 1018 f.

Die Ziele der Vermögenssorge sind primär die Erhaltung, Vermehrung und Verwendung des Vermögens im Kindesinteresse[938]. Dabei unterliegt grundsätzlich das gesamte Kindesvermögen der elterlichen Sorge[939]. Ausgenommen ist aber zum einen das Vermögen, das dem Kind mit der Bestimmung zugewendet wurde, dass die Eltern es nicht verwalten sollen, § 1638 Abs. 1 BGB. Verwaltungsfrei sind zum anderen anerkannterweise die dem Kind gemäß § 110 BGB überlassenen Mittel, d. h. das Taschengeld[940], sowie die im Rahmen von § 112 BGB erworbenen und wieder im Betrieb verwendeten Mittel[941].

Träger der elterlichen Sorge sind gemäß § 1626 Abs. 1 BGB die Eltern des Kindes, sog. gemeinsame elterliche Sorge. Bei verheirateten Eltern entsteht diese gemeinsame Sorge automatisch[942]. Sind die Eltern bei Geburt des Kindes nicht miteinander verheiratet, so erlangen sie die gemeinsame elterliche Sorge nur, wenn sie Sorgeerklärungen abgeben (§ 1626 a Abs. 1 Nr. 1 BGB) oder einander heiraten (§ 1626 a Abs. 1 Nr. 2 BGB). Anderenfalls steht die elterliche Sorge gemäß § 1626 a Abs. 2 BGB allein der Mutter zu.

Die gemeinsame elterliche Sorge wird durch die Trennung bzw. Scheidung der Eltern grundsätzlich nicht berührt[943]. Das Familiengericht kann jedoch die elterliche Sorge bei Getrenntleben auf einen Elternteil übertragen, § 1671 BGB[944]. Stirbt ein Elternteil, so steht die elterliche Sorge dem anderen Elternteil allein zu, § 1680 Abs. 1 BGB.

b) § 1618 a BGB

Rechtliche Schutzpflichten der Eltern gegenüber ihren minderjährigen Kindern könnten sich ferner aus § 1618 a BGB ergeben, wonach Eltern und Kinder einander Beistand und Rücksicht schuldig sind.

---

938 Rauscher, Familienrecht, Rdnr. 1027; Schwab, Familienrecht, Rdnr. 606; vgl. auch MüKo-BGB-Huber § 1626 Rdnr. 55; Palandt-Diederichsen § 1626 Rdnr. 21; Staudinger-Peschel-Gutzeit § 1626 Rdnr. 64.

939 Gernhuber/Coester-Waltjen, Familienrecht, S. 1013; Rauscher, Familienrecht, Rdnr. 1028; Schwab, Familienrecht, Rdnr. 607.

940 Gernhuber/Coester-Waltjen, Familienrecht, S. 1013 FN 1; Palandt-Diederichsen § 1626 Rdnr. 20.

941 Erman-Michalski § 1626 Rdnr. 18; MüKo-BGB-Huber § 1626 Rdnr. 56; Palandt-Diederichsen § 1626 Rdnr. 20; Staudinger-Peschel-Gutzeit § 1626 Rdnr. 66.

942 Vgl. Bamberger/Roth-Veit § 1631 Rdnr. 2 zur Personensorge; Rauscher, Familienrecht, Rdnr. 971.

943 Bamberger/Roth-Veit § 1631 Rdnr. 2 zur Personensorge; Soergel-Strätz § 1626 Rdnr. 32.

944 Vgl. MüKo-BGB-Huber § 1626 Rdnr. 22; Palandt-Diederichsen § 1626 Rdnr. 7; Rauscher, Familienrecht, Rdnr. 997 ff.; Soergel-Strätz § 1626 Rdnr. 32.

Fraglich ist dabei zunächst, ob die Vorschrift überhaupt echte Rechtspflichten im Sinne von Leistungspflichten begründen kann.

Zwar wird heute überwiegend angenommen, dass § 1618 a BGB echte Rechtspflichten begründet[945], wenn auch deren Einklagbarkeit noch nicht abschließend geklärt ist. Andererseits wird von Teilen der Rechtsprechung und der Literatur auch vertreten, § 1618 a BGB sei nur eine gesetzliche Leitlinie, aus der keine konkreten Pflichten im Einzelfall abgeleitet werden können[946].

Unterfiele die Frage nach der Existenz von Rechtspflichten einem Minimalkonsens, so wäre mit ihrer teilweisen Verneinung das Thema sehr schnell beendet. Doch so einfach liegen die Dinge nicht. Zwar sind die Begriffe „Beistand" und „Rücksicht" durchaus normative wertausfüllungsbedürftige Tatbestandsmerkmale. Es geht aber vorliegend nicht um die Frage, ob sich ein bestimmtes Verhalten als Beistand verstehen lässt, sondern um die vorgelagerte Frage, ob das geforderte Verhalten als Rechtspflicht qualifiziert werden kann. Es geht also um die Rechtsnatur des § 1618 a BGB. Diese bestimmt sich nicht nach dem Minimalkonsens, sondern nach den Grundsätzen der Auslegung.

Ausgangspunkt der Auslegung ist der Wortlaut der Norm. Danach schulden sich Eltern und Kinder gegenseitig Beistand und Rücksicht. Diese Formulierung deutet darauf hin, dass zwischen Eltern und Kindern Beistands- und Rücksichtspflichten als rechtliche Pflichten bestehen[947]. „Jemandem etwas schulden" knüpft an die Terminologie des allgemeinen Schuldrechts an, Eltern und Kinder sind wechselseitig Gläubiger und Schuldner. Da ein Hinweis auf einen sittlichen Charakter der Pflicht – wie er z. B. in § 814 BGB enthalten ist – fehlt, ist von einer rechtlichen Relevanz der statuierten Pflicht auszugehen.

Zu berücksichtigen ist im Rahmen der historischen Auslegung allerdings auch der Wille des Gesetzgebers. Danach sollte § 1618 a BGB lediglich eine lex

---

945 Vgl. AG Passau FamRZ 1987, S. 1309, 1311; LG Münster FamRZ 1990, S. 1031, 1032 f.; OLG Hamm FamRZ 1991, S. 1229; Bamberger/Roth-Enders § 1618 a Rdnr. 1, 3; Diederichsen, NJW 1980, S. 1; Erman-Michalski § 1618 a Rdnr. 2; Lüderitz, FS für Gaul, S. 411, 419 f.; MüKo-BGB-v. Sachsen Gessaphe § 1618 a Rdnr. 2: Palandt-Diederichsen § 1618 a Rdnr. 2; Rauscher, Familienrecht, Rdnr. 934; RGRK-Wenz § 1618 a Rdnr. 3; Soergel-Strätz § 1618 a Rdnr. 3; Staudinger-Coester § 1618 a Rdnr. 10 f.

946 Vgl. AG Rastatt FamRZ 1996, S. 1299; AK-BGB-Münder § 1618 a Rdnr. 1 f.; Weber, FamRZ 1996, S. 1254, 1255; ähnlich Schwab, Familienrecht, Rdnr. 510.

947 AG Passau FamRZ 1987, S. 1309, 1311; LG Münster FamRZ 1990, S. 1031, 1032 f.; Diederichsen, NJW 1980, S. 1, 2; Erman-Michalski § 1618 a Rdnr. 2; Gernhuber, FS für Müller-Freienfels, S. 158, 164; MüKo-BGB-v. Sachsen Gessaphe § 1618 a Rdnr. 2; Soergel-Strätz § 1618 a Rdnr. 3; Staudinger-Coester § 1618 a Rdnr. 10.

imperfecta darstellen[948]. Die Vorschrift war als Grundnorm für die gegenseitigen Beziehungen der Familienmitglieder[949] gedacht, sie sollte gerade keine unmittelbaren Rechtsfolgen herbeiführen[950]. Zugleich sollte die Vorschrift mit ihrer Betonung der Wechselseitigkeit von Rechten und Pflichten im Eltern-Kind-Verhältnis ein Gegengewicht zur übrigen starken Betonung der Kindesrechte darstellen[951]. Die Vorstellungen des Gesetzgebers gingen daher wohl eher nicht dahin, § 1618 a BGB als Quelle konkreter Leistungsansprüche anzusehen. Andererseits darf der verwendete Wortlaut mit seiner anspruchsorientierten Formulierung nicht einfach ausgeblendet werden. Hinzu kommt, dass der Gesetzgeber auch davon ausging, § 1618 a BGB werde eine „ähnliche Bedeutung" wie § 1353 BGB erlangen[952]. Diese Vorschrift begründet – wie oben dargelegt – auch Rechtspflichten.

Unter Abwägung aller Umstände spricht mehr dafür, § 1618 a BGB als rechtspflichtbegründend anzusehen. Der Intention des Gesetzgebers, § 1618 a BGB solle keine unmittelbaren Rechtsfolgen herbeiführen, kann auf andere Art und Weise Rechnung getragen werden. In Betracht kommt hier eine Ablehnung der Klagbarkeit oder der Vollstreckbarkeit[953]. Letzteres würde der Situation bei dem vom Gesetzgeber selbst als Parallele herangezogenen § 1353 BGB entsprechen[954]. Dort steht § 888 Abs. 3 ZPO der Vollstreckbarkeit entgegen.

Ausgehend von diesem Standpunkt gilt für § 1618 a BGB im Hinblick auf Obhutspflichten der Eltern gegenüber ihren minderjährigen Kindern Folgendes: Eltern schulden ihren Kindern Beistand und Rücksicht als Unterformen der allgemeinen Solidarität[955]. Beistand meint aktive Solidarität durch Hilfe-

---

[948] BT-Drucksache 8/2788, S. 43.
[949] BT-Drucksache 8/2788, S. 36
[950] BT-Drucksache 8/2788, S. 36, 43.
[951] BT-Drucksache 8/2788, S. 36.
[952] Vgl. BT-Drucksache 8/2788, S. 43; dazu AG Passau, FamRZ 1987, S. 1309, 1311.
[953] Vgl. Erman-Michalski § 1618 a Rdnr. 2; Hegnauer, ZfJ 1980, S. 685, 688 (für das schweizer Recht); Knöpfel, FamRZ 1985, S. 554, 560 f.; Soergel-Strätz § 1618 a Rdnr. 3; für eine volle Klagbarkeit dagegen AG Arnsberg, FamRZ 1996, S. 1435 f.; mit Einschränkungen auch Bamberger/Roth-Enders § 1618 a Rdnr. 3, 5 f.; MüKo-BGB-v. Sachsen Gessaphe § 1618 a Rdnr. 2, 13 f.; wohl auch Staudinger-Coester § 1618 a Rdnr. 18.
[954] MüKo-BGB-v. Sachsen Gessaphe § 1618 a Rdnr. 14 und Soergel-Strätz § 1618 a Rdnr. 3 plädieren dafür, das zivilprozessuale Vollstreckungshindernis auch auf § 1618 a BGB anzuwenden; nach Staudinger-Coester § 1618 a Rdnr. 18 ist eine gesonderte Prüfung des § 888 Abs. 3 ZPO erforderlich. Gegen eine Anwendung des § 888 Abs. 3 ZPO – zumindest auf den Anspruch auf Auskunft über den Namen des Vaters – Bamberger/Roth-Enders § 1618 a Rdnr. 6.
[955] Staudinger-Coester § 1618 a Rdnr. 29.

leistung[956], wobei sich Art und Ausmaß nach den Beziehungen der Beteiligten und der konkreten Situation im Einzelfall richten[957]. Die oben im Rahmen der elterlichen Sorge angeführten Erwägungen zur Einschränkung im Hinblick auf das angestrebte Erziehungsziel eines selbständigen und verantwortungsbewussten Menschen müssen auch hier gelten[958]. Ungeachtet dessen gehören zu den geschuldeten Beistandspflichten grundsätzlich die Pflicht, dem anderen in besonderen Gefahrensituationen zu helfen[959], sowie die Pflicht, ihn von Selbsttötungsplänen abzuhalten[960].

c) § 1601 BGB

Als Grundlage der Garantenpflichten wird z. T. auch die Unterhaltspflicht der Eltern gegenüber ihrem Kind genannt[961]. Der Unterhaltsanspruch des Kindes gegen seine Eltern folgt aus § 1601 BGB. Danach sind Verwandte in gerader Linie verpflichtet, einander Unterhalt zu gewähren.

Der Inhalt dieser Unterhaltspflicht bedarf näherer Erläuterung. Der Umfang der Unterhaltspflicht erstreckt sich auf den gesamten Lebensbedarf, § 1610 Abs. 2 BGB. Dazu gehören unstreitig Nahrung, Kleidung, Unterkunft sowie Aufwendungen für Freizeit, Sport und Kultur[962]. Dieser Lebensbedarf kann von den Eltern nach § 1612 Abs. 2 BGB entweder im Wege des Natural- oder des Barunterhalts[963] erfüllt werden. Teilweise wird vertreten, dass zum Lebensbedarf

---

956 Erman-Michalski § 1618 a Rdnr. 5; MüKo-BGB-v. Sachsen Gessaphe § 1618 a Rdnr. 8; Palandt-Diederichsen § 1618 a Rdnr. 3; RGRK-Wenz § 1618 a Rdnr. 11; Staudinger-Coester § 1618 a Rdnr. 29.

957 MüKo-BGB-v. Sachsen Gessaphe § 1618 a Rdnr. 7; Palandt-Diederichsen § 1618 a Rdnr. 5; Soergel-Strätz § 1618 a Rdnr. 4; Staudinger-Coester § 1618 a Rdnr. 31.

958 Vgl. Soergel-Strätz § 1618 a Rdnr. 3.

959 Bamberger/Roth-Enders § 1618 a Rdnr. 4; Erman-Michalski § 1618 a Rdnr. 8; Hegnauer, ZfJ 1980, S. 685 (für das schweizer Recht); Knöpfel, FamRZ 1985, S. 554, 556; MüKo-BGB-v. Sachsen Gessaphe § 1618 a Rdnr. 8 (allerdings nur bei besonderen Einzelfallumständen); RGRK-Wenz § 1618 a Rdnr. 12; Soergel-Strätz § 1618 a Rdnr. 4.

960 Erman-Michalski § 1618 a Rdnr. 8; Jauernig-Berger § 1618 a Rdnr. 4; MüKo-BGB-v. Sachsen Gessaphe § 1618 a Rdnr. 8 (allerdings nur bei besonderen Einzelfallumständen); RGRK-Wenz § 1618 a Rdnr. 12; Soergel-Strätz § 1618 a Rdnr. 4; vgl. dazu aber oben Teil 5, I., 1., D); S. 199 f.

961 Vgl Arzt, JA 1980, S. 647, 651.

962 Bamberger/Roth-Reinken § 1610 Rdnr. 24; Erman-Hammermann § 1610 Rdnr. 4; MüKo-BGB-Born § 1610 Rdnr. 59; RGRK-Mutschler § 1610 Rdnr. 6; Soergel-Häberle § 1610 Rdnr. 3; Staudinger-Kappe/Engler § 1610 Rdnr. 58 ff.

963 Zu den Begriffen vgl. MüKo-BGB-Luthin Vor § 1601 Rdnr. 21, 23.

des minderjährigen Kindes auch dessen Pflege und Erziehung[964] gehört[965]. Dabei tritt dieser sog. Betreuungsunterhalt[966] zum einen neben den Barunterhalt bzw. ist Teil des Naturalunterhalts[967]. Dies ist darauf zurückzuführen, dass nach § 1606 Abs. 3 Satz 2 BGB der Elternteil, der ein minderjähriges unverheiratetes Kind versorgt, seine Unterhaltsverpflichtung in der Regel durch die Pflege und Erziehung des Kindes erfüllt. Soll der Elternteil durch die Erziehung und Pflege des Kindes von seiner Unterhaltspflicht befreit werden, spricht vieles dafür, dass diese Aufgaben auch Bestandteil der Unterhaltspflicht sind. Andererseits wird von den Befürwortern einer entsprechenden Unterhaltspflicht geltend gemacht, das Kind könne den Betreuungsunterhalt nicht einklagen[968]. Wenn dem so ist, so deutet dies eher darauf hin, dass die Pflege und Erziehung eines Kindes nicht unter dessen Unterhaltsansprüche subsumiert werden können[969], sondern nur unter die elterliche Sorge. § 1606 Abs. 3 Satz 2 BGB wäre dann nur eine Entlastungsvorschrift für den Innenausgleich der Elternteile, die verhindert, dass der erziehende Elternteil zusätzlich Barunterhalt für das Kind erbringen muss[970]. Letztlich kann an dieser Stelle die richtige Einordnung des Betreuungsunterhalts dahinstehen, da die Verpflichtung zur Pflege und Erziehung des Kindes sich ohnehin schon aus §§ 1626 Abs. 1, 1631 Abs. 1 BGB ergibt.

Im übrigen gilt, dass die Unterhaltspflicht der Eltern gegenüber den Kindern weder in Form der Barunterhaltspflicht noch in Form der Naturalunterhaltspflicht eine allgemeine Fürsorgeverpflichtung begründet[971]. Selbst wenn durch die Norm zum Ausdruck gebracht werden sollte, dass man seine nächsten Angehörigen nicht zugrunde gehen lassen darf[972], ergibt sich eine allgemeine Beistandspflicht nicht aus dem Gesetzeswortlaut. Damit kann die Unterhaltspflicht allenfalls in einzelnen Unterlassungskonstellationen eine Rolle spielen. Obliegt beispielsweise einem Ehegatten die Pflicht zum Naturalunterhalt und unterlässt dieser die Ernährung des dafür auf ihn

---

[964] Zu unterscheiden ist die Erziehung selbst von den Kosten für die Erziehung, die unstreitig unter § 1610 Abs. 2 BGB fallen wie z. B. die Kosten für ein Landschulheim oder Lernmaterial, vgl. RGRK-Mutschler § 1610 Rdnr. 8; Soergel-Häberle § 1610 Rdnr. 15.

[965] Scholz, FamRZ 1994, S. 1314, 1315; Staudinger-Kappe/Engler § 1610 Rdnr. 71; Wendl/Staudigl-Scholz § 2 Rdnr. 10.

[966] Zum Begriff vgl. MüKo-BGB-Luthin Vor § 1601 Rdnr. 22.

[967] MüKo-BGB-Born § 1606 Rdnr. 20 sowie § 1612 Rdnr. 2.

[968] Scholz, FamRZ 1994, S. 1314, 1315; Wendl/Staudigl-Scholz § 2 Rdnr. 10.

[969] So BGH FamRZ 1994, S. 1102, 1103.

[970] Vgl. die Formulierung bei BGH FamRZ 1988, S. 159, 161: „Im Lichte des Art. 3 II GG sind auch die Leistungen der Frau bei der Führung des Haushalts und bei der Pflege der Kinder als Unterhaltsleistungen zu werten, die gleichwertig neben der Bereitstellung der notwendigen Barmittel stehen".

[971] So auch Albrecht, Garantenstellungen, S. 172.

[972] So die Argumentation von Blei, FS für Mayer, S. 119, 131; dazu oben S. 172 f.

angewiesenen Kindes, so kann dies eine Verletzung seiner Unterhaltspflicht darstellen[973]. Mehr kann § 1601 BGB nicht entnommen werden.

B) Obhutspflicht der Eltern gegenüber ungeborenen Kindern

Fraglich ist, inwieweit den Eltern schon vor der Geburt des Kindes Schutzpflichten diesem gegenüber obliegen. Die Problematik des Rechts des Nasciturus auf Leben und Schutz gegenüber seinen Eltern resultiert daraus, dass die Rechtsfähigkeit des Menschen nach § 1 BGB erst mit seiner Geburt beginnt.

Das Bürgerliche Gesetzbuch geht von einer sog. Teilrechtsfähigkeit des ungeborenen Lebens aus[974]. Dem Gesetzgeber erschien die Zuerkennung der vollen Rechtsfähigkeit für die Leibesfrucht als zu weitgehend. Auf der anderen Seite sollte der Nasciturus auch nicht völlig rechtlos gestellt werden. Aus diesem Grund entschied man sich für die Geburt als Beginn der Rechtsfähigkeit und nahm eine Reihe besonderer Vorschriften in das Gesetz auf, um für das ungeborene Leben bestimmte Rechte zu gewährleisten, sofern das Kind später lebend zur Welt kommt[975]. Zu diesen Rechten gehören das Erbrecht nach § 1923 Abs. 2 BGB oder die Schadensersatzansprüche nach § 844 Abs. 2 Satz 2 BGB und § 10 Abs. 2 Satz 2 StVG[976]. Kommt der Nasciturus lebend zur Welt, wird er vermögensrechtlich so gestellt, wie wenn er zum Zeitpunkt des rechtsverändernden Ereignisses bereits geboren wäre.

Im Folgenden soll untersucht werden, ob das BGB zugunsten des Nasciturus bestimmte Schutz- und Fürsorgepflichten aufstellt.

a) §§ 1626 Abs. 1, 1631 Abs. 1 BGB

Vorgeburtliche Schutzpflichten könnten sich zunächst aus der elterlichen Sorge ergeben.

Die ganz überwiegende Meinung lässt die elterliche Sorge erst mit der Geburt des Kindes beginnen[977]. Es stellt sich die Frage, ob dieser Auslegung der genannten Vorschriften gefolgt werden kann.

---

[973] Umkehrschluss zu Schwab, FamRZ 1997, S. 521, 526.

[974] Vgl. Bamberger/Roth-Bettin § 1912 Rdnr. 1; Bernard, Schwangerschaftsabbruch, S. 90; Erman-Holzhauer § 1912 Rdnr. 1; MüKo-BGB-Schwab § 1912 Rdnr. 1; Staudinger-Peschel-Gutzeit § 1626 Rdnr. 35.

[975] Vgl. Bernard, Schwangerschaftsabbruch, S. 83; Mittenzwei, AcP 187, S. 247, 272 f.

[976] Mittenzwei, AcP 187, S. 247, 272 f.

[977] AK-BGB-Münder § 1626 Rdnr. 7; Bernard, Schwangerschaftsabbruch, S. 95 f.; Erman-Michalski § 1626 Rdnr. 5; Gernhuber/Coester-Waltjen, Familienrecht, S. 858; Jagert, FamRZ 1985, S. 1173, 1174; MüKo-BGB-Huber § 1626 Rdnr. 19; Palandt-Diederichsen § 1626

Der Wortlaut des § 1626 Abs. 1 BGB selbst ermöglicht keine Entscheidung darüber, wann die elterliche Sorge beginnt. Die verwendeten Begriffe „Kind" und „Eltern", d. h. „Vater" und „Mutter" sind nicht eindeutig zeitlich definiert. Das Bürgerliche Gesetzbuch selbst verwendet in §§ 1600 b Abs. 2, 1774 Satz 2, 1777 Abs. 2 und 1963 den Begriff „Kind" für das ungeborene Leben[978]. Auch die Bezeichnungen „Vater" und „Mutter" finden sich schon für die Zeit vor Geburt des Kindes, wie §§ 1615 n, 1777 Abs. 2 BGB und §§ 1615 o Abs. 1 S. 2, 1963 Satz 1 BGB belegen[979]. Umgekehrt kennt das Bürgerliche Gesetzbuch auch den Begriff der Leibesfrucht, § 1912 Abs. 1 BGB. Zudem deutet die Definition des Begriffs „Mutter" in § 1591 BGB darauf hin, dass damit nur die Zeit ab Geburt des Kindes gemeint ist. Auch eine nähere Betrachtung der Umgangssprache führt zu keinem eindeutigen Ergebnis. Zwar kann man sagen „jemand bekommt ein Kind", auch wenn dieses noch nicht geboren ist[980]. Andererseits wird man erst ab der Geburt des Kindes von „Eltern" sprechen, vorher sind Formulierungen wie „werdende" bzw. „zukünftige Eltern" üblich[981].

Bei indifferentem Wortlaut sind die übrigen Auslegungsmethoden entscheidend.

Die historische Auslegung spricht eindeutig für eine Einbeziehung des ungeborenen Lebens in den Bereich der elterlichen Sorge. Die Verfasser des BGB gingen ausweislich der Motive davon aus, „daß in der elterlichen Gewalt die Schutzpflicht auch in Ansehung des nasciturus liegt"[982].

Wenig ergiebig ist die teleologische Auslegung. Zwar wird vorgebracht, dass sich aus dem Sinn und Zweck der elterlichen Sorge eine Einschränkung auf den Zeitraum ab Geburt des Kindes ergebe[983]. Die Pflege des Kindes i. S. d. § 1631 Abs. 1 BGB ziele auf Ernährung, Bekleidung, Reinigung und ärztliche Betreuung, diene also der Sicherung der körperlichen Existenz. Sie setze daher – ebenso wie die Erziehung als Sorge für die sittliche, geistige und seelische Entwicklung des Kindes und das Aufenthaltsbestimmungsrecht – einen geborenen Menschen voraus. Ob diese Schlussfolgerung in ihrer Allgemeinheit richtig ist, kann jedoch bezweifelt werden. Natürlich ist ein Aufenthalts-

---

Rdnr. 26; RGRK-Wenz § 1626 Rdnr. 9; Soergel-Strätz § 1626 Rdnr. 10; Staudinger-Peschel-Gutzeit § 1626 Rdnr. 36; a. A. Mittenzwei, AcP 187, S. 247, 274 ff.; Wiebe, ZfL 2000, S. 16; wohl auch Rauscher, Familienrecht, Rdnr. 964.

[978] Vgl. Bernard, Schwangerschaftsabbruch, S. 91; Bienwald, FamRZ 1985, S. 1096, 1099; Mittenzwei, AcP 187, S. 247, 275; Seidel, Zivilrechtliche Mittel, S. 50.

[979] Vgl. Bernard, Schwangerschaftsabbruch, S. 91; Bienwald, FamRZ 1985, S. 1096, 1099; Mittenzwei, AcP 187, S. 247, 275; Seidel, Zivilrechtliche Mittel, S. 50.

[980] Ähnlich auch Seidel, Zivilrechtliche Mittel, S. 50.

[981] A. A. wohl Seidel, Zivilrechtliche Mittel, S. 50.

[982] Motive IV, S. 1264.

[983] Bernard, Schwangerschaftsabbruch, S. 92 ff.; Bienwald, FamRZ 1985, S. 1096, 1099.

bestimmungsrecht während der Schwangerschaft sinnlos. Es ist aber nicht gesagt, dass die elterliche Sorge zu jeder Zeit alle denkbaren Elemente auch tatsächlich umfassen muss[984]. Auch wenn vor Geburt des Kindes einige Elemente der elterlichen Sorge kraft Natur der Sache irrelevant sind, führt dies nicht zur Sinnlosigkeit der elterlichen Sorge überhaupt, solange nur einige ihrer Bestandteile Anwendung finden. Letzteres ist beim Nasciturus durchaus der Fall: Die auf die körperliche Entwicklung gerichtete Pflege kann auch in pränataler ärztlicher Versorgung, dem Verzicht auf schädigende Einflüsse durch Tabak- und Alkoholkonsum und dem Unterlassen einer Abtreibung bestehen[985]. Gegen diese Argumentation wird eingewendet, dass die genannten Maßnahmen nicht Vater und Mutter als gleichrangigen Inhabern zustehen[986]. Warum dies ein Hinderungsgrund sein soll, ist jedoch nicht ersichtlich. So ist z. B beim alleinigen Sorgerecht der Mutter der Vater auch kein gleichrangiger Inhaber der elterlichen Sorge. Schwerwiegender erscheint dagegen der Einwand, dass bei einem ungeborenen Kind ein Entzug des Sorgerechts bei einer Gefährdung des Kindeswohls nach § 1666 Abs. 1 BGB nicht möglich ist[987].

Das entscheidende Kriterium zur Beantwortung der aufgeworfenen Frage liefert vorliegend § 1912 Abs. 2 BGB. Danach steht die Fürsorge für zukünftige Rechte einer Leibesfrucht den Eltern insoweit zu, als ihnen die elterliche Sorge zustünde, wenn das Kind bereits geboren wäre. Existenz und Formulierung dieser Vorschrift zeigen, dass die elterliche Sorge erst mit der Geburt des Kindes beginnen kann[988]. Der Versuch, die Vorschrift als bloße Bestätigung der elterlichen Sorge vor Geburt des Kindes anzusehen[989], überzeugt nicht. In diesem Fall hätte der Gesetzgeber formulieren müssen: „Eine Pflegerbestellung nach Abs. 1 unterbleibt, soweit den Eltern für die Leibesfrucht die elterliche Sorge zusteht." Auch wenn der Gesetzgeber Letzteres ausdrücken wollte – der Wortlaut des § 1912 Abs. 2 BGB lässt eine entsprechende Auslegung nicht zu.

§§ 1626 Abs. 1, 1631 Abs. 1 BGB begründen daher keine Schutzpflichten der Eltern gegenüber ihrem ungeborenen Kind.

---

[984] Vgl. Seidel, Zivilrechtliche Mittel, S. 51.
[985] Mittenzwei, AcP 187, S. 247, 275; Seidel, Zivilrechtliche Mittel, S. 51.
[986] Bernard, Schwangerschaftsabbruch, S. 93.
[987] Bernard, Schwangerschaftsabbruch, S. 93 f.; Staudinger-Peschel-Gutzeit § 1626 Rdnr. 37.
[988] Bienwald, FamRZ 1985, S. 1096, 1099.
[989] Mittenzwei, AcP 187, S. 247, 276; Seidel, Zivilrechtliche Mittel, S. 51 f.

b) § 1912 Abs. 2 BGB

Eine Schutzpflicht der Eltern gegenüber dem ungeborenen Kind könnte sich aus § 1912 Abs. 2 BGB ergeben. Diese Vorschrift begründet – wie eben dargelegt – die Fürsorge der Eltern für zukünftige[990] Rechte der Leibesfrucht.

Soweit es sich um anerkannte künftige Rechte handelt – wie § 1923 Abs. 2 BGB –, steht also den Eltern des Kindes die Fürsorge zur Wahrnehmung der Rechte zu und begründet eine rechtliche Verpflichtung. Sind die Eltern nicht miteinander verheiratet, kommt es darauf an, ob im Zeitpunkt des Fürsorgebedürfnisses bereits Sorgeerklärungen abgegeben sind. Ist dies nicht der Fall, so steht die Fürsorge für die Rechte allein der Mutter zu[991].

Soweit es dagegen um die strafrechtlich relevanteren Rechte des Kindes auf Leben und körperliche Unversehrtheit geht, ist die Rechtslage schwieriger.

Die Problematik entsteht dadurch, dass das Recht auf Leben und körperliche Unversehrtheit für das ungeborene Kind kein zukünftiges, sondern ein gegenwärtiges und unter den Schutz des Art. 2 Abs. 1 GG fallendes Recht darstellt. Es handelt sich also gerade nicht um ein mit § 1923 Abs. 2 BGB vergleichbares Recht, das unter der Bedingung der Lebendgeburt steht[992]. Für das Zivilrecht ist dieses Ergebnis nicht so entscheidend. Es erscheint zivilrechtlich durchaus möglich, die für das aktuelle Lebensrecht bestehende Regelungslücke im Wege einer Analogie zu schließen[993]. Wenn schon zukünftige Rechte zivilrechtlichen Schutz erhalten, so kann für gegenwärtige Rechte prinzipiell nichts anderes gelten. Diese Analogie lässt sich jedoch wegen Art. 103 Abs. 2 GG nicht in das Strafrecht übertragen[994].

---

[990] Die Begrenzung auf „zukünftige Rechte" ergibt sich m. E. zwingend aus der Formulierung des § 1912 Abs. 1 BGB. Dieser ermöglicht eine Pflegerbestellung zur Wahrung der „zukünftigen Rechte, soweit diese einer Fürsorge bedürfen". Die in Abs. 2 genannte Fürsorge bezieht sich auf Abs. 1 und damit eindeutig auf zukünftige Rechte. A. A. insoweit Seidel, Zivilrechtliche Mittel, S. 49 ff.

[991] MüKo-BGB-Schwab § 1912 Rdnr. 13.

[992] Mittenzwei, AcP 187, S. 247, 276; Staudinger-Peschel-Gutzeit § 1626 Rdnr. 37; Vennemann, FamRZ 1987, S. 1068, 1069; vgl. auch die Bedenken von MüKo-BGB-Schwab § 1912 Rdnr. 12; a. A. allerdings Wiebe, ZfL 2000, S. 12, 17.

[993] Mittenzwei, AcP 187, S. 247, 273; vgl. auch die Argumentation von Geiger, FamRZ 1987, S. 1177; MüKo-BGB-Schwab § 1912 Rdnr. 12; Seidel, Zivilrechtliche Mittel, S. 54; a. A. Bamberger/Roth-Bettin § 1912 Rdnr. 2; Palandt-Diederichsen § 1912 Rdnr. 2.

[994] Damit kann an dieser Stelle die sehr umstrittene Frage dahinstehen, inwieweit eine eventuell bestehende zivilrechtliche Pflicht durch die Wertungen des § 218 a StGB beeinflusst wird. Sieht man die Indikation des § 218 a StGB als Rechtsfertigungsgrund an, so muss dieser nach dem Grundsatz der Einheit der Rechtsordnung auch für das Zivilrecht gelten. Bei einer Einordnung als Entschuldigungs- oder Strafausschließungsgrund sind Auswirkungen auf das

Eine für das Strafrecht relevante allgemeine Schutzpflicht der Eltern zugunsten des ungeborenen Lebens kann daher nicht aus § 1912 Abs. 2 BGB hergeleitet werden.

c) § 1618 a BGB

Die Frage des zeitlichen Beginns der Pflichten aus § 1618 a BGB wird selten erörtert. Die – soweit ersichtlich – einzige Stellungnahme findet sich bei Knöpfel[995]: „Die Verpflichtung währt lebenslang. Auch Nachwirkungen und Vorwirkungen kommen in Betracht.“ Im Umfang soll sich diese Vorwirkung an den bestehenden Rechtspflichten aus § 1912 Abs. 2 BGB orientieren. M. E. muss § 1618 a BGB prinzipiell wie die elterliche Sorge auch auf den Zeitraum ab Geburt des Kindes beschränkt bleiben. Es ist kein Grund dafür ersichtlich, die Begriffe „Eltern“ und „Kind“ in § 1626 Abs. 1 BGB anders auszulegen als in § 1618 a BGB. Deshalb resultieren aus § 1618 a BGB keine allgemeinen Schutzpflichten der Eltern gegenüber ihrem ungeborenen Kind.

d) § 1353 Abs. 1 Satz 2 BGB

Eine Rechtspflicht der miteinander verheirateten Eltern, das ungeborene Leben zu schützen, könnte sich zuletzt aus § 1353 Abs. 1 Satz 2 BGB ergeben.

Teilweise werden Pflichten zur Unterlassung eines nach § 218 a StGB nicht indizierten bzw. strafbaren Schwangerschaftsabbruchs aus der Verpflichtung zur ehelichen Lebensgemeinschaft hergeleitet[996]. Diese Ansicht sieht sich jedoch mit zwei für die Anwendung im Strafrecht erheblichen Problemen konfrontiert: Zum einen wurde oben herausgearbeitet, dass für den im Strafrecht relevanten Minimalkonsens zum Umfang der Pflichten aus der ehelichen Lebensgemeinschaften nur die Kardinal-, nicht jedoch die höchstpersönlichen Pflichten in Betracht kommen. Völlig unklar ist hier, ob die Pflicht zum Schutz des ungeborenen Lebens eine solche aus § 1353 Abs. 1 Satz 2 BGB herausfallende

---

Zivilrecht nicht zwingend, werden aber dennoch von mehreren Autoren angenommen. Vgl. zu der Problematik Coester-Waltjen, NJW 1985, S. 2175, 2176; Gernhuber/Coester-Waltjen, Familienrecht, S. 859; Mittenzwei, AcP 187, S. 247, 278 ff.; MüKo-BGB-Schwab § 1912 Rdnr. 12; Seidel, Zivilrechtliche Mittel, S. 43 ff.; Stürner, Jura 1987, S. 75, 80 f.

[995] Knöpfel, FamRZ 1985, S. 554, 560.

[996] Vgl. mit unterschiedlichen Ausprägungen Bamberger/Roth-Lohmann § 1353 Rdnr. 14; Bernard, Schwangerschaftsabbruch, S. 74 ff. (die darauf abstellt, ob Absprachen über die Familienplanung getroffen wurden); Mittenzwei, AcP 187, S. 247, 279 (der Rechtspflichten der Frau zur Austragung des Kindes allgemein bejaht); Seidel, Zivilrechtliche Mittel, S. 70 ff. (die auf das Bestehen einer Indikation abstellt).

höchstpersönliche Pflicht ist[997] oder nicht. Zum anderen würde selbst die Bejahung der Pflicht keine entscheidenden Vorteile bringen. Sinn und Zweck der Ermittlung der zivilrechtlichen Rechtspflicht ist es, strafrechtliche Garantenpflichten aufzufinden, die darüber entscheiden, ob ein bestimmtes Verhalten strafbar ist oder nicht. Wenn nun die zivilrechtliche Pflicht ihrerseits nur besteht, wenn ein strafrechtlich relevantes Verhalten vorliegt, dreht sich die Argumentation im Kreis.

Auch aus § 1353 Abs. 1 Satz 2 BGB lassen sich daher keine allgemeinen Schutzpflichten zugunsten des Kindes begründen, die Grundlage einer strafrechtlichen Garantenpflicht sein könnten.

C) Obhutspflicht der Eltern gegenüber volljährigen Kindern

a) §§ 1626 Abs. 1, 1631 Abs. 1 BGB

Die elterliche Sorge ist schon nach dem Wortlaut des § 1626 Abs. 1 BGB auf das minderjährige Kind beschränkt. Sie endet daher mit Volljährigkeit des Kindes[998], d. h. mit der Vollendung des 18. Lebensjahres (§ 2 BGB). Eine zeitliche Vorverlagerung der Beendigung der elterlichen Sorge findet sich in § 1633 BGB. Heiratet das minderjährige Kind, so verbleibt zwar die Vermögenssorge bei den Eltern, die Personensorge beschränkt sich jedoch auf den Bereich der Vertretung. Damit entfallen die auf Leib und Leben bezogenen Pflege- und Aufsichtspflichten der Eltern. Sie leben auch im Falle der Aufhebung oder Scheidung der Ehe nicht wieder auf[999]. Im Gegensatz zur Eheschließung bewirkt der Auszug des minderjährigen Kindes aus dem elterlichen Haushalt keine vorzeitige Beendigung der elterlichen Sorge.

---

[997] So wohl Palandt-Brudermüller, § 1353 Rdnr. 7; vgl. auch die Argumentation in BGH NJW 2001, S. 789 ff.: „Kein Ehegatte kann daher von dem anderen nach § 1353 BGB die Zeugung oder den Empfang eines Kindes verlangen. Vielmehr entscheiden die Ehegatten in freier gemeinsamer Verantwortung darüber, ob, zu welchem Zeitpunkt und ggf. auf welche Weise sie Nachkommen haben wollen. Jedoch kann sich aus einem solchen Konsens keine Bindung auf Dauer ergeben. Da der Entschluss, zur Entstehung eines neuen Lebens beizutragen und in der Folge für dieses verantwortlich zu sein, für jedes Individuum eine höchstpersönliche Angelegenheit ist, würde eine solche Bindungswirkung die grundrechtlich geschützte personale Würde und das Selbstbestimmungsrecht des Einzelnen ... verletzen, zu denen es auch gehört, sich jederzeit erneut und frei für oder gegen ein Kind zu entscheiden."

[998] AK-BGB-Münder § 1626 Rdnr. 7; Bamberger/Roth-Veit § 1626 Rdnr. 10; Erman-Michalski § 1626 Rdnr. 6; Gernhuber/Coester-Waltjen, Familienrecht, 859; MüKo-BGB-Huber § 1626 Rdnr. 21; Palandt-Diederichsen § 1626 Rdnr. 27; Rauscher, Familienrecht, Rdnr. 964; RGRK-Wenz § 1626 Rdnr. 10.

[999] Palandt-Diederichsen § 1633 Rdnr. 1.

b) § 1618 a BGB

Die aus § 1618 a BGB hergeleitete Obhutspflicht der Eltern gegenüber ihren Kindern ist im Gegensatz zur elterlichen Sorge nicht auf die Minderjährigkeit der Kinder beschränkt. Sie schützt auch volljährige Kinder[1000] und ist zudem in ihrem Bestehen unabhängig vom Vorliegen einer Hausgemeinschaft zwischen Eltern und Kindern[1001]. Allerdings können Volljährigkeit und Auszug des Kindes Einfluss auf Umfang und Intensität der Pflichten haben[1002].

c) § 1601 BGB

Zu der Unterhaltspflicht aus § 1601 BGB gilt das oben Gesagte mit dem Unterschied, dass ein Betreuungsunterhalt gegenüber dem volljährigen Kind unstreitig nicht mehr geschuldet wird.

D) Sicherungspflicht der Eltern gegenüber den Kindern

a) §§ 1626 Abs.1, 1631 Abs. 1 BGB bzw. § 832 Abs. 1 Satz 1 BGB

Im Ergebnis unbestritten ist auch, dass Eltern eine Sicherungspflicht gegenüber ihren minderjährigen Kindern haben. Eltern müssen ihre Kinder auch im Interesse Dritter davon abhalten, Rechtsgüter Dritter zu beeinträchtigen. Heftige Diskussionen werden jedoch hinsichtlich der Frage geführt, wo diese Pflicht verankert ist. Teilweise wird angenommen, dass die in § 1631 Abs. 1 BGB statuierte Aufsichtspflicht schon drittschützend ist[1003]. Andere sind der Auffassung, § 1631 Abs. 1 BGB diene allein dem Kindeswohl, während die drittschützende Aufsichtspflicht deliktischer Natur sei[1004]. Die überzeugendste Deutung ist m. E. die, dass die ursprünglich denktheoretisch nur dem Kind

---

[1000] BT-Drucksache 8/2788, S. 26; Bamberger/Roth-Enders §1618 a Rdnr. 2; Diederichsen, NJW 1980, S. 1, 2; Erman-Michalski § 1618 a Rdnr. 3; Jauernig-Berger § 1618 a Rdnr. 1; Knöpfel, FamRZ 1985, S. 554, 559; MüKo-BGB-v. Sachsen-Gessaphe § 1618 a Rdnr. 4; Palandt-Diederichsen § 1618 a Rdnr. 1; Rauscher, Familienrecht, Rdnr. 934; RGRK-Wenz § 1618 a Rdnr. 6; Soergel-Strätz § 1618 a Rdnr. 2; Staudinger-Coester § 1618 a Rdnr. 23.

[1001] Erman-Michalski § 1618 a Rdnr. 3; Jauernig-Berger § 1618 a Rdnr. 1; Knöpfel, FamRZ 1985, S. 554, 559; MüKo-BGB-v. Sachsen-Gessaphe § 1618 a Rdnr. 4; Palandt-Diederichsen § 1618 a Rdnr. 1; RGRK-Wenz § 1618 a Rdnr. 6; Soergel-Strätz § 1618 a Rdnr. 2; Staudinger-Coester § 1618 a Rdnr. 23.

[1002] Knöpfel, FamRZ 1985, S. 554, 563.

[1003] AK-BGB-Münder § 1631 Rdnr. 3; Bamberger/Roth-Veit § 1631 Rdnr. 6; Erman-Michalski § 1631 Rdnr. 12; Giesen, Familienrecht, Rdnr. 623; Jauernig-Berger §§ 1631-1633 Rdnr. 4; Lüderitz, Familienrecht, Rdnr. 854.

[1004] MüKo-BGB-Huber § 1631 Rdnr. 6; Schlüter, Familienrecht, Rdnr. 366; Staudinger-Salgo § 1631 Rdnr. 34; wohl auch Gernhuber/Coester-Waltjen, Familienrecht, S. 1010 f.

dienende Aufsichtspflicht der elterlichen Sorge durch § 832 BGB mit einer Sanktion zugunsten Dritter belegt wurde und damit drittschützenden Charakter erhielt[1005]. Diese Ansicht deckt sich zum einen mit den Äußerungen des Gesetzgebers[1006] und berücksichtigt zum anderen, dass § 832 BGB nur die Haftung regelt, aber keine Rechtspflicht begründet.

b) § 1618 a BGB

Soweit aus § 1618 a BGB die Pflicht hergeleitet wird, den Begünstigten von Straftaten abzuhalten[1007], handelt es sich schon nach dem Wortlaut der Vorschrift nicht um eine Sicherungs-, sondern um eine Beistandspflicht im Sinne von Fürsorge und Vermeidung der mit einer Straftat verbundenen Konsequenzen[1008].

E) Pflichten des Vaters gegenüber dem nichtehelichen Kind

a) §§ 1626 Abs. 1, 1631 Abs. 1 BGB

Wie bereits oben dargestellt, wird der Vater, der mit der Mutter des Kindes bei dessen Geburt nicht verheiratet ist, nur dann Inhaber der elterlichen Sorge, wenn beide Eltern Sorgeerklärungen abgeben oder einander heiraten, § 1626 a Abs. 1 BGB. Ist er sorgeberechtigt, so bestehen die damit verbundenen Obhuts- und Fürsorgepflichten.

b) § 1618 a BGB

Die Rechtspflicht des Vaters aus § 1618 a BGB besteht unstreitig auch gegenüber seinem nichtehelichen Kind[1009]. Dies gilt auch dann, wenn die beiden nicht in einem Haushalt zusammenleben[1010].

[1005] Vgl. Rauscher, Familienrecht, Rdnr. 1017.

[1006] Motive IV, S. 753 „Als Ausfluß der Sorge für die Person des Kindes hebt der § 1504 Abs. 1 neben der Sorge für die Erziehung noch die Aufsicht über das Kind besonders hervor, um darauf hinzuweisen, daß die Pflicht der Sorge für die Person auch im Interesse Dritter durch Beaufsichtigung zu erfüllen ist und im Falle der Nichterfüllung dieser Pflicht die Voraussetzung für die im § 710 bestimmte Verantwortlichkeit des kraft Gesetzes Aufsichtspflichtigen vorliegt."

[1007] MüKo-BGB-v. Sachsen-Gessaphe § 1618 a Rdnr. 8; Soergel-Strätz § 1618 a Rdnr. 4.

[1008] Knöpfel, FamRZ 1985, S. 554, 562.

[1009] BT-Drucksache 8/2788, S. 43; Bosch, FamRZ 1980, S. 739, 741; Diederichsen, NJW 1980, S. 1, 2; Erman-Michalski § 1618 a Rdnr. 3; Gernhuber, FS für Müller-Freienfels, S. 158, 171; Gernhuber-Coster-Waltjen, Familienrecht, S. 841; MüKo-BGB-v. Sachsen-Gessaphe § 1618 a Rdnr. 5; Palandt-Diederichsen § 1618 a Rdnr. 1; RGRK-Wenz § 1618 a Rdnr. 6; Soergel-Strätz § 1618 a Rdnr. 2; Staudinger-Coester § 1618 a Rdnr. 24.

c) § 1601 BGB

Zur Unterhaltspflicht des Vaters gegenüber seinem nichtehelichen Kind gilt das oben Gesagte.

F) Obhutspflichten der Kinder gegenüber ihren Eltern

a) § 1618 a BGB

Der Wortlaut des § 1618 a BGB macht deutlich, dass auch Kinder ihren Eltern Beistand und Rücksicht schulden[1011]. Dabei ist selbstverständlich, dass die Pflichtgebundenheit der Kinder an deren Alter angepasst wird. Ein Säugling ist demnach noch nicht zur persönlichen Beistandsleistung fähig. Mit zunehmendem Alter wachsen die Kinder mehr und mehr in die Pflichten aus § 1618 a BGB hinein[1012].

b) § 1601 BGB

Garantenpflichten der Kinder gegenüber ihren Eltern werden z. T. auch auf deren Unterhaltsverpflichtung gestützt[1013], die sich aus § 1601 BGB ergibt. Diese Vorschrift verpflichtet nicht nur die Eltern, sondern bei Vorliegen der gesetzlichen Voraussetzungen (Bedürftigkeit der Eltern, § 1602 Abs. 1 BGB, und Leistungsfähigkeit der Kinder, § 1603 Abs. 1 BGB) auch die Kinder.

Klärungsbedarf besteht jedoch im Hinblick auf den Inhalt dieser Rechtspflicht. Grundsätzlich stellt die Unterhaltspflicht eine Geldleistungspflicht dar, § 1612 Abs. 1 Satz 1 BGB. Eine allgemeine Beistands- und Rücksichtspflicht, wie sie z. T. aus den Unterhaltsvorschriften hergeleitet wird[1014], lässt sich dem Wortlaut nicht entnehmen. Allenfalls denkbar ist eine Naturalunterhaltspflicht. Dies kann möglicherweise im Unterlassungsbereich relevant werden, wenn Kinder ihre pflegebedürftigen Eltern verhungern lassen. Eine Naturalunterhaltspflicht kommt jedoch nur den seltenen Fällen des § 1612 Abs. 1 Satz 2 BGB in Betracht, § 1612 Abs. 2 gilt nur für den von den Eltern zu leistenden Kindesunterhalt. Nach § 1612 Abs. 1 Satz 2 BGB kann insbesondere nur der

---

[1010] BT-Drucksache 8/2788, S. 36, 43; Gernhuber-Coester-Waltjen, Familienrecht, S. 841; Jauernig-Berger § 1618 a Rdnr. 1; Palandt-Diederichsen § 1618 a Rdnr. 1; RGRK-Wenz § 1618 a Rdnr. 6; Staudinger-Coester § 1618 a Rdnr. 23.

[1011] BT-Drucksache 8/2788, S. 36; Erman-Michalski § 1618 a Rdnr. 1; Gernhuber/Coester-Waltjen, Familienrecht, S. 841; Soergel-Strätz § 1618 a Rdnr. 2.

[1012] BT-Drucksache 8/2788, S. 43; Palandt-Diederichsen § 1618 a Rdnr. 5; Soergel-Strätz § 1618 a Rdnr. 4.

[1013] Arzt, JA 1980, S. 647, 651; Kühl, AT, § 18 Rdnr. 54.

[1014] Blei, FS für Mayer, S. 119, 131; siehe dazu oben S. 172 f.

Unterhaltsverpflichtete die Abänderung der Unterhaltsart verlangen, ein Recht des Unterhaltsempfängers auf Naturalunterhalt besteht danach nicht. Ferner ist zu berücksichtigen, dass die überwiegende Ansicht davon ausgeht, die Abänderung der Unterhaltspflicht erfolge durch Vertrag[1015]. Der Inhalt der Naturalunterhaltspflicht sowie deren Modalitäten ergeben sich dann aus der rechtsgeschäftlichen Vereinbarung.

Festzuhalten ist, dass § 1601 BGB per se weder eine Pflicht zum Naturalunterhalt noch allgemeine Beistands- und Fürsorgepflichten begründet. Dieser Ansicht ist auch der Bundesgerichtshof[1016]: „Auch wird man kaum die den Kindern gegenüber den Eltern obliegende Unterhaltspflicht (§ 1601 BGB) zur Begründung einer ... Schutzpflicht heranziehen können, da die Unterhaltspflicht nur einen begrenzten Inhalt hat."

4. Elternähnliche Beziehungen: Adoptiveltern, Stiefeltern und Pflegeeltern

A) Adoptiveltern

a) §§ 1754 Abs. 3 1. Alt., 1626 Abs. 1, 1631 Abs. 1 BGB

Mit der Adoption[1017] – genauer formuliert mit der Zustellung des die Annahme aussprechenden Beschlusses des Vormundschaftsgerichts an den Annehmenden, § 56 e Satz 2 1. Alt. FGG[1018] – erlangt das adoptierte Kind die rechtliche Stellung eines gemeinschaftlichen Kindes der annehmenden Ehegatten, § 1754 Abs. 1 BGB. Damit verbunden ist der Übergang der elterlichen Sorge auf die Annehmenden, § 1754 Abs. 3 1. Alt. BGB. Die im Rahmen der elterlichen Sorge herausgearbeiteten Pflichten gelten daher auch für die Adoptiveltern[1019].

[1015] Erman-Hammermann § 1612 Rdnr. 8; Gernhuber/Coester-Waltjen, Familienrecht, S. 691; a. A. MüKo-Born § 1612 Rdnr. 18; Staudinger-Kappe/Engler § 1612 Rdnr. 13 ff.

[1016] BGHSt 19, 167, 168.

[1017] Eingegangen wird hier nur auf den Fall der Minderjährigenadoption durch ein mit dem Kind nicht verwandtes Ehepaar. Zur Annahme des Kindes eines Ehegatten durch den anderen Ehegatten siehe die Sondervorschrift § 1755 Abs. 2 BGB; zur Annahme durch eine Einzelperson §§ 1754 Abs. 2, Abs. 3 2. Alt. BGB.

[1018] Bamberger/Roth-Enders § 1752 Rdnr. 5; Gernhuber/Coester-Waltjen, Familienrecht, S. 1124; MüKo-BGB-Maurer § 1752 Rdnr. 15; Palandt-Diederichsen § 1752 Rdnr. 2; Rauscher, Familienrecht, Rdnr. 1174.

[1019] Bamberger/Roth-Enders § 1754 Rdnr. 4; Bamberger/Roth-Veit § 1626 Rdnr. 6; MüKo-BGB-Maurer § 1755 Rdnr. 6; Palandt-Diederichsen § 1626 Rdnr. 6; Rauscher, Familienrecht, Rdnr. 1175.

Die elterliche Sorge der leiblichen Eltern, die gemäß § 1751 Abs. 1 Satz 1 BGB bereits mit der Einwilligung eines Elternteils in die Adoption für diesen ruht[1020], erlischt[1021]. Sie lebt auch bei Aufhebung der Adoption nicht von selbst wieder auf. Zwar bestimmt § 1764 Abs. 3 BGB, dass mit der Aufhebung der Adoption die Verwandtschaftsverhältnisse des Kindes zu seinen leiblichen Verwandten einschließlich der sich aus ihnen ergebenden Rechte und Pflichten wieder aufleben[1022]. Ausdrücklich ausgenommen ist jedoch die elterliche Sorge. Diese kann gemäß § 1764 Abs. 4 BGB nur auf die leiblichen Eltern zurückübertragen werden, wenn und soweit dies dem Wohle des Kindes nicht widerspricht. Anderenfalls muss das Vormundschaftsgericht einen Vormund oder Pfleger bestellen.

b) §§ 1754 Abs. 1, 1618 a BGB

Für die gegenseitige Beistandspflicht des § 1618 a BGB ist das rechtliche Bestehen eines Eltern-Kind-Verhältnisses ausreichend. Die Vorschrift gilt daher nach allgemeiner Meinung im Hinblick auf § 1754 Abs. 1 BGB auch im Verhältnis von Adoptiveltern zu Adoptivkindern[1023].

B) Stiefeltern

a) §§ 1687 b Abs. 1 Satz 1, Abs. 2 BGB bzw. § 9 Abs. 1, 2 LPartG

Rechtspflichten des Stiefelternteils gegenüber dem Stiefkind könnten sich aus dem in §§ 1687 b Abs. 1 Satz 1, Abs. 2 BGB bzw. § 9 Abs. 1, 2 LPartG verankerten sog. „kleinen Sorgerecht“[1024] ergeben. Nach diesen Vorschriften hat

---

[1020] Bamberger/Roth-Enders § 1751 Rdnr. 3; Gernhuber/Coester-Waltjen, Familienrecht, S. 1120; Lüderitz, Familienrecht, Rdnr. 828; MüKo-BGB-Huber § 1626 Rdnr. 24; Palandt-Diederichsen § 1751 Rdnr. 1; Rauscher, Familienrecht, Rdnr. 1167; RGRK-Wenz § 1626 Rdnr. 12.

[1021] AK-GG-Münder § 1626 Rdnr. 7; MüKo-BGB-Huber § 1626 Rdnr. 13, 22; MüKo-BGB-Maurer § 1755 Rdnr. 12; Soergel-Strätz § 1626 Rdnr. 28; Staudinger-Peschel-Gutzeit § 1626 Rdnr. 40.

[1022] Zu den Folgen für die Adoptiveltern vgl. Bamberger/Roth-Enders § 1764 Rdnr. 3: Nach § 1764 Abs. 2 erlöschen mit der Aufhebung der Adoption die Verwandtschaftsverhältnisse zwischen Eltern und Adoptivkind, die elterliche Sorge wird beendet.

[1023] Bamberger/Roth-Enders § 1618 a Rdnr. 2; Erman-Michalski § 1618 a Rdnr. 3; Gernhuber, FS für Müller-Freienfels, S. 158, 170; Knöpfel, FamRZ 1985, S. 554, 559; MüKo-BGB-v. Sachsen Gessaphe § 1618 a Rdnr. 4; Soergel-Strätz § 1618 a Rdnr. 2; Staudinger-Coester § 1618 a Rdnr. 23.

[1024] Vgl. Bamberger/Roth-Veit § 1687 b Rdnr. 2 ff: Erman-Michalski § 1687 b Rdnr. 1 ff.; Motzer, FamRZ 2001, S. 1034, 1039; MüKo-BGB-Finger § 1687 b Rdnr. 1 ff.; Rauscher, Familienrecht, Rdnr. 1134; Schomburg, Kind-Prax 2001, S. 103, 104, 106; Schwab, FamRZ 2001, S. 385, 394 f.

der Ehegatte oder Lebenspartner eines allein sorgeberechtigten Elternteils im Einvernehmen mit diesem die Befugnis zur Mitentscheidung in Angelegenheiten des täglichen Lebens sowie ein Notvertretungsrecht.

Fraglich ist allerdings, ob sich aus diesem „kleinen Sorgerecht" auch Rechtspflichten ergeben. Vereinzelt wird vertreten, dass den genannten Vorschriften eine entsprechende Pflichtenstellung entnommen werden könne[1025]. Der Ansicht kann jedoch nicht gefolgt werden. Weder aus dem Wortlaut noch aus der Entstehungsgeschichte der Vorschrift ergeben sich Anhaltspunkte dafür, dass der Stiefelternteil auch verpflichtet werden sollte. Die Begriffe „Befugnis" und „berechtigt sein" lassen nur auf ein bestehendes Recht, nicht aber auf eine Pflicht schließen. Auch in den Kommentaren und Aufsätzen zu dieser Vorschrift ist nicht von einer Pflicht, sondern nur von einem Recht die Rede[1026]. Diese Deutung deckt sich zudem mit dem vom Gesetzgeber verfolgten Zweck. In der Gesetzesbegründung heißt es[1027]: „In einer Lebenspartnerschaft wird regelmäßig auch der Lebenspartner, der nicht Elternteil des Kindes ist, Aufgaben der Pflege und Erziehung des Kindes übernehmen. Dieser Umstand soll durch die vorgeschlagene Beteiligung des Lebenspartners an der elterlichen Sorge rechtlich anerkannt und abgesichert werden." Es ging dem Gesetzgeber also darum, der tatsächlichen Beteiligung des Stiefelternteils auch rechtliche Wege zu öffnen; an eine Verpflichtung hat der Gesetzgeber nicht gedacht.

Das „kleine Sorgerecht" begründet daher keine rechtlichen Pflichten zwischen Stiefelternteil und Stiefkind.

b) § 1618 a BGB

Rechtspflichten zwischen Stiefeltern und Stiefkindern könnten sich möglicherweise aus § 1618 a BGB ergeben. Fraglich ist, ob unter die Begriffe „Eltern" und „Kinder" auch Stiefeltern und Stiefkinder fallen.

Der natürliche Sprachgebrauch steht, wie die Worte Stief-„Vater", Stief-„Mutter" oder Stief- „Kind" zeigen, einer entsprechenden Deutung nicht im Wege. Ob die Einbeziehung auch von Sinn und Zweck der Norm gedeckt wird, erscheint jedoch äußerst zweifelhaft. § 1618 a BGB soll auf die Grundlage des

---

1025 Staudinger-Salgo § 1631 Rdnr. 31. Das Argument, das BGB kenne keine von Pflichten befreite Personensorge, überzeugt nicht, da dies gerade die Frage ist, die es zu beantworten gilt.

1026 Bamberger/Roth-Veit § 1687 b Rdnr. 1 ff.; Erman-Michalski § 1687 b Rdnr. 1 ff.; Motzer, FamRZ 2001, S. 1034, 1039; MüKo-BGB-Finger § 1687 b Rdnr. 1 ff.; Palandt-Brudermüller § 9 LPartG Rdnr. 1 ff.; Palandt-Diederichsen § 1687 b Rdnr. 1 ff.; Schomburg, Kind-Prax 2001, S. 103 ff.; Schwab, FamRZ 2001, S. 385, 394 f.

1027 BT-Drucksache 14/3751, S. 39.

Zusammenlebens in der Familie hinweisen[1028]. Auf den ersten Blick scheint dieser Zweck auch bei Stiefeltern und Stiefkindern erfüllt zu sein. So bildet der Ehegatte des Elternteils mit dessen minderjährigen und erziehungsbedürftigen Kindern oft eine soziale Familie[1029], in der eine Rechtspflicht zu Beistand und Rücksicht angemessen erscheint. Problematisch ist jedoch, dass § 1618 a BGB nicht auf minderjährige oder im Haushalt lebende Kinder beschränkt ist. Führt man sich Fälle vor Augen, in denen ein Elternteil nach Verwitwung neu heiratet, die Kinder aber längst volljährig und selbständig sind, so passt der Gedanke des § 1618 a BGB nicht mehr. Die Vorschrift würde aber gleichwohl gelten, da auch in diesem Fall sprachlich von Stiefeltern und Stiefkindern gesprochen werden kann. Auch der zweite Zweck des § 1618 a BGB läuft im Verhältnis Stiefeltern/Stiefkinder leer. So soll die Vorschrift dem Eindruck entgegenwirken, dass nur den Eltern einseitig Pflichten auferlegt würden[1030]. Dem Stiefelternteil obliegen jedoch – wie gerade festgestellt – keine Pflichten gegenüber dem Kind, so dass es eines Ausgleichs auch nicht bedarf. Für dieses Ergebnis spricht zudem, dass der Gesetzgeber bei Einführung des „kleinen Sorgerechts" die Anordnung, § 1618 a BGB gelte auch für das Stiefverhältnis, gerade nicht getroffen hat. Angesichts der Tatsache, dass der Gesetzgeber für die Beziehung zwischen Vormund und Mündel in § 1793 Abs. 1 Satz 3 BGB die Geltung des § 1618 a BGB angeordnet hat, kann hier nicht eine unbewussten Regelungslücke unterstellt werden[1031].

Es ist daher davon auszugehen, dass § 1618 a BGB auf das Verhältnis zwischen Stiefeltern und Stiefkindern keine Anwendung findet[1032].

c) § 1353 Abs. 1 Satz 2 BGB

Eine Rechtspflicht des Stiefelternteils, sich um die Kinder seines Ehepartners zu kümmern, könnte sich auch aus der Verpflichtung zur ehelichen Lebensgemeinschaft ergeben. Eine entsprechende Pflicht wird sowohl von der Rechtsprechung[1033] als auch von der Literatur[1034] aus der Generalklausel § 1353 Abs. 1 Satz 2 BGB hergeleitet. Zweifel bestehen jedoch im Hinblick auf die

[1028] BT-Drucksache 8/2788, S. 36.
[1029] Vgl. Conradi, FamRZ 1980, S. 103, 104.
[1030] Drucksache 8/2788, S. 36.
[1031] Vgl. MüKo-BGB-v. Sachsen Gessaphe § 1618 a Rdnr. 6.
[1032] Ebenso MüKo-BGB-v. Sachsen Gessaphe § 1618 Rdnr. 4, 6; Soergel-Strätz § 1618 a Rdnr. 2; Staudinger-Coester § 1618 a Rdnr. 25 (anders allerdings bei §§ 1682, 1688 BGB); a. A. Erman-Michalski § 1618 a Rdnr. 3; Knöpfel, FamRZ 1985, S. 554, 560.
[1033] RGZ 124, 54, 55 f.; 126, 173, 177; OVG Lüneburg, FamRZ 1957, S. 30 f.; OLG Karlsruhe, FamRZ 1961 S. 371 ff.
[1034] Böhmer, FamRZ 1955, S. 125, 126 f.; Erman-Heckelmann § 1353 Rdnr. 12; MüKo-BGB-Wacke § 1353 Rdnr. 19; Palandt-Brudermüller § 1353 Rdnr. 8.

oben geschilderten restriktiven Tendenzen. Ob die Pflicht, sich um die Stiefkinder zu kümmern, zu den Kardinalpflichten einer Ehe zählt, kann zumindest nicht eindeutig bejaht werden. Hinzu kommt noch, dass der Gesetzgeber des 1. Eherechtsreformgesetz es ausdrücklich abgelehnt hat, die Sorge für die gemeinsamen Kinder als Teil der ehelichen Lebensgemeinschaft anzusehen[1035]. Warum dies für nicht gemeinsame Kinder anders sein sollte, ist nicht dargetan. Insofern kann nicht davon ausgegangen werden, dass die Rechtspflicht, sich um die Stiefkinder zu kümmern, zum Minimalkonsens zu § 1353 Abs. 1 Satz 2 BGB gehört.

C) Pflegeeltern

Um klären zu können, ob bzw. welche Rechtspflichten zwischen Pflegeeltern und Pflegekindern bestehen, ist zunächst eine Bestimmung des Begriffs „Pflegeeltern" erforderlich. Unter Pflegeeltern sollen hier die Personen verstanden werden, die ein Kind in Familienpflege haben. Eine Familienpflege ist gegeben, wenn ein Kind außerhalb des Elternhauses durch mindestens eine Pflegeperson in familienähnlichen Verhältnissen wie in Ausübung elterlicher Sorge betreut wird[1036]. Eine Familienpflege kann auf verschiedenen Wegen entstehen[1037]. Zum einen können Eltern ihr Kind durch freiwillige Unterbringung in Familienpflege bringen; Grundlage ist in diesem Fall ein – u. U. auch konkludent geschlossener – Pflegevertrag[1038]. Ebenfalls auf freiwilliger Inpflegegabe durch die Eltern beruht die Vollzeitpflege als Sozialleistung der öffentlichen Jugendhilfe nach §§ 27, 33 SGB VIII. Von der ersten Variante unterscheidet sie sich dadurch, dass die Eltern hier einen Rechtsanspruch gegenüber dem öffentlichen Jugendhilfeträger auf die Sozialleistung „Hilfe zur Erziehung" geltend machen. Voraussetzung ist, dass eine dem Kindeswohl entsprechende Erziehung nicht gewährleistet ist. Die dritte Möglichkeit besteht in der Unterbringung als familiengerichtliche Maßnahme nach §§ 1666 Abs. 1, 1666 a Abs. 1 BGB bei Gefährdung des Kindeswohls. Sie ist auch ohne den Willen der Eltern möglich. Wichtig für die hier zu beantwortende Frage ist, dass die elterliche Sorge bei der Familienpflege nicht automatisch auf die Pflegeeltern übergeht[1039]. Es müssen daher andere Vorschriften gefunden werden, die – evtl. neben einem hier nicht näher zu erörternden Pflegevertrag – rechtliche Pflichten der Pflegeeltern begründen.

[1035] BT-Drucksache 7/4361 S. 7.

[1036] MüKo-BGB-Huber § 1630 Rdnr. 18; Rauscher, Familienrecht, Rdnr. 1127.

[1037] Lakies, ZfJ 1998, S. 129 f.; Rauscher, Familienrecht, Rdnr. 1128.

[1038] Bamberger/Roth-Veit § 1630 Rdnr. 7; Lakies, ZfJ 1998, S. 129; Schwab, Gutachten A, S. 63, 75 ff.; Windel, FamRZ 1997, S. 713, 716 f.

[1039] Bamberger/Roth-Veit § 1688 Rdnr. 6; Lakies, ZfJ 1998, S. 129; MüKo-BGB-Finger § 1688 Rdnr. 5; Rauscher, Familienrecht, Rdnr. 1129.

a) §§ 1630 Abs. 3, 1626 Abs. 1, 1631 Abs. 1 BGB

Gemäß § 1630 Abs. 3 BGB kann das Familiengericht bei Vorliegen eines entsprechenden Antrags mit Zustimmung der Eltern Angelegenheiten der elterlichen Sorge auf die Pflegeeltern übertragen, wenn das Kind von den Eltern für längere Zeit in Familienpflege gegeben worden ist[1040]. Im Umfang der Übertragung steht dann den Pflegeeltern gemäß §§ 1630 Abs. 3 Satz 3; 1915 Abs. 1, 1800, 1631 BGB das Recht und die Pflicht zur elterlichen Sorge zu[1041], die Eltern sind insoweit nach § 1630 Abs. 3 Satz 3, Abs.1 BGB ausgeschlossen.

b) § 1688 BGB

Nach § 1688 Abs. 1 Satz 1 und 2 BGB ist die Pflegeperson befugt, in Angelegenheiten des täglichen Lebens zu entscheiden und bestimmte finanzielle Aufgaben wahrzunehmen, solange nicht der Inhaber der elterlichen Sorge etwas anderes erklärt, § 1688 Abs. 3 Satz 1 BGB[1042]. Zusätzlich steht ihr nach § 1688 Abs. 1 Satz 3, 1629 Abs. 1 Satz 4 BGB ein Notvertretungsrecht zu[1043]. Für die Zeit nach einer sog. Verbleibensanordnung gemäß § 1632 Abs. 4 BGB[1044] gilt § 1688 Abs. 4 BGB. Da das Gesetz in diesen Bestimmungen jedoch nur von Befugnissen spricht, lässt sich eine entsprechende Pflicht der Pflegeeltern nicht entnehmen[1045].

c) § 1618 a BGB

Rechtspflichten zwischen Pflegeeltern und Pflegekindern könnten sich auch aus § 1618 a BGB ergeben. Dabei stellt sich wieder die Frage, ob die Begriffe „Eltern“ und „Kinder“ auch Pflegeeltern und Pflegekinder erfassen.

Der natürliche Sprachgebrauch steht einer entsprechenden Einbeziehung nicht im Wege. Sinn und Zweck des § 1618 a BGB sprechen jedoch gegen die Anwendung der Vorschrift auf das Pflegeverhältnis. § 1618 a BGB soll die Grundlage des Zusammenlebens in der Familie festschreiben. Zwar begründet

---

[1040] Vgl. dazu Baer, FamRZ 1982, S. 221, 228 f.; Gleißl/Suttner, FamRZ 1982, S. 122 ff.; Lakies, ZfJ 1998, S. 129, 130 f.; Rauscher, Familienrecht, Rdnr. 1130.

[1041] Lüderitz, Familienrecht, Rdnr. 998.

[1042] Vgl. dazu Lakies, ZfJ 1998, S. 129, 130; Rauscher, Familienrecht, Rdnr. 1131.

[1043] § 1688 Abs. 1 und 3 BGB gelten nach § 1751 Abs. 1 Satz 5 BGB entsprechend für die Zeit der Adoptionspflege nach § 1744 BGB.

[1044] Gleiches gilt über §§ 1688 Abs. 4, 1682 Satz 1 BGB auch für die Stiefeltern und über §§ 1682 Satz 2, 1685 Abs. 1 BGB auch für die Großeltern und Geschwister.

[1045] Vgl. zu § 38 SGB VIII a. F., der § 1688 BGB vorausging, Windel, FamRZ 1997, S. 713, 720 f. Danach begründete die Vorschrift keine Pflichten, im Rahmen der zugebilligten Kompetenzen tätig zu werden, a. A. zu § 1688 Staudinger-Salgo § 1631 Rdnr. 31.

auch die einer Pflegebeziehung zugrundeliegende Familienpflege eine Familie im sozialen Sinne[1046]. Zu berücksichtigen ist aber, dass die Familienpflege grundsätzlich auf die Rückführung des Kindes in seine leibliche Herkunftsfamilie angelegt ist[1047]. Es ist also möglich und sogar vorgesehen, dass das Kind nur eine begrenzte Zeit in seiner Pflegefamilie bleibt. Mit diesem Befund ist die in § 1618 a BGB statuierte lebenslange Beistandspflicht nur schwer zu vereinbaren. Gleiches gilt für den zweiten Zweck des § 1618 a BGB, dem Eindruck entgegenzuwirken, dass nur den Eltern einseitig Pflichten auferlegt werden. Den Pflegeeltern obliegen jedoch nur begrenzt Pflichten gegenüber dem Kind; z. B. fehlt eine gesetzliche Unterhaltspflicht. Zudem haben sich die Pflegeeltern freiwillig dazu bereit erklärt, die Aufgabe wahrzunehmen, so dass es eines Ausgleichs nicht bedarf. Letztlich lässt sich auch hier das Argument anführen, dass der Gesetzgeber bei der Reform des § 1688 BGB die Anwendung des § 1618 a BGB hätte anordnen können, dies aber nicht getan hat.

Als Ergebnis ist festzuhalten, dass aus § 1618 a BGB für das Pflegeverhältnis nichts hergeleitet werden kann[1048].

5. Entferntere Verwandtschaft und Schwägerschaft

A) Großeltern und Enkel

a) § 1618 a BGB

Eine Rechtspflicht zwischen Großeltern und Enkeln könnte sich aus § 1618 a BGB ergeben. In der Literatur wird § 1618 a BGB teilweise auch im Verhältnis von Großeltern und Enkeln angewendet[1049]. Diese Ansicht widerspricht jedoch dem eindeutigen Wortlaut des Gesetzes, das nur von Eltern und Kindern spricht. Wie §§ 1926, 1685 Abs. 1 und 685 Abs. 2 BGB zeigen, kennt der Gesetzgeber durchaus auch den Begriff der Großeltern und der Voreltern[1050]. Es kann daher nicht davon ausgegangen werden, dass der Begriff der Eltern hier stellvertretend für alle Verwandten in aufsteigender Linie steht. Hinzu kommt, dass auch die

---

[1046] Vgl. Baer, FamRZ 1982, S. 221; Schwab, Gutachten A, S. 63, 66.

[1047] Rauscher, Familienrecht, Rdnr. 1129; Schwab, Gutachten A, S. 63, 66. Mit der gleichen Argumentation wird auch die Anwendung von Art. 6 Abs. 2 GG auf die Pflegeeltern abgelehnt, Dreier-Gröschner Art. 6 Rdnr. 163; v. Mangoldt/Klein/Starck-Robbers Art. 6 Rdnr. 177; vgl. dazu BVerfGE 79, 51, 60; Maunz/Dürig-Badura Art. 6 Rdnr. 99; Sachs-Schmitt-Kammler Art. 6 Rdnr. 48, offen gelassen von BVerfG NJW 1994, S. 183.

[1048] So auch MüKo-BGB-v. Sachsen Gessaphe § 1618 a Rdnr. 4; a. A. Staudinger-Coester § 1618 a Rdnr. 25.

[1049] Erman-Michalski § 1618 a Rdnr. 3; Staudinger-Coester § 1618 a Rdnr. 26; mit Einschränkungen auch Bamberger/Roth-Enders § 1618 a Rdnr. 2.

[1050] Vgl. Gernhuber, FS für Müller-Freienfels, S. 158, 170.

Gesetzesbegründung keinen Anhaltspunkt dafür gibt, dass Regelungen jenseits des Eltern-Kind-Verhältnisses getroffen werden sollten. Man wollte dem Eindruck entgegentreten, das Gesetz bürde den Eltern einseitig Pflichten auf und begünstige die Kinder. Dies sollte durch die Verankerung des Grundsatzes der Familienpflege geschehen. Es ist nicht ersichtlich, dass Großeltern, die nicht Bestandteil der Kernfamilie sind, ebenfalls von dieser Regelung erfasst werden sollten[1051]. Für dieses Ergebnis spricht auch, dass die Vorschrift in den Abschnitt über das Rechtsverhältnis zwischen den Eltern und dem Kind eingefügt wurde. Eine Vergleichbarkeit der Interessenlagen ist nicht gegeben, so dass auch eine Analogie nicht in Betracht kommt. Sie wäre für das Strafrecht ohnehin irrelevant.

b) § 1601 BGB

Zur Unterhaltspflicht aus § 1601 BGB gilt das bereits bei den Rechtspflichten der Kinder gegenüber ihren Eltern Gesagte.

B) Geschwister

Der einzig denkbare Ansatzpunkt für die Begründung von rechtlichen Fürsorgepflichten unter Geschwistern ist § 1618 a BGB. Sowohl in der Rechtsprechung[1052] als auch in der Literatur[1053] wird der Anwendungsbereich dieser Vorschrift auch auf Geschwister erstreckt. Dieser Ansicht kann jedoch nicht gefolgt werden. Zutreffend ist zwar, dass der Begriff „Kinder“ in § 1618 a BGB im Plural verwendet wird[1054]. Sprachlich ist es daher nicht ausgeschlossen, dass auch Kinder untereinander gemeint sind. Zutreffend ist auch, dass zur Stärkung der Solidarität der Kernfamilie die Einbeziehung von Geschwistern in den Anwendungsbereich der Vorschrift sinnvoll erscheint[1055]. Diesen Gesichtspunkten kann aber angesichts der Gegenargumente keine durchgreifende Bedeutung zukommen. Zum einen erscheint das sprachliche

---

[1051] Vgl. Gernhuber, FS für Müller-Freienfels, S. 158, 170 f.; MüKo-BGB-v. Sachsen Gessaphe § 1618 a Rdnr. 4. Knöpfel, FamRZ 1985, S. 554, 560, 562 bejaht dagegen mittelbare Pflichten (aber keine Garantenpflicht). Hierauf soll bei den Rechtspflichten unter Geschwistern eingegangen werden.

[1052] AG Arnsberg, FamRZ 1996, S. 1435 f. Danach folgt aus § 1618 a BGB der Anspruch einer Schwester gegen ihren Bruder, ihr den Zutritt zu dem in seiner Wohnung gelegenen Zimmer der gemeinsamen Mutter zu gewähren, allerdings wohl nur als mittelbarer Beistand.

[1053] Palandt-Diederichsen § 1618 a Rdnr. 2; Rauscher, Familienrecht, Rdnr. 934; RGRK-Wenz § 1618 a Rdnr. 7; Soergel-Strätz § 1618 a Rdnr. 2; Staudinger-Coester § 1618 a Rdnr. 27.

[1054] RGRK-Wenz § 1618 a Rdnr. 7.

[1055] Vgl. Rauscher, Familienrecht, Rdnr. 934; Soergel-Strätz § 1618 a Rdnr. 2; Staudinger-Coester § 1618 a Rdnr. 27.

Argument eher schwach[1056]. Bei unbefangener Betrachtung beschränkt sich der Anwendungsbereich des § 1618 a BGB bereits allein auf das Eltern-Kind-Verhältnis. Der auf Klarheit bedachte Gesetzgeber hätte anderenfalls eine deutlichere Formulierung gewählt, z. B. „Eltern und Kinder schulden sich gegenseitig sowie Geschwister untereinander Beistand und Rücksicht". Hinzu kommt das systematische Argument, dass § 1618 a BGB im Abschnitt über das Rechtsverhältnis zwischen Eltern und dem Kind eingefügt wurde[1057]. Ferner ist anzuführen, dass die Pflichtenbindung von Geschwistern untereinander nicht erforderlich ist, um die starke Pflichtgebundenheit der Eltern gegenüber ihren Kindern auszugleichen. Letzteres war aber der zweite erklärte Zweck des § 1618 a BGB. Letztlich spricht gegen eine Einbeziehung von Geschwistern, dass aus § 1618 a BGB unstreitig keine Pflichtgebundenheit der Eltern untereinander resultiert[1058]. Dann ist es nur konsequent, wenn für die Kinder nichts anderes gilt.

Vielfach wird geltend gemacht, Beistand und Rücksicht zugunsten der Geschwister stelle sich als mittelbarer Beistand für den dadurch entlasteten Elternteil dar[1059]. Diese Argumentation ist jedoch höchst problematisch, weil dann auch mittelbare Pflichten gegenüber jedem Vertragspartner eines Elternteils bestünden[1060]. Der Pflichtenkreis der Kinder würde so extrem stark ausgedehnt.

Eine allgemeine und unmittelbare Beistandspflicht unter Geschwistern kann demnach nicht aus § 1618 a BGB direkt[1061], sondern allenfalls im Wege einer für das Strafrecht nicht zu beachtenden Analogie hergeleitet werden. Dass die inhaltsähnliche Vorschrift des schweizer Rechts, die Vorbild der deutschen

---

[1056] Der denkbare Einwand, der Gesetzgeber verwende im Übrigen den Begriff „Kind" nur im Singular, verliert an Gewicht, wenn man berücksichtigt, dass bei Einführung des § 1618 a BGB im Jahre 1979 – vgl. Staudinger-Coester § 1618 a Rdnr. 1 – das Bürgerliche Gesetzbuch in Buch 4, 2. Abschnitt, folgende Überschriften enthielt: „Fünfter Titel. Elterliche Gewalt über eheliche Kinder" bzw. „Sechster Titel. Elterliche Gewalt über nichteheliche Kinder" sowie „Siebenter Titel. Legitimation nichtehelicher Kinder".

[1057] Erman-Michalski § 1618 a Rdnr. 3.

[1058] Erman-Michalski § 1618 a Rdnr. 3; Staudinger-Coester § 1618 a Rdnr. 28.

[1059] Bamberger/Roth-Enders § 1618 a Rdnr. 2; MüKo-BGB-v. Sachsen Gessaphe § 1618 a Rdnr. 4; wohl auch Knöpfel, FamRZ 1985, S. 554, 559.

[1060] Vgl. zu diesem Ergebnis Knöpfel, FamRZ 1985, S. 554, 560, der mittelbare Pflichten gegenüber dem Hauswirt oder dem Nachbarn bejaht; kritisch Gernhuber, FS für Müller-Freienfels, S. 158, 171 f.

[1061] Erman-Michalski § 1618 a Rdnr. 3; Gernhuber, FS für Müller-Freienfels, S. 158, 171 f.

Regelung war[1062], auch auf Geschwister angewendet wird, ändert daran nichts[1063].

C) Tante/Onkel und Nichte/Neffe

Das Bürgerliche Gesetzbuch kennt keine Beistands- und Rücksichtspflichten zwischen Tante bzw. Onkel und Nichte bzw. Neffe.

D) Schwägerschaft

Rechtliche Beistands- und Rücksichtspflichten zwischen Verschwägerten sind dem Bürgerlichen Gesetzbuch unbekannt.

6. Zusammenfassendes Ergebnis

Zusammenfassend ist festzuhalten, dass als Grundlage strafrechtlicher Garantenpflichten folgende zivilrechtliche gesetzliche Pflichten in Betracht kommen: zwischen Ehegatten § 1353 Abs. 1 Satz 2 BGB, zwischen Lebenspartnern § 2 Satz 1 LPartG, für (Adoptiv-) Eltern gegenüber ihren – geborenen – Kindern §§ 1626 Abs.1, 1631 Abs.1 (i. V. m. 1754 Abs. 3) BGB bei Minderjährigkeit sowie § 1618 a (i. V. m. 1754 Abs. 1) BGB unabhängig vom Alter der Kinder, für Kinder gegenüber ihren (Adoptiv-) Eltern § 1618 a (i. V. m. § 1754 Abs. 1) BGB sowie für Pflegeeltern gegenüber Pflegekindern die nach § 1630 Abs. 3 BGB übertragenen Bereiche elterlicher Sorge. Die Unterhaltsvorschriften der Eltern gegenüber dem Kind bedürfen einer näheren Betrachtung im Einzelfall. Bei den genannten Vorschriften handelt es sich mit Ausnahme der Sicherungspflicht der (Adoptiv-) Eltern gegenüber ihren Kindern ausschließlich um Fürsorgepflichten.

II. Qualifikation der Pflichten als besondere Rechtspflichten im Sinne einer Garantenpflicht

Eine Rechtspflicht ist nur dann eine Einstandspflicht i. S. d. § 13 Abs. 1 StGB, wenn sie „besonders" ist. Da diese Einstufung von individuellen Wertungen abhängig ist, kommt eine Qualifikation der Rechtspflicht als Garantenpflicht nur in Betracht, wenn über diese Frage nach allen vertretbaren Meinungen Einigkeit

---

[1062] Vgl. BT-Drucksache 8/2788, S. 43; Hegnauer, ZfJ 1980, S. 685 (für das schweizer Recht); Knöpfel, FamRZ 1985, S. 554 f.

[1063] So sehr deutlich Gernhuber, FS für Müller-Freienfels, S. 158, 171 f.; vgl. auch Knöpfel, FamRZ 1985, S. 554, 557, der darauf hinweist, dass in der Schweiz das Rechtsverhältnis zwischen den Geschwistern insgesamt stärker ausgeprägt ist als im BGB.

besteht. Es muss sich mit anderen Worten um eindeutige, einhellig anerkannte Garantenpflichten handeln. Zur Ermittlung der konsensfähigen Rechtspflichten kann auf die Ausführungen des 1. Teils dieser Arbeit zurückgegriffen werden.

Der danach verbleibende Bereich von Garantenpflichten ist äußerst klein. Allgemein akzeptiert ist zunächst die Obhutspflicht der Eltern gegenüber ihren ehelichen minderjährigen Kindern[1064]. Auch die Sicherungspflicht der Eltern[1065] gegenüber dem minderjährigen Kind ist anzuerkennen. Die im Hinblick auf den Schutzbereich vorgebrachten Bedenken können angesichts der Existenz des § 832 BGB nicht überzeugen.

Schwieriger zu beurteilen erscheint schon die Frage, inwieweit dem Vater gegenüber seinem nichtehelichen Kind Garantenpflichten obliegen. Teilweise wird auch im aktuellen Schrifttum[1066] eine entsprechende Garantenpflicht abgelehnt[1067]. Diese Ansicht ist an der Verfassungsnorm des Art. 6 Abs. 2 GG zu messen. Auch der Vater eines nichtehelichen Kindes fällt unter diese Vorschrift[1068]. Zwar ist anerkannt, dass die Rechtsstellung von Vätern nichtehelicher Kinder anders ausgestaltet sein kann als die von Vätern ehelicher Kinder. Diese Einschränkung ist dadurch gerechtfertigt, dass die Ausübung des Elternrechts zwei Personen gemeinsam zusteht und seine Ausübung ein Mindestmaß an Übereinstimmung zwischen ihnen erfordert[1069]. Da dies bei den Eltern nichtehelicher Kinder nicht gewährleistet ist, ist eine rechtliche Ausgestaltung unter Berücksichtigung der unterschiedlichen tatsächlichen Verhältnisse zulässig. Wenn dem so ist, kann auch eine Ansicht, die Väter ohne jeglichen Kontakt zu ihren nichtehelichen Kindern nicht als Garanten ansieht, nicht als verfassungswidrig und unvertretbar angesehen werden.

Anders ist es jedoch mit Vätern, die nach § 1626 Abs. 1 BGB zusammen mit der Mutter übereinstimmende Sorgeerklärungen abgegeben oder diese geheiratet

---

[1064] Teil 1, III., 1.; S. 29 f.; der einheitlich anerkannten Garantenpflicht der Mutter gegenüber dem ungeborenen Kind – Teil 1, III., 2.; S. 30 – steht keine Rechtspflicht gegenüber.

[1065] Teil 1, III., 4. ; S. 32 f.

[1066] Das Schrifttum vor Inkrafttreten des KindRG muss außer Betracht bleiben, da damals die zivilrechtliche Rechtslage anders war.

[1067] S. o. Teil 1, III., 5.; S. 33 f. FN 127.

[1068] BVerfGE 92, 158, 176 ff. (vgl. zur Entwicklung der Rechtsprechung BVerfGE 56, 363, 384; 79, 203, 210; 84, 168, 179 sowie Seibert, FamRZ 1995, S. 1457, 1459 f.); BVerfG NJW 2003, S. 955, 956; Dreier – Gröschner Art. 6 Rdnr. 105; v. Mangoldt/Klein/Starck-Robbers Art. 6 Rdnr. 169; Maunz/Dürig-Badura Art. 6 Rdnr. 100; Sachs-Schmitt-Kammler Art. 6 Rdnr. 49.

[1069] BVerfGE 92, 158, 177 ff.; Dreier – Gröschner Art. 6 Rdnr. 103; v. Mangoldt/Klein/Starck-Robbers Art. 6 Rdnr. 170; Maunz/Dürig-Badura Art. 6 Rdnr. 100; Seibert, FamRZ 1995, S. 1457,1459 f.

haben. In beiden Fällen bestehen genügend tatsächliche Anhaltspunkte dafür, dass zwischen den Eltern ein hinreichendes Maß an Übereinstimmung existiert. Ansichten, die auch für diese Konstellationen eine Garantenstellung für Väter nichtehelicher Kinder ablehnen, sind daher mit dem Grundgedanken des Art. 6 Abs. 2 GG unvereinbar und müssen für die Ermittlung des Mindestgemeinsamen außer Betracht bleiben. Dafür spricht auch die in Art. 6 Abs. 5 GG enthaltene Wertentscheidung, die es gebietet, bei der Auslegung und Anwendung des bestehenden Rechts dem Gleichstellungsauftrag nachzukommen[1070]. Aus dieser Norm folgt, dass nichteheliche Kinder grundsätzlich nicht schlechter behandelt werden dürfen als eheliche Kinder, soweit sich nicht aus ihrer besonderen Situation rechtfertigende Gründe für die Ungleichbehandlung ergeben[1071]. Derartige Gründe sind für den Fall eines gemeinsamen Sorgerechts nicht ersichtlich.

Im Ergebnis wieder übereinstimmend wird eine Garantenstellung der Adoptiv-[1072] und der Pflegeeltern[1073] bejaht.

Die übrigen Rechtspflichten – Pflichten der Ehegatten untereinander bzw. die diesen gleichzustellenden Pflichten der gleichgeschlechtlichen Lebenspartner, Pflichten der Eltern gegenüber ihren volljährigen Kindern und Pflichten der Kinder gegenüber ihren Eltern – sind, wie im ersten Teil dieser Arbeit ausgeführt[1074], in Rechtsprechung und Literatur umstritten, ohne dass einzelne Ansichten als unvertretbar bezeichnet werden könnten. Die genannten Rechtspflichten gehören daher nicht zum Mindestgemeinsamen aller vertretbaren Meinungen und können de lege lata vor dem Hintergrund des Art. 103 Abs. 2 GG nicht als Garantenpflichten anerkannt werden.

[1070] BVerfGE 8, 210, 217; 25, 167, 173; 26, 44, 63; 26, 206, 210; v. Mangoldt/Klein/Starck-Robbers Art. 6 Rdnr. 307; Maunz/Badura Art. 6 Rdnr. 147; Sachs-Schmitt-Kammler Art. 6 Rdnr. 89.

[1071] BVerfG NJW 2003, S. 955, 960.

[1072] Teil 1, IV., 1.; S. 36.

[1073] Teil 1, IV., 3.; S. 36 f.

[1074] Vgl. zur Garantenpflicht der Ehegatten bzw. Lebenspartner Teil 1, I.; S. 19 ff.; zur Garantenpflicht der Eltern gegenüber ihren volljährigen Kindern Teil 1, III., 3.; S. 31 f. und zur Garantenpflicht der Kinder gegenüber ihren Eltern Teil 1, III., 6.; S. 35.

Teil 6: Ansätze für eine Lösung de lege ferenda

Dass das soeben dargestellte Ergebnis das Gerechtigkeitsempfinden nicht zu befriedigen vermag, liegt auf der Hand[1075]. Dabei sind die Probleme nicht auf Garantenpflichten aus familiären Beziehungen beschränkt: Auch von den übrigen, vielfach aufgezählten Garantenstellungen können mehrere Konstellationen keine Anerkennung finden. Mangels Existenz einer Rechtspflicht gibt es beispielsweise keine Garantenpflicht aus Gefahrengemeinschaft und freiwilliger Übernahme, solange kein Vertrag geschlossen wurde. Berücksichtigt man ferner, dass die aktuelle gesetzliche Regelung zwar noch verfassungsgemäß ist, aber dennoch keinesfalls in optimaler Weise dem Bestimmtheitsgebot entspricht, so stellt sich die Frage nach einer Problemlösung de lege ferenda. In diesem Abschnitt sollen Ansätze für eine gesetzliche Neuregelung aufgezeigt werden. Dabei geht es zunächst um die grundsätzliche Frage, welchen Ansatz eine gesetzliche Neuregelung verfolgen sollte. Danach soll erörtert werden, wie eine solche Regelung für den Bereich der Garantenpflichten aus familiären Beziehungen aussehen könnte.

I. Grundsätzliche Erwägungen zu Art und Weise einer gesetzlichen Neuregelung

Bei der Suche nach einer Lösung de lege ferenda kommen mehrere Möglichkeiten in Betracht: Zum einen ist daran zu denken, die problembeladene Qualifizierung der Rechtspflicht als „besondere" Rechtspflicht einfach wegzulassen oder näher zu präzisieren. Zum anderen erscheint es erwägenswert, auf das Erfordernis einer Rechtspflicht zu verzichten und statt dessen eine Einstandspflicht zu postulieren, deren Kriterien dann darzulegen wären. Letztlich ist auch eine Neuregelung in Form einer abschließenden Aufzählung der einzelnen Garantenpflichten denkbar.

1. Verzicht auf eine Qualifizierung der Rechtspflicht

Der Verzicht auf eine Qualifizierung der Rechtspflicht erscheint nicht als geeignete Lösung. Zwar entbindet er von der Notwendigkeit, eine Einigung

---

[1075] Hingewiesen sei an dieser Stelle auf eine bislang nicht erwähnte Inkonsequenz: Die Eltern haften zivilrechtlich nach § 1664 Abs. 1 BGB bei der Ausübung der elterlichen Sorge dem Kinde gegenüber nur für die Sorgfalt, die sie in eigenen Angelegenheiten anzuwenden pflegen (Gleiches gilt auch für die Ehegatten untereinander, § 1359 BGB). Es erscheint zumindest problematisch, eine strafrechtliche Haftung unter Verweis auf zivilrechtliche Pflichten auch für leichte Fahrlässigkeit zu bejahen, wenn das Zivilrecht für diese Fälle die Haftung ausschließt, soweit die Betreffenden sich üblicherweise fahrlässig verhalten.

hinsichtlich des qualifizierenden Umstands herbeizuführen. Schon die Große Strafrechtskommission hatte jedoch erkannt, dass gerade nicht jede Rechtspflicht automatisch auch eine Garantenpflicht darstellen soll[1076]. Insbesondere im Bereich der vertraglichen Pflichten würde diese Gleichsetzung zu einer unverhältnismäßigen Haftungsausdehnung führen. Zu denken ist insbesondere an Fälle der Rechtspflichten aus Vertrag, in denen der Verpflichtete seine Obhuts- oder Überwachungsstellung nicht angetreten hat. Bereits oben wurde herausgearbeitet, dass der materielle Unwert in diesen Fällen nicht in der zivilrechtlichen Nicht- oder Schlechterfüllung des Vertrags liegt, sondern in einer Kombination aus enttäuschtem Vertrauen und daraus resultierender Gefährdung des Opfers[1077]. Diese Probleme lassen sich auch nicht dadurch umgehen, dass statt des Begriffs der Rechtspflicht der Begriff der gesetzlichen Pflicht verwendet wird, wie es in § 14 E 1959 vorgeschlagen wurde[1078]. Zwar würde das soeben geschilderte Problem einer Rechtspflicht aus Vertrag nicht mehr bestehen. Die Qualifikation einer Rechtspflicht ist jedoch nach überwiegender Ansicht nicht nur bei Verträgen, sondern auch bei Satzungen und Gesetzen erforderlich[1079].

Anzumerken ist ferner, dass der Verzicht auf ein qualifizierendes Merkmal nicht von der Notwendigkeit entbindet, die Fälle besonders zu regeln, in denen zwar ein Unterlassen strafwürdig erscheint, die Rechtsordnung bislang aber keine rechtliche Handlungspflicht vorsieht.

2. Nähere Präzisierung der besonderen Rechtspflicht

Eine nähere Präzisierung des qualifizierenden Elements der Rechtspflicht ist zur Verbesserung des status quo schon eher vorstellbar.

Hier stellt sich allerdings die Schwierigkeit, ein geeignetes qualifizierendes Merkmal zu finden[1080]. Wie oben bereits herausgearbeitet wurde, können allenfalls inhaltsarme Begriffe wie der der Sonderverantwortlichkeit alle heute anerkannten Garantenstellungen erfassen. Eine derartige Präzisierung wäre aber nur eine verschleierte Nichtpräzisierung. Greifbare materielle Kriterien wie die der Herrschaft und der Gefahrschaffung vermögen ohne konstruierte Begründungen nicht alle Fälle zu erfassen. Die anderen bereits diskutierten Kriterien der Nähe, des Vertrauens und der Erwartung sind ihrerseits unscharf.

[1076] S. o. Teil 3, VII.; S. 101 ff.
[1077] S. o. Teil 2, I.; S. 53.
[1078] Vgl. oben Teil 3, VII.; S. 98.
[1079] Vgl. das oben geschilderte Beispiel der Satzung eines Gesangvereins oder des Postbeamten-Gesetzes, Teil 2, I.; S. 50.
[1080] Vgl. dazu oben Teil 2, II.; S. 53 ff.

Eine klare und vorhersehbare Antwort, wann eine Rechtspflicht als besonders anzuerkennen ist und wann nicht, vermögen sie nicht zu geben. Eine Präzisierung des qualifizierenden Merkmals erscheint angesichts dieser Schwierigkeiten überhaupt nur möglich, wenn mehrere materielle Kriterien alternativ genannt werden oder auf einige der heute anerkannten Fallgruppen verzichtet wird.

Auch nach dieser Lösung müssten jedoch Sonderregelungen für die Fälle getroffen werden, in denen eine Garantenpflicht bestehen soll, ohne dass es in der außerstrafrechtlichen Rechtsordnung eine entsprechende Rechtspflicht gibt. Dies könnte nach dem Vorbild des § 14 E 1959 geschehen, der in einem zweiten Absatz zusätzliche Rechtspflichten normierte[1081].

3. Verzicht auf das Erfordernis einer Rechtspflicht

Das soeben geschilderte Problem ließe sich vermeiden, wenn man auf das Kriterium einer Rechtspflicht überhaupt verzichten und das Vorliegen einer Garantenpflicht allein an materiellen Kriterien messen würde. Eine derartige Einbeziehung sittlicher Pflichten würde jedoch – wie die Entwicklung im Nationalsozialismus gezeigt hat – zu einer nahezu willkürlichen Ausweitung der Garantenpflichten führen. Da bislang kein materielles Kriterium gefunden wurde, das eine sichere Grenzziehung ermöglicht, erscheint es äußerst gefährlich, auf das einzig sichere Kriterium einer formellen Rechtspflicht zu verzichten. Wenn Begriffe wie Nähe und Vertrauen allein über die Strafbarkeit entscheiden, ist der Gefühlsjurisprudenz Tür und Tor geöffnet.

4. Abschließende Aufzählung der Garantenpflichten

Eine weitere Möglichkeit für eine gesetzliche Neuregelung besteht in einer abschließenden Aufzählung der Garantenpflichten im Gesetz. Sie ist von Grünewald für die einzelnen Tatbestände des Besonderen Teil vorgeschlagen worden[1082]. Es stellt sich die Frage, ob eine entsprechende Aufzählung nicht auch im Allgemeinen Teil des Strafgesetzbuchs möglich ist.

Der Grünewald'sche Vorschlag – transferiert in den Allgemeinen Teil – müsste etwa folgendermaßen lauten:

[1081] Vgl. oben Teil 3, VII.; S. 100.
[1082] S. o. Teil 4, VI., 3.; S. 189.

„Wer es unterlässt, einen Erfolg abzuwenden, steht demjenigen gleich, der den Erfolg aktiv verursacht, wenn er

1. mit dem Opfer im ersten Grade verwandt oder sein Ehegatte ist
2. mit dem Opfer durch enge Lebensgemeinschaft verbunden ist
3. die Obhut über das Opfer übernommen hat
4. gemeinsam mit dem Opfer an einer mit Gefahren verbundenen Unternehmung beteiligt ist
5. durch eine gefährliche Handlung die nahe Wahrscheinlichkeit des Erfolgseintritts herbeigeführt hat."

Dieser Vorschlag hat trotz seiner Unvollständigkeit – so sind z. B. die Sicherungspflicht der Eltern gegenüber den Kindern oder die Überwachungspflicht kraft Herrschaft über eine gefährliche Sache nicht erfasst – viele Vorteile. So trägt er insbesondere den Zielen des Art. 103 Abs. 2 GG Rechnung, indem die Fälle der Strafbarkeit einzeln vom Gesetzgeber festgelegt werden und aus dem Strafgesetz selbst ersichtlich sind. Hochabstrakte, allumfassende materielle Begriffe sowie problematische Verweisungen auf die übrige Rechtsordnung werden vermieden. Der Vorschlag ermöglicht eine Bejahung von Garantenstellungen, auch wenn keine außerstrafrechtliche Pflicht besteht, indem er selbst die Pflichten konstituiert und so von strafrechtlich irrelevanten sittlichen Pflichten abgrenzt. Zugleich vermag er materielle Kriterien in die Fallgruppen einzubauen, in denen sie sachgerecht erscheinen.

Eine solche gesetzliche Regelung wäre allerdings länger als der heutige § 13 StGB. Betrachtet man sich jedoch die relativ knappe Aufzählung der Garantenpflichten in Teilen der Literatur[1083], so wird deutlich, dass eine Vorschrift von „epischer Breite" nicht zu befürchten ist. Eine Aufzählung von ungefähr zehn einzelnen Pflichten würde den Umfang des Strafgesetzbuchs nicht nennenswert vergrößern.

Unabdingbare Voraussetzung für die Aufstellung eines Katalogs von Garantenpflichten wäre ferner eine Einigung in zentralen Streitfragen – beispielsweise der Frage, inwieweit das gefährliche Vorverhalten bei der Ingerenz rechtswidrig sein muss[1084]. Doch dieser Punkt spricht nicht gegen die vorgeschlagene Lösung – im Gegenteil. Der Vorschlag schiebt die zentralen und klärungsbedürftigen Fragen dorthin, wo sie von Verfassungs wegen hingehören und zu beantworten sind: zum parlamentarischen Gesetzgeber. Er muss sich entscheiden, in welchen Fällen er das Unterlassen wie eine Begehungstat

---

[1083] Vgl. Jescheck/Weigend, AT, S. 621 f., 624; Kühl, AT, § 18 Rdnr. 46 a; Sch/Sch-Stree § 13 Rdnr. 9-13; Wessels/Beulke, AT, Rdnr. 716.

[1084] Vgl. Sch/Sch-Stree § 13 Rdnr. 35 ff. m. w. N.

bestrafen will. Diese Aufgabe ist auch lösbar. Die einzelnen Garantenpflichten werden mit den zugehörigen Streitfragen vielfach diskutiert; die Argumente pro und contra sind bekannt. Was fehlt, ist nur eine Streitentscheidung durch den Gesetzgeber.

Gegen den Vorschlag kann allerdings vorgebracht werden, dass eine abschließende Aufzählung der Garantenpflichten die Gefahr in sich birgt, dass neue Fälle nicht sofort erfasst werden können. Der Vorwurf ist im Grundsatz richtig, darf aber in seinem Gewicht nicht überschätzt werden. Wenn es gelingt, die heute anerkannten Fälle von Garantenpflichten im Gesetz zu normieren, dürften tatsächliche Konstellationen, die sich unter keine der aufgegriffenen Tatbestände subsumieren lassen, sehr selten sein. Die sich aus dem Grundgesetz ergebenden Schutzpflichten des Gesetzgebers sind durch die gegenwärtig anerkannten Garantenpflichten unzweifelhaft erfüllt, ein Bedürfnis nach größerer Flexibilität besteht nicht. Insofern wäre die Konsequenz der Nicht-Strafbarkeit nicht erfasster Fälle hinzunehmen und auch hinnehmbar.

Festzuhalten ist damit, dass die abschließende Aufzählung der Garantenpflichten im Gesetz – genauer gesagt im Allgemeinen Teil des StGB – als die vielversprechendste Lösung erscheint.

II. Vorschlag zur Regelung von Garantenpflichten aus familiären Beziehungen

Nunmehr soll die Frage erörtert werden, wie eine solche Regelung im Hinblick auf die Garantenpflichten aus familiären Beziehungen aussehen könnte. Dabei ist zu betonen, dass es keine innere Notwendigkeit für diese oder eine andere Regelungsmöglichkeit gibt. Was strafbar sein soll, bestimmt sich nicht nach der Natur der Sache, sondern nach dem Willen des demokratisch legitimierten Gesetzgebers. Wie die Aufzählung der Garantenpflichten aussieht, hat er allein zu entscheiden. Hier kann nur eine mögliche Variante vorgestellt werden, die nach Ansicht der Verfasserin sinnvoll und mehrheitsfähig erscheint.

Betrachtet man die Ausführungen im ersten Teil dieser Arbeit, so zeigt sich zusammengefasst folgendes Bild: Klar mehrheitsfähig sind eine gegenseitige Schutzpflicht unter Ehegatten bzw. Lebenspartnern (Selbsttötung ausgenommen[1085]), sowie die Schutz- und Sicherungspflicht der (Adoptiv-)Eltern gegenüber den (Adoptiv-)Kindern. Ebenfalls anerkennungsfähig erscheint eine Obhutspflicht der Kinder gegenüber den Eltern. Für die übrigen familiären Beziehungen – insbesondere Verlöbnis, nichteheliche Lebensgemeinschaft, Großeltern und Enkel sowie Geschwister – wird wohl mehrheitlich davon

[1085] Hier ist an eine Sonderregelung zu denken.

ausgegangen, dass Garantenpflichten nur bei Vorliegen zusätzlicher Kriterien wie enger Lebensgemeinschaft oder tatsächlicher Obhut gegeben sein sollen. Diese Kriterien ermöglichen auch eine Einbeziehung von Stiefeltern oder Pflegeeltern. Angesichts dieses Befundes erscheint es sinnvoll, nur im Hinblick auf Ehegatten, Lebenspartner, (Adoptiv-) Eltern und (Adoptiv-[1086]) Kindern eine spezifische, auf diese Beziehung abstellende Regelung zu treffen. Die anderen Konstellationen bedürfen keiner eigenen Ausführung, sofern – wie im Vorschlag von Grünewald vorgesehen und auch im übrigen anerkannt – eine Garantenpflicht aus enger Lebensgemeinschaft und eine Garantenpflicht aus Übernahme der Obhut geregelt sind.

Für die spezifisch familienrechtliche Regelung stellt sich nunmehr die Frage, ob allein das Bestehen der familienrechtlichen Beziehung ausreichen soll oder ob darüber hinaus ein einschränkendes materielles Kriterium notwendig erscheint.

Bei Ehegatten und Lebenspartnern geht die überwiegende Ansicht dahin, bei Zerrüttung der Ehe bzw. Lebensgemeinschaft oder Trennung eine Garantenpflicht abzulehnen[1087]. Bei der Eltern-Kind-Beziehung kann eine entsprechende, auf Kriterien wie das tatsächliche Zusammenleben abstellende[1088] klare Mehrheit nicht festgestellt werden. Zusammengefasst scheint ein wertungsmäßiger Unterschied zu bestehen zwischen der vertraglich begründeten Ehe oder Lebenspartnerschaft und der durch Geburt vermittelten Verwandtschaft ersten Grades. Letztere erscheint ursprünglicher und tiefer verwurzelt, d. h. auch weniger anfällig für individuelle Störungen. Diese Gefühlslage findet ihre Bestätigung in der geltenden Rechtsordnung: Während die Verwandtschaft (von den seltenen Fällen der Minderjährigenadoption

---

[1086] Eine gesonderte Aufführung des Adoptivverhältnisses kann dabei unterbleiben, da im StGB – von der Sondervorschrift des § 173 StGB abgesehen – die Gleichstellung mit dem durch Blutsverwandtschaft begründeten Eltern-Kind-Verhältnis anerkannt ist, vgl. zu §§ 235 Abs. 1 und 2, 236 Abs. 1 StGB Lackner/Kühl § 235 Rdnr. 2, § 236 Rdnr. 2; LK-Gribbohm § 235 Rdnr. 12, § 236 Rdnr. 7; MüKo-StGB-Wieck-Noodt § 235 Rdnr. 25, § 236 Rdnr. 13; Sch/Sch-Eser § 235 Rdnr. 4, § 236 Rdnr. 3; Tröndle/Fischer § 235 Rdnr. 3; § 236 Rdnr. 3; zu § 77 Abs. 2 Satz 2 StGB Lackner/Kühl § 77 Rdnr. 8; LK-Jähnke § 77 Rdnr. 58; MüKo-StGB-Mitsch § 77 Rdnr. 21; Sch/Sch-Stree/Sternberg-Lieben § 77 Rdnr. 12; Tröndle/Fischer § 77 Rdnr. 6. Solange in der neu zu fassenden Vorschrift auch nicht der in § 11 Abs. 1 Nr. 1 StGB legaldefinierte Begriff der Angehörigen verwendet wird, ginge die neue Norm als lex specialis dem § 11 StGB vor (vgl. LK-Gribbohm § 11 Rdnr. 3; MüKo-StGB-Radtke § 11 Rdnr. 4; Sch/Sch-Eser § 11 Rdnr. 4). Damit wäre insbesondere gewährleistet, dass die in § 11 Abs. 1 Nr. 1 a StGB enthaltene Regelung, die Angehörigeneigenschaft bestehe auch bei Erlöschen der Verwandtschaft fort, auf die neugeschaffene Vorschrift keine Anwendung findet. Dies ist vor allem im Fall der Minderjährigenadoption von Bedeutung, vgl. zu § 235 StGB LK-Gribbohm, § 235 Rdnr. 12 und zu § 77 StGB Lackner/Kühl § 77 Rdnr. 8.

[1087] S. o. Teil 1, I., 5.; S. 24 f.

[1088] S. o. Teil 1, III., 3. und 6.; S. 31 f. und S. 35.

abgesehen) nicht auflösbar ist, können Ehe und Lebenspartnerschaft durch Scheidung und Aufhebung beendet werden und werden im Rechtsalltag auch vielfach beendet.

Angesichts dieses Befundes erscheint es sinnvoll, auch bei den Garantenpflichten zu differenzieren und nur die Garantenstellung bei Ehe und Lebenspartnerschaft an zusätzliche materielle Kriterien zu binden, nicht jedoch die Garantenstellung aus Verwandtschaft ersten Grades.

Die Suche nach einem geeigneten materiellen Kriterium erweist sich allerdings als schwierig. Zu berücksichtigen ist dabei, dass durch die Einfügung eines materiellen Kriteriums die durch die abschließende Aufzählung gerade erst gewonnene Bestimmtheit wieder Einbußen erleidet. Es sollte daher ein möglichst zweifelsfrei festzustellendes Merkmal gefunden werden.

De lege lata wird die Garantenstellung von Ehegatten (bzw. Lebenspartnern) durch die Zerrüttung begrenzt[1089]. Zerrüttung liegt vor, wenn die Ehe gescheitert ist und nicht erwartet werden kann, dass die Ehegatten die eheliche Lebensgemeinschaft wieder herstellen. Mag dieser Begriff im zivilrechtlichen Scheidungsverfahren geeignet sein, bestehen hinsichtlich seiner Handhabbarkeit im Strafrecht doch Bedenken. Zwar könnten die in den praktisch wohl relevantesten Fällen des Todes eines Ehegatten auftretenden Beweisschwierigkeiten (der überlebende Ehepartner behauptet, die Ehe sei zerrüttet gewesen) durch Beweiswürdigung noch gelöst werden. Ein anderer Einwand aber wiegt schwerer: Selbst wenn die Situation sich für den einen Ehegatten wirklich als Zerrüttung dargestellt haben sollte, ist noch nicht gewährleistet, dass der andere Ehepartner dies auch wusste und sein Verhalten darauf einstellen konnte[1090]. Es ist durchaus denkbar, dass er noch auf die bestehende Ehe vertraut und mit Hilfeleistung durch seinen Partner gerechnet hat.

Im Vergleich dazu erscheint das Kriterium „Deutlichmachen des Scheiterns der Beziehung" für das Strafrecht besser geeignet. Zu klären ist nur, wer Adressat dieses Deutlichmachens sein muss. Da die Garantenpflicht aus Ehe bzw. Lebenspartnerschaft zumindest primär darauf beruht, dass ein Ehegatte auf den anderen vertraut, ist eine Beendigung nur dann gerechtfertigt, wenn die Vertrauenslage auch tatsächlich beendet wird. Erforderlich ist daher zumindest ein Deutlichmachen des Scheiterns der Beziehung gegenüber dem Partner, die Kündigung inter partes[1091]. Sieht man als weiteren Grund des Bestehens

---

[1089] Vgl. §§ 1353 Abs. 2, 1565 Abs. 1 Satz 2 BGB sowie BGHSt 48, 301, 304 ff.
[1090] Vgl. Baier, JA 2004, S. 354, 365; Freund, NJW 2003, S. 3384, 3385 f.; Martin, JuS 2004, S. 82 f.
[1091] Freund, NJW 2003, S. 3384 , 3385 f.; Ingelfinger, NStZ 2004, S. 409, 412.

ehelicher Garantenpflichten die Verminderung des Schutzes durch Dritte an, die die bestehende Ehesphäre respektieren und sich daher mit eigener Hilfeleistung zurückhalten[1092], so muss auch ein Deutlichmachen des Scheiterns der Beziehung nach außen verlangt werden. Denn erst bei nach außen erkennbarer Beendigung der Lebensgemeinschaft besteht für Dritte nach dieser Auffassung kein Grund mehr, sich mit eigener Hilfeleistung zurückzuhalten[1093]. Inwieweit diese Schutzverminderung tatsächlich materieller Grund der Garantenbeziehung unter Ehegatten bzw. Lebenspartnern ist bzw. sein soll, bedarf einer wertenden Entscheidung durch den Gesetzgeber. M. E. ist dieser Aspekt im Vergleich zu dem zwischen den Ehepartnern bestehenden Vertrauen zu vernachlässigen.

Ich schlage daher folgende – auf den spezifisch familiären Bereich begrenzte – Regelung vor:

Wer es unterlässt, einen Erfolg abzuwenden, steht demjenigen gleich, der den Erfolg verursacht, wenn

1. er mit dem Opfer im ersten Grad verwandt ist oder
2. das Opfer sein Ehepartner oder Lebenspartner ist und das Ende der Beziehung diesem noch nicht deutlich gemacht wurde oder
3. der Erfolg durch sein minderjähriges Kind verursacht wurde.

[1092] Ingelfinger, NStZ 2004, S. 409, 411.
[1093] Ingelfinger, NStZ 2004, S. 409, 412.

Zusammenfassung

1. Die gesetzliche Regelung der Garantenpflicht in § 13 Abs. 1 StGB kann nur im Zusammenhang mit dem Bestimmtheitsgebot zutreffend gewürdigt werden.

2. Das in Art. 103 Abs. 2 GG verankerte Bestimmtheitsgebot soll im Interesse der Rechtsstaatlichkeit, der Gewaltenteilung und der Generalprävention gewährleisten, dass der Gesetzgeber Gesetze erlässt, die es dem einzelnen Bürger ermöglichen, Strafsanktionen des Staates sicher vorherzusehen und sein Verhalten danach einzurichten. Dabei kann der Bürger allerdings keine absolute, sondern nur eine relative Bestimmtheit verlangen. Diese Beschränkung hat ihre Ursache in Problemen der nicht auflösbaren Vagheit und Porosität der Sprache, der sich aus der notwendigen Abstrahierung ergebenden Unschärfe und der Notwendigkeit, grundgesetzliche Schutzpflichten zu erfüllen sowie Aspekte der Einzelfallgerechtigkeit berücksichtigen zu können.

3. Die notwendige Bestimmtheit wird bei deskriptiven Tatbestandsmerkmalen bereits durch den Wortlaut gewährleistet, der weder durch Auslegung noch durch Analogie überschritten werden darf.

Schwieriger gestaltet sich die Lage bei den normativen Tatbestandsmerkmalen. Hier ist zu differenzieren zwischen solchen Merkmalen, die auf rechtliche Wertungen Bezug nehmen (wertgefüllte normative Tatbestandsmerkmale), und solchen, bei denen Wertungen nicht aus dem Bereich des Rechts stammen (wertausfüllungsbedürftige normative Tatbestandsmerkmale).

Erstere sind nach dem Inhalt der in Bezug genommenen Norm weiter zu unterscheiden in Blankettmerkmale und rechtlich-institutionelle Merkmale, wobei bei Blankettmerkmalen bestimmte verfassungsrechtliche Vorgaben zu beachten sind. Besteht die blankettausfüllende Vorschrift in untergesetzlichem Recht, so müssen bereits in der Blankettvorschrift selbst die möglichen Straftatbestände einschließlich der Schuldform sowie die Art und das Höchstmaß der Strafe enthalten sein; die Ausfüllungsnorm darf sich nur als Spezifizierung des Straftatbestandes darstellen. Zudem muss auch die Ausfüllungsnorm selbst den Anforderungen des Art. 103 Abs. 2 GG genügen.

Bei den wertausfüllungsbedürftigen normativen Tatbestandsmerkmalen kann die verfassungsrechtlich gebotene Bestimmtheit nur gewährleistet werden, wenn neben der Wortlautgrenze für die Auslegung des Begriffs der Minimalkonsens aller vertretbaren Meinungen herangezogen wird. Dies ist auf zwei Begründungsansätze zurückzuführen: Zum einen sind in einer pluralistischen

Gesellschaft grundsätzlich alle Meinungen gleichrangig, solange sich nicht eine Ansicht im demokratisch legitimierten Parlament durchsetzt. Das Parlament, das auf eine Entscheidung verzichtet, indem es einen ausfüllungsbedürftigen Begriff verwendet, verweist damit auf alle vertretbaren Meinungen. Insbesondere kann es die ihm originär obliegende Ermittlung der Mehrheitsansicht nicht auf den Richter delegieren. Zum anderen ist zu berücksichtigen, dass für den einzelnen Bürger die Strafbarkeit einer Tat aus dem Gesetz nur dann vorhersehbar ist, wenn seine eigene Auslegung des wertausfüllungsbedürftigen Merkmals maßgebend ist.

4. Das für das unechte Unterlassungsdelikt entscheidende Merkmal der Garantenpflicht ist in § 13 Abs. 1 StGB fixiert. Dort heißt es: „Wer .... rechtlich dafür einzustehen hat, dass der Erfolg nicht eintritt ...". Die Vorschrift wurde durch das Zweite Strafrechtsreformgesetz 1975 eingefügt. Wie aus der Gesetzgebungsgeschichte hervorgeht, wollte der Gesetzgeber damit zum einen deutlich machen, dass anders als im Nationalsozialismus sittliche Pflichten nicht Grundlage einer Garantenpflicht sein können. Zum anderen sollte die Formulierung „einstehen" darauf hinweisen, dass nicht jede Rechtspflicht eine Garantenstellung begründet, sondern nur ein besonderes Pflichtenverhältnis.

5. Bei der Auslegung des § 13 Abs. 1 StGB ist von dessen Wortlaut auszugehen. Dieser fordert zum einen das Vorliegen einer Rechtspflicht und zum anderen deren Qualifizierung als Einstandspflicht.

Dabei darf der Begriff der Rechtspflicht nicht einfach mit dem der Garantenpflicht gleichgesetzt werden, sondern ist als eigenständige Voraussetzung zu verstehen. Als Rechtspflicht anzusehen ist eine Pflicht dann, wenn sie in der Rechtsordnung der Bundesrepublik Deutschland existiert. § 13 Abs. 1 StGB enthält somit ein Blankettmerkmal. Diese Gesetzesgestaltung ist auch verfassungsrechtlich zulässig, da sich aus dem Strafgesetzbuch selbst – genau gesagt aus den sich aus der Verbindung der Tatbestände des Besonderen Teils mit der allgemeinen Vorschrift des § 13 Abs. 1 StGB ergebenden spezifischen Unterlassungstatbeständen – die möglichen Konstellationen der Strafbarkeit einschließlich der Schuldform sowie die Art und das Höchstmaß der Strafe ergeben. So lässt sich beispielsweise der Erfolg der Straftat aus dem Gesetz ablesen – z. B. der Tod eines Menschen bei §§ 212, 13 StGB. Ferner wird durch den Begriff der Einstandspflicht deutlich, dass nicht jede beliebige Pflicht Grundlage der Strafbarkeit sein kann, sondern nur eine besondere Rechtspflicht. Durch dieses zusätzliche strafrechtsspezifische Erfordernis wird auch verhindert, dass eine andere Instanz abschließend die Strafbarkeit eines Verhaltens anordnen kann.

Der Begriff „einzustehen hat“ ist nach dem Willen des Gesetzgebers als „besondere Rechtspflicht“ zu verstehen und muss aus diesem Grund als wertausfüllungsbedürftiges normatives Tatbestandsmerkmal angesehen werden. Für seine Auslegung ist daher nur der Minimalkonsens aller vertretbaren Meinungen heranzuziehen. Eine besondere Rechtspflicht im Sinne einer Garantenpflicht liegt demnach lediglich dann vor, wenn eine nach der Rechtsordnung der Bundesrepublik Deutschland bestehende Rechtspflicht allgemein als Garantenpflicht anerkannt wird.

6. Für den Bereich der familiären Garantenpflichten führt diese Auslegung zu äußerst restriktiven Ergebnissen. Zum einen sind nur wenige Rechtspflichten tatsächlich im Familienrecht des BGB geregelt. Zu diesen wenigen Pflichten gehören die gegenseitige Beistandspflicht unter Ehegatten bzw. Lebenspartnern (§ 1353 Abs. 1 Satz 2 BGB bzw. § 2 LPartG), die Obhutspflicht der Eltern gegenüber den Kindern (§§ 1626 Abs. 1, 1631 Abs. 1, 1618 a BGB), die Sicherungspflicht der Eltern gegenüber den minderjährigen Kindern (§ 1626 Abs. 1, 1631 Abs. 1 BGB), die Obhutspflicht der Kinder gegenüber den Eltern (§ 1618 a BGB) sowie u. U. Pflichten der Pflegeeltern aus § 1630 Abs. 3 BGB. Den leiblichen Eltern sind grundsätzlich die Adoptiveltern gleichgestellt (§§ 1754 Abs. 3 Alt. 1, 1618 a BGB). Alle weiteren im Strafrecht diskutierten Garantenstellungen – insbesondere die der Verlobten, der Geschwister sowie der Großeltern im Verhältnis zu ihren Enkeln – sind im Familienrecht gesetzlich nicht verankert. Berücksichtigt man zum anderen, dass diese wenigen gesetzlich geregelten Rechtspflichten nur dann als Einstandspflichten i. S. d. § 13 Abs. 1 StGB angesehen werden können, wenn sie als besondere Rechtspflichten zu qualifizieren sind, so bleibt nur eine Obhuts- und Sicherungspflicht der (Adoptiv-)Eltern gegenüber ihren minderjährigen (Adoptiv-)Kindern übrig. Alle anderen Rechtspflichten werden im Schrifttum kontrovers beurteilt und fallen daher nicht in den Minimalkonsens aller vertretbaren Meinungen.

7. Dass dieses Ergebnis das Rechtsgefühl nicht zu befriedigen vermag, liegt auf der Hand. Anzustreben ist deshalb eine gesetzliche Neuregelung. Diese sollte in einer abschließenden Normierung der Garantenpflichten im StGB selbst bestehen, wie sie bereits im Rahmen der Entstehung des § 13 StGB vorgeschlagen wurde. Andere Reformmodelle erscheinen wenig erfolgversprechend. Dies gilt insbesondere für die Idee, das qualifizierende Merkmal näher zu umschreiben. Alle bisher diskutierten materiellen Kriterien – Herrschaft, Gefährdung, Nähe, Vertrauen, Erwartung und Sonderverantwortlichkeit – können nicht überzeugen, da sie entweder ihrerseits zu unscharf sind oder einige der heute anerkannten Garantenpflichten nicht zu erklären vermögen.

8. Im Rahmen einer derartigen abschließenden Aufzählung der Garantenpflichten im Gesetz sollten aus dem familiären Bereich nur die Verwandtschaft ersten Grades sowie die Ehe bzw. Lebenspartnerschaft aufgenommen werden. Alle anderen familiären Beziehungen wären nur dann relevant, wenn sie unter weitere, nicht familienspezifischen Garantenstellungen wie die der tatsächlichen Lebensgemeinschaft oder der Obhutsübernahme subsumiert werden können. Während die Garantenstellung aus Verwandtschaft ersten Grades kein einschränkendes materielles Kriterium enthalten sollte, erscheint eine derartige materielle Begrenzung bei der Ehe bzw. Lebenspartnerschaft sinnvoll. Dabei sollte aber nicht an den zivilrechtlichen Begriff der Zerrüttung angeknüpft werden, sondern daran, dass der eine Ehepartner dem anderen das Scheitern der Beziehung deutlich gemacht hat. Nur in dieser Konstellation ist sichergestellt, dass der andere Ehegatte tatsächlich nicht mehr auf die Hilfeleistung seines Ehepartners vertraut.

Literaturverzeichnis

Albrecht, Dietlinde — Begründung von Garantenstellungen in familiären und familienähnlichen Beziehungen
Köln, Berlin, Bonn, München 1998 (zit.: Garantenstellungen)

Aldosser, Carl — Inwieferne können durch Unterlassungen strafbare Handlungen begangen werden?
München 1862 (zit.: Unterlassungen)

Alexy, Robert — Begriff und Geltung des Rechts
3. Auflage; Freiburg (Breisgau), München 2002
(zit.: Begriff und Geltung)

Ambrock, Erich — Zur Bedeutung des § 1353 BGB nach Inkrafttreten des Eherechtsgesetzes; das Verhältnis der Vorschrift zu § 1565 BGB und den Scheidungstatbeständen
JR 1978, S. 1 ff.

Amelung, Knut — Sitzblockaden, Gewalt und Kraftentfaltung. Zur dritten Sitzblockaden-Entscheidung des BVerfG
NJW 1995, S. 2584 ff.

Androulakis, Nikolaos K. — Rechtsproblematische Studien über die unechten Unterlassungsdelikte
München 1962 (zit.: Studien)

Anschütz, Gerhard — Die Verfassung des Deutschen Reiches. Ein Kommentar für Wissenschaft und Praxis
14. Auflage; Berlin 1933 (zit.: Anschütz)

Appel, Ivo — Verfassung und Strafe. Zu den verfassungsrechtlichen Grenzen staatlichen Strafens
Berlin 1998 (zit.: Verfassung)

Arndt, Adolf — Gesetzesrecht und Richterrecht
NJW 1963, S. 1273 ff.

Arzt, Gunther — Zur Garantenstellung beim unechten Unterlassungsdelikt
JA 1980, S. 553 ff., 647 ff., 712 ff.

Baer, Ingrid — Die neuen Regelungen der Reform des Rechts der elterlichen Sorge für das„Dauerpflegekind“
FamRZ 1982, S. 221 ff.

Bärwinkel, Richard — Zur Struktur der Garantieverhältnisse bei den unechten Unterlassungsdelikten
Berlin 1968 (zit.: Garantieverhältnisse)

Baier, Helmut — Garantenpflicht beim unechten Unterlassungsdelikt. § 13 I StGB: Garantenpflicht bei Trennung der Eheleute
JA 2004, S. 354 ff.

Bamberger, Heinz Georg / Roth, Herbert — Kommentar zum Bürgerlichen Gesetzbuch
Band 3; München 2003 (zit.: Bamberger/Roth-Bearbeiter)

von Bar, Ludwig — Gesetz und Schuld im Strafrecht
Band 2; Berlin 1907 (zit.: Gesetz und Schuld 2)

Bartholomeyczik, Horst — Die Kunst der Gesetzesauslegung. Eine wissenschaftliche Hilfe zur praktischen Rechtsanwendung
4. Auflage, Frankfurt a. M. 1962 (zit.: Kunst)

Baumann, Jürgen — Die natürliche Wortbedeutung als Auslegungsgrenze im Strafrecht
MDR 1958, S. 394 ff.

Baumann, Jürgen — Grenzen der individualen Gerechtigkeit im Strafrecht, in:
SUMMUM IUS SUMMA INIURIA, S. 117 ff.
Individualgerechtigkeit und der Schutz allgemeiner Werte im Rechtsleben
Hrsg. Rechtswissenschaftliche Abteilung der Rechts- und Wirtschaftswissenschaftlichen Fakultät der Universität Tübingen
Tübingen 1963 (zit.: SUMMUM JUS)

Baumann, Jürgen / Weber, Ulrich / Mitsch, Wolfgang — Strafrecht Allgemeiner Teil
11. Auflage, Bielefeld 2003 (zit.: AT)

Beling, Ernst — Die Lehre vom Verbrechen
Tübingen 1906 (zit.: Lehre vom Verbrechen)

Grundzüge des Strafrechts
11. Auflage; Tübingen 1930 (zit.: Grundzüge)

Benda, Ernst / Maihofer, Werner/Vogel, Hans-Jochen — Handbuch des Verfassungsrechts der Bundesrepublik Deutschland
2. Auflage; Berlin, New York 1994 (zit.: Handbuch)

Bergmann, Klaus — Zur Strafbewehrung verwaltungsrechtlicher Pflichten im Umweltstrafrecht, dargestellt an § 325 StGB. Unter vergleichender Berücksichtigung der Reformentwürfe eines Zweiten Gesetzes zur Bekämpfung der Umweltkriminalität (2. UKG)
Frankfurt a. M., Berlin, Bern, New York, Paris, Wien 1993 (zit.: Strafbewehrung)

Bernard, Astrid — Der Schwangerschaftsabbruch aus zivilrechtlicher Sicht unter besonderer Berücksichtung der Rechtsstellung des nasciturus
Berlin 1995 (zit.: Schwangerschaftsabbruch)

Bienwald, Werner — Zur Beteiligung des Mannes bei der Entscheidung über den straffreien Schwangerschaftsabbruch seiner Ehefrau
FamRZ 1985, S. 1096 ff.

Binding, Karl — Die Normen und ihre Übertretung. Eine Untersuchung über die rechtmäßige Handlung und die Arten des Delikts
1. Band; 3. Auflage; Leipzig 1916 (zit.: Normen 1)
2. Band; 1. Auflage; Leipzig 1877 (zit.: Normen 2)

Bleckmann, Albert — Staatsrecht II. Die Grundrechte
4. Auflage; Köln, Berlin, Bonn, München 1997
(zit.: Staatsrecht II)

Blei, Hermann — Garantenpflichtbegründung beim unechten Unterlassen, in: Festschrift für Hellmuth Mayer zum 70. Geburtstag, S. 119 ff. Beiträge zur gesamten Strafrechtswissenschaft
Hrsg. Friedrich Geerds, Wolfgang Naucke
Berlin 1966 (zit.: FS für Mayer)

Strafrecht I Allgemeiner Teil
18. Auflage; München 1983 (zit.: AT)

Bockelmann, Paul	Betrug verübt durch Schweigen, in: Festschrift für Eberhard Schmidt zum 70. Geburtstag, S. 437 ff. Hrsg. Paul Bockelmann, Wilhelm Gallas Göttingen 1961 (zit.: FS für Schmidt)
Böhm, Alexander	Die Rechtspflicht zum Handeln bei den unechten Unterlassungsdelikten Diss. Frankfurt/M. 1957 (zit.: Rechtspflicht)
	Methodische Probleme der Gleichstellung des Unterlassens mit dem Begehen JuS 1961, S. 177 ff.
Böhm, Klaus Rudolf	Auslegung und systematische Einordnung des § 392 Abs. 2 HGB. Zum Verhältnis von Analogie und Fiktion bei mittelbarer Stellvertretung Berlin 1971 (zit.: Auslegung)
Boehmer, Gustav	Soll das Stiefkind auch weiter ein „Stiefkind" der Gesetzgebung bleiben? FamRZ 1955, S. 125 ff.
Bosch, Friedrich Wilhelm	Rückblick und Ausblick oder: De legibus ad familiam pertinentibus – reformatis et reformandis? FamRZ 1980, S. 739 ff.
Bottke, Wilfried	Suizid und Strafrecht Berlin 1982 (zit.: Suizid)
Brammsen, Joerg	Die Entstehungsvoraussetzungen der Garantenpflichten Berlin 1986 (zit.: Entstehungsvoraussetzungen)
Brückner, Carsten	Das Angehörigenverhältnis der Eltern im Straf- und Strafprozessrecht Frankfurt a. M., Berlin, Bern, Bruxelles, New York, Wien 2000 (zit.: Angehörigenverhältnis)
Bruns, Hans-Jürgen	Die Befreiung des Strafrechts vom zivilistischen Denken. Beiträge zu einer selbständigen, spezifisch strafrechtlichen Auslegungs- und Begriffsbildungsdogmatik Berlin 1938 (zit.: Befreiung)

Von Buri, Maximilian — Über die Begehung der Verbrechen durch Unterlassung
GS 21 (1869), S. 189 ff.

Über die Kausalität der Unterlassung
ZStW 1 (1881), S. 400 ff.

Busch, Richard — Zur gesetzlichen Begründung der Strafbarkeit unechten Unterlassens, in:
Festschrift für Hellmuth von Weber zum 70. Geburtstag, S. 192 ff.
Hrsg. Hans Welzel, Hermann Conrad, Armin Kaufmann, Hilde Kaufmann
Bonn 1963 (zit.: FS für Weber)

Bydlinski, Franz — Juristische Methodenlehre und Rechtsbegriff
2. Auflage; Wien, New York 1991 (zit.: Methodenlehre)

Calliess, Rolf-Peter — Der strafrechtliche Nötigungstatbestand und das verfassungsrechtliche Gebot der Tatbestandsbestimmtheit
NJW 1985, S. 1506 ff.

Canaris, Claus-Wilhelm — Die Feststellung von Lücken im Gesetz. Eine methodologische Studie über Voraussetzungen und Grenzen der richterlichen Rechtsfortbildung praeter legem
Berlin 1964 (zit.: Feststellung)

Claß, Wilhelm — Generalklauseln im Strafrecht, in:
Festschrift für Eberhard Schmidt zum 70. Geburtstag, S. 122 ff.
Hrsg. Paul Bockelmann, Wilhelm Gallas
Göttingen 1961 (zit.: FS für Schmidt)

Clemens, Otto — Die Unterlassungsdelikte im deutschen Strafrecht von Feuerbach bis zum Reichsstrafgesetzbuch
Strafrechtliche Abhandlungen Band 149, Breslau 1912
(zit.: Unterlassungsdelikte)

Coester-Waltjen, Dagmar — Der Schwangerschaftsabbruch und die Rolle des künftigen Vaters
NJW 1985, S. 2175 ff.

Conradi, Margret — Zivilrechtliche Regelung des Stiefkindverhältnisses – Alternative zur Adoption des Stiefkindes
FamRZ 1980, S. 103 ff.

Dahm, Georg — Der Methodenstreit in der heutigen Strafrechtswissenschaft
ZStW 57 (1938), S. 225 ff.

Bemerkungen zum Unterlassungsproblem
ZStW 59 (1940), S. 133 ff.

Dedes, Christos — Die Arten der Unterlassungsdelikte
GA 1977, S. 230 ff.

Dencker, Friedrich — Kausalität und Gesamttat
Berlin 1996 (zit.: Kausalität)

Denninger, Erhard / Hoffmann-Riem, Wolfgang / Schneider, Hans-Peter / Stein, Ekkehart (Hrsg.) — Kommentar zum Grundgesetz – Reihe Alternativkommentare
Band 3; 3. Auflage; Neuwied, Kriftel 2001
(zit.: AK-GG-Bearbeiter)

Diederichsen, Uwe — Die Neuregelung des Rechts der elterlichen Sorge
NJW 1980, S. 1 ff.

Dietmeier, Frank — Blankettstrafrecht – Ein Beitrag zur Lehre vom Tatbestand
Marburg 2001 (zit.: Blankettstrafrecht)

Dreier, Horst — Gustav Radbruch und die Mauerschützen
JZ 1997, S. 421 ff.

Dreier, Horst (Hrsg.) — Grundgesetz – Kommentar
Band 1; 2. Auflage; Tübingen 2004
Band 2; 1. Auflage; Tübingen 1998
Band 3; 1. Auflage; Tübingen 2000
(zit.: Dreier – Bearbeiter)

Dreier, Ralf — Der Begriff des Rechts
NJW 1986, S. 890 ff.

Dölling, Dieter | Anmerkung zu BayObIG (1 St 126/89 v. 15.9.1989) JR 1990, 473 f.
JR 1990, S. 474 ff.

Doering, Detlef | Strafrechtliche Garantenpflicht aus homosexueller Lebensgemeinschaft?
MDR 1972, S. 664 f.

Dolzer, Rudolf / Vogel, Klaus (Hrsg.) | Bonner Kommentar zum Grundgesetz
Band 8 und 9; Heidelberg, Stand: 115. Lieferung Dezember 2004
(zit.: BK-Bearbeiter)

Duttge, Gunnar | Zur Bestimmtheit des Handlungsunwerts von Fahrlässigkeitsdelikten
Tübingen 2001 (zit.: Bestimmtheit)

Ebel, Friedrich/ Thielmann, Georg | Rechtsgeschichte
3. Auflage; Heidelberg 2003

Ebert, Udo | Strafrecht Allgemeiner Teil
3. Auflage; Heidelberg 2001 (zit.: AT)

Ehret, Susanne | Franz von Liszt und das Gesetzlichkeitsprinzip. Zugleich ein Beitrag wider die Gleichsetzung von Magna-charta-Formel und Nullum-crimen-Grundsatz
Frankfurt a. M., Berlin, Bern, New York, Paris, Wien 1996
(zit.: Gesetzlichkeitsprinzip)

Enderle, Bettina | Blankettstrafgesetze. Verfassungs- und strafrechtliche Probleme von Wirtschaftsstraftatbeständen
Frankfurt a. M., Berlin, Bern, Bruxelles, New York, Oxford, Wien 2000 (zit.: Blankettstrafgesetze)

Engisch, Karl | Die Kausalität als Merkmal der strafrechtlichen Tatbestände
Tübingen 1931 (zit.: Kausalität)

Das Problem der psychischen Kausalität beim Betrug, in: Festschrift für Hellmuth von Weber zum 70. Geburtstag, S. 247 ff.
Hrsg. Hans Welzel, Hermann Conrad, Armin Kaufmann, Hilde Kaufmann

Bonn 1963 (zit.: FS für Weber)

Einführung in das juristische Denken
8. Auflage; Stuttgart, Berlin, Köln 1983 (zit.: Einführung)

Engländer, Armin — Kausalitätsprobleme beim unechten Unterlassungsdelikt – BGH NStZ 2000, 414
JuS 2001, S. 958 ff.

Erb, Volker — Die Schutzfunktion von Art. 103 Abs. 2 GG bei Rechtfertigungsgründen
ZStW 108 (1996), S. 266 ff.

Erbs/Kohlhaas — Strafrechtliche Nebengesetze. Lexikon des Nebenstrafrechts mit einer umfassenden Einführung in das System des Nebenstrafrechts
Registerband, München 2003 (zit.: Nebengesetze)

Erman — Bürgerliches Gesetzbuch. Handkommentar mit EGBGB, ErbbauVO, HausratsVO, LPartG, ProdHaftG; UKlaG; VAHR und WEG
Hrsg. Harm Peter Westermann
Band 2; 11. Auflage; Köln 2004 (zit.: Erman-Bearbeiter)

Esser, Josef / Schmidt, Eike — Schuldrecht Band I, Allgemeiner Teil Teilband 1
7. Auflage; Heidelberg 1992 (zit.: Schuldrecht I/1)

Faller, Hans Joachim — Das rechtsstaatliche Bestimmtheitsgebot in der Rechtsprechung des Bundesverfassungsgerichts, in:
Festschrift für Franz Merz zum 65. Geburtstag, S. 61 ff.
Hrsg. Walter Gerhardt, Wolfram Henckel, Joachim Hilger, Gerhart Kreft
Köln 1992 (zit.: FS für Merz)

Feuerbach, Paul Johann Anselm — Revision der Grundsätze und Grundbegriffe des positiven peinlichen Rechts
Erster Theil Erfurt 1799 (zit.: Revision I)
Zweiter Theil Chemnitz 1800 (zit.: Revision II)

Kritik des Kleinschrodischen Entwurfs zu einem peinlichen Gesetzbuche für die Chur-Pfalz-Bayrischen Staaten
(zit.: Kritik I, II oder III)

Erster Theil, Nachdruck der Ausgabe Gießen 1804,
Frankfurt a. M. 1988
Zweyter Theil, Nachdruck der Ausgabe Gießen 1804,
Frankfurt a. M. 1988
Dritter Theil, Nachdruck der Ausgabe Gießen 1804,
Frankfurt a. M. 1988

Lehrbuch des gemeinen in Deutschland gültigen peinlichen Rechts
4. Auflage, Giessen 1808 (zit.: Lehrbuch)

Frank, Reinhard — Das Strafgesetzbuch für das Deutsche Reich nebst dem Einführungsgesetze
Leipzig 1897 (zit.: Strafgesetzbuch)

Das Strafgesetzbuch für das Deutsche Reich
18. Auflage; Tübingen 1931 (zit.: Strafgesetzbuch [18.])

Freienstein, Wendelin — Läßt sich die Strafbarkeit von Unterlassungsdelikten auch auf die Verletzung sittlicher Pflichten zurückführen?
Leipzig 1936 (zit.: Strafbarkeit)

Freund, Georg — Erfolgsdelikt und Unterlassen
Köln, Berlin, Bonn, München 1992 (zit.: Erfolgsdelikt)

Strafrecht Allgemeiner Teil
Berlin, Heidelberg, New York, Barcelona, Budapest, Hongkong, London, Mailand, Paris, Singapur, Tokio 1998 (zit.: AT)

Erlöschen strafrechtlicher Garantenpflichten bei Ehegatten
NJW 2003, S. 3384 ff.

Fuchs, Maximilian — Deliktsrecht
4. Auflage; Berlin, Heidelberg, New York 2003

Fuhrmann, Hans — Der Irrtum über die Garantenpflichten bei den unechten Unterlassungsdelikten
GA 1962, S. 161 ff.

Gallas, Wilhelm — Strafbares Unterlassen im Fall einer Selbsttötung (2. Teil)
JZ 1960, S. 686 ff.

Der dogmatische Teil des Alternativ-Entwurfs
ZStW 80 (1968), S. 1 ff.

Studien zum Unterlassungsdelikt
Heidelberg 1989 (zit.: Studien)

Gassner, Ulrich M. — Gesetzgebung und Bestimmtheitsgrundsatz
ZG 1996, S. 37 ff.

Gebhard, Ludwig — Die Verfassung des Deutschen Reiches vom 11. August 1919
München, Berlin, Leipzig 1931 (zit.: Gebhard)

Geiger, Willi — Anmerkung zu AG Celle, Beschluß vom 9. 2. 1987 – 25 VII K 3470 SH
FamRZ 1987, S. 1177

Geilen, Gerd — Garantenpflichten aus ehelicher und eheähnlicher Gemeinschaft
FamRZ 1961, S. 147 ff.

Stillschweigen des Angehörigen beim Mordkomplott
FamRZ 1964, S. 385 ff.

Geitmann, Roland — Bundesverfassungsgericht und „offene“ Normen. Zur Bindung des Gesetzgebers an Bestimmtheitserfordernisse
Berlin 1971 (zit.: Bundesverfassungsgericht)

van Gelder, Alfons — Die Entwicklung der Lehre von der sog. Erfolgsabwendungspflicht aus vorangegangenem Tun im Schrifttum des 19. Jahrhunderts. Eine kritische Darstellung
Marburg 1967 (zit.: Entwicklung)

Germann, Oscar Adolf — Auslegung und freie Rechtsfindung
SchwZStR 55 (1941), S. 134 ff.

Gernhuber, Joachim — Das eheliche Vermögensrecht und die Verpflichtung zur ehelichen Lebensgemeinschaft
FamRZ 1959, S. 469 ff.

„Eltern und Kinder sind einander Beistand und Rücksicht schuldig“. Ein Beitrag zu § 1618 a BGB, in:
Festschrift für Wolfram Müller-Freienfels zum 70. Geburtstag, S. 158 ff.

Hrsg. Albrecht Dieckmann, Rainer Frank, Hans Hanisch, Spiros Simitis
Baden Baden 1986 (zit.: FS für Müller-Freienfels)

Gernhuber, Joachim / Coester-Waltjen, Dagmar — Lehrbuch des Familienrechts
4. Auflage; München 1994 (zit.: Familienrecht)

Geyer, Johann Wilhelm Andreas August — Buchbesprechung von Aldosser, Inwiefern können durch Unterlassungen strafbare Handlungen begangen werden?
KritVJ 24 (1882), S. 237 ff.

Giese, Friedrich — Die Verfassung des Deutschen Reiches – Taschenausgabe für Studium und Praxis
8. Auflage; Berlin 1931 (zit.: Giese)

Giesen, Dieter — Allgemeine Ehewirkungen gem. §§ 1353, 1356 BGB im Spiegel der Rechtsprechung
JR 1983, S. 89 ff.

Familienrecht
2. Auflage; Tübingen 1997

Gimbernat Ordeig, Enrique — Das unechte Unterlassungsdelikt
ZStW 111 (1999), S. 307 ff.

Glaser, Julius — Abhandlungen aus dem österreichischen Strafrecht, Erster Band
Neudruck der Ausgabe Wien 1858, Aalen 1978
(zit.: Abhandlungen)

Gleißl, Renate / Suttner, Bernhard — Zur Rechtsstellung der Pflegeeltern nach neuem Recht
FamRZ 1982, S. 122 ff.

Gmür, Rudolf / Roth, Andreas — Grundriss der deutschen Rechtsgeschichte
10. Auflage; München, Unterschleißheim 2003
(zit.: Rechtsgeschichte)

Grünewald, Anette — Zivilrechtlich begründete Garantenpflichten im Strafrecht?
Berlin 2001 (zit.: Garantenpflichten)

Grünwald, Gerald — Das unechte Unterlassungsdelikt – Seine Abweichungen vom Handlungsdelikt
Diss. Göttingen 1956 (zit.: Unterlassungsdelikt)

Zur gesetzlichen Regelung der unechten Unterlassungsdelikte
ZStW 70 (1958), S. 412 ff.

Bedeutung und Begründung des Satzes „nulla poena sine lege"
ZStW 76 (1964), S. 1 ff.

Gropp, Walter — Strafrecht Allgemeiner Teil
2. Auflage; Berlin, Heidelberg, New York 2001 (zit.: AT)

Gunia, Susanne Christine — Strafrechtliche Garantenstellungen von Wachpersonen des privaten Sicherheitsgewerbes
Frankfurt a. M., Berlin, Bern, Bruxelles, New York, Oxford, Wien 2001
(zit.: Garantenstellungen)

Güntge, Georg-Friedrich — Begehen durch Unterlassen. Der gesetzliche Anwendungsbereich des § 13 StGB
Baden-Baden 1995 (zit.: Begehen durch Unterlassen)

Hälschner, Hugo — Das gemeine deutsche Strafrecht, Erster Band
Bonn 1881 (zit.: Strafrecht)

Haft, Fritjof — Generalklauseln und unbestimmte Begriffe im Strafrecht
JuS 1975, S. 477 ff.

Kritische Anmerkungen zur „Auslegung" von Straftatbeständen, in:
Festschrift für Theodor Lenckner zum 70. Geburtstag, S. 81 ff.
Hrsg. Albin Eser, Ulrike Schittenhelm, Heribert Schumann
München 1998 (zit.: FS für Lenckner)

Strafrecht Allgemeiner Teil
8. Auflage; München 1998 (zit.: AT)

Hamann, Andreas — Grundgesetz und Strafgesetzgebung
Neuwied und Berlin 1963 (zit.: Grundgesetz)

Hanack, Ernst-Walter	Zur verfassungsmäßigen Bestimmtheit und strafrechtlichen Auslegung des Begriffs „unzüchtige Schrift“ (§ 184 Abs. 1 Nr. 1 StGB, Art. 103 Abs. 2 GG) JZ 1970, S. 41 ff.
	Anmerkung zu BVerfG (1 BvR 1053/82 v. 23. 10. 1985) NStZ 1986, 261 ff. NStZ 1986, S. 263 f.
Hall, Karl Alfred	Über die Kausalität und Rechtswidrigkeit der Unterlassung, in: Erinnerungsgabe für Max Grünhut, S. 213 ff. Hrsg. Hilde Kaufmann, Erich Schwinge, Hans Welzel Marburg 1965 (zit.: ErG für Grünhut)
Hansen, Uwe	Die Tatbeschreibung der verbotenen Abtreibung im alten und neuen Recht MDR 1974, S. 797 ff.
Hardwig, Werner	Die Zurechnung. Ein Zentralproblem des Strafrechts Hamburg 1957 (zit.: Zurechnung)
Hartung, Günther	Die Behandlung der unechten Unterlassungsdelikte im nationalsozialistischen Strafrecht Strafrechtliche Abhandlungen Band 404 Breslau-Neukirch 1939 (zit.: Unterlassungsdelikte)
Hassemer, Winfried	Richtiges Recht durch richtiges Sprechen?, in: Strafen im Rechtsstaat, S. 13 ff. Baden Baden 2000 (zit.: Strafen im Rechtsstaat)
	Tatbestand und Typus. Untersuchungen zur strafrechtlichen Hermeneutik Köln Berlin Bonn München 1968 (zit.: Tatbestand)
Hauf, Claus-Jürgen	Strafrecht Allgemeiner Teil 2. Auflage; Neuwied, Kriftel 2001 (zit.: AT)
Heck, Philipp	Gesetzesauslegung und Interessenjurisprudenz AcP 112 (1914), S. 1 ff.
	Begriffsbildung und Interessenjurisprudenz Tübingen 1932 (zit.: Begriffsbildung)

Hegnauer, Cyril — "Eltern und Kinder sind einander Beistand und Rücksicht schuldig"
ZfJ 1980, S. 685 ff.

von der Heide, Isabella Maria — Tatbestands- und Vorsatzprobleme bei der Steuerhinterziehung nach § 370 AO – zugleich ein Beitrag zur Abgrenzung der Blankettstrafgesetze von Strafgesetzen mit normativen Tatbestandsmerkmalen
Bochum 1986 (zit.: Abgrenzung)

Heine, Günter / Meinberg, Volker — Empfehlen sich Änderungen im strafrechtlichen Umweltschutz, insbesondere in Verbindung mit dem Verwaltungsrecht?, in: Verhandlungen des 57. Deutschen Juristentags, Band 1, Gutachten D
München 1988 (zit.: Gutachten D)

Heinitz, Ernst — Teilnahme und unterlassene Hilfeleistung beim Selbstmord
JR 1954, S. 403 ff.

Anmerkung zu BGH (1. FerStS., 1 StR 325/54 v. 2.9.1954) JR 1955, 104 f.
JR 1955, S. 105 f.

Anmerkung zu BGH (5 StR 131/60 v. 5.7.1960) JR 1961, 28 f.
JR 1961, S. 29 f.

Heintschel von Heinegg, Wolff / Pallas, Nadine — Grundrechte
Neuwied und Kriftel 2002

Henke, Eduard — Handbuch des Criminalrechts und der Criminalpolitik
Erster Theil
Berlin und Stettin 1823 (zit.: Handbuch des Criminalrechts)

Henkel, Heinrich — Das Methodenproblem bei den unechten Unterlassungsdelikten
MschrKrim 44 (1961), S. 178 ff.

Hepting, Reinhard — Ehevereinbarungen. Die autonome Ausgestaltung der ehelichen Lebensgemeinschaft im Verhältnis zu Eherecht, Rechtsgeschäftslehre und Schuldrecht
München 1984 (zit.: Ehevereinbarungen)

Herberger, Maximilian — Unverständlichkeit des Rechts. Anmerkungen zur historischen Entwicklung des Problems und des Problembewußtseins, in: Recht und Sprache, S. 19 ff.
Hrsg. Bundeszentrale für Politische Bildung
Bonn 1983 (zit.: Recht und Sprache)

Herzberg, Rolf Dietrich — Die Unterlassung im Strafrecht und das Garantenprinzip
Berlin, New York 1972 (zit.: Unterlassung)

Beteiligung an einer Selbsttötung oder tödlichen Selbstgefährdung als Tötungsdelikt (2. und 4. Teil)
JA 1985, S. 177 ff., 336 ff.

Herzog, Roman — Der Verfassungsauftrag zum Schutze des ungeborenen Lebens
JR 1969, S. 441 ff.

Hesse, Konrad — Die verfassungsgerichtliche Kontrolle der Wahrnehmung Grundrechtlicher Schutzpflichten des Gesetzgebers, in: Festschrift für Ernst Gottfried Mahrenholz, S. 541 ff.
Gegenrede. Aufklärung – Kritik – Öffentlichkeit
Hrsg. Herta Däubler-Gmelin, Klaus Kinkel, Hans Meyer, Helmut Simon
Baden-Baden 1994 (zit.: FS für Mahrenholz)

Hettinger, Michael — Das Doppelverwertungsverbot bei strafrahmenbildenden Umständen (§§ 46 Abs. 3, 50 StGB)
Berlin 1982 (zit.: Doppelverwertungsverbot)

Die zentrale Bedeutung des Bestimmtheitsgrundsatzes (Art. 103 II GG)
JuS 1986, L 17 ff., 33 ff.

Die „actio libera in causa“: Strafbarkeit wegen Begehungstat trotz Schuldunfähigkeit. Eine historisch-dogmatische Untersuchung
Berlin 1988 (zit.: „actio“)

Hilgendorf, Eric — Fragen der Kausalität bei Gremienentscheidungen am Beispiel des Ledersprayurteils
NStZ 1994, S. 561 ff.

von Hippel, Robert — Deutsches Strafrecht, 2. Band
Berlin 1930 (zit.: Strafrecht)

Hoerster, Norbert — Zur Verteidigung des Rechtspositivismus
NJW 1986, S. 2480 ff.

Die rechtsphilosophische Lehre vom Rechtsbegriff
JuS 1987, S. 181 ff.

Hübner, Heinz — Eheschließung und allgemeine Wirkungen der Ehe als dogmatisches Problem
FamRZ 1962, S. 1 ff.

Ingelfinger, Ralph — Zeitliche Grenzen ehelicher Garantenpflichten – Eine Besprechung von BGH, Urteil vom 24.7. 2003 – 3 StR 153/03 –
NStZ 2004, S. 409 ff.

Ipsen, Jörn — Staatsrecht II. Grundrechte
7. Auflage; München/Unterschleißheim 2004 (zit. Staatrecht II)

Isensee, Josef — Das Grundrecht als Abwehrrecht und als staatliche Schutzpflicht, in:
Handbuch des Staatsrechts der Bundesrepublik Deutschland, § 111
Hrsg. Josef Isensee, Paul Kirchhof
Band V; Heidelberg 1992 (zit.: HStR V)

Rechtsstaat – Vorgabe und Aufgabe der Einigung Deutschlands, in:
Handbuch des Staatsrechts der Bundesrepublik Deutschland, § 202
Hrsg. Josef Isensee, Paul Kirchhof
Band IX; Heidelberg 1997 (zit.: HStR IX)

Jähnke, Burkhard / Laufhütte, Heinrich Wilhelm / Odersky, Walter (Hrsg.) — Leipziger Kommentar zum Strafgesetzbuch
1. Band; 11. Auflage; Berlin 2001
17. Lieferung, 11. Auflage; Berlin, New York 1994
25. Lieferung, 11. Auflage; Berlin, New York 1997
31. Lieferung; 11. Auflage; Berlin, New York 1999
44. Lieferung; 11. Auflage; Berlin 2002
(zit.: LK-Bearbeiter)

Jagert, Uwe — Anmerkung zu AG Köln, Beschluß v. 15. 3. 1984 – 53 X 87/84
FamRZ 1985, S. 1173 ff.

Jakobs, Günther — Strafrecht Allgemeiner Teil
2. Auflage; Berlin 1991 (zit.: AT)

Jarass, Hans D. / Pieroth, Bodo — Grundgesetz für die Bundesrepublik Deutschland
7. Auflage; München 2004

Jaschinski, Joachim — Die Entwicklung des Begriffs „Erfolg" in § 13 Abs. 1 StGB
Frankfurt a. M., Berlin, Bern, New York, Paris, Wien 1995
(zit.: Entwicklung)

Jauernig — Bürgerliches Gesetzbuch. Kommentar
Hrsg. Othmar Jauernig
10. Auflage München 2003 (zit.: Jauernig-Bearbeiter)

Jeand'Heur, Bernd — Bestimmtheitsgrundsatz und Gesetzesauslegung. Das BVerfG korrigiert seine Interpretation des Gewalt-Begriffs in § 240 Abs. 1 StGB
NJ 1995, S. 465 ff.

Jescheck, Hans-Heinrich — Probleme des unechten Unterlassungsdelikts in rechtsvergleichender Sicht; in:
140 Jahre Goldtammer's Archiv für Strafrecht, S. 115 ff.
Eine Würdigung zum 70. Geburtstag von Paul-Günter Pötz
Hrsg.: Jürgen Wolter
Heidelberg 1993 (zit.: 140 Jahre GA)

Jescheck, Hans-Heinrich / Weigend, Thomas — Lehrbuch des Strafrechts Allgemeiner Teil
5. Auflage; Berlin 1996 (zit.: AT)

von Jhering, Rudolph — Der Zweck im Recht, in:
Begriff und Wesen des Rechts, S. 176 ff.
Hrsg. Werner Maihofer
Darmstadt 1973 (zit.: Begriff und Wesen)

Joecks, Wolfgang — Studienkommentar zum Strafgesetzbuch
4. Auflage; München 2003 (zit.: Joecks)

Joecks, Wolfgang / Miebach, Klaus (Hrsg.) — Münchener Kommentar zum Strafgesetzbuch
Band 1; 1. Auflage; München 2003
Band 2/1; 1. Auflage; München 2005
Band 3; 1. Auflage; München 2003
(zit.: MüKo-StGB-Bearbeiter)

Kahlo, Michael — Das Problem des Pflichtwidrigkeitszusammenhanges bei den unechten Unterlassungsdelikten. Eine strafrechtlich - rechtsphilosophische Untersuchung zur Kausalität menschlichen Handelns und deren strafrechtlichem Begriff
Berlin 1990 (zit.: Pflichtwidrigkeitszusammenhang)

Die Handlungsform der Unterlassung als Kriminaldelikt. Eine strafrechtlich-rechtsphilosophische Untersuchung zur Theorie des personalen Handelns
Frankfurt a. M. 2001 (zit.: Unterlassung)

Kamberger, Petra — Treu und Glauben (§ 242 BGB) als Garantenstellung im Strafrecht?
Frankfurt a. M, Berlin, Bern, New York, Paris, Wien 1996
(zit.: Garantenstellung)

Kargl, Walter — Zur kognitiven Differenz zwischen Tun und Unterlassen
GA 1999, S. 459 ff.

Kaufmann, Armin — Die Dogmatik der Unterlassungsdelikte
Göttingen 1959 (zit.: Dogmatik)

Methodische Probleme der Gleichstellung des Unterlassens mit der Begehung
JuS 1961, S. 173 ff.

Kaufmann, Arthur — Die Bedeutung hypothetischer Erfolgsursachen im Strafrecht, in: Festschrift für Eberhard Schmidt zum 70. Geburtstag, S. 200 ff.
Hrsg. Paul Bockelmann, Wilhelm Gallas
Göttingen 1961 (zit.: FS für Schmidt)

Analogie und „Natur der Sache". Zugleich ein Beitrag zur Lehre vom Typus
2. Auflage, Heidelberg 1982 (zit.: Analogie)

Kienapfel, Diethelm	Die Garantenpflichten (§ 2 StGB): System, Voraussetzungen und Grenzen JBl. 1975, S. 13 ff.; 80 ff.
Kindhäuser, Urs	Strafrecht Allgemeiner Teil 2. Auflage; Baden-Baden 2002 (zit.: AT)
Kirchhof, Paul	Die Bestimmtheit und Offenheit der Rechtssprache Berlin, New York 1987 (zit.: Bestimmtheit)
Kissin, Siegfried	Die Rechtspflicht zum Handeln bei den Unterlassungsdelikten Strafrechtliche Abhandlungen Band 317 Breslau-Neukirch 1933 (zit.: Rechtspflicht)
Kistner, Peter	Die Freiheitsentziehung auf Grund von Verordnungsrecht (zur Verfassungsmäßigkeit des § 71 StVZO) DRiZ 1962, S. 118 ff.
Klein, Eckart	Grundrechtliche Schutzpflicht des Staates NJW 1989, S. 1633 ff.
Knöpfel, Gottfried	Beistand und Rücksicht zwischen Eltern und Kindern (§ 1618 a BGB) FamRZ 1985, S. 554 ff.
Köbler, Gerhard	Deutsche Rechtsgeschichte 5. Auflage; München 1996 (zit.: Rechtsgeschichte)
Köhler, Michael	Strafrecht Allgemeiner Teil Berlin, Heidelberg, New York 1997 (zit.: AT)
Kötz, Hein	Haftung für besondere Gefahr AcP 170 (1970), S. 1 ff.
Kohler, Josef	Studien aus dem Strafrecht I Mannheim 1890 (zit.: Studien)
Kohlmann, Günter	Der Begriff des Staatsgeheimnisses (93 StGB und § 99 StGB a. F.) und das verfassungsrechtliche Gebot der Bestimmtheit von Strafvorschriften (Art. 103 Abs. 2 GG) Köln 1969 (zit.: Begriff)

Konrad, Heinrich — Probleme der eheähnlichen Gemeinschaft im Strafrecht
Frankfurt a. M., Bern, New York 1986 (zit.: Probleme)

Krahl, Matthias — Die Rechtsprechung des Bundesverfassungsgerichts und des Bundesgerichtshofs zum Bestimmtheitsgrundsatz im Strafrecht (Art. 103 Abs. 2 GG)
Bern, New York 1986 (zit.: Rechtsprechung)

Krause, Dietmar — Entwicklung und Wandel des Begriffs der „Rechtspflicht" bei den unechten Unterlassungsdelikten bis zur Rechtsprechung des Reichsgerichts
Diss. Berlin 1965 (zit.: Entwicklung)

Krey, Volker — Studien zum Gesetzesvorbehalt im Strafrecht. Eine Einführung in die Problematik des Analogieverbots
Berlin 1977 (zit: Studien)

Keine Strafe ohne Gesetz. Einführung in die Dogmengeschichte des Satzes „nullum crimen, nulla poena sine lege"
Berlin, New York 1983 (zit.: Keine Strafe ohne Gesetz)

Parallelitäten und Divergenzen zwischen strafrechtlichem und öffentlich-rechtlichem Gesetzesvorbehalt, in:
Festschrift für Günter Blau zum 70. Geburtstag
Hrsg. Hans-Dieter Schwind
Berlin, New York 1985 (zit.: FS für Blau)

Gesetzestreue und Strafrecht. Schranken richterlicher Rechtsfortbildung
ZStW 101 (1989) S. 838 ff.

Kritische Anmerkungen anläßlich des Sitzblockaden-Beschlusses des Ersten Senats vom 10. Januar 1995, 2. Teil
JR 1995, S. 265 ff.

Deutsches Strafrecht Allgemeiner Teil, Band 2
Stuttgart, Berlin, Köln, 2002 (zit.: AT 2)

Krug, August Otto — Commentar zu dem Strafgesetzbuch für das Königreich Sachsen
4. Abtheilung: Abhandlungen aus dem Strafrechte
Leipzig 1855 (zit.: Commentar 4. Abtheilung)

Küchenhoff, Günther | Der Begriff des „Minimum“ in der Rechtswissenschaft
NJW 1959, S. 1254 ff.

Kühl, Kristian | Probleme der Verwaltungsakzessorietät des Strafrechts, insbesondere im Umweltstrafrecht, in:
Festschrift für Karl Lackner zum 70. Geburtstag, S. 815 ff.
Hrsg. Wilfried Küper i. V. m. Ingeborg Puppe, Jörg Tenckhoff
Berlin, New York 1987 (zit.: FS für Lackner)

Sitzblockaden vor dem Bundesverfassungsgericht
StV 1987, S. 122 ff.

Strafrecht Allgemeiner Teil
4. Auflage; München 2002 (zit.: AT)

Kühne, Hans Heiner | Geschäftstüchtigkeit oder Betrug? Wettbewerbspraktiken im Lichte des § 263 StGB; zugleich ein Beitrag zur Problematik der unechten Unterlassungsdelikte
Kehl am Rhein 1978 (zit.: Geschäftstüchtigkeit)

Küper, Wilfried | Die Richteridee der Strafprozessordnung und ihre geschichtlichen Grundlagen
Berlin 1967 (zit.: Richteridee)

Lackner, Karl | Anmerkung zu KG ((I) 1 Ss 379/67, 123/67 v. 3. 1. 1968) JR 1969, 27 ff.
JR 1969, S. 29 ff.

Zu den Grenzen der richterlichen Befugnis, mangelhafte Strafgesetze zu berichtigen, in:
Festschrift der Juristischen Fakultät zur 600-Jahr-Feier der Ruprecht-Karls-Universität Heidelberg, S. 39 ff.
Richterliche Rechtsfortbildung. Erscheinungsformen, Auftrag und Grenzen
Hrsg. Hochschullehrer der Juristischen Fakultät der Universität Heidelberg
Heidelberg 1986 (zit.: Rechtsfortbildung)

Lackner, Karl / Kühl, Kristian (Hrsg.) | Strafgesetzbuch mit Erläuterungen
25. Auflage; München 2004 (zit.: Lackner-Kühl)

Lakies, Thomas	Das Recht der Pflegekindschaft im BGB nach der Kindschaftsrechtsreform ZFJ 1998, S. 129 ff.
Landsberg, Ernst	Die sogenannten Commissivdelikte durch Unterlassung im deutschen Strafrecht Freiburg i. B. 1890 (zit.: Commissivdelikte)
Lang-Hinrichsen, Dietrich	Zur Frage der Verfassungsmäßigkeit der „Fristenlösung" beim Schwangerschaftsabbruch FamRZ 1974, S. 497 ff.
Larenz, Karl / Canaris, Claus-Wilhelm	Methodenlehre der Rechtswissenschaft 3. Auflage; Berlin, Heidelberg, New York, Barcelona, Budapest, Hongkong, London, Mailand, Paris, Santa Clara, Singapur, Tokio 1995 (zit.: Methodenlehre)
Lauer, Eva	Der Irrtum über Blankettstrafgesetze am Beispiel des § 106 UrhG Bonn 1997 (zit.: Irrtum)
Laufs, Adolf	Rechtsentwicklungen in Deutschland 5. Auflage; Berlin, New York 1996 (zit.: Rechtsentwicklungen)
Lehner, Moris	Zur Bestimmtheit von Rechtsnormen – am Beispiel einer Entscheidung des Österreichischen VerfGH NJW 1991, S. 890 ff.
Lemmel, Hans-Peter	Unbestimmte Strafbarkeitsvoraussetzungen im Besonderen Teil des Strafrechts und der Grundsatz nullum crimen sine lege Berlin 1970 (zit.: Strafbarkeitsvoraussetzungen)
Lenckner, Theodor	Wertausfüllungsbedürftige Begriffe im Strafrecht und der Satz „nullum crimen sine lege" JuS 1968, S. 249 ff., 304 ff.
Lesch, Heiko	Bemerkungen zum Nötigungsbeschluß des BVerfG vom 10. 1. 1995 JA 1995, S. 889 ff.

Lilie, Hans — Garantenstellungen für nahestehende Personen
JZ 1991, S. 541 ff.

Lipp, Martin — Examens-Repetitorium Familienrecht
Heidelberg 2001 (zit.: Familienrecht)

von Liszt, Franz — Lehrbuch des Deutschen Strafrechts
20. Auflage, Berlin 1914 (zit.: Lehrbuch)

Lohberger, Ingram Karl — Blankettstrafrecht und Grundgesetz
München 1968 (zit.: Blankettstrafrecht)

Luden, Heinrich — Abhandlungen aus dem gemeinen teutschen Strafrechte
Band I, Nachdruck der Ausgabe Göttingen 1836, Goldbach 1997
Band II, Nachdruck der Ausgabe Göttingen 1840, Goldbach 1997
(zit.: Abhandlungen I oder II)

Handbuch des teutschen gemeinen und partikularen Strafrechts, 1. Band
Nachdruck der Ausgabe Jena 1852, Goldbach 1996
(zit.: Handbuch)

Lüderitz, Alexander — § 1611, 1618 a BGB: Plädoyer für eine Kooperation zwischen Eltern und Kindern, in:
Festschrift für Hans Friedhelm Gaul zum 70. Geburtstag, S. 411 ff.
Hrsg. Eberhard Schilken, Ekkehard Becker-Eberhard, Walter Gerhardt
Bielefeld 1997 (zit.: FS für Gaul)

Familienrecht – Ein Studienbuch
27. Auflage; München 1999 (zit.: Familienrecht)

Lüken, Erhard-Josef — Der Nationalsozialismus und das materielle Strafrecht. Ein Beitrag zur Strafrechtsgeschichte
Diss. Göttingen 1988 (zit.: Nationalsozialismus)

Luhmann, Niklas — Rechtssoziologie
3. Auflage; Opladen 1987

Maaß, Wolfgang — Betrug verübt durch Schweigen
Gießen 1982 (zit.: Betrug)

Maiwald, Manfred — Kausalität und Strafrecht
Göttingen 1980 (zit.: Kausalität)

Grundlagenprobleme der Unterlassungsdelikte
JuS 1981, S. 473 ff.

Mangakis, Georgios-Alexandros — Über die Wirksamkeit des Satzes „nulla poena sine lege"
ZStW 81 (1969), S. 997 ff.

Marburger, Peter — Die Regeln der Technik im Recht
Köln, Berlin, Bonn München 2003 (zit.: Regeln der Technik)

von Mangoldt, Hermann / Klein, Friedrich / Starck, Christian (Hrsg.) — Das Bonner Grundgesetz
Band 1; 4. Auflage; München 1999
Band 3; 4. Auflage; München 2001
(zit.: v. Mangoldt/Klein/Starck-Bearbeiter)

Martin, Sigmund P. — Anmerkung zu BGH, Urt. v. 24. 7. 2003 – 3 StR 153/03, NJW 2003, 3212
JuS 2004, S. 82 f.

Marxen, Klaus — Der Kampf gegen das liberale Strafrecht. Eine Studie zum Antiliberalismus in der Strafrechtswissenschaft der zwanziger und dreißiger Jahre
Berlin 1975 (zit.: Kampf)

Maunz, Theodor / Dürig, Günter (Hrsg.) — Grundgesetz – Kommentar
Band II und VI
München, Stand: 43. Lieferung Februar 2004
(zit.: Maunz/Dürig-Bearbeiter)

Maurach, Reinhart / Gössel, Karl Heinz / Zipf, Heinz — Strafrecht Allgemeiner Teil
Teilband 2
7. Auflage; Heidelberg 1989 (zit.: AT 2)

Mayer, Hellmuth — Strafrecht Allgemeiner Teil
Stuttgart und Köln 1953 (zit.: AT)

	Die gesetzliche Bestimmtheit der Tatbestände Materialien zur Strafrechtsreform Band 1, S. 259 ff. Bonn 1954 (zit.: Bestimmtheit)
Merkel, Adolf	Kriminalistische Abhandlungen I. Zur Lehre von den Grundeintheilungen des Unrechts und seiner Rechtsfolgen Leipzig 1867 (zit.: Abhandlungen)
Mertens, Hans-Joachim	Verkehrspflichten und Deliktsrecht VersR 1980, S. 397 ff.
Meyer-Bahlburg, Hartwig	Beitrag zur Erörterung der Unterlassungsdelikte. Um echte und unechte Unterlassungsdelikte Diss. Hamburg 1962 (zit.: Unterlassungsdelikte)
	Zur gesetzlichen Regelung der unechten Unterlassungsdelikte MschrKrim 48 (1965), S. 246 ff.
Mezger, Edmund	Strafrecht 3. Auflage; Berlin und München 1949
Mill, John Stuart	A System of Logic Ratiocinative and Inductive Collected Works, Volume VII, Book III Hrsg. J. M. Robson London 1973 (zit.: System)
Mitsch, Wolfgang	Mitwirkung am versuchten Schwangerschaftsabbruch (an) einer Nichtschwangeren im Ausland – AG Albstadt, Urt. v. 1.6.88 – 3 Ds 102/88 = MedR 1988, 261 – Jura 1989, S. 193 ff.
	Grundfälle zu den Tötungsdelikten (1. Teil) JuS 1995, S. 787 ff.
Mitteis, Heinrich/ Lieberich, Heinz	Deutsche Rechtsgeschichte 18. Auflage; München 1988 (zit.: Rechtsgeschichte)
Mittenzwei, Ingo	Die Rechtsstellung des Vaters zum ungeborenen Kind AcP 187 (1987), S. 247 ff.

de Montesquieu, Charles	De l'Esprit des lois Oevres complètes de Montesquieu, Tome 1 Hrsg. M. André Marson Paris 1950
	Vom Geist der Gesetze Hrsg. Ernst Forsthoff 2. Auflage; Tübingen 1992
Motzer, Stefan	Die neuere Entwicklung von Gesetzgebung und Rechsprechung auf dem Gebiet von Sorgerecht und Umgangsrecht FamRZ 2001, S. 1034 ff.
Müller, Friedrich / Christensen, Ralph	Juristische Methodik Band I 9. Auflage; Berlin 2004 (zit.: Methodik I)
Müller-Dietz, Heinz	Zur Problematik verfassungsrechtlicher Pönalisierungsgebote, in: Festschrift für Eduard Dreher zum 70. Geburtstag, S. 97 ff. Hrsg. Hans-Heinrich Jescheck, Hans Lüttger Berlin, New York 1977 (zit.: FS für Dreher)
	Abschied vom Bestimmtheitsgrundsatz im Strafrecht?, in: Festschrift für Theodor Lenckner zum 70. Geburtstag, S. 179 ff. Hrsg. Albin Eser, Ulrike Schittenhelm, Heribert Schumann München 1998 (zit.: FS für Lenckner)
Müller-Magdeburg, Cornelia	Die Abgrenzung von Tatbestandsirrtum und Verbotsirrtum bei Blankettnormen Diss. Berlin 1998 (zit.: Abgrenzung)
von Münch, Ingo	Staatsrecht, Band 2 5. Auflage; Stuttgart, Berlin, Köln 2002 (zit.: Staatsrecht 2)
von Münch, Ingo / Kunig, Philip (Hrsg.)	Grundgesetz Kommentar Band 3; 5. Auflage; München 2003 (zit.: v. Münch-Kunig-Bearbeiter)
Murmann, Uwe	Der praktische Fall – Strafrecht: Eine folgenreiche Entscheidung JuS 1998, S. 630 ff.

Nagler, Johannes — Die Problematik der Begehung durch Unterlassung
GS 111 (1938), S. 1 ff.

Naucke, Wolfgang — Zur Lehre vom strafbaren Betrug. Ein Beitrag zum Verhältnis von Strafrechtsdogmatik und Kriminologie
Berlin 1964 (zit.: Betrug)

Über Generalklauseln und Rechtsanwendung im Strafrecht
Tübingen 1973 (zit.: Generalklauseln)

Neumann, Ulfried / Puppe, Ingeborg / Schild, Wolfgang (Hrsg.) — Nomos Kommentar zum Strafgesetzbuch
Band 1; 1. Auflage; Baden-Baden 1995
(zit.: NK-Bearbeiter)

Nickel, Egbert — Die Problematik der unechten Unterlassungsdelikte im Hinblick auf den Grundsatz „nullum crimen sine lege“ (Art. 103 Abs. 2 GG)
Berlin 1972 (zit.: Problematik)

Nipperdey, Hans Carl (Hrsg.) — Die Grundrechte und Grundpflichten der Reichsverfassung. Kommentar zum zweiten Teil der Reichsverfassung, 1. Band
Berlin 1929 (zit.: Nipperdey-Bearbeiter)

Noll, Peter — Zur Gesetzestechnik des Entwurfes eines Strafgesetzbuches
JZ 1963, S. 297 ff.

Odersky, Felix — Kommentar zum Nichtehelichengesetz
4. Auflage; Bielefeld 1978 (zit.: Odersky)

Olshausen, Justus — Kommentar zum Strafgesetzbuch für das Deutsche Reich
1. Band; 6. Auflage; Berlin 1900 (zit.: Olshausen)

Ossenbühl, Fritz — Die verfassungsrechtliche Zulässigkeit der Verweisung als Mittel der Gesetzgebungstechnik
DVBl 1967, S. 401 ff.

Otto, Harro — Kausaldiagnose und Erfolgszurechnung im Strafrecht, in: Festschrift für Reinhart Maurach zum 70. Geburtstag, S. 91 ff.
Hrsg. Friedrich-Christian Schroeder, Heinz Zipf
Karlsruhe 1972 (zit.: FS für Maurach)

	Grundkurs Strafrecht. Allgemeine Strafrechtslehre 7. Auflage; Berlin 2004 (zit.: AT)
Otto, Harro/ Brammsen, Joerg	Die Grundlagen der strafrechtlichen Haftung des Garanten wegen Unterlassens (1. und 2. Teil) Jura 1985, S. 530 ff., 592 ff.
Palandt	Bürgerliches Gesetzbuch mit Einführungsgesetz (Auszug), BGB-Informationspflichten-Verordnung, Unterlassungsklagengesetz, Produkthaftungsgesetz, Erbbaurechtsverordnung, Wohnungseigentumsgesetz, Hausratsverordnung, Lebenspartnerschaftsgesetz, Gewaltschutzgesetz (Auszug) 64. Auflage; München 2005 (zit.: Palandt-Bearbeiter)
Papadimopoulos, Ioannis	Die Rechtspflicht zum Handeln bei den unechten Unterlassungsdelikten nach deutschem und griechischem Strafrecht Diss. Münster 1970 (zit.: Rechtspflicht)
Patzelt, Georg	Verkehrssicherungspflicht 3. Auflage; Bonn 2000
Paulduro, Aurelia	Die Verfassungsgemäßheit von Strafrechtsnormen, insbesondere von Normen des Strafgesetzbuches im Lichte der Rechtsprechung des Bundesverfassungsgerichts München 1992 (zit.: Verfassungsgemäßheit)
Pawlowski, Hans-Martin	Die „Bürgerliche Ehe“ als Organisation. Überlegungen zu den juristischen Arbeitsmitteln Heidelberg, Hamburg 1983 (zit.: Organisation)
Pfleiderer, Klaus	Die Garantenstellung aus vorangegangenem Tun Berlin 1968 (zit.: Garantenstellung)
Pieroth, Bodo/ Schlink, Bernhard	Staatsrecht II. Grundrechte 18. Auflage, Heidelberg 2002 (zit.: Staatsrecht II)
Poetzsch-Heffter, Fritz	Handkommentar der Reichsverfassung vom 11. August 1919. Ein Handbuch für Verfassungsrecht und Verfassungspolitik 3. Auflage; Berlin 1928 (zit.: Poetzsch-Heffter)
Popp, Martin	Die strafrechtliche Verantwortung von Internet-Providern Berlin 2002 (zit.: Verantwortung)

Preisendanz, Holger — Strafgesetzbuch
30. Auflage; Berlin 1978 (zit.: Preisendanz)

Puppe, Ingeborg — Der Erfolg und seine kausale Erklärung im Strafrecht
ZStW 92 (1980), S. 863 ff.

Tatirrtum, Rechtsirrtum, Subsumtionsirrtum
GA 1990, S. 145 ff.

Ranft, Otfried — Rechtsprechungsbericht zu den Unterlassungsdelikten (2. Teil)
JZ 1987, S. 908 ff.

Ransiek, Andreas — Gesetz und Lebenswirklichkeit: Das strafrechtliche Bestimmtheitsgebot
Heidelberg 1989 (zit.: Gesetz)

Rauscher, Thomas — Familienrecht
Heidelberg 2001

Rebmann, Kurt / Säcker, Franz Jürgen / Rixecker, Roland (Hrsg.) — Münchener Kommentar zum Bürgerlichen Gesetzbuch
Band 5; 4. Auflage; München 2004
Band 7; 4. Auflage; München 2000
Band 8; 4. Auflage; München 2002
(zit.: MüKo-BGB-Bearbeiter)

RGRK — Das Bürgerliche Gesetzbuch mit besonderer Berücksichtigung der Rechtsprechung des Reichsgerichts und des Bundesgerichtshofes
Hrsg. Mitglieder des Bundesgerichtshofes
Band IV, 1. Teil; 12. Auflage; Berlin, New York 1984
Band IV, 3. Teil; 12. Auflage; Berlin, New York 1999
(zit.: RGRK-Bearbeiter)

Röhl, Klaus F. — Allgemeine Rechtslehre. Ein Lehrbuch
2. Auflage; Köln, Berlin, Bonn, München 2001
(zit.: Rechtslehre)

Rönnau, Thomas — Anmerkung zu BGH (3 StR 153/03 v. 24.7.2003) JR 2004, 156 ff.
JR 2004, S. 158 ff.

von Rohland, Woldemar	Die strafbare Unterlassung Dorpat und Leipzig 1887 (zit.: Unterlassung)
Roxin, Claus	Ein „neues Bild“ des Strafrechtssystems ZStW 83 (1971), S. 369 ff.
	Überlegungen zum Schuldprinzip MschrKrim 56 (1973), S. 316 ff. Strafrecht Allgemeiner Teil 1 3. Auflage; München 1997 (zit.: AT 1)
	Täterschaft und Tatherrschaft 7. Auflage; Berlin, New York 2000 (zit.: TuT)
	Strafrecht Allgemeiner Teil 2 München 2003 (zit.: AT 2)
Rudolphi, Hans-Joachim	Die Gleichstellungsproblematik der unechten Unterlassungsdelikte und der Gedanke der Ingerenz Göttingen 1966 (zit.: Gleichstellungsproblematik)
	Unrechtsbewusstsein, Verbotsirrtum und Vermeidbarkeit des Verbotsirrtums Göttingen 1969 (zit.: Unrechtsbewusstsein)
	Probleme der strafrechtlichen Verantwortlichkeit von Amtsträgern für Gewässerverunreinigungen, in: Festschrift für Hanns Dünnebier zum 75. Geburtstag, S. 561 ff. Hrsg. Ernst-Walter Hanack, Peter Rieß, Günter Wendisch Berlin, New York 1982 (zit.: FS für Dünnebier)
	Häusliche Gemeinschaften als Entstehungsgrund für Garantenstellungen? NStZ 1984, S. 149 ff.
Rudolphi, Hans-Joachim / Horn, Eckhard / Samson, Erich / Günther, Hans-Ludwig	Systematischer Kommentar zum Strafgesetzbuch Allgemeiner Teil, Band 1 (zit.: SK-Bearbeiter) 7., teilweise 8. Auflage; München Unterschleißheim Stand: 38. Lieferung April 2003 Besonderer Teil, Band 2 (zit.: SK-Bearbeiter) 5., 6. bzw. 7. Auflage; München Unterschleißheim Stand: 60. Lieferung Februar 2004)

Rüthers, Bernd	Rechtstheorie. Begriff, Geltung und Anwendung des Rechts 2. Auflage; München 2005 (zit.: Rechtstheorie)
Sachs, Michael	Verfassungsrecht II. Grundrechte 2. Auflage; Berlin, Heidelberg, New York 2003 (zit.: Verfassungsrecht II)
Sachs, Michael (Hrsg.)	Grundgesetz-Kommentar 3. Auflage; München 2003 (zit.: Sachs-Bearbeiter)
Samson, Erich	Begehung und Unterlassung, in: Festschrift für Hans Welzel zum 70. Geburtstag, S. 579 ff. Hrsg. Günter Stratenwerth, Armin Kaufmann, Gerd Geilen, Hans Joachim Hirsch, Hans-Ludwig Schreiber, Günther Jakobs, Fritz Loos Berlin, New York 1974 (zit.: FS für Welzel)
Sangenstedt, Christof	Garantenstellung und Garantenpflicht von Amtsträgern Frankfurt a. M., Bern, New York, Paris 1989 (zit.: Garantenstellung)
Sauer, Wilhelm	Grundlagen des Strafrechts Berlin und Leipzig 1921 (zit.: Grundlagen)
	Das Unterlassungsdelikt. Seine Stellung im Gefährdungs- und Willensstrafrecht GS 114 (1940), S. 279 ff.
Sax, Walter	Das strafrechtliche „Analogieverbot“. Eine methodologische Untersuchung über die Grenze der Auslegung im geltenden deutschen Strafrecht Göttingen 1953 (zit.: Analogieverbot)
	Grundsätze der Strafrechtspflege, in: Die Grundrechte – Handbuch der Theorie und Praxis der Grundrechte 3. Band, 2. Halbband, S. 909 ff. Hrsg. Karl August Bettermann, Hans Carl Nipperdey, Ulrich Scheuner 2. Auflage; Berlin 1972 (zit.: Grundsätze)

Schaffstein, Friedrich — Die unechten Unterlassungsdelikte im System den neuen Strafrechts, in:
Festschrift zum 60. Geburtstag von Graf W. Gleispach, S. 70 ff.
Gegenwartsfragen der Strafrechtswissenschaft
(Hrsg. Georg Dahm, Wilhelm Gallas, Friedrich Schaffstein, Erich Schinnerer, Karl Siegert, Leopold Zimmerl)
Berlin, Leipzig 1936 (zit.: FS für Gleispach)

Schlink, Bernhard — Rechtsstaat und revolutionäre Gerechtigkeit
NJ 1994, S. 433 ff.

Schlüchter, Ellen — Grundfälle zur Lehre von der Kausalität (2. Teil)
JuS 1976, S. 793 ff.

Zum „Minimum" bei der Auslegung normativer Merkmale im Strafrecht
NStZ 1984, S. 300 ff.

Schlüter, Wilfried — BGB-Familienrecht
10. Auflage; Heidelberg 2003 (zit.: Familienrecht)

Schmidhäuser, Eberhard — Strafrecht Allgemeiner Teil
2. Auflage; Tübingen 1975 (zit.: AT)

Strafgesetzliche Bestimmtheit: eine rechtsstaatliche Utopie, in:
Gedächtnisschrift für Wolfgang Martens, S. 231 ff.
Hrsg. Peter Selmer, Ingo von Münch
Berlin, New York 1987 (zit.: GS für Martens)

Über Unterlassungsdelikte – Terminologie und Begriffe, in:
Festschrift für Heinz Müller-Dietz zum 70. Geburtstag, S. 761 ff.
Grundfragen staatlichen Strafens
Hrsg. Guido Britz, Heike Jung, Heinz Koriath, Egon Müller
München 2001 (zit.: FS für Müller-Dietz)

Schmidt, Eberhard — Der Arzt im Strafrecht
Leipzig 1939 (zit.: Arzt im Strafrecht)

Behandlungspflicht und Nothilfepflicht des Arztes
MschrKrim 33 (1942), S. 85 ff.

Schmidt-Aßmann, Eberhard Der Rechtsstaat, in:
Handbuch des Staatsrechts der Bundesrepublik Deutschland, § 4
Hrsg. Josef Isensee, Paul Kirchhof
Band I; Heidelberg 1987 (zit.: HStR I)

Schneider, Hans Gesetzgebung. Ein Lehr- und Handbuch
3. Auflage; Heidelberg 2002 (zit.: Gesetzgebung)

Schöne, Wolfgang Unterlassene Erfolgsabwendungen und Strafgesetz
Köln, Berlin, Bonn, München 1974 (zit.: Erfolgsabwendungen)

Schönke, Adolf / Schröder, Horst Strafgesetzbuch – Kommentar
26. Auflage; München 2001 (zit.: Sch/Sch-Bearbeiter)

Scholz, Harald Anmerkung zu BGH, Urteil v. 25. 5. 1994 – XII ZR 78/93, FamRZ 1994, 1102 ff.
FamRZ 1994, S. 1314 ff.

Schomburg, Gerhard Die kindschaftsrechtlichen Regelungen des Lebenspartnerschaftsgesetzes
Kind-Prax 2001, S. 103 ff.

Schreiber, Hans-Ludwig Gesetz und Richter. Zur geschichtlichen Entwicklung des Satzes nullum crimen, nulla poena sine lege
Frankfurt a. M. 1976 (zit.: Gesetz und Richter)

Unterscheidung – Keine Trennung von Recht und Moral
RENOVATIO 1976, S. 163 ff.

Schroeder, Friedrich-Christian Die Bestimmtheit von Strafgesetzen am Beispiel des groben Unfugs
JZ 1969, S. 775 ff.

Der Bundesgerichtshof und der Grundsatz „nulla poena sine lege"
NJW 1999, S. 89 ff.

Schröder, Meinrad Verwaltungsrecht als Vorgabe für Zivil- und Strafrecht
VVDStRL 50 (1991), S. 198 ff.

Schroth, Ulrich | Präzision im Strafrecht. Zur Deutung des Bestimmtheitsgebots, in:
Rechtskultur als Sprachkultur. Zur forensischen Funktion der Sprachanalyse, S. 93 ff.
Hrsg. Günther Grewendorf
Frankfurt a. M. 1992 (zit.: Rechtskultur)

Schünemann, Bernd | Grund und Grenzen der unechten Unterlassungsdelikte
Göttingen 1971 (zit.: Grund)

Zur Kritik der Ingerenz-Garantenstellung
GA 1974, S. 231 ff.

Nulla poena sine lege? Rechtstheoretische und verfassungsrechtliche Implikationen der Rechtsgewinnung im Strafrecht
Berlin, New York 1978 (zit.: Nulla poena sine lege)

Die Gesetzesinterpretation im Schnittfeld von Sprachphilosophie, Staatsverfassung und juristischer Methodenlehre, in:
Festschrift für Ulrich Klug zum 70. Geburtstag Band 1, S. 169 ff.
Hrsg. Günter Kohlmann
Köln 1983 (zit.: FS für Klug)

Die Unterlassungsdelikte und die strafrechtliche Verantwortlichkeit für Unterlassungen
ZStW 96 (1984); S. 287 ff.

Die deutschsprachige Strafrechtswissenschaft nach der Strafrechtsreform im Spiegel des Leipziger Kommentars und des Wiener Kommentars (1. Teil)
GA 1985, S. 341 ff.

Die Regeln der Technik im Strafrecht, in:
Festschrift für Karl Lackner zum 70. Geburtstag, S. 367 ff.
Hrsg. Wilfried Küper i. V. m. Ingeborg Puppe, Jörg Tenckhoff
Berlin, New York 1987 (zit.: FS für Lackner)

Zum gegenwärtigen Stand der Dogmatik der Unterlassungsdelikte in Deutschland, in:
Internationale Dogmatik der objektiven Zurechnung und der Unterlassungsdelikte, S. 49 ff.

Hrsg. Enrique Gimbernat, Bernd Schünemann, Jürgen Wolter
Heidelberg 1995 (zit.: Internationale Dogmatik)

Zur Regelung der unechten Unterlassung in den Europa-Delikten, in:
Wirtschaftsstrafrecht in der Europäischen Union, S. 103 ff.
Freiburg-Symposium
Hrsg. Klaus Tiedemann
Köln, Berlin, Bonn, München 2002 (zit.: Freiburg-Symposium)

Schürmann, Hannes — Unterlassungsstrafbarkeit und Gesetzlichkeitsgrundsatz
Berlin 1986 (zit.: Unterlassungsstrafbarkeit)

Schulte, Christoph — Garantenstellung und Solidarpflicht
Frankfurt a. M., Berlin, Bern, Bruxelles, New York, Oxford, Wien 2000
(zit.: Garantenstellung)

Schultz, Michael — Amtswalterunterlassen
Berlin 1984

Aufhebung von Garantenstellungen und Beteiligung durch Unterlassen – BGH NJW 1984, 2639
JuS 1985, S. 270 ff.

Schwab, Dieter — Soll die Rechtsstellung der Pflegekinder unter besonderer Berücksichtung des Familien-, Sozial- und Jugendrechts neu geregelt werden?, in:
Verhandlungen 54. Deutschen Juristentags, Gutachten A,
S. 63 ff.
München 1982 (zit.: Gutachten A)

Familiäre Solidarität
FamRZ 1997, S. 521 ff.

Eingetragene Lebenspartnerschaft – Ein Überblick –
FamRZ 2001, S. 385 ff.

Familienrecht
12. Auflage; München 2003

Schwalm, Georg — Die kriminalpolitische Bedeutung des Entwurfs eines Strafgesetzbuchs (E 1962, Bundestagsvorlage)
GA 1964, S. 257 ff.

Seebald, Rudolf — Nachweis der modifizierenden Kausalität des pflichtwidrigen Verhaltens
GA 1969, S. 193 ff.

Seebode, Manfred — Zur gesetzlichen Bestimmtheit des unechtenUnterlassungsdelikts, in:
Festschrift für Günter Spendel zum 70. Geburtstag, S. 317 ff.
Hrsg. Manfred Seebode
Berlin, New York 1992 (zit.: FS für Spendel)

Seel, Paul — Unbestimmte und normative Tatbestandsmerkmale im Strafrecht und der Grundsatz nullum crimen sine lege (Art. 103 II GG)
München 1965 (zit.: Tatbestandsmerkmale)

Seelmann, Kurt — Opferinteressen und Handlungsverantwortung in der Garantenpflichtdogmatik
GA 1989, S. 241 ff.

Privatrechtlich begründete Garantenpflichten, in:
Vielfalt des Rechts – Einheit der Rechtsordnung, S. 85 ff.
Hamburger Ringvorlesung
Hrsg. Karsten Schmidt
Berlin 1994 (zit.: Vielfalt des Rechts)

Seibert, Helga — Verfassung und Kindschaftsrecht – Neue Entwicklungen und offene Fragen
FamRZ 1995, S. 1457 ff.

Seidel, Meike — Zivilrechtliche Mittel gegen Schwangerschaftsabbrüche ? Eine Untersuchung zu vormundschaftsgerichtlichen Maßnahmen und Unterlassungsklagen im Vorfeld eines geplanten Schwangerschaftsabbruchs unter Berücksichtigung eines strafrechtlichen Indikationenmodells bzw. einer strafrechtlichen Fristenlösung
Baden-Baden 1994 (zit.: Zivilrechtliche Mittel)

Silva Sanchez, Jesus-Maria — Zur Dreiteilung der Unterlassungsdelikte, in:
Festschrift für Claus Roxin, S. 641 ff.

	Hrsg. Bernd Schünemann, Hans Achenbach, Wilfried Bottke, Bernhard Haffke, Hans-Joachim Rudolphi Berlin, New York 2001 (zit.: FS für Roxin)
Simon, Eric	Gesetzesauslegung im Strafrecht. Eine Analyse der höchstrichterlichen Rechtsprechung Berlin 2005 (zit.: Gesetzesauslegung)
Soergel	Bürgerliches Gesetzbuch mit Einführungsgesetz und Nebengesetzen Redaktion: Hermann Lange Band 7; 12. Auflage; Stuttgart, Berlin, Köln, Mainz 1989 Band 8; 12. Auflage; Stuttgart, Berlin, Köln, Mainz 1987 (zit.: Soergel-Bearbeiter)
Spangenberg	Ueber Unterlassungsverbrechen und deren Strafbarkeit Neues Archiv des Criminalrechts Band 4, S. 527 ff. Halle 1821 (zit.: Neues Archiv des Criminalrechts (1821))
Spendel, Günter	Zur Dogmatik der unechten Unterlassungsdelikte JZ 1973, S.137 ff.
Stächelin, Gregor	Strafgesetzgebung im Verfassungsstaat. Normative und empirische, materielle und prozedurale Aspekte der Legitimation unter Berücksichtigung neuerer Strafgesetzgebungspraxis Berlin 1998 (zit.: Strafgesetzgebung)
Staudinger, Julius v.	Kommentar zum BGB mit Einführungsgesetz und Nebengesetzen - Viertes Buch. Familienrecht - Einleitung zu §§ 1297 ff.; §§ 1297 - 1302; Nichteheliche Lebensgemeinschaft (Anhang zu §§ 1297 ff.); §§ 1303 - 1362 Redaktor Heinz Hübner; 13. Bearbeitung; Berlin 2000 - §§ 1601 - 1615 o Redaktor Helmut Engler; 13. Bearbeitung; Berlin 1997 - §§ 1616 - 1625 Redaktor Helmut Engler; 13. Bearbeitung; Berlin 2000 - §§ 1626 - 1631; Anhang zu § 1631: RKEG; §§ 1631 a – 1633 Redaktor Helmut Engler; 13. Bearbeitung; Berlin 2002 (zit.: Staudinger-Bearbeiter)

Steffen, Erich | Verkehrspflichten im Spannungsfeld von Bestandsschutz und Handlungsfreiheit
VersR 1980, S. 409 ff.

Steiner, Rolf | Die Begehung schlichter Tätigkeitsdelikte durch Unterlassen, de lege lata et ferenda
MDR 1971, S. 260 ff.

Stoffers, Kristian F. | Die Formel „Schwerpunkt der Vorwerfbarkeit" bei der Abgrenzung von Tun und Unterlassen?
Berlin 1992 (zit.: Abgrenzung)

Die vorrechtlich-ontologische Unterscheidung der Verhaltensformen positives Tun und Unterlassen
GA 1993, S. 262 ff.

Strätz, Hans-Wolfgang | Das Verlöbnis als ehevorbereitendes Rechtsverhältnis
Jura 1984, S. 449 ff.

Stratenwerth, Günter / Kuhlen, Lothar | Strafrecht Allgemeiner Teil 1. Die Straftat
5. Auflage; Köln, Berlin, München 2004 (zit.: AT 1)

Streck, Michael | Generalklausel und unbestimmter Rechtsbegriff im Recht der Allgemeinen Ehewirkungen
Bonn 1970 (zit.: Generalklausel)

Stree, Walter | Die Ersatzhehlerei als Auslegungsproblem
JuS 1962, S. 50 ff.

Garantenstellung kraft Übernahme, in:
Beiträge zur gesamten Strafrechtswissenschaft
Festschrift für Hellmuth Mayer zum 70. Geburtstag, S. 145 ff.
Hrsg. Friedrich Geerds, Wolfgang Naucke
Berlin 1966 (zit.: FS für Mayer)

Stübel, Christoph Carl | Über den Thatbestand der Verbrechen
Nachdruck der Ausgabe Wittenberg 1805, Goldbach 1997

Über die Theilnahme mehrerer Personen an einem Verbrechen
Dresden 1829 (zit.: Theilnahme)

Stürner, Rolf — Der Schutz des ungeborenen Kindes im Zivilrecht
Jura 1987, S. 74 ff.

Süß, Frank — Vom Umgang mit dem Bestimmtheitsgebot, in:
Vom unmöglichen Zustand des Strafrechts, S. 207 ff.
Hrsg. Institut für Kriminalwissenschaften Frankfurt a. M.
Berlin, Bern, New York, Paris, Wien 1995
(zit.: Vom unmögliche Zustand des Strafrechts)

Temme, Jodocus Donatus Hubertus — Lehrbuch des Preußischen Strafrechts
Berlin 1853

Tiedemann, Klaus — Tatbestandsfunkionen im Nebenstrafrecht. Untersuchungen zu einem rechtsstaatlichen Tatbestandsbegriff, entwickelt am Problem des Wirtschaftsstrafrechts
Tübingen 1969 (zit.: Tatbestandsfunktionen)

Straftatbestand und Normambivalenz am Beispiel der Geschäftsberichtsfälschung, in:
Festschrift für Friedrich Schaffstein zum 70. Geburtstag, S. 195 ff.
Hrsg. Gerald Grünwald, Olaf Miehe, Hans-Joachim Rudolphi, Hans-Ludwig Schreiber
Göttingen 1975 (zit.: Festschrift für Schaffstein)

Die Überschuldung als Tatbestandsmerkmal des Bankrotts, in:
Gedächtnisschrift für Horst Schröder, S. 289 ff.
Hrsg. Walter Stree, Theodor Lenckner, Peter Cramer, Albin Eser
München 1978 (zit.: GS für Schröder)

Verfassungsrecht und Strafrecht
Heidelberg 1991 (zit.: Verfassungsrecht)

Traeger, Ludwig — Das Problem der Unterlassungsdelikte im Straf- und Zivilrecht
Marburg 1913 (zit.: Problem)

Tröndle, Herbert / Fischer, Thomas — Strafgesetzbuch und Nebengesetze
52. Auflage; München 2004 (zit.: Tröndle/Fischer)

Veit, Barbara | Die Rezeption technischer Regeln im Strafrecht und Ordnungswidrigkeitenrecht unter besonderer Berücksichtigung ihrer verfassungsrechtlichen Problematik
Düsseldorf 1989 (zit.: Rezeption)

Vennemann, Ulrich | Anmerkung zu AG Celle, Beschluß v. 9. 2. 1987 – 25 VII K 3470 SH,
FamRZ 1987, S. 1069

Vogel, Joachim | Norm und Pflicht bei den unechten Unterlassungsdelikten
Berlin 1993 (zit.: Norm und Pflicht)

Vogler, Theo | Zur Bedeutung des § 28 StGB für die Teilnahme am unechten Unterlassungsdelikt, in:
Festschrift für Richard Lange zum 70. Geburtstag, S. 265 ff.
Hrsg. Günter Warda, Heribert Waider, Reinhard v. Hippel, Dieter Meurer
Berlin, New York 1976 (zit.: FS für Lange)

Vogt, Alfons | Das Pflichtproblem der kommissiven Unterlassung
ZStW 63 (1951), S. 381 ff.

Volkmann, Uwe | Qualifizierte Blankettnormen. Zur Problematik einer legislativen Verweisungstechnik
ZRP 1995, S. 220 ff.

Wacke, Andreas | Änderungen der allgemeinen Ehewirkungen durch das 1. EheRG
FamRZ 1977, S. 505 ff.

Walder, Hans | Die Kausalität im Strafrecht
SchwZStR 93 (1977), S. 113 ff.

Warda, Heinz-Günter | Die Abgrenzung von Tatbestands- und Verbotsirrtum bei Blankettstrafgesetzen
Berlin 1955 (zit.: Abgrenzung)

Wassermann, Rudolf (Hrsg.) | Kommentar zum Bürgerlichen Gesetzbuch in sechs Bänden
Reihe Alternativkommentare
Band 5; Neuwied, Darmstadt 1981 (zit.: AK-BGB-Bearbeiter)

Kommentar zum Strafgesetzbuch.
Reihe Alternativkommentare
Band 1; Neuwied 1990 (zit.: AK-StGB-Bearbeiter)

Weber, Ralph — Der Auskunftsanspruch des Kindes und/oder des Scheinvaters auf namentliche Benennung des leiblichen Vaters gegen die Kindesmutter
FamRZ 1996, S. 1254 ff.

Weber, Ulrich — Auswirkungen der Gesetzgebung zur gleichgeschlechtlichen Lebenspartnerschaft im Strafrecht, in:
Gedächtnisschrift für Rolf Keller
Hrsg. Strafrechtsprofessoren der Tübinger Juristenfakultät und Justizministerium Baden-Württemberg
Tübingen 2003 (zit.: GS für Keller)

Welp, Jürgen — Vorangegangenes Tun als Grundlage einer Handlungsäquivalenz der Unterlassung
Berlin 1968 (zit.: Vorangegangenes Tun)

Welzel, Hans — Zur Problematik der Unterlassungsdelikte
JZ 1958, S. 494 ff.

Das Deutsche Strafrecht
11. Auflage; Berlin 1969 (zit.: Strafrecht)

Wendl, Philipp / Staudigl, Siegfried — Das Unterhaltsrecht in der familienrichterlichen Praxis. Die neuere Rechtsprechung des Bundesgerichtshofs und die Leitlinien der Oberlandesgerichte zum Unterhaltsrecht und zum Verfahren in Unterhaltsprozessen
6. Auflage; München 2004 (zit.: Unterhaltsrecht)

Wessels, Johannes / Beulke, Werner — Strafrecht Allgemeiner Teil. Die Straftat und ihr Aufbau
34. Auflage; Heidelberg 2004 (zit.: AT)

Wessels, Johannes / Hettinger, Michael — Strafrecht Besonderer Teil/1. Straftaten gegen Persönlichkeits- und Gemeinschaftswerte
28. Auflage; Heidelberg 2004 (zit.: BT 1)

Wiebe, Knut — Fallstudie zu zivilrechtlichen Möglichkeiten der Verhinderung eines Schwangerschaftsabbruchs
ZfL 2000, S. 12 ff.

Windel, Peter	Zur elterlichen Sorge bei Familienpflege FamRZ 1997, S. 713 ff.
Winkelbauer, Wolfgang	Zur Verwaltungsakzessorietät des Umweltstrafrechts Berlin 1985 (zit.: Verwaltungsakzessorietät)
Woesner, Horst	Generalklausel und Garantiefunktion der Strafgesetze NJW 1963, S. 273 ff.
Wolf, Ernst	Der Begriff Familienrecht FamRZ 1968, S. 493 ff.
	Ehe, Zerrüttung und Verschulden NJW 1968, S. 1497 ff.
Wolff, Ernst Amadeus	Kausalität von Tun und Unterlassen Heidelberg 1965 (zit.: Kausalität)
Wolter, Jürgen	Verfassungskonforme Restriktion und Reform des Nötigungstatbestandes NStZ 1986, S. 241 ff.
Zeichner, Wolfgang	Die Entwicklung der Rechtsprechung zur Garantenstellung aus enger Lebensgemeinschaft seit der Gründung des Reichsgerichts München 1973 (zit.: Entwicklung)
Zimmermann, Theo	Der Wortlaut des Gesetzes im Spiegel höchstrichterlicher Rechtsprechung NJW 1956, S. 1262 ff.
Zippelius, Reinhold	Juristische Methodenlehre 7. Auflage; München 1999 (zit.: Methodenlehre)

Wörterbücher und Lexika:

Brockhaus. Die Enzyklopädie in 24 Bänden, 18. Band
20. Auflage; Leipzig, Mannheim 1998 (zit.: Brockhaus Enzyklopädie)

Deutsche Rechtsregeln und Rechtssprichwörter. Ein Lexikon
Hrsg. Ruth Schmidt-Wiegand
München 1996 (zit.: Rechtssprichwörter)

Deutsches Rechtslexikon, 3. Band
Hrsg. Horst Tilch, Frank Arloth
3. Auflage; München 2001

Deutsches Wörterbuch, 3. Band
Jacob und Wilhelm Grimm
Leipzig 1862 (zit.: Grimm, Deutsches Wörterbuch)

Deutsches Wörterbuch. Bedeutungsgeschichte und Aufbau unseres Wortschatzes
Hermann Paul
10. Auflage; Tübingen 2002 (zit.: Paul, Deutsches Wörterbuch)
Duden. Das große Wörterbuch der deutschen Sprache in acht Bänden
Hrsg. Wissenschaftlicher Rat und die Mitarbeiter der Dudenredaktion unter Leitung von Günter Drosdowski
2. Band; 2. Auflage; Mannheim, Leipzig, Wien, Zürich 1993
6. Band; 2. Auflage; Mannheim, Leipzig, Wien, Zürich 1994
(zit.: Duden)

Duden. Das Herkunfswörterbuch. Ethymologie der deutschen Sprache
Hrsg. Wissenschaftlicher Rat der Dudenredaktion
3. Auflage; Mannheim, Leipzig, Wien, Zürich 2001 (zit.: Duden, Herkunfswörterbuch)

Juristisches Wörterbuch. Für Studium und Ausbildung, 3. Band
Gerhard Köbler
11. Auflage; München 2002 (zit.: Juristisches Wörterbuch)

Meyers Neues Lexikon in zehn Bänden, 8. Band
Hrsg. Meyers Lexikonredaktion
Mannheim, Leipzig, Wien, Zürich 1993 (zit.: Meyers Lexikon)

Wörterbuch der deutschen Gegenwartssprache
Hrsg. Ruth Klappenbach, Wolfgang Steinitz
2. Band, Berlin 1967
4. Band, Berlin 1974

Quellenverzeichnis

Alternativ-Entwurf eines Strafgesetzbuchs. Allgemeiner Teil; Tübingen 1966 (zit. Alternativ-Entwurf)

Beschlußempfehlung und Bericht des Rechtsausschusses zu dem Entwurf eines Gesetzes zur Neuregelung des Eheschließungsrechts (Eheschließungsrechtsgesetz – EheSchlRG), BT-Drucksache 13/9416

Beschlußempfehlung und Bericht des Rechtsausschusses zu dem Entwurf eines Gesetzes zur Neuregelung des Rechts der elterlichen Sorge, BT-Drucksache 8/2788

Der Parlamentarische Rat 1948-1949: Akten und Protokolle. Band 13/2
Hrsg. Deutscher Bundestag und Bundesarchiv; München 2002 (zit.: Der Parlamentarische Rat: Akten und Protokolle)

Entschließungen des XIII. Internationalen Strafrechtskongresses in Kairo 1984, ZStW 97 (1985), S. 731 ff.

Entwurf eines Ersten Gesetzes zur Reform des Ehe- und Familienrechts (1. EheRG), BT-Drucksache 7/650

Entwurf eines Strafgesetzbuchs (StGB) E 1960 mit Begründung, BR-Drucksache 270/60

Entwurf eines Gesetzes zur Beendigung der Diskriminierung gleichgeschlechtlicher Gemeinschaften: Lebenspartnerschaften (Lebenspartnerschaftsgesetz – LPartG), BT-Drucksache 14/3751

Motive zu dem Entwurfe eines Bürgerlichen Gesetzbuches für das Deutsche Reich
Band 4, Familienrecht; 2. Auflage; Berlin 1896 (zit.: Motive)

Nationalsozialistisches Strafrecht. Denkschrift des Preußischen Justizministers.
Gesamtleitung: Hans Kerrl
Berlin 1933 (zit.: Denkschrift des Preußischen Justizministers)

Niederschriften über die Sitzungen der Strafrechtskommission (zit.: Niederschriften Band, Seite)
Band 2; Bonn 1958
Band 12; Bonn 1959

Schubert, Werner/Regge, Jürgen: Quellen zur Reform des Straf- und Strafprozessrechts
II. Abteilung, Band 1, 1. Teil; Berlin, New York 1988
II. Abteilung, Band 1, 2. Teil; Berlin, New York 1990

Verfassungsausschuss der Ministerpräsidenten-Konferenz der westlichen Besatzungszonen. Bericht über den Verfassungskonvent auf Herrenchiemsee vom 10. bis 23. August 1948; München (um 1948)
(zit.: Bericht, Entwurf/Darstellender Teil/Kommentierender Teil)

Zweiter Bericht des Rechtsausschusses zu dem Entwurf eines Ersten Gesetzes zur Reform des Ehe- und Familienrechts (1. EheRG), BT-Drucksache 7/4361

Zweiter Schriftlicher Bericht des Sonderausschusses für die Strafrechtsreform, BT-Drucksache V/4095

Nicht im einzelnen aufgeführt sind die in Bezug genommenen Gesetze.

Familienrechtliche Untersuchungen

Herausgegeben von Andreas Roth

- Band 1 Florian Thamm: Unterhalt für die Vergangenheit. Die Entwicklung des Schuldnerschutzes im Unterhaltsrecht. 2003.
- Band 2 Stefan Rudolf Kranz: Elterliche Kooperation und Sorgerechtsvereinbarungen bei der Abgabe von Sorgeerklärungen und bei Trennung der Eltern. Eine Untersuchung unter besonderer Berücksichtigung der Familienmediation. 2003.
- Band 3 Sandra Kern-Eimann: Das neue Ehebild des EheschlRG. Eine Untersuchung anhand der Scheineheregelungen. 2003.
- Band 4 Sebastian Wolfgang Idel: Der Familienbegriff grund- und einfachrechtlicher Normen. 2005.
- Band 5 Christian Ziegler: Das Gewaltschutzgesetz aus zivilrechtlicher Sicht. 2005.
- Band 6 Sonja Böhm: Garantenpflichten aus familiären Beziehungen. Zur Deutung des § 13 Abs. 1 StGB als Blankettvorschrift. 2006.

www.peterlang.de

Peter Lang · Europäischer Verlag der Wissenschaften

Frank Roes

Die fristfreie Konventionalscheidung in historischer und rechtspolitischer Perspektive

Rechtsfortbildende Analyse ihrer Grundlagen unter dem Aspekt der Zeitgemäßheit

Frankfurt am Main, Berlin, Bern, Bruxelles, New York, Oxford, Wien, 2005.
369 S., zahlr. Tab. und Graf.
ISBN 3-631-53662-3 · br. € 56.50*

Das geltende Eherecht lehnt eine fristfreie Konventionalscheidung ab. Ist dies unter den Bedingungen der Moderne (noch) begründet? Zur Beantwortung werden zunächst der rechts- und sozialhistorische Kontext analysiert, dem die Konventionalscheidung einerseits, die zwingende Trennungsfrist andererseits entstammen. Denn maßgebend ist, inwieweit sich scheidungsbezogene Maximen verankert haben – namentlich zulasten eines fristlosen Scheidungsrechts. Dies wiederum erlaubt substanziierte Bewertungen, ob es angesichts heutiger Sozialverhältnisse in Ehe und Familie sowie rechtsdogmatischer Reformen weiterhin gerechtfertigt ist, der fristfreien Konventionalscheidung eine gesetzliche Grundlage zu verwehren. Die Arbeit ist daher nicht nur ein Beitrag zur Rechtsfortbildung, sondern auch eine empirisch fundierte Analyse historisch gewachsener Strukturen und Anschauungen von Ehe- bzw. Familienleben.

Aus dem Inhalt: Beibehaltung oder Änderung des Fristenrechts · Verfassungsrechtliche Ausgangslage · Eheleitbilder und Konventionalscheidung im sozial- und rechtshistorischen Kontext · „Modernes" Eheleben · Heutige Scheidungsdeterminanten · Privatisierte Ehe als kündbare Option

Frankfurt am Main · Berlin · Bern · Bruxelles · New York · Oxford · Wien
Auslieferung: Verlag Peter Lang AG
Moosstr. 1, CH-2542 Pieterlen
Telefax 00 41 (0) 32 / 376 17 27

*inklusive der in Deutschland gültigen Mehrwertsteuer
Preisänderungen vorbehalten

Homepage http://www.peterlang.de

www.ingramcontent.com/pod-product-compliance
Ingram Content Group UK Ltd.
Pitfield, Milton Keynes, MK11 3LW, UK
UKHW021930290926
8980IPUK00016B/1544

9 783631 549131